中央编译局文库编辑委员会

主　　任：贾高建
副 主 任：俞可平　魏海生　王学东　陈和平　杨金海
委　　员：贾高建　俞可平　魏海生　王学东　陈和平
　　　　　　 杨金海　柴方国　何增科　季正聚　郝卫东
　　　　　　 张文成　曹荣湘　卿学民　刘明清　薛晓源

中央编译出版社文库编辑中心编辑小组

刘明清　薛晓源　谭　洁　董　巍　贾宇琰
冯　章　苗永姝　邓　彤　侯天保　盛菊艳
李媛媛　王忠波　薛迎春　董　妍

马克思主义研究资料

第17卷

主　编　杨金海
副主编　冯　雷（常务）薛晓源

马克思主义经济理论研究 I

本卷主编　姚　颖

《马克思主义研究资料》顾问委员会

  贾高建 俞可平 宋书声 殷叙彝 詹汝琮 张钟朴

  李洙泗 冯文光 赵家祥 梁树发 郭建宁

《马克思主义研究资料》编辑委员会

  主　编：杨金海

  副主编：冯　雷（常务）　薛晓源

  编　委（按姓名拼音排序）

  陈喜贵 冯　章 黄晓武 江　洋 李百玲 李义天

  李媛媛 林进平 刘仁胜 刘　英 刘元琪 吕增奎

  马　瑞 苗永姝 盛菊艳 史清竹 武锡申 姚　颖

  苑　洁 郑　锦 郑天喆 周艳辉

参加本卷编辑出版工作的有

  侯天保 苗永姝 薛晓源

总　序

呈献给读者的这套《马克思主义研究资料》丛书,旨在服务于我国正在实施的马克思主义理论研究和建设工程,积极吸收和借鉴国外马克思主义研究成果,对改革开放以来中央编译局编译的有关国外学者研究马克思主义的成果,以及少量相关的国内学者的研究成果整理出版,为我国马克思主义研究提供基础性的参考资料。本丛书计划出版37卷,三年内陆续完成编辑和出版工作。

编译国外学者关于马克思主义的研究成果,并对相关问题展开深入探讨,是马克思主义经典著作编译研究的基础性工作。中央编译局作为马克思主义经典著作编译研究的专门机构,历来十分重视这项工作。20世纪50年代以来,特别是改革开放以来,中央编译局的同志们编译了大量国外学者关于马克思主义的研究文献,也发表了不少自己的相关研究成果。这些成果曾经在中央编译局编辑的《马列著作编译资料》、《马列主义研究资料》、《马克思主义与现实》等刊物公开发表,或在内部刊物《马克思恩格斯研究》、《列宁研究》等刊载。这些成果对于推进马克思主义经典著作的编译和研究工作发挥了重要作用,时至今日,一些学者仍然把它们当做研究马克思主义的珍贵资料。

然而，随着近年来中央实施马克思主义理论研究和建设工程的深入推进以及马克思主义学科建设的快速发展，这些研究资料的留存情况已经远远不能适应形势发展的需要了。《马列著作编译资料》和《马列主义研究资料》早已停止出版，很多人难以找到原有资料；《马克思恩格斯研究》等内部刊物刊载的文章没有公开面世，也难以为人们广泛使用；而新编译的文献资料又很零散。因而，希望中央编译局提供马克思主义研究资料的呼声越来越高。

为了继承前辈的事业，适应学界的需要，尽可能全面系统地收集整理中央编译局近几十年来编译的国外学者关于马克思主义的研究成果以及相关的国内学者的研究成果，中央编译局专门成立了《马克思主义研究资料》丛书课题组，并对该项工作提供了基金资助。课题组不仅在局内组织力量进行工作，而且争取到社会力量的支持。经过课题组同仁两年多努力，已经形成一批编辑成果，还将继续补充、完善并陆续推出。这套《马克思主义研究资料》丛书就是这些成果的集中体现。

本丛书力求体现如下四个特点，这也是丛书编辑工作所力求遵循的四条原则：第一，保证文献性。本丛书主要收集改革开放以来中央编译局刊物发表的有关马克思主义理论编译和研究方面的成果，这些刊物包括公开出版的《马列著作编译资料》、《马列主义研究资料》、《马克思主义与现实》、《当代世界与社会主义》、《经济社会体制比较》、《国外理论动态》等，也包括内部刊物《马克思恩格斯研究》、《列宁研究》、《斯大林研究》、《马克思恩格斯列宁斯大林研究》等；少量收集其他杂志发表的中央编译局学者编译或撰写的有关文章；个别收集与中央编译局长期合作的其他学者的相关文章；对所收商榷性文章涉及的其他学者的成果，也作为附文收入，以示对相关学者的尊重，也便于读者在阅读正文时参考。收集整理这些学术成果的目的主要是为学界研究马克思主义提供参考资料，同时帮助人们了解马克思主义研究的历史进程和思想脉络。因此，本丛书所收文献力求保持其历史原貌，包括其中的人名、地名、术语、引文等，都不作改动，以便读者进行文献考证之用，只对个别错漏文字等进行校正，对于文中可能产生歧义的地方，以"本丛书编者注"的方式加以说明。其中读者特别应当留意的是译名、术语的不统一问题，例如关于《马克思恩格斯全集》历史考证版，就有多种表达方式：原文版、国际版和 MEGA 版，其中，往往又以"老"、"新"、"MEGA^1"、"MEGA^2"、"MEGA1"、"MEGA2"等来区分历史考证版第 1 版和第 2 版。第二，突出编译性。本丛书所收文献中，以国外学者的成果为主，包括国外学者关于马克思主义经典作家的著作、思想、生平事业，乃至书信往来、工作生活等方面的研究文献，凡比较有资料价值的，均在收集之列。如上所述，国内学者的相关考证性成果，包括经典著作翻译、版本、传播、重要术语考据等文献，凡具有资料价值的，也一并收入，但这部分内容所占比例较小。第三，力求系统性。上述几十年来形成的这些编译研究资料繁茂芜杂，十分零散，使用起来很不方便，编辑整理就更为困难。为把这些宝贵文献整理面世，使之更好地发挥作用，编辑人员下了很大功夫。在收集整理中，我们力图分门别类，尽可能将同类资料按照一定逻辑顺序编排，使之呈现一定的系统性，以便读者全面掌握有关资料。第四，力争权威性。本丛书力争选编国内外在相关研究领域具有一定权威性的专家学者的具有代表性和影响力的文献。为保证文献的权威性和准确性，我们对文献的引文进行了校订，特别是对有关马克思主义经典著作的引文进行了原版原文核对，并对注释尽可能地作了规范化处理，以便读者更准确地了解引文及其出处。

基于上述考虑，本丛书的编排体系大体分四个部分。第一部分是经典著作研究，包括关于《共产党宣言》、《资本论》等手稿、创作、版本、传播诸方面的研究文献；第二部分是基本理论研究，包括哲学、政治经济学、科学社会主义以及政治学、法学等方面的研究文献；第三部分是版本和传播、编译以及生平事业研究；第四部分是国外马克思主义研究。每一部分包括若干卷。每一卷都有本卷编辑说明，对本卷编辑的思路、内容和有关技术问题作简要交代。各卷内容按照逻辑顺序进行编排，在此基础上再按照时间顺序编排。各卷内容一般要作分类，并加分类标题，以便读者阅读研究。

需要说明的是，由于本丛书是整理编辑已有的文献，而且主要限于整理编辑中央编译局学者编译和研究的部分成果，这就决定了本丛书不可避免地存在一些缺憾。一是这些文献中有的观点不一定正确。选编这些文献并不意味着编者赞同其中的观点，我们的目的仅仅在于为人们研究马克思主义提供参考资料，其中正确的思想成果可以作为我们研究借鉴的思想资源，而错误的观点可以作为我们研究批评的对象。例如，对有关马恩对立论的观点，我们是不赞成的，但为了让研究者了解、研究和批评这种观点，也收入了相关文章。所以，谨请读者在使用这些文献时注意辨别是非。二是这些文献存在质量参差不齐的情况。由于这些文章的作者、译者水平不同，写作时间、背景、针对的问题、产生的影响以及发表的刊物等不同，其质量也就有一定差别。例如，有的概念和译文在今天看来不一定科学、准确，有的文献曾经很有价值而在今天看来最多只有学术史的价值。在选编过程中，我们尽量收入那些分量较重、影响较大的文献，但为了比较全面地反映学术史的原貌并提供尽可能详细的研究参考资料，也收入了一些篇幅较短、影响不大但有一定资料或史料价值的文献。另外,有少量比较重要的文献,由于作者或译者不同意收入,也不得不忍痛割爱。三是这些文献的系统性、规范性不太强。尽管我们努力按照上述编辑原则工作,对这些文献进行了分类整理,力求全面系统地提供给读者相关方面的文献资料,但由于这些资料十分繁杂,彼此之间的关联性不强,有的方面资料较多,有的较少,且发表的刊物、时间等不同,体例也很不统一,整理起来难度极大,加之各位编者的研究角度不同,水平各异,所以,每一卷书的结构、篇章、内容、观点等都不尽相同,其规范程度也不尽一致。对本丛书存在的以上不足或缺憾,谨请读者鉴谅;对其中可能存在的疏漏和错误之处,谨请读者批评指正。

本丛书在编写和出版过程中,得到了各个方面的大力支持。中央编译局对此项工作高度重视,始终给予鼎力支持。国家出版基金将本丛书列入2013年度资助项目。中央编译出版社为本丛书申报国家出版基金项目并最终立项,以及为丛书出版做了大量工作。本丛书所收文献的译者、作者和出版者,凡已联系上的,均给予我们大力支持,同意使用这些文献;对尚未联系上的,我们将尽力联系,也请相关同仁主动联系我们。丛书顾问委员会的专家对丛书的编写工作给予热情指导,编委会成员和课题组同仁为丛书的编写付出了辛勤劳动。在此一并致以衷心的谢意!

《马克思主义研究资料》

编辑委员会

2013年12月10日

编辑说明

本丛书"马克思主义经济理论研究"部分的内容编辑为两卷。本卷收录28篇文章，分为马克思经济理论与资产阶级经济学、关于生产方式、关于前资本主义经济制度、关于资本主义、关于价值理论、关于地租理论等六个专题。

"马克思经济理论与资产阶级经济学"部分，主要介绍了马克思主义经济理论与西方经济学的理论渊源和观点分歧，包括马克思经济理论发展阶段的标志、可变资本和不变资本范畴的制定过程、市民社会概念、马克思经济理论与现代经济理论等。"关于生产方式"部分，围绕社会生产类型和劳动方式两方面展开，内容包括资本主义生产方式的必然性和偶然性、马克思对生产社会化的理解、马克思的劳动过程理论的来源等。"关于前资本主义经济制度"部分，主要包括马克思恩格斯对前资本主义经济制度的分类和分析、马克思的亚细亚生产方式概念的分析、关于"原生形态"概念的考察。"关于资本主义"部分，分别从资本主义概念的考证、马克思与韦伯关于资本主义批判的比较分析、资本主义和未来社会、马克思关于资本主义全球化的论述等方面展开。"关于价值理论"部分，内容涉及马克思价值理论的社会内容及其现实意义、当代马克思主义价值理论面临的迫切问题、马克思的价值形式等问题。"关于地租理论"部分，主要研究马克思地租理论与农业化学以及马克思地租理论的发展。

为了保持文献性，本丛书的注释基本保持原貌，不作改动；但对原注释有错误或有遗漏的，我们尽可能查阅了有关文献，作了必要的规范和完善；对有些查找不到的，保留原来的内容和格式。

目 录

马克思经济理论与资产阶级经济学 …………………………… 1

马克思经济理论在其不同发展阶段上的成熟标志
　　〔苏〕维·维戈茨基 ………………………………………… 3

马克思在批判分析资产阶级古典政治经济学的资本概念中
　　制定出可变资本和不变资本范畴
　　〔民主德国〕彼得·塔尔 …………………………………… 22

李嘉图社会主义者与李嘉图和马克思的关系（摘译）
　　〔美〕E. K. 亨特 …………………………………………… 45

马克思的市民社会概念的发展
　　〔英〕G. 亨特 ……………………………………………… 65

斯密、黑格尔和马克思论国家与市民社会
　　〔美〕肯·莫里森 …………………………………………… 85

马克思经济学和现代经济理论
　　〔波〕奥·兰格 ……………………………………………… 89

关于生产方式 ·········· 105

资本主义生产方式的必然性与偶然性
　　——兼论马克思论述中的两种逻辑
　　〔美〕贾森·里德 ·········· 107

对社会生产公式的再思考
　　冯文光 ·········· 120

黑格尔的目的性理论和马克思的劳动过程理论
　　〔日〕吉田文和 ·········· 128

生产的社会化：马克思对此是如何理解的
　　〔俄〕尤里·奥列伊尼科夫 ·········· 155

马克思论科学的经济作用
　　〔美〕内·罗森堡 ·········· 170

关于前资本主义经济制度 ·········· 185

马克思恩格斯对前资本主义经济制度的分类和分析
　　〔美〕F.L.普赖尔 ·········· 187

马克思的亚细亚生产方式概念和历史哲学的理论上的不可能性
　　〔希腊〕亚尼斯·米利奥斯 ·········· 213

关于"原生形态"概念的历史
　　——马克思著作中的原始社会概念
　　〔苏〕Н.Б.特尔-阿科皮扬 ·········· 228

关于资本主义 ·· 245
关于马克思著作中名词"资本主义"使用的考证
徐 洋 ·············· 247
"资本主义"概念的起源和传播
〔日〕重田澄男 ·············· 267
马克思和韦伯：资本主义批判
〔法〕米歇尔·洛威 ·············· 279
关于马克思恩格斯著作中资本主义分析和社会构想的关系问题
〔德〕米歇尔·亨利希 ·············· 292
马克思关于资本主义全球化的论述
〔日〕平子友长 ·············· 304

关于价值理论 ·· 313
马克思的价值理论的社会内容
〔德〕弗·彼特里 ·············· 315
马克思的价值决定理论及其现实意义
冯文光 ·············· 345
当代马克思主义价值理论的迫切问题
〔苏〕Н.А.科尔明　〔第比利斯〕Г.О.诺季阿 ·············· 358
知识产权与马克思的价值理论
〔美〕迈克尔·皮瑞曼 ·············· 365

从自然与人为两分的角度再论马克思的价值形式和哈耶克的规则
　　〔韩〕洪　勋 …………………………………………… 373
从阿尔都塞的视角反思马克思的价值形式分析
　　〔希〕约翰·米利奥斯 …………………………………… 402
"新辩证法"与价值形式理论的谬误
　　〔荷〕古利莫·卡歇迪 …………………………………… 421

关于地租理论 ……………………………………………… 449

马克思发展地租理论概要（摘译）
　　〔苏〕米·泰尔诺夫斯基 ………………………………… 451
农业化学和马克思地租理论的发展
　　〔苏〕米·泰尔诺夫斯基 ………………………………… 459

马克思经济理论与资产阶级经济学

马克思经济理论在其不同发展阶段上的成熟标志[*]

〔苏〕维·维戈茨基

马克思经济理论不是在一天内产生出来的。马克思花了四十年的艰巨劳动才写成《资本论》。他的理论在不同的时期具有不同的成熟程度,为了不把那些严格说来完全不是马克思的思想和判断强加给马克思,不把那些在他的理论进一步发展中已经消除或已经发生根本变化的思想和判断强加给他,确定每个时期的理论成熟程度是很重要的,这是很自然的事。

很明显,对理论本身在其发展的每个具体阶段上的情况进行分析,是解决这个问题的主要办法。但是,并不是经常可以进行这种分析的,因为有一系列的时期(例如,1849—1856年时期),并没有马克思政治经济学方面的专门理论著作来代表。此外,对马克思经济学理论在其发展某个阶段上的实质进行分析,并不能总是得出同样意义的结果。例如,对马克思四十年代后半期的著作的分析(《哲学的贫困》和《雇佣劳动与资本》),使卢森贝得出了在我们看来是不正确的结论,实际上他对马克思在这些著作中所发展的经济理论的成熟程度作了过高的评价。卢森贝断言,似乎《哲学的贫困》已经奠定了剩余价值理论的

---

[*] 本文选自《马列主义研究资料》1982年第1辑。

"基础"，而《雇佣劳动与资本》包含了这个理论的"核心"。①

另一个例子是，列昂节夫在研究卡·马克思1857—1858年手稿时断言，这个手稿已提出"《资本论》第三卷所阐述的利润率和生产价格学说的最主要论点"②。我们认为，列昂节夫夸大了1857—1858年手稿的成熟程度，因为马克思是在《剩余价值理论》（1862年）中第一次制定平均利润和生产价格理论的。

我们在本文中要考察马克思经济理论成熟程度的某些标志，这些标志是理论实质的外部表现，是从理论得出的结论，因而可以成为理论本身的补充说明。正像物理学家根据粒子在摄影感光版上所留下的影像得出这些粒子本身性质的结论，地质学家研究火山现象而得出地球内部结构的结论一样，马克思主义史学家也能根据马克思经济理论的某些外部表现来判断马克思如何发展这个理论。这些表现究竟是什么呢？

I

可以断言，马克思对资产阶级古典政治经济学的态度，在相当大程度上是马克思本身经济学观点的成熟标准。研究古典政治经济学——马克思主义的源泉之一——对马克思来说就是对现实进行研究的形式之一。马克思对资产阶级政治经济学进行批判和制定他自己的经济理论，这是二者合一的过程，这个过程也表现在马克思经济著作的双重标题中："资本论。政治经济学批判。"

---

① 《十九世纪四十年代马克思恩格斯经济学说发展概论》，北京：生活·读书·新知三联书店1958年版，第244、266页。

② Л. А. 列昂节夫：《马克思〈资本论〉初稿》，莫斯科1946年版，第75页。

马克思对资产阶级政治经济学的看法经历了重大的演变过程，这同马克思对资本主义生产方式的理解的演变过程相一致。马克思在1844年关于李嘉图《政治经济学原理》的批判注释中，完全否定了李嘉图的劳动价值论。① 恩格斯在他的《政治经济学批判大纲》（1844年）中也反对劳动价值论，否定资产阶级社会条件下有等价交换的可能性。恩格斯写道："实际价值和交换价值间的差别就在于物品的价值不等于人们在买卖中给予它的那个所谓等价物，就是说，这个等价物并不是等价物。"② 后来，马克思在1861—1863年的手稿中对恩格斯的这个论点作了如下说明："恩格斯……试图说明交换价值和价格的区别时，也用了与此相似的见解：只要商品按照它的价值进行交换，商业是不可能的。"③

到1847年，马克思（似乎也有恩格斯）改变了自己竭力否定古典政治经济学的态度。马克思在《哲学的贫困》中似乎就对进一步研究经济学定出了出发点：首先应当批判地研究亚·斯密和大·李嘉图的理论。马克思强调指出："李嘉图的价值论是对现代经济生活的科学解释。"④

然而，马克思在《哲学的贫困》阶段还是完全站在李嘉图的价值理论的立场上。马克思在这里还没有克服古典学派的经济理论，因而也还没有制定他自己的理论。马克思在《哲学的贫困》中引用了概述李嘉图价值理论的许多话，但没有对此作任何批判。《哲学的贫困》中所

---

① 《马克思恩格斯全集》（MEGA）第Ⅰ部分第3卷德文版第502、494页。
② 《马克思恩格斯全集》第1版第1卷第606页。
③ 1861—1863年手稿第1本第12页（见《马克思恩格斯全集》第1版第47卷第28页）。
④ 卡·马克思：《哲学的贫困》，北京：人民出版社1965年版，第38页。

包含的对资产阶级政治理论的批判涉及的是它的一般方法论基础：它所固有的反历史主义，把资本主义经济规律看作永恒的自然规律。马克思在《哲学的贫困》中所引用的一切基本的价值规定同李嘉图所作的规定是一致的。例如，马克思说，在竞争条件下，价值"是由可能生产它的**最低限度的**时间来确定"①。在这里，马克思说明价值是必要劳动的产物。但是，在《哲学的贫困》中马克思所引用的一段引文中，李嘉图对价值也作了这种规定。李嘉图说："我们把劳动看做是物品价值的基础，而把生产物品所必需的劳动量看做确定互相交换的商品数量时所依据的标准。"② 接着，马克思在《哲学的贫困》中谈到由于技术进步而跌价的问题，但同时又强调指出，"李嘉图已指出这个事实"③。

在《哲学的贫困》中，必要劳动这个概念在马克思那里还以最一般的形式出现。在这里，马克思还没有把这个概念当作自己关于资本主义条件下社会劳动独特性的学说的组成部分。在《哲学的贫困》中，还没有基本的价值规定可以把马克思的劳动价值理论和李嘉图的劳动价值理论区别开，——社会必要劳动的耗费决定价值，这种劳动只是通过自己在交换过程中的异化证实自己的社会性质。换句话说，在《哲学的贫困》中，还没有抽象劳动是创造价值的劳动这个概念。在1857—1858年手稿中，马克思第一次制定了自己的价值理论，从而克服了李嘉图的理论。

马克思在1851年4月2日给恩格斯的信中对亚·斯密和大·李嘉图在政治经济学史上所占的地位，作了明确的评价。马克思写道："实

---

① 卡·马克思：《哲学的贫困》，北京：人民出版社1965年版，第51页。
② 卡·马克思：《哲学的贫困》，北京：人民出版社1965年版，第37页。
③ 卡·马克思：《哲学的贫困》，北京：人民出版社1965年版，第50页。

际上，这门科学从亚·斯密和大·李嘉图时代起就没有什么进展。"①但应当说，在这个时期，马克思还没有完全摆脱对资产阶级古典经济学的一定程度上可以说是伤感主义的看法。1853年3月马克思在给《纽约论坛报》的通讯中是这样写的："首先是把本国居民弄到赤贫的境地，而当从这些一贫如洗的人的身上再也榨不出任何利润的时候，当他们成为妨碍收入增长的一种负担的时候，就把他们赶走，然后来结算自己的纯收入！这就是李嘉图在他的名著'政治经济学原理'中所阐明的学说。"② 接着，马克思在证实自己的思想时引用了李嘉图《原理》中的话，然后又引用对李嘉图这个论点进行批判的西斯蒙第的话。当然，马克思接着就指出，他并不同意西斯蒙第的意见，因为西斯蒙第竭力保存过时的生产关系。但是，马克思在这里也同李嘉图进行论战，这并不是什么秘密。

1862年马克思写作《剩余价值理论》，并在写作过程中最终克服了资产阶级政治经济学古典学派的经济理论，特别是斯密—李嘉图关于价值和生产价格相等同的论断。同时马克思对李嘉图的观点做出了最深刻和全面的评价。值得注意的是，与此同时可以看到，马克思1853年所批判的李嘉图的同一段引文，在《剩余价值理论》中却被用来作为例子说明"李嘉图科学上的公正"③。

II

马克思在1857—1858年手稿中第一次制定了自己的价值理论，手

---

① 《马克思恩格斯全集》第1版第27卷第246页。
② 《马克思恩格斯全集》第1版第8卷第617页。
③ 《马克思恩格斯全集》第1版第26卷第2册第134页。

稿的这个部分称为《货币章》，开头就是批判蒲鲁东的小资产阶级货币论。这种情况有深刻的理由。因为货币是商品价值的表现形式，——而且是最明显表现出来的形式，——是价值的必要的外部表现。马克思在批判资产阶级的和小资产阶级的政治经济学的时候，因而在研究对象的时候，开始总是从外部表现进到内部实质。他似乎是逐步地深入到资本主义的现实内部中去。① 所以，他从考察货币理论开始写作1857—1858年手稿，然后才从货币转而论述商品的价值。马克思后来在《资本论》中写道："我们实际上也是从商品的交换价值或交换关系出发，才探索到隐藏在其中的商品价值。"② 马克思在这个研究过程中表明，货币理论是价值理论的直接结果，因此资产阶级的和小资产阶级的错误的货币理论是资产阶级古典政治经济学错误的价值理论（包括劳动价值理论）的结果。

因此，在马克思看来，理解货币范畴就是理解价值的标准。但这种说法同样也适用于马克思本身的理论。**马克思货币理论的成熟程度，是他的价值理论的成熟程度的标志。**

马克思在四十年代写的著作中基本上同意李嘉图的价值理论，从而同意李嘉图的货币理论。在《哲学的贫困》中，马克思还主张货币数量论，这个理论的基础就是把货币只看成流通手段（马克思自己在1859年2月25日给恩格斯的信中注意到这个事实）。马克思在《哲学的贫困》中写道："在一切商品中，只有作为货币的金银不是由生产费用来确定的商品；这一点是确实无疑的，因为金银在流通中可以用纸币

---

① 值得注意的是，在这方面可以看到，马克思是从批判李嘉图的货币理论和地租理论来开始论述五十年代初自己经济学研究的最初成果的（见他1851年1月7日和2月3日给恩格斯的信）。

② 《马克思恩格斯全集》第1版第23卷第61页。

来代替。"① 这就是李嘉图和大多数资产阶级经济学家所坚持的典型的货币数量论。马克思以后（在1857—1858年手稿中）制定了自己的价值理论，也批判了李嘉图的货币数量论。马克思在那里指出："李嘉图的货币理论……完全被推翻了。"②

必须指出，在《哲学的贫困》中，马克思就已提出在以个人交换劳动产品为基础的生产方式条件下必须存在货币的问题。同时，马克思强调指出，蒲鲁东感到不安的问题，——为什么只有金银才执行货币职能，——是"一个次要问题，这个问题不应当用生产关系的总体系来解释，而应当用金银作为一种物质所固有的特性来解释"③。马克思提出了在商品生产条件下必须存在货币的问题，但在《哲学的贫困》中还没有解决货币理论的这个根本问题。只有在马克思制定他的价值理论的过程中，才有可能解决这个问题，解决这个问题是这个价值理论的成果之一。

马克思1851年2月3日给恩格斯的信证明，马克思当时还没有制定自己的货币理论，因而也不可能对李嘉图的数量论进行彻底批判。

因此，马克思在1857—1858年手稿中制定货币理论，这同时是一个重要标志，说明马克思在这个手稿中第一次创立了他自己的价值理论。

III

马克思在写作1857—1858年手稿的过程中第一次创立了自己的剩余价值理论，开始从资本主义生产方式的深处的范畴，如价值和剩余价

---

① 卡·马克思：《哲学的贫困》，北京：人民出版社1965年版，第67页。
② 《马克思恩格斯全集》第1版第46卷上册第68页。
③ 卡·马克思：《哲学的贫困》，北京：人民出版社1965年版，第63页。

值，上升到较"表面的"范畴。在这个手稿中，马克思制定了作为剩余价值转化形式的利润学说，接近于发现作为价值转化形式的生产价格，发现平均利润和生产价格的规律。但在1857—1858年手稿中，马克思还没有展开自己的平均利润和生产价格的理论，这里还没有马克思主义观点所理解的生产价格的范畴。

表明上述说法正确性的重要标志之一，就是在1857—1858年手稿中（以及在此以前马克思的所有著作中），还根本没有详细制定马克思主义的地租理论，首先是绝对地租理论。地租理论在论证平均利润和生产价格时所起的作用，就像货币理论在论证价值理论时所起的作用是一样的：绝对地租理论是平均利润和生产价格理论的直接结果，因而是这后一理论正确与否的试金石。马克思自己把地租论称为"价值和生产价格的区别的例解"①。马克思的平均利润和生产价格理论来源于以下基本事实：价值和生产价格通常并不直接一致，只有生产价格总额才同价值总额相一致。价值和生产价格的差额形成绝对地租。相反，李嘉图的平均利润和生产价格理论是建立在价值和生产价格直接相等的基础上的。李嘉图在这个基础上否认绝对地租的存在，尽管这是违反事实的。因此，**绝对地租理论是从平均利润和生产价格论得出的直接结论，从而是平均利润和生产价格理论成熟的标准**。

上面已经指出，在1857—1858年手稿中，马克思是从批判蒲鲁东的货币理论开始制定自己的价值理论的；在1861—1863年手稿，在《剩余价值理论》中，同样也是从批判洛贝尔图斯的绝对地租理论开始制定自己的平均利润和生产价格论的。马克思在这种批判过程中转而制定平均利润和生产价格论，然后作为这个理论的结论，阐述了自己的绝

---

① 《马克思恩格斯全集》第1版第26卷第1册第447页。

对地租理论。

在《剩余价值理论》中第一次提到平均利润和生产价格规律，是在1862年1月，第一次深入研究这个规律是在1862年春，而马克思到1862年7—8月才全面论述平均利润和生产价格规律。在这个时期，马克思给恩格斯写了一些信，详细谈到他在平均利润和生产价格理论，以及与之有密切联系的地租理论方面的发现。①

马克思1862年制定了平均利润和生产价格论以及地租理论，这同时表明他完成了剩余价值理论，而这使得他能考虑继续发表已经中断发表的自己的经济学著作。大家知道，马克思正是在1862年年底决定把自己的著作名为《资本论》并单独出版的，而不是作为《政治经济学批判》第二分册出版。从1863年开始，马克思直接致力于准备发表他的完整的经济理论的工作。

IV

社会主义革命是资本主义社会经济矛盾发展的必然结果，这个结论是马克思和恩格斯所揭示的唯物史观的最重要的成果。由此就产生了重视研究资产阶级社会经济运动规律的必要性。资产阶级政治经济学没有也不可能揭示这个规律，因为它不是把资产阶级生产方式看成运动的和发展的东西，而是看成一种固定不变的东西。但是，马克思也不是一下子，而是通过他所进行的经济研究才揭示这个规律的。（马克思在《资本论》第一卷序言中指出，他在《资本论》中提出的"最终目的"就

---

① 《马克思恩格斯全集》第1版第26卷第1册第75—76页，第1版第3册第256—257页，第1版第30卷第251、265—270、276—277页。

是揭示资产阶级社会的经济运动规律。）表明马克思在每一时期内在制定自己的经济理论方面，从而在制定资产阶级社会的经济运动规律方面，究竟前进到了怎样程度的重要因素之一，是马克思对经济危机和革命形势之间的相互关系的看法。

马克思和恩格斯对经济危机问题始终不渝地表现出很大的兴趣。这是可以理解的。在危机时期，隐藏在深处的资本主义生产方式的对抗性矛盾爆发出来，从根基上动摇整个资产阶级社会。但问题不只是在这里，而且主要不在这里。在四十年代和五十年代（直至1859年）这个时期，马克思和恩格斯把革命形势的到来和危机直接联系在一起。在《共产党宣言》中，马克思和恩格斯谈到"在周期性的循环中愈来愈危及整个资产阶级社会生存的商业危机"①。马克思和恩格斯在四十年代创立了未来的经济危机理论的某些要点，但当时在一定程度上过高估计了它们的破坏力。

马克思在1849年12月认为，革命事件将使他没有可能制定自己的经济理论。他12月9日写信给魏德迈说："我几乎不怀疑，还没来得及出三期或许两期月刊②，世界大火就燃烧起来，而《政治经济学》连写完草稿的机会也没有了。"③ 马克思和恩格斯在1850年写道："新的革命只有在新的危机之后才有可能，但是新的革命的来临象新的危机的来临一样是不可避免的。"④ 这里完全肯定了革命和危机之间有直接依赖关系。马克思和恩格斯正确地强调指出社会主义革命的客观性，在这里还直截了当地说明这个革命是由危机决定的。但是，马克思在上述给魏

---

① 《马克思恩格斯选集》第1版第1卷第256页。
② 《新莱茵报。政治经济评论》。——维戈茨基注
③ 《马克思恩格斯全集》第1版第27卷第538页。
④ 《马克思恩格斯全集》第1版第7卷第514页。

德迈的信中所说的即将到来的"工业、农业的和商业的大危机"并没有到来，革命也没有到来，而马克思从1850年下半年开始又埋头于经济学研究了。

整个1851年充满了对危机这种革命形势的序幕的期待。"刚刚收到你的来信，信中展示了商业危机的很可喜的前景"（马克思，7月31日）。"破产的现象在利物浦和伦敦已经开始出现了"（恩格斯，9月1日）。"肮脏的澳洲黄金恐怕阻止不了商业危机……我们这里就会发生严重得一定使你感到高兴的生产过剩"（恩格斯，9月23日）。"这里的危机到底怎样发展，还很难说……无论如何，目前存在着种种征兆，这是再也无可怀疑的了；已经可以预见到，甚至可以有把握地说，大陆上明年春季的动荡将和非常严重的危机同时到来"（恩格斯，10月15日）。"由于各种事件……而被抑制的危机，最迟在明年秋天一定爆发。根据最近一些事件，我比任何时候都更确信，没有商业危机，就不会有重大的革命事件"（马克思，12月27日）。①

1852年初就已很清楚，危机最近不会到来。恩格斯在8月24日写道："我不相信繁荣时间会超过10月或11月……至于危机是否马上会导致革命——所谓马上，是指六至八个月以后——，这取决于危机的强度。"②

马克思在五十年代孜孜不倦地经常对资本主义经济进行分析，这使得马克思在1855年就预言经济危机已临近，众所周知，这次危机是1857年才到来的。因此，马克思和恩格斯急待革命形势的来临。"这一次将是从来没有过的末日审判：全欧洲的工业完全衰落，一切市场都被

---

① 《马克思恩格斯全集》第1版第27卷第309、353、362—363、382—383、620页。

② 《马克思恩格斯全集》第1版第28卷第115页。

充斥……一切有产阶级都被卷入漩涡,资产阶级完全破产,战争和极端的混乱。我也认为,这一切将会在1857年出现"(恩格斯,1856年9月27日)。"革命不会很快再找到象现在这样美好的有利形势"(恩格斯,11月17日)。"革命临近了"(马克思,1857年7月11日)。①

1857年秋季,非常严重的经济危机爆发了,而从10月中起,像马克思自己所说的"发狂似地"制定经济理论的工作开始了。马克思竭力"在洪水之前",在他当时认为是不可避免的革命来临前就建立无产阶级政治经济学的基础。但是,1857年的危机并没有导致人们如此急待的革命的爆发。马克思在写作1857—1858年手稿和《剩余价值理论》(1862年)的过程中制定了自己的危机理论。马克思指出,资本主义制度下生产过剩危机的基本特性之一,就是危机的周期性,其基础是固定资本的更新;马克思强调指出,"永久的危机是没有的"。马克思指出,经济危机是"资产阶级经济一切矛盾的现实综合和强制平衡",同时是生产力增长的重要加速器。危机驱使资本主义生产"突破自己的界限,迫使资本主义生产飞速地达到——就生产力的发展来说——它在自己的界限内只能非常缓慢地达到的水平"。②

因此,经济危机是资本主义社会经济矛盾的表现,但它本身还完全不能证明,资本主义生产方式已用尽了自己发展的一切可能性。还在1859年1月,在《政治经济学批判》这一著作的序言中,马克思就作了重要的结论:"无论哪一个社会形态,在它们所能容纳的全部生产力发挥出来以前,是决不会灭亡的。"③对确立这个论点具有重大意义的,

---

① 《马克思恩格斯全集》第1版第29卷第75—76、82、145页。
② 《马克思恩格斯全集》第1版第26卷第2册567、582页,第3册第130页。
③ 《马克思恩格斯全集》第1版第13卷第9页。

无疑是马克思在这个时期创立的剩余价值理论。1862 年在《剩余价值理论》中制定了平均利润和生产价格的理论,以及经济危机理论,这就最终形成了马克思在我们所考察的这个问题上的观点。

很值得注意的是,马克思 1879 年 4 月 10 日给丹尼尔逊的信证明,马克思对经济危机在资本主义发展中的作用所持的立场有所改变。马克思写道:"在英国目前的工业危机还没有达到顶峰之前①,我决不出版第二卷②。这一次的现象是十分特殊的,在很多方面都和以往的现象不同……因此,必须注视事件的目前进程,直到它们完全成熟,然后才能把它们'消费'到'生产上',我的意思是**'理论上'**……不论这次危机可能怎样发展——仔细观察这次危机,对资本主义生产的研究者和职业理论家来说是极其重要的——,它总会象以前的各次一样地过去,并且会出现一个具有繁荣等等各个不同阶段的新的'工业周期'。"③ 在这里,我们看到马克思对危机问题的看法跟他在四十年代和五十年代的看法不同了。马克思在这里也把经济危机看作资本主义经济的重要现象,从而看作科学地观察和研究的重要对象。但他现在并不把危机的来临直接同革命形势联系起来。他并不急于出版《资本论》尚未发表的卷次,反而拖延它们的出版,因为他想仔细研究当时经济危机的各种现象。

---

① 这里是指 1873 年的世界经济危机,其主要发源地是美国和德国,七十年代末危机也波及英国。——维戈茨基注

② 马克思当时打算以一卷即第二卷的形式出版《资本论》第二卷和第三卷。——维戈茨基注

③ 《马克思恩格斯全集》第 1 版第 34 卷第 345、346 页。

V

恩格斯把马克思的经济理论叫做"工人阶级政治经济学的科学表述"①。从这方面来说，马克思运用他所创立的理论原理去解决工人运动、工人阶级经济政策的具体问题的那些著作，具有特别的意义。一方面把《雇佣劳动与资本》、《共产党宣言》，另一方面把《工资、价格和利润》这样的著作加以比较就可以看到，马克思在六十年代的著作中对经济理论、对具体运用这些理论去解决工人阶级经济政策的具体问题的论述，根本不同于四十年代中对这个理论的论述。也不可能是另外的情况。因为马克思在 1847 年和 1865 年之间基本上创立了自己的经济学说。**马克思在各个不同时期对工人阶级在其与资本家阶级作斗争中所采取的经济政策所作的实际结论，也证明他的经济理论在这个或那个时期的发展程度。**我们通过马克思对待工会联合会为争取提高工资和从立法上限定工作日的斗争的态度来说明这一点。

必须指出这样一个事实：虽然马克思和恩格斯四十年代就认为工会联合会和工人经济斗争的作用是使工人阶级联合起来的手段，是对工人阶级进行革命教育的学校，但他们当时却低估了工人阶级通过罢工斗争和工会联合会的活动来大大改变自己经济状况的可能性，关于工会联合会，马克思在 1847 年 12 月写道："联合会要求工人负担的费用，在大多数情况下比联合会想争取提高的收入要多。它们不能长久地与竞争规律对抗。"② 恩格斯在 1850 年写道："可见 10 小时工作制法案，从它本

---

① 《马克思恩格斯全集》第 1 版第 16 卷第 411 页。
② 《马克思恩格斯全集》第 1 版第 6 卷第 658 页。

身和它的最终目的来看，毫无疑问是个骗人的步骤，是不适用的，甚至是反动的措施，它本身包含着自己毁灭的根苗。"① 恩格斯认为，1851年12月底爆发的机器制造厂工人要求取消加班劳动和改善劳动条件的罢工，会妨碍经济危机的扩展和革命的来临，他把这种罢工称为"愚蠢的罢工"②。

马克思和恩格斯的这些论点直接来源于他们当时的经济观点。马克思把工资确定为劳动的价值或价格，他在《雇佣劳动与资本》中写道："一般调节商品价格的那些最一般的规律，当然也调节工资，即调节劳动价格……**劳动的价格是由生产费用即为创造劳动这一商品所需要的劳动时间来决定的**……简单劳动的生产费用就是**维持工人生存和延续工人后代的费用**。……这样决定的工资就叫做**最低工资**。"③

马克思和恩格斯在《共产党宣言》中也指出，"雇佣劳动的平均价格是最低限度的工资"④。应当说，最低限度的工资的理论归根到底是重农学派对这个问题所作的纯资产阶级的解释。后来马克思写道："最低限度的工资……构成重农学派的学说的轴心……他们错误地把这个最低限度看作不变的量，在他们看来，这个量完全决定于自然，而不决定于本身就是一个变量的历史发展阶段。"⑤

我们在《工资、价格和利润》中看到对这个问题有了完全不同的提法。马克思在这里认为，劳动力价值是由维持和再生产这个劳动力的生活资料的生产所必需的劳动量决定的。接着他说："但是，**劳动力的**

---

① 《马克思恩格斯全集》第1版第7卷第271页。
② 《马克思恩格斯全集》第1版第28卷第34页。
③ 《马克思恩格斯全集》第1版第6卷第484、485页。
④ 《马克思恩格斯全集》第1版第4卷第481页。
⑤ 《马克思恩格斯全集》第1版第26卷第1册第18—19页。

价值……由于某些特点而与其他一切商品的价值不同。劳动力的价值由两种要素所构成：一种是纯生理的要素，另一种是历史的或社会的要素。"① 必要生活资料只能构成最低限度的劳动力价值。此外，劳动力价值还取决于每个国家形成的"传统生活水平"。最高限度的劳动力价值究竟是什么呢？它不可能被决定，就像最低限额的剩余价值率不能被决定一样。资本家总是追求最高限度的利润，也就是说，他想把工资降到生理上的最低限度，而把工作日扩大到生理上的最高限度。工资的实际水平和工作日的实际长度"只是通过资本与劳动之间的不断斗争来确定……这是斗争双方力量对比的问题"②。

必须指出下述情况：在1853年《纽约论坛报》上发表的一篇文章中，马克思对工人为争取提高工资而进行斗争问题的提法跟四十年代的提法就已经不同了。马克思写道："有这样一种慈善家，甚至社会主义者，他们认为罢工对'工人本身'的利益是极其有害的，并认为自己的主要任务是找到一种能保证固定平均工资额的方法。"同时，在论证中马克思的根据是资本主义发展的周期性，它"不可能有任何这类平均额"③，并造成工资的变动和与此有密切联系的主雇和工人之间的斗争。

这已是不同于四十年代的问题提法。但是，只有从"劳动商品"这个概念转到考察劳动力这种商品，才能使马克思更加深入地分析基本上不同于其他一切商品的这种独特商品，才能不像资产阶级经济学家们那样把劳动和资本之间的关系看作"积累"劳动和直接劳动之间的物的关系，而看作独特的社会关系，即阶级关系，这种关系脱离了工人和资本家之间的阶级斗争就无法理解。从马克思的理论可以得出结论：工

---

① 《马克思恩格斯全集》第1版第16卷第164页。
② 《马克思恩格斯全集》第1版第16卷第166页。
③ 《马克思恩格斯全集》第1版第9卷第190页。

人阶级为争取提高工资和缩短工作日的斗争,是直接由经济的必然性引起的,是直接由于资本想把劳动价值降低到它的生理限度的一般趋势而造成的。马克思强调指出,如果工人放弃"对资本的掠夺行为进行斗争","他们就会沦为一群听天由命的、不可挽救的可怜虫"①。马克思和恩格斯在六十年代对英国议会1847年6月8日所通过的十小时工作日法案有很高的评价,这从上述一切来看是毫不奇怪的。"这一法案对于工厂工人在体力、道德和智力方面引起的非常良好的后果,在工厂视察员每半年一次的报告书中都曾指出过,现在已经成为大家公认的事实了。……十小时工作日法案不仅是一个重大的实际的成功,而且是一个原则的胜利;资产阶级政治经济学第一次在工人阶级政治经济学面前公开投降了。"② 要了解这个论点如何进一步发展,就必须考察马克思1866年提出的从法律上确立八小时工作日的要求。马克思在六十年代对工会联合会的活动作了高度评价,这也是完全可以理解的。马克思写道:"如果说工会对于进行劳资之间的游击式的斗争是必需的,那末它们作为**消灭雇佣劳动制度本身和消灭资本权力的一种有组织的力量**就更为重要了。"③

* * *

本文末尾所列的图表可以清楚地说明,马克思经济理论的发展十分明显地反映在**上面**所考察的**这个理论在其不同发展阶段上的五个成熟标志上**。

---

① 《马克思恩格斯全集》第1版第16卷第168页。
② 《马克思恩格斯全集》第1版第16卷第11—12页。
③ 《马克思恩格斯全集》第1版第16卷第220页。

	四十年代前半期	四十年代后半期	五十年代前半期	五十年代后半期	六十年代前半期
马克思经济理论的发展		建立它的方法论前提	深入制定这个理论；积累实际材料	创立价值理论和剩余价值理论	创立平均利润和生产价格理论
马克思经济理论的成熟标志					
（1）对资产阶级古典政治经济学的态度	否定它的基本结论	承认古典政治经济学科学地说明资产阶级社会；批判资产阶级政治经济学方法论基础。马克思还完全站在古典学派的立场上来理解基本的经济范畴	明确地把斯密和李嘉图评价为资产阶级政治经济学的顶峰	克服古典政治经济学	彻底克服古典政治经济学，同时对它作了较全面和深入的评价
（2）马克思的货币理论				批判李嘉图的货币理论；马克思制定自己的货币理论	
（3）马克思的地租理论		马克思还是完全接受李嘉图的地租理论	开始批判李嘉图的地租理论		马克思批判李嘉图的地租理论和制定自己的地租理论

（续表）

	四十年代前半期	四十年代后半期	五十年代前半期	五十年代后半期	六十年代前半期
（4）经济危机和革命形势		马克思和恩格斯提出了未来的危机理论的某些要点，直接把革命形势的到来同经济危机联系起来，在一定程度上过高估计了危机的破坏力		马克思得出结论："无论哪一个社会形态，在它们所能容纳的全部生产力发挥出来以前，是决不会灭亡的。"	马克思创立了自己的危机理论，确立危机在资产阶级社会发展中所占的实际地位
（5）工人阶级的经济政策		认为工会联合会和经济斗争的作用是对工人阶级进行革命教育的学校；对通过罢工斗争和工会联合会的活动达到改善工人状况的可能性估计不足；"最低限度的工资"的理论	企图从经济上论证工人为争取提高工资进行斗争的必要性		分析劳动力价值。从理论上论证工人阶级为争取缩短工作日和提高工资进行斗争的经济必然性。高度评价工会的活动

（原载苏共中央马列主义研究院马恩室《学报》，1965年第12期）

（鲍世明 译）

马克思在批判分析资产阶级古典政治经济学的资本概念中制定出可变资本和不变资本范畴[*]

〔民主德国〕彼得·塔尔

关于资产阶级古典政治经济学对资本本质的看法

首先,我们想回答一个问题:马克思在资产阶级古典政治经济学那里,关于资本的概念发现了什么?马克思把李嘉图的说法:"**资本,或者说,使用劳动的手段**"[①] 誉为最深刻的定义。马克思认为,这"实际上是他把握资本的真正本质的唯一用语"[②]。可以说,这里说明了整个古典政治经济学所包含的对资本主义的一个本质的认识,那就是绝对必须把资本和劳动相结合,这是获得利润的前提。

"**资本——利润**","所有的古典经济学家"都以这种形式来"说明资本关系本身"。[③] 马克思认为,李嘉图"把资本说成是生产新劳动时

---

[*] 本文选自《马列主义研究资料》1983年第6辑。作者彼得·塔尔系马丁·路德大学政治经济史教授、经济学博士。

① 《马克思恩格斯全集》第1版第26卷第3册第122页。

② 《马克思恩格斯全集》第1版第26卷第3册第122页。

③ 《马克思恩格斯全集》第1版第26卷第3册第555页。马尔萨斯关于资本的定义是:"资本就是用来获取利润的积累起来的财富。"(《马克思恩格斯全集》第1版第23卷注(25)第644页)

所使用的积累劳动"①。他也举出了穆勒关于资本的定义，即资本是"**积累劳动**"②。资产阶级古典政治经济学知道——甚至它的后辈也反映出——，生产劳动是利润（剩余价值）的源泉，而剩余价值积累成的资本就是"积累劳动"。

但是，资产阶级古典学派的这一重要认识并没有贯彻始终。我们想较详细地来说明这一点。马克思认为，物化在资本中的劳动时间也物化在原料中、物化在工具中和物化在劳动价格（也就是维持工人生活的必要生存资料）中。③ 这完全与斯密和李嘉图相似。但是李嘉图说："资本是一国财富中用于生产的部分，由劳动用来获取结果所必需的东西：食物、衣服、工具、原料、机器等组成。"④ 而马克思并没有停留在这些说明上，因为严格来说，从这些说明出发在逻辑上不可能过渡到资本主义所占有的利润。这些说明并没有解决下面这一问题："劳动结果"的价值为什么多于"财富中用于生产的部分"。实际上，在资产阶级古典政治经济学的资本理论中——在利润理论和地租理论中情况则不同——，这个问题根本就没有提出来。

相反，马克思在伦敦研究李嘉图时就已回答了这个问题。他先是引证李嘉图的说法："**资本**是用于将来生产的目的的那部分**财富**。"⑤ 接着，就批判地说明："李嘉图在这里把资本同构成资本的**材料**混为一谈了。财富只是资本的材料。资本总是重新供生产利用的**价值总和**；它不

---

① 《马克思恩格斯全集》第 1 版第 46 卷上册第 269 页。
② 《马克思恩格斯全集》第 1 版第 26 卷第 3 册第 103 页。
③ 参看《马克思恩格斯全集》第 1 版第 46 卷上册第 282 页。
④ 大卫·李嘉图：《政治经济学和赋税原理》，柏林 1959 年版，第 79 页及下一页。
⑤ 《马克思恩格斯全集》第 1 版第 44 卷第 110 页。

单是产品的总和,也不是为了去生产产品的,而是为了去生产价值的。"①

因此,在马克思对资产阶级古典政治经济学的批判中,提出了一个基本问题,这个基本问题就是,"古典政治经济学的缺点和错误是:它把**资本的基本形式**,即以占有别人劳动为目的的生产,不是解释为社会生产的**历史**形式,而是解释为社会生产的**自然**形式,不过它自己已通过它的分析开辟了一条消除这种解释的道路"②。资产阶级古典政治经济学的有缺陷的关于资本的历史规定性,导致他们只是在物质实体的形式上,直接凭经验来理解,把资本理解为生产利润的源泉和"积累劳动"。对于斯密、李嘉图、西斯蒙第和其他人来说,实际上"**只有劳动是生产的,而资本不是生产的**……但是他们不是把资本看作处在**独立形式规定性**上的资本,看作自身反映的**生产关系**,而只是想到资本的物质实体,原料等等。可是这种物质要素还不能把资本变成资本"③。

在《伦敦笔记》和《政治经济学批判大纲》中,我们看到,马克思根据他的唯物史观,认为重要的是,把生产的物质的自然的方面和生产的价值的社会的方面区别开来。他这样做似乎并不是由于他无视社会生产的物质前提。相反,他了解这种关系的辩证法,并指出,自然方面只能存在于它的社会经济规定性中。这是马克思的资本概念中的一个不可放弃的方面,他在五十年代分析资产阶级的资本理论时就已经能够以这个方面为基础,并加以深刻的研究。

进一步研究这个问题之前,需要考察一下这样一些思想家,他们根据李嘉图的看法提供了关于资本的历史性质的最初设想,因而开辟了把

---

① 《马克思恩格斯全集》第 1 版第 44 卷第 110—111 页。
② 《马克思恩格斯全集》第 1 版第 44 卷第 26 卷第 3 册第 556 页。
③ 《马克思恩格斯全集》第 1 版第 46 卷上册第 268—269 页。

资本的物质方面同它的社会方面区别开来的道路。这些思想家当中，首先是乔治·拉姆赛，他认识到，劳动在任何情况下都是生产所必需的，但是劳动不一定必须以雇佣劳动的形式来提供。① 马克思解释说，拉姆赛得出的结论是"建立在雇佣劳动基础上的资本主义生产方式，不是社会生产的必然的即绝对的形式"②。

这样一些异教的观点触及了资产阶级秩序的禁忌。但正是这些观点，给了马克思以深刻的影响。这一点在《伦敦笔记》中可以看到。马克思在那里举出了那些"叛教者"著作中所有重要的地方。但是，只是在《政治经济学批判大纲》和《剩余价值理论》中，这些超出了资产阶级古典学派的观点的作用才得到研究。

这方面可以说明问题的是，马克思在《剩余价值理论》中关于霍吉斯金的说明。他在那里引用了霍吉斯金的观点：资本（就生产资料的意义来说）提供利润，只是"因为它是获得对劳动的支配权的手段"，对此马克思总结说："这里终于正确地抓住了资本的性质。"③

但是，对于分析资本概念中的物质方面和社会历史方面的辩证法来说，这只是提供了一个开端。这个问题还远没有解决。资产阶级古典学派由于从物质上来理解资本，因而不能解决资本的划分或构成问题，这也就阻碍了这个问题的解决。

---

① 参看《马克思恩格斯全集》第 1 版第 26 卷第 3 册第 361—362 页。
② 《马克思恩格斯全集》第 1 版第 26 卷第 3 册第 397 页。
③ 《马克思恩格斯全集》第 1 版第 26 卷第 3 册第 328 页。

资产阶级古典政治经济学中的固定资本和流动资本——混淆和思想混乱

在马克思列宁主义的理论史文献中一般地认为，资产阶级古典政治经济学知道资本划分成固定资本和流动资本，但是还没有阐述不变资本和可变资本。这在原则上是正确的。但是这种说法回避或掩盖了以下问题，即当时使用的固定资本和流动资本的术语，实际上在使用时只是偶然具有正确的概念内容。对这些概念的解释五花八门，让我们根据马克思在《政治经济学批判大纲》中对这个问题的研究来举例说明一下吧，那里几乎有120页是专谈论这个问题的。①

下面我们要集中研究亚当·斯密对资本的划分②，因为在这个问题上他"在政治经济学中引起了许多混乱"③。斯密认为商人的资本是说明什么是流动资本的典型例子，因为商人的资本由商品构成，商人将这些商品卖钱取利，然后购买商品再来出售等等，等等④，从这种考察方式出发，斯密把制造业者或租地农场主的一部分资本也确定为流动资本；当出售或交换一定部分的现有储备或资本时，总是与流动资本有关。因此，租地农场主用来出售的食用牲畜是流动资本；他"靠出卖牲

---

① 参看《马克思恩格斯全集》第1版第46卷下册第121—262页。
② 参看《马克思恩格斯全集》第1版第24卷第10章第211页及以下几页。
③ 《马克思恩格斯全集》第1版第46卷下册第125页。
④ 参看亚当·斯密：《国民财富的性质和原因的研究》第2卷，柏林1975年版，第7、8页。

畜来取得他的利润"①。而在用牲畜来生产牛奶和羊毛时，饲料就只是流动资本，因为饲料离开租地农场主——可以说类似雇佣工人消费的生活资料（？！）那样转给牲畜——，然后"以羊毛价格、牛奶价格……的形态返回"并提供利润。② 关于"社会总资本"，亚当·斯密同样把"其特性是要通过流通，要更换主人而提供收入"③ 的资本理解为流动资本。

斯密认为，固定资本是"不必经过流通，不必更换主人，即可提供收入或利润"④ 的那部分资本。因此，就上例来说，乳畜是固定资本；同样，建筑物、机器、种子（！）、工具等等也属于固定资本。

如果就斯密这一观点的核心来看，那么这里十分令人触目地反映出一个实际事实：利润实际上只有经过资本流通才能占有。资本必须（作为使用价值）离开它的所有者。马克思说明："流动资本最初并不是一种**特殊的**资本形式，相反，它就是……**资本本身**……所以，从这方面来看，每个资本也是**流动资本**。"⑤ 资本流通就是说：生产资本变成流通资本和流通资本又变成生产资本，等等。

亚当·斯密也知道这一点。因此他认为，"生活资料、原料和制成品或者通常在一年内，或在一个较长或较短的期间内会从流动资本中抽

---

① 亚当·斯密：《国民财富的性质和原因的研究》第 2 卷，柏林 1975 年版，第 8 页。

② 亚当·斯密：《国民财富的性质和原因的研究》第 2 卷，柏林 1975 年版，第 8 页。

③ 亚当·斯密：《国民财富的性质和原因的研究》第 2 卷，柏林 1975 年版，第 11 页。

④ 亚当·斯密：《国民财富的性质和原因的研究》第 2 卷，柏林 1975 年版，第 7 页。

⑤ 《马克思恩格斯全集》第 1 版第 46 卷下册第 123 页。

出,或者会变成固定资本"或者会被消费。然后他接着说:"任何固定资本最初都来自流动资本。"① 在这里,亚当·斯密在一定程度上可以说是以流动资本和固定资本的名称来看待资本从流通领域返回到使一定自然物品"固定"为资本的生产领域的运动的。

缺点在于:他把资本的运动,或"同一资本的不同形式规定"与"两个特殊种类的资本"混淆起来了,或说得确切些,等同起来了。② 大致可以说,亚当·斯密是把生产资本和流通资本(商品资本)混同于固定资本和流动资本了。

因此,固定资本和流动资本的构成对于生产资本来说只有一种意义这一事实在斯密那里就更模糊不清了。如果把斯密关于什么资本部分离开主人,什么资本部分不离开主人的标准转用于生产资本,那么就会得出大致关于我们今天所理解的固定资本和流动资本的观念。不过即使从好的方面来解释,斯密在这里也没有对与资本周转有关的这些部分的不同职能作出明确的分析。占首要地位的是物质方面。

所以,亚当·斯密这样说:"不同行业需要的固定资本与流动资本之间的比例极不相同……任何一个手工业者或制造业者的资本,一部分就须固定在工具上。不过,这部分的大小,各业不同,有的行业很小,有的行业很大。"③ 接着是说明,例如与在原料形式上"流动"即运动的资本部分不同,"固定"在一定生产中的资本,其大小由技术的必要性决定。这里可以理解为,在固定资本和流动资本之间有一个技术

---

① 亚当·斯密:《国民财富的性质和原因的研究》第 2 卷,柏林 1975 年版,第 12 页。
② 参看《马克思恩格斯全集》第 1 版第 46 卷下册第 125 页。
③ 亚当·斯密:《国民财富的性质和原因的研究》第 2 卷,柏林 1975 年版,第 7 页。

比例。

斯密以这种物质考察方式为依据,并停留在这种考察方式的范围内,因而他把维持工人生活的生活资料也算作流动资本。这可以从下面这段引文中看出来:"没有流动资本,固定资本就不可能提供任何收入。工作所用的材料,工人生存所依靠的食料,都出自流动资本。没有流动资本,即使最有用的机器和工具,亦不能生产一点东西。"[1] 在这里,资本的物质要素不仅成为使用价值成果的创造者,而且直接与收入,即与利润相联系。

因此,原料和生活资料所以是流动资本,是因为两者在斯密看来都被使用在生产过程中——离开它们的主人,而不是因为它们的价值在任何一个生产过程中都是全部进行周转。

另一方面,斯密在这种物质考察方面也不是始终一贯的。如果他这样做,他实际上就不能把工人消费的生活资料算作流动资本,因为它们并不像原料那样实际加入生产过程。因此,当他研究价值构成时,他也正确地把补充原料的劳动放在中心地位。[2] 但是,他又怕把劳动算作资本。他认为,劳动(不是劳动力商品,众所周知,资产阶级古典政治经济学没有研究这种商品)是用按照使用价值由生存资料构成的资本来购买的,这种观点使他对生存资料和原料不加区别。这只是在涉及资本周转时才是正确的,只要我们把资本支付的工资理解为生活资料的话。但是,在涉及价值和新价值的创造时,这样不加区别在理论上便是错误的。

---

[1] 亚当·斯密:《国民财富的性质和原因的研究》第 2 卷,柏林 1975 年版,第 12 页。

[2] 参看亚当·斯密:《国民财富的性质和原因的研究》第 2 卷,柏林 1975 年版,第 12 页;第 1 卷,第 63 页。

可以说，在这里隐藏着错误的核心。对物质方面和价值方面的辩证法的错误理解，在这里最终也成为斯密在理解资本各构成部分及它们的特殊职能时产生"思想混乱"的主要原因。因此，在把资本划分为可变资本和不变资本之前，他不可能有所前进。

我们所以比较详细地研究亚当·斯密，是因为他的例子可以最好不过地证明：我们绝不能把在区分固定资本和流动资本方面由马克思制定出的明确概念说成是由古典政治经济学制定出的。我们这里不再对李嘉图进行类似的研究了。此外，也没有这个必要，因为他在这方面并没有什么转变。马克思注意到李嘉图"不加批判地接受斯密的这种混同"，对李嘉图来说，甚至"比对亚·斯密本人更加令人烦恼，因为李嘉图和斯密相反，更合乎逻辑地、更鲜明地阐述了价值和剩余价值，实际上是维护亚·斯密的内在部分，而反对亚·斯密的外在部分"①。

一方面，我们看到李嘉图以下的话："维持劳动的资本和投在工具、机器和建筑物上的资本可能结合的比例也是多种多样的。"② 人们几乎可能认为，李嘉图在这里追迹到了可变资本。但是，他不曾把不变资本，而只是把固定资本与"可变资本"相对立；对原料不加考察。此外，并且首先，还是从物质技术范围中提出划分资本的标准。他写道："有的资本损耗得快，必须经常再生产，有的资本消费得慢，根据这种情况，就有流动资本和固定资本之分。"③ 因为他明显地感觉到，这种说法有缺陷，所以他觉得有必要——转不利为有利——加个脚注："这

---

① 《马克思恩格斯全集》第 1 版第 24 卷第 245 页。
② 大卫·李嘉图：《政治经济学和赋税原理》，柏林 1959 年版，第 29 页。
③ 大卫·李嘉图：《政治经济学和赋税原理》，柏林 1959 年版，第 29 页；以及参看《马克思恩格斯全集》第 1 版第 26 卷第 2 册第 195—196 页。

种区分不是本质的区分，其中不能划出明确的界线。"①

因此，我们必须随同马克思一起来举出资产阶级古典政治经济学在阐明什么是固定资本和流动资本时的"弱点和混乱"②。另一方面，有必要随同马克思一起并像马克思那样从这种混乱中揭示出那些可以引导人们去发现对于认识资本本质特别重要的资本结构 c:v 的端倪。

众所周知，马克思对此明确地说："这里我要提醒读者，可变资本和不变资本这两个范畴是我最先使用的。亚·斯密以来的政治经济学都把这两个范畴中包含的规定性，同那种由流通过程产生的形式区别，即固定资本和流动资本的区别混淆起来了。"③ 对于这个问题，我们至今还没有加以研究。这要在以后来研究，因为正是在这一点上决定了以前所达到的认识程度，而这对理解和评价马克思的发现具有重要意义。

在资产阶级古典政治经济学中流动资本与可变资本的等同

由于把资本划分成固定资本和流动资本混同于把资本划分成不变资本和可变资本，所以我们首先来说明上面谈到的亚当·斯密的理论。我们看到，他把工人的生活资料同原料一起看作流动资本，因为两者都"离开"资本所有者，用我们的话来说，它们都以同样方式周转。这种考察方式现在也被用来考察价值创造，说得确切些，用来考察价值转移问题，也就是流动资本的两个组成部分无差别地以生产出来的和实现的

---

① 大卫·李嘉图：《政治经济学和赋税原理》，柏林1959年版，第29页。
② 参看《马克思恩格斯全集》第1版第24卷第216页。
③ 《马克思恩格斯全集》第1版第23卷注（66）第671页。

新产品价值的形式重现的问题。斯密用这种公开的观点掩盖了——与他的隐蔽的观点相反——如下事实：不是生活资料以使用价值形式加入生产过程，而是劳动力的支出，即劳动本身；因而堵塞了认识的道路，不知道正是这部分用来雇用工人的资本，是价值量发生变化的唯一的资本部分。在这一点上，对于政治经济学的进一步的历史认识过程来说，斯密造成的影响是致命的，马克思对此作了如下的说明："这样，由于亚·斯密所下的流动资本的定义，被确定为对于投在劳动力上的资本价值具有决定意义的定义……他就幸运地使他的后继者不可能理解投在劳动力上的那部分资本是可变资本部分。他本人在别处作过的更深刻和正确的阐述并没有取胜，他的这个谬论占了上风。"①

我们可以在斯密的以下说法中找到"更深刻的和正确的阐述"的端倪："制造业工人的劳动一般在他加工的材料的价值上还要加上他自己的维持费的价值和他的主人的利润。"② 或者是："因此，工人加到材料上的价值，这时分成两部分，一部分支付工人的工资，另一部分支付企业主的利润，作为他预付工资和加工材料的资本总额的报酬。"③ 这里与劳动价值论相一致地明确规定了工人创造新价值，这就是说，只有用来购买"劳动商品"的资本部分的价值是可变的，或者，利润（在剩余价值的意义上）与这个资本部分成比例。但是，这是从斯密的说法中得出的逻辑，在他那里，同样，在其他古典著作家那里，明确的说法是找不到的。因此，马克思关于这方面说道："尽管古典经济学从来没

---

① 《马克思恩格斯全集》第1版第24卷第239页。

② 亚当·斯密：《国民财富的性质和原因的研究》第2卷，柏林1975年版，第73页。

③ 亚当·斯密：《国民财富的性质和原因的研究》第1卷，柏林1975年版，第63页；以及参看《马克思恩格斯全集》第1版第26卷第1册第69页。

有表述过这一规律（即 v 对 m 成比例的关系——作者注），但是它却本能地坚持这一规律，因为这个规律是一般价值规律的必然结果。"①

对于资产阶级古典政治经济学来说，在各个不同的方面分别考察投在工资上的资本，是完全理所当然的。② 诚然，所以会这样做，是由于没有掌握这个资本的理论意义，因为，正如马克思曾经说过的，"当我们说到不变资本和可变资本时，指的是资本最初的划分为活劳动和**物化劳动**"③。此外，投在工资上的这个资本被归在流动资本的名称下，部分地甚至与流动资本等同起来④，这样一来，所考察的问题就是与价值创造的问题完全不同的问题了。除了这一切以外，工人的物质生存资料还作为流动资本概念的内容出现在古典政治经济学的观念中，这样一来，整个事情所具有的资本主义的特殊性质就又被掩盖起来了。⑤

以上广泛论述的混乱继续存在。虽然马克思例如注意到马尔萨斯"试图把剩余价值或至少是剩余价值率（……）解释为对可变资本之比，即对用在**直接劳动**上的那部分资本之比"⑥，但同时他又指出，这

---

① 《马克思恩格斯全集》第 1 版第 23 卷第 340 页。

② 参看《马克思恩格斯全集》第 1 版第 24 卷第 10 章和第 11 章。

③ 《马克思恩格斯全集》第 1 版第 26 卷第 3 册第 429 页，以及参看第 1 版第 46 卷上册第 358—359 页。

④ 参看《马克思恩格斯全集》第 1 版第 26 卷第 2 册第 531 页，第 3 册第 294—295 页和第 1 版第 24 卷第 241 页。

⑤ 这方面令人想起马克思的以下说明："可变资本不过是劳动者为维持和再生产自己所必需的生活资料基金或劳动基金的一种特殊的历史的表现形式，这种基金在一切社会生产制度下都始终必须由劳动者本身来生产和再生产。劳动基金所以不断以工人劳动的支付手段的形式流回到工人手里，只是因为工人自己的产品不断以资本的形式离开工人。"（《马克思恩格斯全集》第 1 版第 23 卷第 623 页。）

⑥ 《马克思恩格斯全集》第 1 版第 26 卷第 3 册第 31 页及下一页。

样的结果是陷入"纯粹的儿戏"①。

对古典政治经济学的一系列后辈们的观点的评价则应稍为不同,他们对区分**不变资本和可变资本**的倾向给了马克思很大的推动。在这里首先要提到的是李嘉图学派的拉姆赛和受西斯蒙第影响的舍尔比利埃。

关于拉姆赛,马克思说:"他事实上区分了不变资本和可变资本。"② 他虽然继续使用固定资本和流动资本的名称,但是在他那里固定资本包含有不变资本的一切要素,即也包含有原料;而"**流动资本**只由……已经预付给工人的生活资料和其他必需品构成"③。诚然,拉姆赛犯了与李嘉图和巴顿同样的错误④,他仍然陷于斯密的混乱,"他把这种从直接生产过程得出的资本的划分与流通过程中产生的区别等同起来。这是他墨守政治经济学传统的结果"⑤。

尽管如此,拉姆赛仍然能够从他的区分中得出理论上的结论。他认为,一笔"流动"资本(=可变资本)所使用的劳动量,多于必须用于它自身的生产的劳动量。⑥ 马克思对此说道:"尽管拉姆赛在这里如此接近于剩余价值的真正起源,然而他毕竟受政治经济学传统的束缚太甚,以致又立即走入歧途。"⑦ 拉姆赛也没有能够在劳动价值论的基础上前后一贯地解决资本和劳动之间的交换问题。因为他把资本说成独

---

① 参看《马克思恩格斯全集》第 1 版第 46 卷下册第 62 页。
② 《马克思恩格斯全集》第 1 版第 26 卷第 3 册第 360 页。
③ 《马克思恩格斯全集》第 1 版第 26 卷第 3 册第 361 页。
④ 参看《马克思恩格斯全集》第 1 版第 26 卷第 2 册第 660 页。
⑤ 参看《马克思恩格斯全集》第 1 版第 26 卷第 2 册第 361 页。
⑥ 参看《马克思恩格斯全集》第 1 版第 26 卷第 363 页。
⑦ 《马克思恩格斯全集》第 1 版第 26 卷第 3 册第 363 页。

立的价值源泉，或者没有有意识地研究剩余价值和利润的区分，等等。①

舍尔比利埃的错况也类似。他的功绩是，"实际上把**可变资本**和**不变资本**相对立，而不是停留在从流通中得出的固定资本和流动资本的区分上"②。但是，在这里在价值论和价值创造方面使他感兴趣的不是资本和劳动之间的交换问题，而是由于这两部分资本之间的比例的改变而造成的对劳动的需求的发展趋势。我们还要回过头来说明这个问题。

资产阶级古典政治经济学家知道"劳动价值"，他们知道一部分资本专门预付工资，他们研究出了劳动是利润和地租的创造者，等等。由此产生出一个有趣的问题：为什么资产阶级古典学派在他们这方面的认识上没有向前迈进一步呢？

答案有两个互相交织在一起的方面，这两个方面对于政治经济学的认识过程一般来说是很重要的。阶级界限对于资产阶级经济学来说终究也表现为阻碍充分发现本质的理论界限。

马克思以无与伦比的洞察力研究解决了我们在这里讨论的这方面的理论问题。他写道："可变资本的特征是，一个一定的、既定的（因此它本身是不变的）资本部分……和一个会自行增殖、会创造价值的力即劳动力相交换……投在工资上的那部分资本的这个具有特征的属性……如果……它就作为流动资本而和投在劳动资料上的固定资本相对立，那么，这个属性就会消失……同样，下列事实也被忽视了：由投在工资上的资本加进产品的那部分价值是新生产的（……），而由原料加进产品

---

① 参看《马克思恩格斯全集》第 1 版第 26 卷第 3 册第 363 页及以下几页。
② 《马克思恩格斯全集》第 1 版第 26 卷第 3 册第 401 页及下一页。

的那部分价值却不是新生产的,不是实际再生产的,而只是维持、保存在产品价值中的……这样一来,可变资本和不变资本之间的决定性的区别就被抹杀了,剩余价值形成和资本主义生产的全部秘密……也被抹杀了……于是我们就可以理解,为什么资产阶级政治经济学本能地坚持亚·斯密的这种做法,即把'不变资本和可变资本'的范畴混同于'固定资本和流动资本'的范畴,并且不加批判地在一个世纪中一代一代沿用这种做法。在资产阶级政治经济学那里,投在工资上的那部分资本,和投在原料上的那部分资本根本不加区别,而仅仅在形式上……和不变资本区别开来。因此,理解资本主义生产的现实运动的基础,从而理解资本主义剥削的现实运动的基础,一下子就被破坏了。问题就只是预付价值的再现了。"①

如果说我们强调指出,资产阶级政治经济学在理解资本结构 c:v,从而理解资本一般的本质方面时,因受阶级界限的限制而缺乏明确性,那么我们也决不应该因此而低估对马克思来说也存在的理论认识问题。马克思只是在同资产阶级古典学派进行的长期辩论中和通过辩论的结果,才得以解决混乱。

马克思克服资本划分方面的资产阶级界限

《政治经济学批判大纲》使我们在今天看到了马克思怎样进一步为充分阐明政治经济学的范畴而斗争的生动情景。研究《资本论》的这第一个草稿,可以使我们了解他对资本各个要素在资本主义生产过程中所执行的各种不同的职能的分析过程。

---

① 《马克思恩格斯全集》第 1 版第 24 卷第 243 页及下一页。

马克思很清楚，资本和劳动之间的交换包含着揭示剩余价值的钥匙。因此，他在《资本章》中首先研究这个问题，通过研究而发现工人卖给资本家的是他的劳动能力而不是劳动本身。① 在完成了这种符合于价值规律的交换之后，接着而来的必然是劳动在生产中的进一步的命运。因此，马克思便合乎逻辑地接着分析劳动过程。② 在这里，活劳动同物化劳动，即同原料和工具相结合，结果生产出产品。但是这种使用价值不可能是资本主义生产的目的。但就价值来说，目的也不可能是使现有价值，即材料、工具和"劳动"的现有价值仅仅再现在新产品中，因为"资本价值的这种简单保存是同资本的概念相矛盾的"③。资本唯一关心的是资本的"价值增殖"④，是"剩余价值"⑤。

但是，什么是"资本在生产过程结束时具有的"剩余价值呢？他以经济事实作为内容，即剩余价值"表示物化在产品中的劳动时间即劳动量……大于资本原有各组成部分所包含的劳动量。而这种情况只有当物化在劳动价格中的劳动小于用这种物化劳动所购买的活劳动时间时才是可能的"⑥。从这里出发，马克思详细研究了"物化在资本中的劳动时间"，它"是由三部分组成的总额"："（a）物化在原料中的劳动时间；（b）物化在工具中的劳动时间；（c）物化在劳动价格中的劳动时间。"⑦ 正如我们已经看到的，这也是资产阶级古典政治经济学中的通

---

① 参看《马克思恩格斯全集》第 1 版第 46 卷上册第 250—251 页。
② 参看《马克思恩格斯全集》第 1 版第 46 卷上册第 255 页及下一页。
③ 《马克思恩格斯全集》第 1 版第 46 卷上册第 277 页。
④ 参看《马克思恩格斯全集》第 1 版第 46 卷上册第 280 页。
⑤ 参看《马克思恩格斯全集》第 1 版第 46 卷上册第 282 页。
⑥ 《马克思恩格斯全集》第 1 版第 46 卷上册第 282 页。
⑦ 《马克思恩格斯全集》第 1 版第 46 卷上册第 282 页。

常的划分。但是，后来马克思在这个命题上作出了远远超过一切资产阶级观点的非常重要的规定："a 和 b 这两个资本组成部分是始终不变的，虽然它们在过程中也会改变自己的形态，改变自己的物质存在方式，但**作为价值**，它们是始终不变的。只有 c 被资本用来同性质不同的东西相交换：一定量物化劳动同一定量活劳动相交换。"①

马克思说，"作为价值，它们是始终不变的"，实际上是抓住了不变资本的内容。工人保存已有的旧价值②，但是"资本自行增殖的结果"正是"价值的增加"③。除了在价值上"绝对不变的"④资本部分以外，还有"用来购买活劳动的资本"，这笔资本"一部分是作为工资基金再生产的，一部分是作为剩余价值新生产的"，从而发现了"价值增殖过程"⑤的核心。在这里也阐明了属于可变资本概念的一切内容。

剩下的只还有一个术语问题。在下几页上马克思用"不变资本"这个名称当作投在生产资料上的资本的术语。他把具有花在工资上的资本意义的"雇佣劳动"与之相对立。不久他就说"资本的不变部分与劳动费用相对立"⑥。当他从资本总价值中区分出"资本的不变部分（由材料和机器构成）与资本的可变部分相比，即与资本中同活劳动相交换并构成工资基金的那部分相比"⑦的时候，他终于找到了最终的概念。

---

① 《马克思恩格斯全集》第 1 版第 46 卷上册第 282 页。黑体是作者加的。
② 参看《马克思恩格斯全集》第 1 版第 46 卷上册第 322 页。
③ 《马克思恩格斯全集》第 1 版第 46 卷上册第 329 页。
④ 《马克思恩格斯全集》第 1 版第 46 卷上册第 347 页。
⑤ 《马克思恩格斯全集》第 1 版第 46 卷上册第 348 页。
⑥ 《马克思恩格斯全集》第 1 版第 46 卷上册第 363—364 页。
⑦ 《马克思恩格斯全集》第 1 版第 46 卷上册第 366 页。

从这里起，马克思使用这些用语时意思非常明确，不过这些用语的内容是早就彻底阐明了的。在《剩余价值理论》中也普遍表明，马克思已经解决了这个问题。在这里他泰然自若说明了资产阶级古典政治经济学把固定资本和流动资本混同于不变资本和可变资本，这一点在《政治经济学批判大纲》中还没有指出。

如果有人问，马克思如此决定性地超过了资产阶级古典学派，通过制定出不变资本和可变资本的范畴而掌握了资本价值增殖的本质，其根源何在呢？那就必须指出，他体现了无产阶级的阶级利益，即要求彻底揭掉盖在剩余价值的生产和剩余价值的占有上面的神秘外衣，这是一种推动力。从这个阶级立场出发，马克思就能够依靠唯物主义的和辩证的方法去分析现实，具体到我们的问题，那就是说，他掌握了作为劳动过程和价值增殖过程的矛盾统一的资本主义生产过程。这种复杂的辩证法，斯密和李嘉图从来也没有能驾驭过。①

归根到底，马克思是从方法论出发，把生产，即劳动过程，放到具体历史的社会经济关系的结构中去，这样就使马克思不至于让自己的眼光被经济现象的所谓"永恒的性质"所遮盖。从科学的内在逻辑出发，马克思后来通过揭示生产商品的劳动的二重性这个理解政治经济学的枢纽，为上述问题提供了有说服力的根据。由于一个恰当的说明具有认识上的价值，所以破坏这种方法论原则，结果必遭惩罚。资产阶级古典政治经济学不能发现资本的结构 $c:v$，就特别证明了这一点，它以后的一系列理论上的错误都是与此有关的。

---

① 参看《马克思恩格斯全集》第1版第23卷注（60）第666页。

对不变资本和可变资本缺乏认识在资产阶级古典政治经济学的解体方面所起的作用

马克思和恩格斯认为，李嘉图学派在理论上失败表现在两个问题上，这两个问题阻碍他们去充分认识剩余价值，从而认识资本。这两个问题是：1. 资本和劳动之间的交换，符合价值规律；2. 一般利润率的形成。把剩余价值和利润等同。不理解价值和费用价格之间的关系。①

对资本划分成不变资本和可变资本缺乏认识，在这里应该怎样来说明呢？马克思所谓的第一个理论混乱，我们在前一节中已经根据马克思的肯定回答作了讨论。可以说，在资本划分的事实的逻辑中就已经包藏着发现"劳动力商品"这个范畴的可能性。资产阶级古典政治经济学对这个范畴缺乏认识自然是与以下情况有关：他们在考察与劳动相交换的那部分资本时，把注意力集中在由工人消费的生活资料上。如果说，在生活资料和劳动的这种交换中明显地互相出现了某种不均等的现象，那么就从逻辑上来说，本来应该检查前提条件，并且不把可变资本和不变资本混为一谈。但是他们不是这样做，而宁愿抛弃原来的价值规律（亚当·斯密在从第一个价值理论转向第二个价值理论时就是这样做的），或者一字不提这一困难（李嘉图就是这样做的）。因此，资产阶级古典政治经济学家不能从科学上很好地阐明资本和劳动之间的交换，也与他们的有缺陷的资本理论有关。至于导致古典学派瓦解的第二个缺点，则与我们所谈的问题有密切的关系。完全可以说，所以认识不清资

---

① 参看《马克思恩格斯全集》第 1 版第 26 卷第 2 册第 261 页，以及第 1 版第 24 卷第 24 页及下一页。

本划分成不变资本和可变资本，一个决定性的原因是没有掌握剩余价值和利润，或价值和生产价格的辩证法。

资产阶级古典学派非常清楚，活劳动生产新价值，即工资和利润，这与他们的价值理论相一致。因此，单纯从逻辑上来说，利润也必然是花费在劳动上的那部分资本的结果。例如，在古典学派对工资和利润的基本分析中也包含着这一点。[①] 但是在表面现实中，利润是与全部预付资本有关的。而古典政治经济学也反映了这一点，特别是在这里最直接地表现了资产阶级的利益，即资本的利益。在两种观点之间（后一种观点不单是错误的，而且是描绘了表面的现象），在资产阶级古典政治经济学中缺乏任何理论上的中介过程。

原因何在呢？马克思写道："所有经济学家都犯了一个错误：他们不是就剩余价值的纯粹形式，不是就剩余价值本身，而是就利润和地租这些特殊形式来考察剩余价值。"[②] 这完全是由于资产阶级经济学的至今解释错误的资本理论造成的。说得尖锐而简短一些：这是由于没有认识到，资本的一部分不是转移自己的价值，而是必须再生产出来，因此，对可变资本的错误分析是把剩余价值和利润等同或互相混同的根源。

在谈到斯密时，马克思关于这一点写道："亚·斯密起初把剩余价值，即'企业主'除了'用于补偿他的资本'所必需的价值量以外得到的那个'余额'，归结为工人加到材料上的劳动中超出补偿他们工资的劳动之上的部分；因而，斯密完全是从花费在工资上的那部分资本中得出这个余额的。但是，随后他马上就从利润的形式来考察这个余额，

---

① 参看大卫·李嘉图：《政治经济学和赋税原理》，柏林1959年版，第95页。
② 《马克思恩格斯全集》第1版第26卷第1册第7页。

也就是说，不把这个余额同它所产生的那部分资本联系起来看，而认为它是超出预付资本总价值……之上的余额。"①

在这个问题上马克思同李嘉图进行了多次充分的辩论。② 李嘉图对于马克思来说是最重要的意见相反的人，同时又是马克思找到解决办法的最重要的科学源泉。

这一点在《政治经济学批判大纲》中已经很明显。从对李嘉图的科学批判中，产生出马克思自己的肯定观点。马克思这样说明："**在任何情况下，剩余价值作为利润来考察时所表示的赢利的比率，必定小于剩余价值的实际的比率**。因为在任何情况下，利润都是用总资本来计量的，而总资本总是大于用在工资上的、同活劳动相交换的资本。"③ 这个问题对于马克思来说原则上已解决。

诚然，在《剩余价值理论》中，马克思的论述在理论上的明确程度有了进一步提高，在实质上有了加深。现在，首先要从剩余价值转化为它的表现形式即利润出发来进行精确的理论分析，直到分析平均利润。

让我们来看马克思自己的说明："已经详细证明：剩余价值规律，或者更确切地说，剩余价值率规律（……）不是象李嘉图所解释的那样，直接地、简单地同利润规律相一致，或者说，可以直接地、简单地适用于利润规律；李嘉图错误地把剩余价值和利润等同起来；只有在全部资本都由可变资本组成，或者说，全部资本都直接用于工资的场合，剩余价值和利润才是等同的。"④ 但是，李嘉图正是不懂得，在不变资

---

① 《马克思恩格斯全集》第1版第26卷第1册第70页。

② 参看《马克思恩格斯全集》第1版第26卷第2册第191页及以下几页和第484页及以下几页，以及第3册第70页及以下几页和第193—194页及下一页。

③ 《马克思恩格斯全集》第1版第46卷下册第273页。

④ 《马克思恩格斯全集》第1版第26卷第2册第484页。

本和可变资本构成同一资本量的不同组成部分的比例上的这种极端重要的、影响剩余价值的直接生产的差别。因此马克思可以说:"如果把问题钻得更深一些,李嘉图就会发现,在资本的有机组成部分不同(这种不同最初在直接生产过程中表现为可变资本和不变资本的差别……)的情况下……单单**一般利润率**的存在,就已经决定了有一种不同于**价值**的**费用价格**。"① 但是李嘉图没有找到"确定**一般利润率**的任何途径"②,而且他没有注意到,"有机构成不同从而推动的直接劳动量不同的各资本生产价值相同的商品并提供相同的剩余价值(他把剩余价值和利润等同起来)这一事实,同价值规律乍看起来是矛盾的"③。

当马克思注意到李嘉图在这样普遍地把价值和生产价格,或剩余价值和平均利润等同中也有例外的情况时,他就抓住那些能促使最小萌芽生长的思想,这也证明马克思十分细致。"但是,李嘉图仍然有很大的功绩",马克思以称赞的口气对李嘉图理论的这个方面作了这样的说明:"他觉察到价值和费用价格之间存在着差别,并在一定的场合表述了(尽管只是作为规律的例外)这个矛盾:有机构成不同的资本,就是说,归根结蒂始终是那些使用不同量活劳动的资本,提供相同的剩余价值(利润),而且……提供相同的价值即具有相同价值(更确切地说是费用价格,但是李嘉图把它们混淆了)的商品。"④

在同詹·穆勒的辩论中,马克思阐述了远远超过了整个古典政治经济学的思想:在谈到平均利润时涉及不同投资领域之间的补偿问题,"并不涉及剩余价值的生产,却涉及**剩余价值在不同类别的资本家之间**

---

① 《马克思恩格斯全集》第 1 版第 26 卷第 2 册第 194 页。
② 《马克思恩格斯全集》第 1 版第 26 卷第 2 册第 455 页。
③ 《马克思恩格斯全集》第 1 版第 26 卷第 3 册第 71 页。
④ 《马克思恩格斯全集》第 1 版第 26 卷第 3 册第 72—73 页。

的分配。因此，在这里有意义的是同价位规定本身绝对没有任何关系的观点"①。稍后又这样说："其他领域生产的剩余价值，有一部分会纯粹按照这些在直接剥削劳动方面条件比较不利的资本的数量转给这些资本（这种平均化是由竞争实现的，在平均化的条件下，每一笔个别资本都只是作为社会资本的一定部分出现）。"②

为了说明为什么李嘉图、穆勒等等不能认识到这一点，马克思说："只要理解剩余价值和利润的关系，其次理解利润平均化为一般利润率，这种现象（剩余价值的再分配——作者注）是十分简单的。但是，如果想不经过任何中介过程就直接根据价值规律去理解这一现象，就是说，根据某一个别行业的个别资本所生产的商品中包含的剩余价值即**无酬劳动**（也就是根据直接物化在这些商品中的劳动）来解释这一资本所取得的利润，那么这就是一个比用代数方法或许能求出的化圆为方问题更困难得多的问题……因此，这里实质上不可能解决问题，而只能口头上诡辩地把困难辩解掉，就是说，只能是**烦琐哲学**。"③

正如我们看到的，区分不变资本和可变资本对于马克思看透"资本增殖过程的神秘化"④ 起了非常重要的作用，而资产阶级古典政治经济学还纠缠在其中而不得脱身。

（原载民主德国《马丁·路德大学学报》，第12期，第4—35页）

（王燕华 译）

---

① 《马克思恩格斯全集》第1版第26卷第3册第89—90页。
② 《马克思恩格斯全集》第1版第26卷第3册第90页。
③ 《马克思恩格斯全集》第1版第26卷第3册第90页。
④ 《马克思恩格斯全集》第1版第25卷第41页。

李嘉图社会主义者与李嘉图和马克思的关系（摘译）

〔美〕E.K. 亨特

"李嘉图社会主义者"这个名词已经成为托马斯·霍吉斯金、威廉·汤普逊、约翰·格雷和约翰·布雷的通称。在这四个人当中，霍吉斯金和汤普逊在历史上是最重要的，他们的著作非常具有独创性，说服力强，并且十分深刻。所以，在本文中我只谈他们两人的思想。

通常大家都认为，马克思，至少就其经济理论说来，只是李嘉图的左派信徒，霍吉斯金和汤普逊则几乎总被说成是马克思的先驱者，不然就被说成是马克思经济思想的最早提出者。例如，安东·门格尔（他创造了"李嘉图社会主义者"这个名词）认为，汤普逊是"最杰出的科学社会主义创立人"，从他那里，"首先是马克思和洛贝尔图斯直接或间接地获得了自己的见解"。① 同样，多产的社会主义思想史学家G. D. H. 科尔认为，"汤普逊……在系统地阐述关于剩余价值和资本主义剥削理论方面，是马克思的重要的先驱者；他的著作［《财富的分配》］无疑是早期社会主义著作家在这方面的最好的著作"。②

---

* 本文选自《马列主义研究资料》1982年第5辑。

① 安东·门格尔：《对工人劳动产品的权利》，伦敦1899年版，第51页。

② G. D. H. 科尔：《威廉·汤普逊》，载《社会科学百科全书》第13—14卷，纽约1937年版，第621页。

所以，经济思想史学家对汤普逊和霍吉斯金的典型描述是：他们发展了古典经济学家的劳动价值论学说的社会主义形式，并且在这样做的时候，系统地至少是简要地提出了现在普遍认为是马克思创立的经济理论。我认为这种描述基本上是错误的。那种认为马克思只是从古典经济学家那里把劳动价值论简单地拿过来的广为流传的看法同样是错误的。

本文一部分是简略地探讨马克思和古典政治经济学家之间的学术关系，其余部分则把霍吉斯金和汤普逊的思想放在那种关系中来考察。

马克思与古典政治经济学

首先必须指出，马克思关于哪些人组成古典学派的看法和我们现代的看法不同。我们算在那一范畴的某些思想家——最著名的是斯密和李嘉图——马克思也认为是古典政治经济学家。他赞扬这些经济学家的洞察力，批评他们的缺点。我们算在那一范畴的另一些思想家——最著名的是萨伊、西尼耳和巴斯夏——马克思称为"庸俗"政治经济学家，他对他们只有轻视（他对詹·斯·穆勒的各种不同的提法是清楚的，可能反映出穆勒著作的折衷主义的性质）。

在马克思看来，庸俗政治经济学的特点，是把一切社会的和经济的关系和行为都化为一系列的市场交换。庸俗经济学家以同下述三段论法相类似的论证来解释人的一切相互作用：

> 一切交换对双方都是互利的，
> 人的一切相互作用都能够化为交换，
> 所以，人的一切相互作用对双方都是有利的。

巴斯夏是庸俗政治经济学最突出的代表。他深信"发生交换这一事实本身就证明,交换必须对订约双方都有利;否则,就不会发生交换。因此,任何交换都代表双方的利益"①。在这样确立了对一切人的普遍而和谐的交换利益之后,巴斯夏宣称:"交换是政治经济学,它就是社会本身。"② 正如我在别处说过的,现代新古典政治经济学只不过是对巴斯夏的这种说法加以较完整或较不完整的阐述。③

在庸俗政治经济学看来,人们之间的社会关系只是表现为商品的价格或者物与物之间的关系。这就是马克思所说的商品拜物教,在其中,"生产者……的私人劳动的关系……不是表现为人们在自己劳动中的直接的社会关系,而是表现为……物之间的……关系"④。

这些庸俗经济学家认为,工资、租金、利息和利润似乎都只是商品价格的各种不同的名称,因此,只是物之间各种各样的关系。斯密和李嘉图的巨大功绩,在于他们能够把社会劳动看成实质,而商品价格只不过是社会劳动的形式。但是,在马克思看来,无论是斯密还是李嘉图都不能理解他们自己的科学见解的含意,因为他们也受资本主义社会的拜物教观点的影响:"在资本—利润(或者,更好的形式是资本—利息),土地—地租,劳动—工资中,在这个表示价值和一般财富的各个组成部分同财富的各种源泉的联系的经济三位一体中,资本主义生产方式的神

---

① 弗雷德里克·巴斯夏:《经济和谐论》,新泽西州普林斯顿1964年版,第66页。

② 弗雷德里克·巴斯夏:《经济和谐论》,新泽西州普林斯顿1964年版,第59页。

③ E. K. 亨特:《经济思想史,批判的看法》,加利福尼亚州贝尔蒙特1969年版,第11、12、15、18章。

④ 参看《马克思恩格斯全集》第1版第23卷第89—90页。

秘化……已经完成……古典经济学……在直接生产过程中把商品的价值和剩余价值归结为劳动……这样，它就把上面那些虚伪的假象和错觉……揭穿了。这是古典经济学的伟大功绩。然而，甚至古典经济学的最优秀的代表……也还或多或少地被束缚在他们曾批判地予以揭穿的假象世界里。"①

李嘉图最重要的见解是，价格是社会劳动的分配形式。他的不足之处在于：他没有认识到社会劳动的这种分配形式是社会劳动的成果具有商品形式的那种社会的历史特点，因此，这种见解是具有历史局限性的见解。此外，在马克思看来，劳动者的产品采取商品形式的社会，"是资产阶级生产的最一般的和最不发达的形式"②。在这样的社会中，为私人占有而进行的商品生产的逻辑本身，将保证资源、所生产的生产资料和人的生产能力本身最后私有化和商品化，也就是说，逻辑将保证资本主义的生产方式。

在资本主义经济中，劳动价值论不可避免地集中在李嘉图所说的"土地产品要在三个社会阶级之间"③进行分配的斗争上。剩余价值是劳动力价值和劳动力的使用所创造的价值的差额。工资获得者和剩余价值获得者是争取劳动产品的对抗性的对手。李嘉图是这样来谈论问题的："工资上涨时利润就必然低落，这一点岂不是再清楚也没有了吗？"④

但是，社会冲突（从劳动理论推演出来的结论）意味着变革。而社会变革意味着社会经济制度，如封建主义和资本主义，都有其自身的

---

① 《马克思恩格斯全集》第1版第25卷第938—939页。
② 《马克思恩格斯全集》第1版第23卷第99页。
③ 大卫·李嘉图：《政治经济学和赋税原理》，伦敦1962年版，第1页。
④ 大卫·李嘉图：《政治经济学和赋税原理》，伦敦1962年版，第68页。

生命过程。它们诞生、成熟、衰落和死亡。李嘉图恰恰否认这一点。李嘉图认为社会只可能有两种状态,即贫穷的、不文明的状态和富裕的、文明的状态。① 在这两种状态中,存在着完全相同的社会的和经济的关系。只不过这些关系在一种状态中比在另一种状态中更加发展而已。

从李嘉图的资本概念可以看出他的经济理论中这种非历史观点的最严重的后果。不是把资本看成反映或象征资本主义特有的社会关系,而是看成一切生产的普遍的面貌。商品、价格、货币和市场——资本所采取的各种形式——也被视为人类社会的普遍的面貌。

李嘉图在讨论斯密关于"社会早期原始状态"中捕猎野鹿和海狸的猎人的著名例子时写道:"即使是在亚当·斯密所说的那种早期状态中,虽然资本可能是由猎人自己制造和积累的,但他总是要有一些资本才能捕猎鸟兽。没有某种武器,就不能捕猎海狸和野鹿。所以这类野物的价值不仅要由捕猎所需的时间和劳动决定,而且也要由制备那些协助猎人进行捕猎工作的资本所需的时间和劳动决定。"②

李嘉图对资本下的定义,是"一国用于生产的那一部分财富"③。这个定义同马克思所下的定义形成鲜明的对照,马克思在他所有经济著作中一再重复他下的定义:"资本不是物,而是一定的、社会的、属于一定历史社会形态的生产关系,它体现在一个物上,并赋予这个物以特有的社会性质。……资本是……社会某一部分人所垄断的生产资料,同活劳动力相对立而独立化的这种劳动力的产品和活动条件。"④ "资本越来越表现为社会权力,这种权力的执行者是资本家,它和单个人的劳

---

① 大卫·李嘉图:《政治经济学和赋税原理》,伦敦1962年版,第177页。
② 大卫·李嘉图:《政治经济学和赋税原理》,伦敦1962年版,第13页。
③ 大卫·李嘉图:《政治经济学和赋税原理》,伦敦1962年版,第53页。
④ 参看《马克思恩格斯全集》第1版第25卷第920页。

动所能创造的东西根本没有任何关系；但是资本表现为异化的、独立化了的社会权力，这种权力作为物，作为资本家通过这种物取得的权力，与社会相对立。"①

很清楚，在马克思看来，李嘉图的科学洞察力并没有使他摆脱拜物教，那是庸俗政治经济学的唯一特点。马克思写道："资产阶级经济学特有的拜物教……把物在社会生产过程中获得的社会的经济的性质，变为一种自然的、由这些物的物质本性产生的性质。"② 李嘉图的资本概念是这种拜物教的一个重要例证，这是再清楚不过了。

托马斯·霍吉斯金对价格、利润和资本的看法

托马斯·霍吉斯金作为一位著作家，具有长期的、不同的写作生涯。他的大部分著作和文章都是探讨经济和政治问题的。③ 他在自己最初的两本书中，谴责人们从财产所有权得到的收入是不公正的。他在1813年出版的《论海军训练》中写道，财产造成一种"不公正的和有

---

① 《马克思恩格斯全集》第1版第25卷第294页。
② 《马克思恩格斯全集》第1版第24卷第252页。
③ 他写了五本书：《论海军训练，说明它对军官思想、人的思想和社会的一部分坏影响》，1813年出版；《德国北方的旅行，描写那个国家特别是汉诺威王国的社会政治制度、农业、制造业、商业、教育、艺术和风俗的现状》，1820年出版；《保护劳动反对资本的要求，或资本非生产性的证明。关于当前雇佣工人的团结》，1825年匿名出版；《通俗政治经济学》，1827年出版；《财产的自然权利和人为权利的比较》，1832年出版。他还写了大量文章，大部分发表在1844—1857年《经济学家》杂志上。

害的影响"①。这是因为财产"完全是……从每天干活的工人那里拿来交给游手好闲的绅士的"②。但是,却只有很少的论证来支持这样的论断,并且也没有试图去了解价值或利润的起源。

在1818年和1819年期间,他写了《德国北方的旅行》。在这部著作中再次对利润和地租进行谴责:"地主和资本家什么也不生产。资本是劳动的产物,利润不过是那一产物的一部分,这一产物被无情地强夺,只允许劳动者去消费他自己生产的东西的一部分。"③

虽然"资本是劳动的产物"的概念包含了劳动价值论的种子,但是在这本书中并没有发展这一理论。而利润和地租被看成是合法的劫掠。霍吉斯金把它们说成是社会划分为阶级的结果,在这个社会中,富人控制立法过程,从而使他们的影响、财富和权力永久存在。他认为,"法律……是……一个特殊阶级所运用的靠牺牲他人而使自己发财致富的工具"④,并且大多数法律的存在"只是为了保护财富"⑤。

---

① 托马斯·霍吉斯金:《论海军训练,说明它对军官思想、人的思想和社会的一部分坏影响》,伦敦1813年版,第173页。

② 托马斯·霍吉斯金:《论海军训练,说明它对军官思想、人的思想和社会的一部分坏影响》,伦敦1813年版,第192页。

③ 托马斯·霍吉斯金:《德国北方的旅行,描写那个国家特别是汉诺威王国的社会政治制度、农业、制造业、商业、教育、艺术和风俗的现状》第2卷,爱丁堡1820年版,第9页。

④ 托马斯·霍吉斯金:《德国北方的旅行,描写那个国家特别是汉诺威王国的社会政治制度、农业、制造业、商业、教育、艺术和风俗的现状》第2卷,爱丁堡1820年版,第27页。

⑤ 托马斯·霍吉斯金:《德国北方的旅行,描写那个国家特别是汉诺威王国的社会政治制度、农业、制造业、商业、教育、艺术和风俗的现状》第2卷,爱丁堡1820年版,第228页。

霍吉斯金鼓吹的纠正这种社会不公正现象的办法，就是废除政府和法律。虽然霍吉斯金在《德国北方的旅行》中没有提到可能影响过他的一些著作家，不过他的思想似乎反映出葛德文和斯密的影响。他认为，他所处的时代充满了一种"渴望立法的病态愿望"①。他把大多数贫穷和悲惨的现象归因于现有的法律制度。

霍吉斯金在李嘉图的《政治经济学和赋税原理》于1817年出版后不久就研究这部著作。他对李嘉图著作的最初反应是不好的和反感的。② 1820年5月28日霍吉斯金在给弗朗西斯·普拉斯的一封信中写道："我不喜欢李嘉图先生的主张，因为这些主张替现在的社会政治形势辩护，并且限制我们对于未来改进的希望……这就是我对这些主张抱有偏见……的原因，我真心实意地公开承认我的偏见。"③ 在这封信中，他描述了来自亚当·斯密的价值论，他认为这种价值论是对李嘉图的价值论的驳斥。他认为，最初在价格中反映的只是工资。但是，由于私有财产的法律，价格上升到如此程度，以致它既包括付给地主的地租部分，也包括付给资本家的利润部分。④

在1825年出版的《保护劳动反对资本的要求》中，霍吉斯金主要是想驳斥认为利润是从资本的生产性得到的收益这种看法。他对价格决

---

① 托马斯·霍吉斯金：《德国北方的旅行，描写那个国家特别是汉诺威王国的社会政治制度、农业、制造业、商业、教育、艺术和风俗的现状》第2卷，爱丁堡1820年版，第446页。
② 1819年6月霍吉斯金写信给弗朗西斯·普拉斯批评李嘉图的理论。见弗朗西斯·普拉斯：《私人通信》第2卷（英国博物馆）。
③ 弗朗西斯·普拉斯：《私人通信》第2卷（英国博物馆）。
④ 弗朗西斯·普拉斯：《私人通信》第2卷（英国博物馆）。

定的分析是简短的，只是重复包括在他给普拉斯的信中的思想。① 1827年他在《通俗政治经济学》中再次详细阐述了他对斯密的价值论的看法。但是，他在这部著作中详细说明了他的所有关于价值理论的早期著作中所包含的区别，而那也许就部分地说明把霍吉斯金的价值论同李嘉图的价值论错误地等量齐观的原因。② 区别存在于"自然价格"和"社会价格"之间。"**自然的**或必要的价格的意思是……自然要求于人的、人可能用于生产任何商品的全部劳动量……自然过去只需要过去的劳动，它现在只需要现在的劳动，它将来只需要将来的劳动。劳动过去就是劳动，现在和以后都是同自然交往的唯一的购买货币。还有对价格的另外的描述，我给这种描述起一个名字，叫做**社会的**描述；这是被社会规章提高了的自然价格。"③

把自然价格"提高"而形成社会价格的"社会规章"，是给地主和游手好闲的资本家提供不劳而获的收入的法律。因此，社会价格必定包括地租、利润和工资。

与李嘉图不同，霍吉斯金并不认为，在现代资本主义社会中，体现在商品生产中的劳动决定商品的价值。相反，他追随亚当·斯密之后，认为价格是由工资、地租和利润的总和决定的。但是，与斯密和斯密的大多数比较保守的信徒不同，霍吉斯金认为，私有财产的法律（通过它们而取得地租和利润）是违反自然的，因此是不公正的。

根据霍吉斯金的看法，利润和地租是使价格提高的一种强加的、违反自然的生产成本，从社会来说，是不需要它们的。之所以不需要它

---

① 托马斯·霍吉斯金：《保护劳动反对资本的要求》，伦敦1922年版，第75—76页。
② 托马斯·霍吉斯金：《通俗政治经济学》，纽约1966年版，第219—235页。
③ 托马斯·霍吉斯金：《通俗政治经济学》，纽约1966年版，第219—220页。

们，是因为它们只代表生产者付给那些对他们有控制权的人的贡金，并**不代表**对生产过程内在**必需**的任何东西的支付。为了证明这一点，霍吉斯金认为必须驳斥那种把资本说成是一个单独的、独立的生产要素的看法。

他的驳斥是以对资本的性质的考察为根据的。他按照古典经济学的惯例，首先考察流动资本的性质，然后考察固定资本的性质。他认为流动资本是积累的生活资料的基金，如果没有它，工人在他们劳动制造商品的期间，就不能维持生活。① 霍吉斯金接着论证说，实际上这样的基金并不存在，至多也是为数甚微的和无关紧要的。②

霍吉斯金所说的"固定资本"，是指"他［工人］用来减轻他的费力程度或者保护他的产品的工具……机器……和建筑"③。他论证说，首先，"所有的工具和机器都是劳动产品"④；其次，它们不由劳动来使用就是无用的，也就是说，它们本身什么也不生产；⑤ 第三，它们需要劳动经常使用，以维持它们；⑥ 第四，大部分固定资本不代表资本家手

---

① 托马斯·霍吉斯金:《保护劳动反对资本的要求》，伦敦1922年版，第35—36页。

② 托马斯·霍吉斯金:《保护劳动反对资本的要求》，伦敦1922年版，第38—50页。

③ 托马斯·霍吉斯金:《保护劳动反对资本的要求》，伦敦1922年版，第52页。

④ 托马斯·霍吉斯金:《保护劳动反对资本的要求》，伦敦1922年版，第54页。

⑤ 托马斯·霍吉斯金:《保护劳动反对资本的要求》，伦敦1922年版，第56—58页。

⑥ 托马斯·霍吉斯金:《保护劳动反对资本的要求》，伦敦1922年版，第59—60页。

中的积累,而是不断地被并存劳动用掉和重新创造出来。①

尽管霍吉斯金坚信资本主要是关于一个阶级用强力来剥夺另一阶级的产品这样一种社会关系,但他并不是社会主义者。他认为生产资料的私人所有制是由自然决定的。违反自然的财产所有制的现存形式同那些合乎自然而公正的形式之间的区别,是1832年出版的他的最后著作《财产的自然权利和人为权利的比较》的论题。他写道:"自然把每一个人的劳动所生产的东西给予每一个人,正如她把他自己的身体给予他一样。"② 当资本被想象为只是生产出来的生产资料的时候,资本就成为过去劳动的产物和对现在劳动和未来劳动的必要帮助。因此,合乎自然的资本所有制就会既降临到生产资本,然后又降临到用资本进行生产的工人身上。霍吉斯金认为,资本归不从事生产的人所有是违反自然的,并且是绝大多数社会弊病的根源。允许一个人由于毫无根据的所有权而拿走不是他生产的一部分东西的任何法律,都是违反自然的。霍吉斯金谴责现今的财产权的捍卫者:"他们认为合乎自然的,以及他们看不出有理由要予以考虑的财产权,只是法定的,只是由立法者规定和批准的……立法的权力长久以来就是属于那些不从事贸易而从事战争,不懂手艺而懂抢劫和劫掠的人——现在仍然属于他们的后代……现在欧洲立法者是这些人的后代——具有他们的看法和习惯,并且根据他们的原则行事——这些人不知道创造任何财富,他们是靠占有他人的产品为生。自然没有把财产给予他们,他们所有的一切都是他们用暴力从得到

---

① 托马斯·霍吉斯金:《保护劳动反对资本的要求》,伦敦1922年版,第54页。

② 托马斯·霍吉斯金:《财产的自然权利和人为权利的比较》,伦敦1832年版,第28页。

自然给予的财产的那些人手里抢来的。"①

霍吉斯金认为,在理想的社会中,收入不可能来自毫无根据的所有权。只有劳动者才能有资本,并且他们只能有在他们的生产活动中对他们个人有帮助的资本。② 只有在这样的社会中,才没有必要把利润和地租算进价格中去,自然价格和社会价格才会相等,李嘉图的价值论才是真实有效的。③ 霍吉斯金相信,工人的自我教育就足以导致这些改革④,有时他的文章中流露出下面这样的思想:他相信这一改革过程在他那个时代已在顺利进行⑤。

在这一理想社会中,一切生产都是为了市场上的交换。霍吉斯金为自由市场的好处所进行的辩护,是以下述论证为依据:在自愿进行的交换中,双方所得到的东西对他们的效用,比他们放弃的东西的效用要大。为自由交换所进行的这种标准功利主义的辩护贯穿了霍吉斯金的全部著作。同宣扬自由市场的看不见的手的大多数功利主义辩护士一样,他鼓吹废除对供求的任何限制,不管是政府、个人或集团所加的限制,一律废除。

---

① 托马斯·霍吉斯金:《财产的自然权利和人为权利的比较》,伦敦1832年版,第32页。

② 这一思想表现在霍吉斯金的最后三部著作中:《保护劳动反对资本的要求》,第86—105页;《通俗政治经济学》,第243—257页;《财产的自然权利和人为权利的比较》,第101页。

③ 参看托马斯·霍吉斯金:《通俗政治经济学》,第219—235、243—250页。

④ 托马斯·霍吉斯金:《保护劳动反对资本的要求》,伦敦1922年版,第26—29、98—102页。

⑤ 托马斯·霍吉斯金:《财产的自然权利和人为权利的比较》,伦敦1832年版,第101页。

威廉·汤普逊对霍吉斯金的批判

威廉·汤普逊是一个欧文主义的霍吉斯金批判者。他承认霍吉斯金的理想制度比现存的资本主义社会有很大的改进，但他列举出在市场经济的"个人竞争**原则本身**"中"似乎是固有的五大弊病"。①

竞争性的市场经济的第一个弊病，是每一个"劳动者、手艺人和买卖人都把任何其他人［看成］竞争者、对手"。并且每个人都看到……"［他或她的职业］与公众之间的第二竞争，第二领颉颃"。② 因此，"利己原则必然……在所有普通的生活事务中［占统治地位］"③。例如，在竞争性的市场条件下，"疾病流行是符合所有医务人员的利益的，否则他们的生意就会减少十倍甚至一百倍"④。实行社会的、预防性的医疗制度是绝对不符合医务人员的利益的。其他很多职业以努力创造或促成对它们的产品或服务的强烈需求的办法来得到类似的利益，即使在社会不需要这些产品或服务也能得到好处的地方情况也是这样。这种弊病在市场社会中是无法纠正的，因为"个人的报酬……处处都与德行的原则相对立；制度所允许的对公共弊病的唯一纠正办法，就是同行业的个

---

① 威廉·汤普逊：《最能促进人类幸福的财富分配原理的研究》，伦敦 1850 年版（1834 年第一次出版），第 258 页。

② 威廉·汤普逊：《最能促进人类幸福的财富分配原理的研究》，伦敦 1850 年版（1834 年第一次出版），第 259 页。

③ 威廉·汤普逊：《最能促进人类幸福的财富分配原理的研究》，伦敦 1850 年版（1834 年第一次出版），第 257 页。

④ 威廉·汤普逊：《最能促进人类幸福的财富分配原理的研究》，伦敦 1850 年版（1834 年第一次出版），第 259 页。

人之间的私人竞争,这种办法是发展较小的弊病以减轻大的弊病。……几乎一切坏事和罪恶都是从追逐私利以获得个人财富开始的。这些坏事和罪恶,在一定程度上来说,必然要继续下去,直到自我的利益不同他人的利益相对立为止"①。

在市场经济中个人主义的追逐财富所固有的第二个弊病,是压迫妇女。这种压迫本身就是弊病,并且它还导致巨大的经济上的浪费。汤普逊认为,个人主义的追逐财富只是与个人的核子似的家庭相一致的。在个人的家庭之内,"家庭里的一切单调乏味的琐屑事情"必须在"一定的时间内做完"。如果"很多家庭联合起来……[形成]一个为它们预备食物和为它们教育孩子的共同基金"②,妇女就能摆脱这些单调乏味的工作。但是,如果在它们的生活的所有其他方面,它们继续像在资本主义制度下那样进行个人主义竞争,这样一种合作安排就不能维持下去。或者是"合作安排[会]使大家……彼此和睦友爱",而后者又会导致"互相合作和平等享受联合劳动产品"的完美制度,或者是利己主义盛行,"对个人花费和享受的爱好"将会破坏这一安排,而重建核子似的家庭。③

在个人主义竞争制度中,男人具有较大的力气这种"动物的、体力上的优越之处",加上"知识、公民权和政治权利方面"的强制的不平等,使妇女"继续注定处于奴隶所处的隔绝状态和做单调乏味的工作,

---

① 威廉·汤普逊:《最能促进人类幸福的财富分配原理的研究》,伦敦1850年版(1834年第一次出版),第259—260页。

② 威廉·汤普逊:《最能促进人类幸福的财富分配原理的研究》,伦敦1850年版(1834年第一次出版),第260页。

③ 威廉·汤普逊:《最能促进人类幸福的财富分配原理的研究》,伦敦1850年版(1834年第一次出版),第260页。

她们的一切行动都要服从其他人的支配，她们的工作和责任限于照顾她们的丈夫和孩子在家庭中的舒适……她们［从未上升到］社会存在的地步"。① 但是，这完全是个人主义竞争制度的结果，而不是两性之间的固有差别的结果。随着工业技术的发展，体力很少成为较高生产率的源泉，"妇女如果得到同样的训练……［可能］……同男人一样生活"②。但是，汤普逊视为社会平等的必要前提的这种生产平等，需要一个以合作和分享而不是个人主义竞争为基础的社会。

汤普逊关于对妇女的压迫的叙述是十分值得重视的。他对于这种压迫的性质和后果的理解，从很多方面来说，都比几乎半个世纪以后约翰·斯图亚特·穆勒的理解要高明。遗憾的是，穆勒关于对妇女压迫的分析受到广泛的赞扬，而汤普逊的分析则几乎被人忘得一干二净。汤普逊以此为题所写的著作的特色可以从下面的引文看出来："也许，把在专制制度下或者在共和国中都普遍盛行的关于人类的一半即妇女的制度叫做田间或家庭奴隶制是再合适不过的，这一半人类被虚情假意地称之为人类中最可爱的、最单纯的、最优秀的部分——对于妇女说来，男人是世界上最可爱、最令人感到愉快的人，正如对于男人说来，妇女是这样的人一样，因此，至于可爱以及类似的废话，都是一路货色。自然给予妇女较少的力量，使妇女遭受巨大的身体上的不便和痛苦，而男人是没有这些不便和痛苦的。难道由于这些理由，男人就应该给这些自然

---

① 威廉·汤普逊：《最能促进人类幸福的财富分配原理的研究》，伦敦1850年版（1834年第一次出版），第261页。

② 威廉·汤普逊：《最能促进人类幸福的财富分配原理的研究》，伦敦1850年版（1834年第一次出版），第261页。

的、不可避免的弊病再加上本来可以避免的人为的限制和弊病吗？"①在这段引文之后，是关于压迫妇女不仅破坏妇女幸福而且最终也破坏男人幸福的长篇极有见识的探讨。他的分析是要表明，"整个社会的"幸福与"男人和女人的一般才智"，被保持性别上不平等的种种方式所妨碍或引入歧途。②

市场竞争的第三个弊病是市场无政府状态造成的经济不稳定。只要竞争性的市场来分配资源，就会产生经济不稳定，失业、浪费和社会苦难。"个人竞争原则本身造成的第三个弊病，是它必然有时导致无利可图的或不明智的个人努力方式，这是因为个人头脑进行判断的余地是有限的……在得到同样保证的情况下，每个人都会具有使其劳动极富成效所必需的体力和脑力，每个劳动者也是资本家，绝大多数这些弊病无疑都会消失。但是，只要个人竞争仍然存在，每个人必须为自己判断他所从事的职业取得成功的机会。仅仅一个判断的错误……可能造成严重的灾难，甚至毁灭。在个人竞争体制的最好形式下，这类情况看来是不可避免的。"③

竞争性的市场社会的第四个弊病，是这种社会不能消除资本主义的很多没有保障的情况——它们来自对市场的依赖。竞争性的市场社会培

---

① 威廉·汤普逊：《最能促进人类幸福的财富分配原理的研究》，伦敦1850年版（1834年第一次出版），第213—214页。

② 威廉·汤普逊：《最能促进人类幸福的财富分配原理的研究》，伦敦1850年版（1834年第一次出版），第214页。汤普逊在下面几页中讨论了性别歧视。在1827年第一次出版的他的著作《对劳动的酬劳，劳动要求和资本要求的调和》（纽约1969年版）中，也讨论了性别歧视。他还写了一本完全是分析对妇女的压迫的著作，书名是《妇女，人类的一半的呼吁》，于1825年出版。

③ 威廉·汤普逊：《最能促进人类幸福的财富分配原理的研究》，伦敦1850年版（1834年第一次出版），第261—263页。

育的利己主义和自私自利造成这样一种形势即"对于畸形、疾病、老年，或者对于人生中遇到的大量事故，没有适当的……帮助"①。

市场竞争的第五个弊病，是它把贪婪和个人利益置于获得知识之上，从而阻碍知识的发展和传播。"因此，把新的和好的东西向竞争者隐藏起来，是伴随个人竞争的必然现象……因为个人竞争使最强烈的个人利益同德行的原则相对立。"②

汤普逊得出结论说，霍吉斯金的理想的竞争性的市场社会同资本主义相比是一个惹人注目的改进，而对市场的依赖却仍然会带来大量社会弊病。他认为最好的社会形式是一个有计划的、合作的社会主义社会。这样的社会由互相协调的、自治的、合作的共同体组成，每一共同体有五百至两千人。

在这样的共同体中，人们能够自由地从公共仓库中领取生活必需品。儿童受到集体照顾，睡在公共宿舍中，而成年人则住在小房间。有公共厨房设备供每个人使用。没有性别上的分工——烹调，抚养孩子，以及妇女做的其他种种单调乏味的工作，由大家轮流承担。一切人都精于多种行业，经常变换工作，以消除工作的单调性。每一共同体的任何成年人都要经常参加必要的进行协调或管理的机构。每人都能免费受到最好的教育。保证政治上、思想上和宗教上的绝对自由。最后，一切财富均共同管理和分享，所以不可能由于物质财富的分配而产生令人厌恶

---

① 威廉·汤普逊：《最能促进人类幸福的财富分配原理的研究》，伦敦1850年版（1834年第一次出版），第263页。

② 威廉·汤普逊：《最能促进人类幸福的财富分配原理的研究》，伦敦1850年版（1834年第一次出版），第267页。

的区别。① 汤普逊关于合作的、社会主义的共同体的观点，总的说来，反映了他那个时代欧文主义运动中大多数人的观点。在那一运动的整个历史中，他是欧文之后该运动最有影响的代表。汤普逊对一个有计划的、合作的、社会主义社会的描述，是社会主义思想史上最早的和最详尽的描述之一。

但是，汤普逊不是一个革命的社会主义者。他厌恶暴力，并且相信他的合作社会主义的方案如果被广泛了解的话，就具有几乎是普遍的号召力。一旦绝大多数人认识到来自这样的社会的好处，他深信他们就会自愿地、和平地去创造这样的社会。

李嘉图社会主义者同李嘉图和马克思的关系

对于李嘉图社会主义者说来，最重要的问题，是他们在清除李嘉图所犯的商品拜物教错误时，是否能够保持并且还依靠李嘉图的劳动价值论的见解。如果他们成功地做到这一点，那么确实可以说，他们不仅是马克思的先驱者，而且也是连接马克思和李嘉图的环节。

很清楚，霍吉斯金没有做到这一点。他直言不讳地谴责李嘉图的劳动价值论。他关于资本的概念虽然很清楚地与马克思的资本概念相类似（并且也确实受到马克思的称赞），却与他的理论的其余部分没有有机的联系。他对普遍有利的竞争性市场的赞扬表明，他实际上离"庸俗"政治经济学比离古典政治经济学更近。

从某些方面来看，汤普逊的优点和缺点同霍吉斯金正好相反。他一

---

① 威廉·汤普逊：《最能促进人类幸福的财富分配原理的研究》，伦敦1850年版（1834年第一次出版），第269—367页。

点也不迷信竞争性的市场交换。但是，劳动价值论在他的手中不是了解资本主义作用的工具，而是用于鼓吹社会主义的道德标准。马克思对这种方法的批判（在《哲学的贫困》和其他地方）是众所周知的，不必在这里重复。实际上，可以把汤普逊看成是一个经济理论家，因为他详细地阐述了关于自由市场分配资源的内在不稳定性这一很有见地的理论。他作出的不利于资本主义而有利于社会主义的判决，主要是道德上的判决。他的道德论证是第一流的，很有说服力，他却几乎没有把李嘉图对资本主义如何起作用的见解加以发展。

马克思的理论吸收了所有这些理论家的著作中的某些部分的事实，并不能作为证据，表明他是他们每人的激进部分的折衷主义的综合者。劳动价值论在马克思的极其不同的理论模式中，同它在李嘉图体系中具有性质上不同的意义。同样，马克思关于资本是强制性的社会关系的观点同霍吉斯金的观点，以及马克思承认竞争性的商品生产违反人性的观点同汤普逊的观点，也具有性质上不同的意义。在马克思的体系中，对这三部分中的每一部分的理解，都必然牵涉到对其他两部分的理解。实际上，在马克思手中，这些见解中的每一个都不过是一个内部连贯的理论的一个不同的方面，如果要充分了解它们，那就要求在它们同其他见解（以及同他的理论的其他部分）的内在相互联系上来进行了解。

无论把马克思说成是李嘉图的信徒或者是李嘉图社会主义者的信徒，都有把广泛流传的对马克思的误解永久化的危险。正如尊敬李嘉图的新古典学派理论家已经做的那样，更重要的是，正如斯拉法的很多"新李嘉图主义"追随者已经做的那样，在李嘉图的关于经济范畴的拜物教观点中，可以很容易地抽出他对于价格的潜在的社会基础的见解，因为这种见解与李嘉图理论的其余部分没有内在联系。对于霍吉斯金和汤普逊的见解说来，情况也是这样。确实，当这些见解中的每一种见解**在指**别的见解**以及**被别的见解**所指**的时候，就具有全新的质的内容，通常在马克思理论中情况就是这样。

（原载美国《科学和社会》杂志，1980年夏季号）

（陈国雄 译）

马克思的市民社会概念的发展*

〔英〕G. 亨特

自从安东尼奥·葛兰西的《狱中札记》发表以后,"市民社会"这个概念便在马克思主义政治理论中广泛传播开来。从古典自由理论到马克思主义理论对这个概念的运用常常被认为是合理的,其依据都是马克思本人在他的著作中对这个概念的运用。然而,在马克思创建自己的经济理论和政治理论的40多年中他对这个概念的理解发生了极大的变化,对此马克思主义的,特别是葛兰西学派的理论家皆未给予充分注意。事实上,到他的成熟著作时期为止,这个概念已不再是一个主要的理论概念,而被作为商品交换关系的一种意识形态上的表述,它掩盖了更基本的剥削性的生产关系。许多当代马克思主义者建立的理论体系存在的一个严重缺陷是忽视马克思对市民社会的批判。①

一、这个概念的三个阶段

马克思并没有直接摆脱他从黑格尔那里吸取的"市民社会"这个

---

* 本文选自《马克思恩格斯列宁斯大林研究》1996年第2辑。

① 这篇文章的早期文本提交于1983年在蒙特利尔召开的第17次世界哲学代表会议,标题为"对市民社会的解剖"。

自由派的概念，而黑格尔是从英国和法国的自由主义①理论家那里获取这个概念的。我们可以把马克思的思想中关于这个概念的发展②分为三个阶段：

1. 早期阶段：在马克思1843年在巴黎开始研究经济学之前，这个概念是同"国家"相对立的。在诸如《黑格尔法哲学批判》和《论犹太人问题》这些著作中"市民社会"概念对马克思的分析至关重要。他对这个概念的理解基本上是黑格尔式的，尽管他以典型的费尔巴哈式的形式把市民社会同国家的关系颠倒过来。

2. 过渡阶段：马克思开始从事经济学研究，并开始分析这个概念的被歪曲的或"意识形态上的"特点，但还不能解释这个概念的本质内容，因为他关于社会的"物质"基础的思想仍然太抽象。"市民社

---

① 参看约翰·洛克：《政府论 下篇》，T. P. 皮尔多编，印第安纳波利斯1952年版，第8章第54页；J. J. 卢梭：《社会契约论》，G. D. H. 科尔译，伦敦1913年版，第254页；亚当·福格森：《市民社会史论》，爱丁堡1966年版；F. 黑格尔：《法哲学原理》，牛津1952年版。

② 这种不一致并非来源于阿尔都塞在《保卫马克思》伦敦1969年版第33页及以下几页中指出的四个方面的不一致。阿尔都塞谈到的不一致中有几点我不赞同。例如，如果在马克思思想的发展中存在"认识论上的断裂"的话，那么它出在1844年的《经济学哲学手稿》中，而不是出在《关于费尔巴哈的提纲》和《德意志意识形态》中，"两个不同的理论原理"的概念是一种令人误解的夸张。但是，根据阿尔都塞的纲要，把"市民社会"概念的发展坚持到底会取得很大的批判性成果。例如，对我来说似乎是这样的，1845年以前的著作正如阿尔都塞说的部分是"意识形态的"，但是关于马克思对"市民社会"概念的运用，阿尔都塞并没有考察，而只是顺便提了一下。就我所知，他是唯一指出"'市民社会'的概念"——个人的经济行为世界及其意识形态起源——从马克思著作中消失的人。阿尔都塞：《保卫马克思》，伦敦1969年版，第110页。

会"在此阶段意味着总的"社会关系"。例如:《经济学哲学手稿》、《关于费尔巴哈的提纲》、《德意志意识形态》、《哲学的贫困》。

3. 成熟阶段:19世纪50年代末,当马克思发现把"劳动力"同"劳动"区分开来的重要性时,这个概念的意识形态方面便得到了充分的阐释,作为一个基本的理论概念的"市民社会"便完全从他的著作中消失了。例如:《政治经济学批判大纲》、《政治经济学批判》、《资本论》。

在《〈政治经济学批判〉序言》(1859)中,马克思总结了他自己是如何从对黑格尔的市民社会—国家关系的纯形式的、甚至很具费尔巴哈特色的评论(仅局限于区别本身的界限内)转向揭露出这种区别的本质和源泉的科学评论的。在谈到他是如何超越早期对黑格尔的法哲学的评论时,马克思说:"我的研究得出这样一个结果:法的关系正像国家的形式一样,既不能从它们本身来理解,也不能从所谓人类精神的一般发展来理解,相反,它们根源于物质的生活关系,这种物质的生活关系的总和,黑格尔按照18世纪的英国人和法国人的先例,概括为'市民社会',而对市民社会的解剖应该到政治经济学中去寻求。"① 接下来便是关于基础和上层建筑的"历史唯物主义的"著名段落,我认为,这可以被看作是马克思对他早期的社会模式的局限性的解释。马克思在这里说,他的"唯物主义的"观点由早期的说法,即市民社会是国家的未经分化的物质基础(在黑格尔那里,它处于绝对精神之外),转向后期的、更为详尽的说法,在这里,生产方式提供了这种"解剖模型",通过它,市民社会本身才得以被理解。马克思在1859年的《序言》中解释道,尽管在19世纪40年代初,这种解剖还隐藏在他的思想的背后,但是对市民社会的基本结构的解剖将不得不在"政治经济学"

---

① 《马克思恩格斯选集》第2版第2卷第32页。

即李嘉图、斯密和穆勒所开创的事业中去寻求,但他那时还没有研究政治经济学。因此,在阐述社会时,他还局限于从黑格尔那里吸取的"市民社会—国家"模式来考虑问题。更重要的是,《序言》清楚地表明了第一种和第二种模式之间产生断裂的时间:他说他在布鲁塞尔继续进行他在巴黎开始的研究。也就是说,直到1843年10月底到达巴黎以后,马克思才开始阐述第二种模式。从这点来看,"市民社会"这个概念在马克思思想中的理论作用逐渐减弱,这与他对资本主义社会形态的本质基础的思考有关。这为全面批判分析市民社会铺平了道路,但这种批判分析马克思从来没有展开过,正当他打算对阶级进行分析时,他的《资本论》第3卷就中断了。对市民社会和国家的思考很自然地会从解释资本主义社会的阶级结构这方面继续进行。

二、早期阶段

在《黑格尔法哲学批判》(1843年)中,马克思仍然局限于关于社会的市民社会—国家这种二分法模式。他同黑格尔的《法哲学原理》的唯一争议之处,除了他反对黑格尔的"神秘的外壳"之外,就是,黑格尔所构想的国家并不能充分消除下述矛盾即在特殊的市民社会中作为一个社会的利己主义者的人类同作为一个共同体的类属(或"类存在物")的人类之间的矛盾。黑格尔在《法哲学原理》中所提出的中介机构即官僚机构、同业公会、社会等级和君主并非真的处于中间地位。市民社会及其冲突仍然是一个社会占支配地位的特征,政治生活和国家处于理想王国之中而与"市民的"生活相脱离。这就要求一个更为激进的解决办法即"民主"。①

在《论犹太人问题》（1843 年）中，马克思把注意力放在 1793 年的《人权宣言》的一个问题上，《宣言》涉及到平等、自由和财产安全等权利。马克思模仿着黑格尔说："可见，自由就是从事一切对别人没有害处的活动的权利。……自由这项人权并不是建立在人与人结合起来的基础上，而是建立在人与人分离的基础上。……可见，私有财产这项人权就是任意地、和别人无关地、不受社会束缚地使用和处理自己财产的权利，这项权利就是自私自利的权利。这种个人自由和对这种自由的享受构成了市民社会的基础。……此外还有两种人权：平等和安全。从非政治的意义上来看，平等无非是上述自由的平等，即每个人都同样被看做孤单的单子。……**安全**是市民社会的最高社会概念，是警察的概念，按照这个概念，整个社会的存在都只为了保证它的每个成员的人身、权利和财产不受侵犯。黑格尔正是从这个意义上才把市民社会叫做'需要和理智的国家'。"②

马克思抱怨说，一个主旨进步的宣言应当把市民社会当作它的基础，这并非因为它不是新的现存社会的最根本的基础，而是因为它正是它的基础，是一种丧失人性的基础。马克思并不反对社会基础这个概念在解释上的限制，因为他本人认为正是这个基础或确切地说是它的错误使得文件中提出的革命性要求并未超出它的范围："使人不解的却是，一个刚刚开始解放自己、粉碎自己各种成员之间的一切障碍、建立政治共同体的民族，怎能郑重宣布和他人以及和这个共同体隔绝的自私人的权利。"③

---

① 参看《马克思恩格斯全集》第 1 版第 1 卷第 280—285 页。
② 《马克思恩格斯全集》第 1 版第 1 卷第 438—439 页。
③ 《马克思恩格斯全集》第 1 版第 1 卷第 439 页。

1793年革命的《宣言》把政治生活看作是达到市民社会目的的唯一手段，但实际上却是国家不断践踏个人的权利，马克思认为这一事实对宣言作者们是一目了然的。他问道，人们怎样解释这种"错觉"①呢？他认为，把市民社会看作自由王国，与先于资产阶级革命的封建制度形成对照，这种把所有砝码都压在市民社会身上的做法是极为不现实的。从前，"旧的市民社会**直接地**具有**政治性质**……"而使个人同"国家整体"分离开来。但是，"政治革命"改变了所有这一切，"把国家事务提升为人民事务"，并且"必然要摧毁一切等级、公会、行邦和特权，因为这些都是使人民脱离自己政治共同体的各种各样的表现"。结果是，"政治革命也就消灭了市民社会的**政治性质**"，把作为自由的自私自利的个人的团体同政治社会（国家）分离开来，他们的政治生活现在集中起来变成"共同体、人民的**普遍**事务，成为一种不受市民社会上述特殊因素影响而独立存在于观念中的东西"。但是利己主义的、非政治的人类的"物质的"生活同他们的共同体——有目的的、政治的、"理想的"生活的这种分离并不是一种真正的解放，这恰恰是因为它建立在人类生活的分裂的基础上。这就是为什么马克思说宗教对革命的资产阶级仍很必要的原因。而且，资产阶级"并没有从财产中解放出来，只是获得了支配自身财产的自由。他并没有从商业的利己主义中解放出来，只是获得了经商自由"。政治革命不是一场人道的革命，它是不完全的："政治革命把市民社会分成几个组成部分，但对这些组成部分本身并没有实行革命和进行批判。它把市民社会，也就是把需要、劳动、私人利益和私人权利看作自己存在的基础，看作不需要进一步加以阐述

---

① .《马克思恩格斯全集》第1版第1卷第440页。

的当然前提，所以也就看作自己的自然基础。"①

　　作为一种历史阐述，这可以说是市民社会的自然主义的概念的一大发展，但它仍然是不充分的，因为它没有对"政治革命"进行阐述，而只是把它当作出发点。马克思还不明白为什么市民社会现在应当是"基础"，他本人也没有提供任何"进一步的阐述"或者找到一种对市民社会的组成部分实行革命和"进行批判"的方式。他的解释是一种高度抽象的解释；他只是简单地断言人类利己主义的生活同作为类存在物的生活将在"民主"和"人类解放"中重新统一起来但并未就此作出论证。

　　马克思还没有研究政治经济学，更不用说批判地分析它了，所以马克思对市民社会中人类的非政治化没能作出解释就不令人惊奇了。他还没有意识到生产者与生产资料在其中相分离的那个过程；他也远未发现价值规律。他没有以任何确定的方式对基础和上层建筑作出区分，而只是对资产阶级的（自由的）社会概念的基本区别进行了激进的阐释。

三、过渡阶段

　　在经过1843—1844年的研究之后，马克思已近乎掌握"市民社会"的意识形态方面的内容了，事实上，只是在这个时期，"意识形态"这个概念本身才明显成形。因此，在《德意志意识形态》（1845—1846）中，马克思和恩格斯说，法国和英国的理论家优越于德国唯心主义历史学家的地方在于，尽管"他们受政治思想的束缚"，但他们"毕竟作了一些为历史编纂学提供唯物主义基础的初步尝试，首次写出了市民社会

---

① 参看《马克思恩格斯全集》第1版第1卷第441—443页。

史、商业史和工业史"。① 恩格斯1845年在《在伦敦举行的各族人民庆祝大会》中说，"我们不是已经把理论领域划给德国人，把政治领域划给法国人，把市民社会的领域划给英国人了吗？"② 马克思和恩格斯在此想到的是诸如亚当·福格森等这样的作者。他们继续解释说，对历史的恰当解释包括承认：为满足人的需要的生产的必要性；它意指新的需要的生产；作为类存在物的个人的主要需要的再生产；因此还包括第一种社会关系，家庭；由此可见，"一定的生产方式或一定的工业阶段始终是与一定的共同活动方式或一定的社会阶段"，因此还有"工业和交换"或者"交往形式""相联系着"。③ 接下来我将在这里完整地引用一段话，这段话大概是探讨马克思和恩格斯的"市民社会"时最常提到的："在过去一切历史阶段上受生产力制约同时又制约生产力的交往形式，就是市民社会。从前面已经可以得知，这个社会是以简单的家庭和复杂的家庭，即所谓部落制度作为自己的前提和基础的。关于市民社会的比较详尽的定义已经包括在前面的叙述中了。从这里已经可以看出，这个市民社会是全部历史的真正发源地和舞台，可以看出过去那种轻视现实关系而局限于言过其实的历史事件的历史观何等荒谬。"④

"市民社会包括各个人在生产力发展的一定阶段上的一切物质交往。它包括该阶段的整个商业生活和工业生活，因此它超出了国家和民族的范围，尽管另一方面它对外仍必须作为民族起作用，对内仍必须组成为国家。'市民社会'〔资产阶级社会〕这一用语是在18世纪产生的，当时财产关系已经摆脱了古典古代的和中世纪的共同体。真正的市民社会

---

① 参看《马克思恩格斯选集》第2版第1卷第79页。
② 《马克思恩格斯全集》第1版第2卷第662页。
③ 参看《马克思恩格斯选集》第2版第1卷第80页。
④ 《马克思恩格斯选集》第2版第1卷第87—88页。

只是随同资产阶级发展起来的;但是市民社会这一名称始终标志着直接从生产和交往中发展起来的社会组织,这种社会组织在一切时代都构成国家的基础以及任何其他的观念的上层建筑的基础。"①

牢记《德意志意识形态》在马克思自己后来对他的思想发展的评价中的地位是十分重要的。它的主要目的是"自己弄清楚"德国哲学的"思想"本质。马克思说,既然这个主要目的已经达到,他和恩格斯就情愿让那部著作留给"老鼠的牙齿去批判"② 了。这部著作的矛盾心理在这段较长的段落中就已有所表现,它是马克思的方法论的基本原则发展中的一个妥协方案(折中办法)。因为,在说市民社会是一切社会的物质基础和"**全部**历史的真正发源地和舞台"③ 这句话的同时,又说市民社会本身是资产阶级特有的,在这种社会形式中,市民社会的内容得到了充分发展和推广,并同它的形式相适应,这意味着市民社会由其他一些可能与"生产力"有关的因素决定。看来,马克思和恩格斯现在设想一个具有三重层次的模式④,其中,"市民社会"表示一切实际的社会关系,它在概念上居于"生产力"与"国家"和其他上层建筑之间。

尽管"生产力"、"交往形式"和它们的关系以抽象的形式出现在《德意志意识形态》中,但上述段落还是向前迈出了重要的一步。这就是"市民社会"的概念,它指的是用它的成熟形式来加以具体概括的市民社会。它同不明确地、一般地运用"市民社会"来指一切社会的"交往形式"而不顾基本的历史差异的做法相对立。这种方法论上的差

---

① 《马克思恩格斯选集》第 2 版第 1 卷第 130—131 页。
② 参看《马克思恩格斯选集》第 2 版第 2 卷第 34 页。
③ 黑体字是作者加的。——译者注
④ 参看《马克思恩格斯全集》第 1 版第 27 卷第 477 页。

别后来变得对马克思特别重要,他在一般的意义上讨论它,例如在1857年的《导言》中指"劳动一般"和"生产一般"①。但是马克思还没有清楚地看到对"市民社会"的这种忽视具体差异的一般运用怎样潜在地导致人产生一种错误,而把一切社会与资产阶级社会等同起来。马克思特别需要资本主义商品交换关系这个概念,为的是弄清这种令人误解的理论错误在历史上怎样才具有合理性。只是在很久以后,他才能够解释那些抹去了一切历史差异的经济学家在一切社会现象中只看到资产阶级现象的错误。

在这里我要提一下恩格斯插手《德意志意识形态》的问题,但并不能展开论述。恩格斯经常谈的东西,给人的印象是"市民社会"和"经济基础"在含义上是同一的,大多数"庸俗马克思主义者"确实也谈到过这一点。恩格斯在1885年的《关于共产主义者同盟的历史》中记载说,他和马克思认识到,"经济事实"是一个"决定性的历史力量",形成了阶级斗争的基础,因而又是党派斗争的基础:"马克思不仅得出同样的看法,并且在《德法年鉴》(1844年)里已经把这些看法概括成如下的意思:决不是国家制约和决定市民社会,而是市民社会制约和决定国家,因而应该从经济关系及其发展中来解释政治及其历史,而不是相反。"② 在1886年这么晚的时期所创作的一部著作,即《路德维希·费尔巴哈和德国古典哲学的终结》中,恩格斯仍然写道:"……国家,政治制度是从属的东西,而市民社会,经济关系的领域是决定性的因素……国家的意志总的说来是由市民社会的不断变化的需要,是由某个阶级的优势地位,归根到底,是由生产力和交换关系的发展决

---

① 参看《马克思恩格斯选集》第2版第2卷第21—23页。
② 参看《马克思恩格斯选集》第2版第4卷第196页。

定的。"①

恩格斯似乎了解成熟马克思关于基础和上层建筑的划分，但他又回到了早期马克思对市民社会和国家的区分上去了。还是在过渡阶段，马克思就已经开始反对这种思想，即社会的"物质基础"可以简单地用这种方式构想出来。在1845年《关于费尔巴哈的提纲》中，马克思就反对这种观点，在这种观点中"实践只是从它的卑污的犹太人的表现形式去理解和确定"②。相反，这种"卑污的犹太人"的市民社会同国家的分离、自私自利的生活同理想主义的共同体的生活的分离，"只能用这个世俗基础的自我分裂和自我矛盾来说明"③。马克思指出："直观的唯物主义……至多也只能达到对单个人和市民社会的直观。"④ "旧唯物主义的立脚点是市民社会，新唯物主义的立脚点则是人类社会或社会的人类。"⑤

实际上，《德意志意识形态》并没有完成这一许诺即批判地分析在《1844年经济学哲学手稿》⑥的一个段落中就已初见端倪的"市民社会"概念。在那里，马克思写道："在国民经济学家看来，**社会**是**资产阶级社会**，在这里任何个人都是各种需要的整体，并且就人人互为手段而言，个人为别人而存在，别人也为他而存在。正象政治家议论**人权**时

---

① 《马克思恩格斯选集》第2版第4卷第251页。
② 参看《马克思恩格斯选集》第2版第1卷第54页。
③ 《马克思恩格斯选集》第2版第1卷第55页。
④ 《马克思恩格斯选集》第2版第1卷第56—57页。
⑤ 《马克思恩格斯选集》第2版第1卷第57页。
⑥ 因此，一个值得推敲的前提是，我所解释的那个"过渡阶段"根本不是马克思思想发展中的一个阶段，而是一种恩格斯永远陷进去的颠倒了的黑格尔主义。我从《德意志意识形态》中援引的这一大段话看来似乎是由恩格斯起草的。

那样，国民经济学家也把一切都归结为人即归结为被他抹煞了一切特性，从而只看成资本家或工人的个人。"①

我要强调一下，马克思在此说，市民社会作为一个整体，**在资产阶级国民经济学家看来**，被缩小为"市民社会"，缩小为不确定的个人的集合体。从"市民社会"的观点来看，资本家和工人的分离的本质特征被掩盖起来，这两者之间应当有的冲突"对国民经济学家来说是一种**偶然的**、因而只应用外部原因来说明的事情"②。马克思继续对亚当·斯密的分工概念进行批判，认为它是建立在自然的、利己主义的"交易和交换的倾向"这一基础上的，因此，社会表现为"商业社会"，生产本身要用分工和交换来说明。③

马克思在这里已接近看到，自由主义者在"市民社会"的前提下对社会结构的解释是这个本质过程的意识形态上的颠倒。他已经开始认识到，"市民社会"是一种意识形态，在这种意识形态中，历史地决定的生产关系的复合体"就像在照相机中一样是倒立呈像的"④。在1844年的笔记《詹姆斯·穆勒〈政治经济学原理〉一书摘要》中，似乎也存在着比黑格尔所达到的对商品交换关系同"市民社会"概念之间的联系的认识更具批判性的理解。在批判资产阶级谈论真正的财富是否在于以前作为一种商品的贵金属或货币的不同意见这一论题时，马克思指出，货币是"市民社会"的"灵魂"。在把私有财产看作经济活动的前提时，人类必须交换他们的财产（商品），因为他们是"社会的动物"。在资本主义社会中私有财产对私有财产（商品对商品）的关系不是

---

① 《马克思恩格斯全集》第1版第42卷第144页。
② 《马克思恩格斯全集》第1版第42卷第139页。
③ 参看《马克思恩格斯全集》第1版第42卷第147—149页。
④ 参看《马克思恩格斯选集》第2版第1卷第72页。

"人道的"关系,而是"抽象的"关系,价值就是由这种关系决定的。即价值是商品与商品之间的关系的抽象表达。同时,交换过程中人与人之间的关系也是抽象的,这种关系本身被变为"存在物"(货币),然后表现为隐藏在交换本身背后的力量,人的活动被异化了。货币既是交换的"异己的媒介",又是私有财产的"本质",至于金银,"货币的金属存在仅仅是贯穿在资产阶级社会的一切生产环节和一切运动中的货币灵魂的官方的、可感知的表现"。①

尽管马克思1844年的著作考察了商品交换,但他并没有揭示出这一点会是"市民社会"的经验的、现象的基础。因为他还没有根据生产来阐明交换,以及说明交换如何支配生产。

四、成熟阶段

只是在1857—1858年的《大纲》及以后的著作中,马克思才明确地把他的注意力从交换领域中的商品及其神秘化转向作为对生产关系的一种表现的交换关系。他现在展开论述的资本主义理论在交换的现象方面和生产的本质方面作了区分。作为生产者的人与人之间的关系涉及到占有创造出来的某些价值(对利润的追求),以便扩大生产手段,这种扩张是由竞争必然引起的扩张。这种占有之所以成为可能,是因为多数人缺乏任何物质资料,他们只有把他们的劳动力转变成雇佣劳动,才能在产品中获得一个份额。因此,人的这种能力被与其他任何商品同等看待并自由地进入交换领域,像其他任何交换一样公平(例如,支付鞋

---

① 《马克思恩格斯全集》第 I 版第42卷第20页;注意:凡《马克思恩格斯全集》(英文版)中出现"资产阶级社会"(bourgeois society)的地方,我认为在《早期著作》(Early Writings)中的译文更精确地说应为"市民社会"(civil society)。

子),它们是以同样的方式来衡量的。这里面似乎并不涉及到私人占有。因此,根据马克思的看法,占有财产的个人(劳动力现在也成为财产)之间的平等的和自由的交换掩盖了阶级之间的不平等的强制的占有。"市民社会"是商品交换关系的政治思想和经济思想的阐述,并因此描绘了一幅仅从表面来看是真实的资本主义社会的图画。

1857年导言的第一页中说,虽然"在社会中进行生产的个人"当然是出发点,但这并不是根据"18世纪鲁宾逊的"原子论的"虚构"(例如卢梭的"社会契约"),"它是通过契约来建立天生独立的主体之间的关系和联系的"。马克思继续说,这种"假象"是"'市民社会'的预感","只有到18世纪,在'市民社会'中,社会联系的各种形式,对个人来说,才表现为只是达到他私人目的的唯一的手段,才表现为外在的必然性"。他批判巴师夏、凯里和蒲鲁东在现代经济学中又重提这种思想。① 这兴许是再好不过的一点了,但是我猜想,马克思现在把"市民社会"放在引号中是很重要的。这可能表明从特别非批判的运用到批判的运用中的一个过渡,在后一种运用中,承认了它的局限性。②

我们应当回忆一下,德文中的"市民社会"是"bürgerliche Gesellschaft",这个术语同样可以译为"资产阶级社会",这确实是成熟马克

---

① 参看《马克思恩格斯选集》第2版第2卷第2页,译文稍有不同。
② 在1871年马克思的《法兰西内战》中有一个类似的句法上的提示。在那篇文章的初稿中,他谈到了把"活生生的市民社会"缠绕起来的国家,是一个"寄生于市民社会之上的赘瘤";这里似乎有一个小错,因为在定稿中,"市民社会"被"社会"所代替,例如,"显然凌驾于社会之上的国家权力……""权威对社会自身的优越性……"参看《马克思恩格斯选集》第2版第3卷第91、121、122页。

思著作的大多数译者所选择的译法①。这是在翻译成熟著作时的一个明智的选择，因为"civil society"（市民社会）在英文中使我们想到了与"国家"的对比，而当马克思在后期著作中使用这个德文术语时，他考虑的主要是资本主义社会的占主要地位的交换特征。马克思这时充分阐述了生产和交换、价值和交换价值之间的区别，他在谈"资产阶级社会，即以交换为基础的社会"②时态度很明确。关于交换关系的支配地位如何使资产阶级经济学家产生这样的错误，即认为资本主义的交换是一切社会形态的基础这个方面，他也说得很清楚：

"价格古已有之，交换也一样；但是，价格越来越由生产费用决定，交换延及一切生产关系，这些只有在资产阶级社会里，自由竞争的社会里，才得到充分发展，并且发展得越来越充分。亚当·斯密按照真正的18世纪的方式列为史前时期的东西，先于历史的东西，倒是历史的产物。"③

早期意义上的"市民社会"在《资本论》中完全消失了。马克思

---

① "Bürger"的意思是"资产者"或"自治城市的自由民"或"市镇"，"Bürgerrechte"的意思是"公民权"，"Bürgertum"或"Bürgerstand"的意思是"中产阶级"或"资产阶级"。我认为在这个术语的翻译问题上存在着不一致。因此，马克思《资本论》第1卷（莫斯科1977年版）第133和141页上出现的"civil society"一词，彭圭因（Penguin）的译本（哈蒙兹沃思1976年版）第一处采用的"市民社会"（第231页），第二处采用的是"资产阶级社会"（第240页）。在进步出版社编的卡·马克思的《政治经济学批判》导言（1857）的第1页，人们发现，"bourgeois society"（第188页）一处在彭圭因编的马克思《大纲》的相应地方（第83页）则译为"civil society"，等等。参看《马克思恩格斯全集》英文版第5卷卷末注35。

② 参看马克思：《大纲》，哈蒙兹沃思1973年版，第159页。

③ 《马克思恩格斯全集》第2版第30卷第105—106页。

在《资本论》第 3 卷中偶尔使用"bügerliche Gesellschaft"这个术语，我认为只存在一处，在此，"市民社会"毫无疑问比译为"资产阶级社会"更好些，在那里马克思间接地提及黑格尔在《法哲学原理》的两个部分中阐明的关于市民社会的观点①。我们在《资本论》中所看到的是对市民社会的解剖和关于市民社会的哲学，并没有把注意力放在把市民社会看作是占支配地位的商品交换关系的一种深刻的意识形态形式。这会把马克思引到上层建筑方面来，假如再有几十年的时间，他也许会达到这一点。因此，我们不能说马克思在自己的任何一部著作中，给我们提供了对市民社会的批判，即使这类批判的一切基本原则在《资本论》中都存在着。换种方式来说，《资本论》对市民社会作了充分展开的但却是含蓄的批判。

现在总结一下"市民社会"这个概念怎样才会适应马克思的成熟理论：市民社会具有二重性，因为从它的表面内容来看，它是资本主义社会形态中商品交换关系和流通的总和，从它的意识形态形式来看，它是作为享有各种权利的、自由的、平等的、利己主义的、占有财产的个人的一种集合体的社会概念。市民社会既是基础，又是上层建筑，但它只是基础的一个方面，而且是表面上的、经验的方面。"市民社会"的表面内容同时也是占有剩余价值的资本主义生产的本质关系的表面形式。从资产阶级的非批判的、意识形态的观点来看，"市民社会"和"国家"抽空了"社会"的内容，"市民社会"是社会的"私人的"方面的总和，而"国家"是社会的公共方面的总和。

---

① 《资本论》第 1 卷，哈蒙兹沃思 1976 年版，第 135 页写道："就像在市民社会中一样，一个将军或一个银行家起着很大的作用，而一般的人起着非常平庸的作用，所以在此也一样，人的劳动也是如此。"（进步出版社 1977 年的版本用"社会"代替了"市民社会"，第 51 页。）同《法哲学原理》第 190 和 290 节相比较。

五、当代马克思主义理论中的市民社会

我们可以根据两个新马克思主义者的著作简明地阐述一下对忽视市民社会概念发展的当代马克思主义理论产生的影响,这两个新马克思主义者在左派社会主义理论家中引起巨大骚动,他们是意大利的共产主义者安东尼奥·葛兰西和立陶宛的布尔什维克 E. B. 帕苏格尼斯(二人都卒于 1937 年)。

正如我在其他地方详细阐明的那样,"市民社会"概念在葛兰西的著作中是至关重要的,这个概念使他陷入许多矛盾和不一致当中①。我认为,把他的理论描述为由自由派的概念和马克思主义的概念编织的松散的网的确并非不公平。即使连最敏锐的评论者,如诺伯特·巴比奥也没能解开葛兰西的这张网,相反却陷入这张网中。在评估葛兰西对马克思主义理论所作的贡献时一个重要步骤是,必须重视对市民社会的批判。巴比奥未能做到这一点前就开始发现一个葛兰西,这个葛兰西颠倒了古典马克思主义的方法论,设想上层建筑对经济基础具有优先地位。

按照巴比奥的看法,马克思理论中的"市民社会"是同"经济基础"相一致的,他声称,葛兰西通过把"市民社会"改变为上层建筑而把激进的革新引进了马克思主义理论。巴比奥说,对马克思而言,

---

① 参看杰弗里·亨特:《葛兰西的马克思主义和人类经济学概念》,载 "International Studies in Philosophy",XVII (1985 年),第 11—23 页和杰弗里·亨特:《葛兰西,市民社会和官僚政治》,载 "Praxis International",VI, 2 (1986)。

"市民社会——就最广泛地发展的市民社会而言——与结构是一致的"①。巴比奥谈到了"自马克思那里产生的市民社会与结构要素之间的一致性"②。许多评论者一般都追随巴比奥,而不是返回到马克思。因此,关于葛兰西假定的对马克思的概念的"颠倒"埃米里奥·阿加齐的立场同巴比奥的立场很接近,但是阿加齐似乎有点不明确地把市民社会归结为基础的一个方面,即"社会的"方面。他说,对马克思而言,"上层建筑领域无论如何是完全植根于结构领域的,就是说制度和意识形态植根于市民社会,而市民社会是与经济基础结合在一起的"③。但是他并没有解释它是如何被"结合起来的",正如他不明白"市民社会"是对商品交换关系的一种意识形态的阐述一样。

这种混淆马克思的早期模式和成熟模式,把马克思早期的"市民社会"同晚期的"经济基础"等同起来,当然最初并非巴比奥所为。他不加批判地从常见的"马克思主义者"对"市民社会"的运用中接受了这个观点,观点本身源出对马克思的早期著作和恩格斯的著作的阅读。因此,帕苏格尼斯也犯了同样的混淆错误。他没能恰当地区分和表达生产关系和交换关系是同他对市民社会的混乱理解有关的。当他驳斥"法的上层建筑是政治的上层建筑的结果"④ 即法在内容和形式上都是直接发源于国家这种思想时,为了支持他的论点,他引证了马克思在

---

① N. 巴比奥:《葛兰西的市民社会概念》,米兰1977年第3版,第26页或参看C. 墨菲编:《葛兰西和马克思主义》中的译文,第29页。
② N. 巴比奥:《葛兰西的市民社会概念》,米兰1977年第3版,第27页和墨菲的译文,第30页。
③ E. 阿加齐:《对安东尼奥·葛兰西的市民社会思想的反思》,米兰1977年版,第129页。
④ E. B. 帕苏格尼斯:《法与马克思主义》,伦敦1978年版,第90页。

1859年《序言》中的陈述,即"财产关系"只是"现存生产关系"的法律用语①。然而在此之后,他又加了一句,即"这种生产关系及它们的法律用语形式,马克思按照黑格尔的先例称之为市民社会"②。但是,马克思在《序言》中并没有提到生产关系意指"市民社会",因为在他把"市民社会"作为一个解释性概念来使用时他头脑中并没有"生产关系"这一概念,后者只是在他成熟时期著作中才出现。他在《序言》中说,他以前认为,社会的基础是"物质生活关系",即"市民社会"。"物质生活关系"是一个比"生产关系"要模糊得多的概念。帕苏格尼斯把早期的马克思同晚期的马克思混淆了起来。

帕苏格尼斯继续引用写于1844年(发表于1845年)的《神圣家族》中的一大段话来进一步支持他的思想,这就是生产关系(现在是"市民社会")决定法的形式,而不是国家。那段话是以他强调的观点结尾的,即"在今天,只有政治上的迷信才会以为国家应当巩固市民生活,而事实上却相反,正是市民生活巩固国家"③。但是,在这部早期著作中,马克思对于驳斥黑格尔的伦理国家如何通过等级和君主超越市民社会的原子特性这一思想仍感兴趣。他论证说,实际上,国家不能而且肯定不能做到这一点,因为国家只是由市民社会自身内部的分裂和冲突产生的理想的化身。"市民社会"这个概念,就它迄今为止被说成是经济基础和全部结构而言是太抽象和笼统了,以至于不能用来全面批判自由派的法律,帕苏格尼斯的做法是错误的,好像马克思在理论上并没有超出《神圣家族》的立场。

---

① 参看《马克思恩格斯选集》第2版第2卷第32页。
② E. B. 帕苏格尼斯:《法与马克思主义》,伦敦1978年版,第91页。
③ 参看《马克思恩格斯全集》第1版第2卷第154页。帕苏格尼斯在《法与马克思主义》第91—92页引用。

我希望自己已经说明，那些非常希望创造性地发展马克思理论的人必须分清下述两种角色，一是作为社会的"物质基础"的市民社会在早期马克思思想中所扮演的角色，二是作为对现象层面上的商品交换关系的意识形态阐述的市民社会及其在成熟马克思著作中扮演的角色。对两种角色的混淆导致20世纪的一些马克思主义理论家在与他们声称要追随的那个理论家的关系上是倒退了而非前进了。

（原载《卡尔·马克思的社会和政治思想 IV》，伦敦和纽约 1990 年版）

（闫月梅 译）

斯密、黑格尔和马克思论国家与市民社会*

〔美〕肯·莫里森

研究社会政治结构发展的其中一步是研究马克思在《论犹太人问题》中对市民社会兴起问题的论述。不考察政治社会和市民社会的关系，就不能完整地描述马克思的国家理论。"市民社会"一词首先出现在亚当·斯密的著作中，后来也出现在黑格尔的著作中。斯密最初使用这个词是指一个与政治分离的领域，其中竞争和私利贯穿于市场之中。在斯密看来，正是在个体买卖和市场交易中多种个人私利的对抗使得市民社会具有竞争和激发私利的特性。然而，斯密认为，出于私利的个人经济行为通过增加国民财富和改善经济条件而有助于实现全社会的共同利益。

虽然黑格尔读过斯密的著作，但他的市民社会的概念却完全不同。与斯密相反，黑格尔把市民社会视为一个存在于政治国家之外的独立领域。在《法哲学原理》中，黑格尔曾经指出，虽然市民社会和政治国家是不同的领域，但他还是认为政治国家本身起着通过普遍利益来调节特殊利益的作用。黑格尔认为："个体的利己心转化为促使每一个人的需要得到满足的一种手段，通过一种辩证的运动，利己心通过普遍性而转化为特殊性的中介，其结果，每一个个体的获得、生产和享受同时也

---

* 本文选自《马克思恩格斯列宁斯大林研究》2001 年第 1 辑。

是为了其他一切人的享受而生产和获得。"① 在黑格尔看来，市民社会与私利和个人所得有关，而它与政治社会是对立的，并独立于政治社会而存在。因此黑格尔与斯密不同，他认为国家高于私利，并通过维护普遍利益或共同利益而克服了个体的私利与公民的社会责任之间的矛盾。

马克思在两篇早期文章《黑格尔法哲学批判》以及《论犹太人问题》中，把黑格尔的国家通过维护社会的共同利益来"调节"私人利益的论断视为谬论而加以摒弃。马克思的观点是，国家与政治领域和市民领域的分裂有关，实际上，它通过捍卫私有财产而积极地维护私利。马克思进一步指出，在捍卫私有财产时，国家成为统治阶级的工具，因为它只维护一个社会阶级对生产资料的完全所有权。因此马克思把国家与通过国家的高压统治和权力而起作用的经济上的强势阶级等同起来。从这一角度来看，国家就相当于资本家阶级，因为只有这样的阶级才能够把国家当成一种实现他们自己的经济目的和利益的"工具"。

余下的问题是，市民社会是如何兴起的？它怎么会受到国家的维护？为了回答这些问题，我们必须更为仔细地对马克思的市民社会概念加以考察。马克思从黑格尔的著作中借用了这个词。黑格尔在《法哲学原理》中声称，国家通过普遍利益来调节私利从而越居私利之上。马克思从根本上摒弃了这种观点，认为国家不可能越居"私利"之上，因为国家通过捍卫私有财产而对私利起促进作用。马克思认为只有当国家抛弃所有制关系时，它才能超越特殊利益，只有到那时，国家才能把自己建立在普遍性的基础上。

随后，马克思把注意力投向了市民社会的历史发展过程。他指出，

---

① 黑格尔：《法哲学原理》，牛津1958年版，第129—130页。参看黑格尔：《法哲学原理》，商务印书馆1979年版，第210页。

在封建时代，整个社会都具有政治性质，市民领域与政治领域没有正式分开。从这个意义上来说，市民生活的一切方面，如财产、职业和家庭，都以领主权、等级和行会的形式而归属于政治生活的范畴。① 个体通常都是更大的政治机体的一部分，国家同时包括政治领域和市民领域，不存在那种由经济所决定的独立的私人领域或市民领域。因此，只是随着资本主义经济制度化和这种经济对政治结构产生影响，现代国家才诞生了。于是，市民社会这个词被用来指这样一个历史时期：个体通过追求经济利益的方式来追求私人利益，结果导致一个独立的经济领域的形成。因此，随着市民社会的兴起，政治重心从国家转移到经济。在历史上，这种变化被认为是工业革命的结果，因此市民社会这个词被用来指社会中政治领域与市民领域的分裂这种为当代所独有的现象。

市民社会的核心是剥去了与团体的一切联系的"自由个体"，即为了个人得益而追求私人利益的个体。马克思写道，这些个体是这样一种公民，他们的政治权利和政治自由无非是利己主义的人，即脱离团体的、孤立的、封闭于自身的人的权利。② 在马克思看来，市民社会的发展以三个既有区别又相互联系的因素为前提：（1）通过追求私人经济利益来满足一切需要；（2）保护私有财产；（3）用抽象的政治法律关系取代与社会的直接联系。

这些发展在以下几方面对现代国家的形成起了重要作用：（1）随着等级制和行会制这些旧的政治制度的瓦解，个体能够独立自主地进行社会经济活动；（2）一切行为都不再是范围更大的团体的一部分，而是个体的"私人事务"；（3）在君主政体实施分权制之后，出现了社会

---

① 参见《马克思恩格斯全集》第 1 版第 1 卷第 441 页。
② 参见《马克思恩格斯全集》第 1 版第 1 卷第 437、439 页。

与国家的分立;(4)国家事务不再是君主的私人事务,而是人民的公共事务;(5)社会成员之间的政治联系以法律、权利和自由的形式抽象地表现出来;(6)随着经济社会与市场的来临,政治重心从国家向经济过渡,其结果是政治领域和市民领域分离。

马克思认为,市民社会通过把政治整体分裂为经济和社会两部分从而破坏了个体与社会和团体的关系。马克思认为,这一过程进行到最后就剩下孤立的个体,其独立存在成为社会政治中的荒谬现象。在他看来,现代市民社会以两种特殊方式使个体处于冲突之中:第一,只要它鼓励个体追求私人利益,个体之间就被迫相互竞争,因为每一个人都试图最大限度地获取私人经济利益。第二,只要国家给予个体以共同的政治权利,个体与社会的关系看起来就是合作性,而实际上是强迫性的。黑格尔认为市民社会和政治国家是分开的,而马克思则认为它们是同一的。马克思写道,在一定时期,"政治国家通过暴力从市民社会内部产生出来"①。

(原载《马克思、杜克海姆和韦伯》,伦敦1998年版)

(李朝晖 译)

---

① 参见《马克思恩格斯全集》第1版第1卷第430页,译文有改动。

马克思经济学和现代经济理论[*]

〔波〕奥·兰格

本文是波兰著名经济学家奥斯卡·兰格前期的重要论文。他在文中对马克思经济学和近代西方经济学各自的理论特点和长短处作了较为全面的比较分析。他认为，上述两个体系各自的特点有以下几个方面：一、这两种体系的相对优点属于不同的范围，马克思经济学能将资本主义社会的经济发展放在一个首尾一贯的理论中加以研究；而资产阶级经济学却并不比历史记载更深一层。二、从这两种经济理论中推断出的预测属于不同的时间范围，马克思经济学的预测属于长期，而资产阶级经济学属于短期。三、近代经济学实质上是静态的经济均衡理论，它分析既定因素系统下的经济过程和运行机制，而对这些既定的因素本身并不作详细的说明。马克思经济学的特色就在于：把对制度因素的详细说明，作为分析的基础，它不仅提供了一种经济均衡理论，还提供了一种经济发展理论。总之，马克思经济学优越性的真正原因，在于阐述和预测经济发展的过程。

一、在最近一期《京都大学经济评论》上，芝田教授提出了关于马克思经济学中的价值理论和现代经济学的均衡理论的问题。他坚持认

---

[*] 本文选自《马列主义研究资料》1989年第1辑。

为，一般均衡论吸收了洛桑学派著作中最精确最完善的系统——"在系统地把握现代资本主义社会的组织和它的发展规律两个方面都是徒劳无益的。"而马克思的政治经济学，"尽管现在看来包含不少缺陷，但这一理论或者试图系统地阐明现代资本主义社会的组织以及支配其发展的规律，或者与这些问题有着不可分割的必然联系"。芝田教授进一步问道：究竟是什么使马克思的经济学成为理解资本主义基本现象的如此有力的工具，而经济均衡的数学理论对此却一筹莫展呢？

的确，如果考虑到这样一个事实，即马克思经济学无视自李嘉图时代就开始的整个经济理论的发展，而采用了那些由来已久的传统概念，它的上述这一优越性就似乎是不可思议的。芝田教授认为，一般均衡论的失败是由于它的复杂性和那种不可能运用于实际问题的高度抽象性。而马克思经济学——与其说它关心参加资本主义生产组织的个人的心理结构，毋宁说它更关心总量和平均数——更经得起直接实践的检验。所以，芝田教授试图把洛桑学派的均衡体系加以重新陈述并将其简化，以便使之有可能适用于实践。在这一方面，芝田教授已经完成了一件非常出色的分析工作，任何严肃的经济学家都应对此表示感谢。然而，在我看来，芝田教授还没有触及到证明马克思经济学优越于资产阶级经济学的本质之点。所以，我的目的在于论述：（1）真正的或声称的马克思经济学的优越性究竟是什么？以及（2）这一优越性是由于马克思运用的经济概念，还是由于对资本主义社会中形成经济运行构架的制度上的（或者，如果读者愿意的话，社会的）因素的确切而详细的说明。

二、马克思主义者断言，马克思经济学的优越性在于：资产阶级经济学已经完全不能对资本主义制度发展的基本趋势作出解释。这些趋势是：（1）通过大规模生产取代小规模生产，生产规模不断扩大，导致了十九世纪自由竞争的资本主义发展为当前垄断的（或者说市场供应垄断的)资本主义;(2)干预主义和"计划"代替了自由放任的经济政策;(3)在国际贸易中,自由贸易转变为高保护主义和经济民族主义;(4)资本主义生产方式在非资本主义国家不断扩张,如果通过竞争的方法,这种扩张就自然向着资本主义经济和西方文化在全世界范围内和平普及的方向发展;但若在垄断和干预的资本主义情况下,这种扩张就导致了几大资本主义势力之间的帝国主义竞争;(5)资本主义制度的经济不稳定性增长,由于资本主义国家人民的经济和社会安全感被破坏,致使他们反抗现存的经济制度,——不管这种反抗是以什么思想和纲领作为基础(社会主义或法西斯主义)。

资产阶级经济学家已不能解释资本主义发展的这些趋势,并且无法在一个经济发展的理论中系统地阐述这些问题——这一断言看来确实是有道理的。从以下事实可以看出他们在这一点上的彻底失败是多么引人注目:他们中的许多人否认这种发展,直到事实变得如此明显,以至于每个人——除了那些专业经济学家,他们总是最晚认识到它们的存在——对此都非常熟悉。这种生产集中的趋势被忽视,或者,即使承认的话,也不认为它对经济制度的本质会有多大意义。直到基础工业的垄断特征变得如此突出,以至于不得不发展出一种限制竞争的特殊理论来作为正统经济理论的补充。从自由贸易到保护主义的转变被大抵解释为一桩经济蠢行,而这一转变与自由竞争到垄断控制的转变之间的密切关系还没有被资产阶级经济学家所认识。他们几乎没有认识到垄断竞争和为垄断控制而进行的争夺之间的关系,而主要是用政治上的术语来解释资本主义势力间的垄断竞争,在20世纪初和1929年前的几年中,资产阶级经济学家普遍认为,资本主义经济稳定性正在增长而商业波动却变得越来越不剧烈。这样,马克思主义的这一断言——资产阶级经济学家没能把握资本主义制度发展的基本趋势——就被证明是正确的。资产阶级经济学家或者否认这些趋势的存在，或者，即使考虑到它们的话，也没能成功地用一个首尾一贯的经济发展理论来加以解释，实际上，他们所提供的，并不比历史的记载更多。另一方面，必须承认，马克思经济学已经正确地预测了这些趋势，并且创建了一个研究这些发展的原因结构并从中揭示其必然性的理论。

然而，这一点也许是有争论的，即：专业经济学家对资本主义发展基本因素的贫乏的理解，并不是他们科学的失败，而毋宁说是个人——由于他们的中产阶级的阶级立场——的失败。当然不可能期待他们欣赏一种能得出中产阶级将在发展过程中被全部消灭这一结论的理论。如果事实就是如此，那么这就是一个"人为的错误"而不是一个"技术性的错误"，这一情况的心理原因是不难解释的。不过，似乎有理由认为，这一失败并不仅仅由于纯粹个人的原因，一些"技术性错误"也应包括在内。为了说明这一点，让我们想象两个人：其中一个只从奥国学派、帕累托和马歇尔那里学习他的经济学而从未听到过或者看到过马克思的或马克思的追随者的只言片语；与此相反，另一个人则完全从马克思及马克思主义者那里学习他的经济学，甚至根本没有发觉还有马克思学派以外的经济学存在。这两个人中哪一个将能更好地说明资本主义发展的基本趋势呢？提出这一问题是为了回答这一问题。

我们已经看到，马克思经济学在把握资本主义制度发展的基本趋势方面具有显著的优越性，但这仅仅是马克思经济学的一个方面。在一些问题面前，马克思经济学显得相当无能为力，而资产阶级经济学家却能容易地对它们作出解释。马克思经济学对垄断价格能谈些什么呢？对有关货币和信用理论的主要问题它又能谈些什么呢？对分析租税的影响，或者一项技术革新对工资的作用，它提供了些什么工具呢？而且，马克思对社会主义经济中生产资源的最优分配问题能作出什么贡献呢？（这可真叫做命运之神的讽刺!)

很清楚,马克思经济学和现代资产阶级经济学的有关成就属于不同的领域。马克思经济学能将资本主义社会的经济发展放在一个首尾一贯的理论中加以研究,——其发展的必然性正是从这一理论中推导出的;而资产阶级经济学却并不比历史记载更深一层。另一方面,不妨说资产阶级经济学能够把握资本主义经济日常生活的现象,这比马克思主义者在这方面提供的任何东西都要高出一筹。进一步说,从两种经济理论中推断出的预测涉及到不同的时间范围。如果人们想要预测资本主义在一个长时期内的发展,那么马克思的理论就提供了一个比维塞尔、庞巴维克、帕累托甚或马歇尔(尽管这最后一位在这方面是更为优越的)的理论所能提供的更为有效的出发点。然而,马克思经济学对经营一个中央银行或者预测贴现率变化带来的后果所能提供的依据则是微不足道的。

三、如果现代经济理论的根本特征被恢复,那么,马克思和资产阶级经济学所各自说明的价值之间的区别是容易论证的。经由奥国学派、马歇尔派和洛桑学派发展起来的经济学本质上是一个静态的经济均衡理论,它分析在一定的因素系统下的经济过程以及能使价格和产量根据这些因素的变化而调整自己的机制。这些因素本身,即心理上的(消费倾向)、技术上的(生产函数),以及组织上的(生产要素的合理组织形式和分配方式、货币银行制度等等),则被认为是超出了经济理论的范围。这些因素的研究是记述和统计调查的事情,这些因素中某些变化的研究属于经济史的职责范围。至于在这些因素的变化中是否有"规律"可以发现,这一问题甚至已超出了经济史的研究范围。进一步说,这一理论没有对制度上的因素作具体说明,只要经济均衡理论纯粹是一个关于稀缺资源在不同用途上的分配的理论,就根本无须考虑任何制度上的因素。因为需要考虑的实质性问题能够从鲁滨逊·克鲁索的范例中推导出来。仅仅在这一点上可以说,经济学甚至不是一门社会科学。当这一理论考察定价过程时,对有关制度因素的说明是非常一般的。所有被假定的只是一个交换经济的功能所要求存在的机构组织。但是,那种把资本主义从其他商品经济形式中——在那里存在着一个纯粹的不生产阶级——区分出来的超出一般假定以外的制度因素的作用是几乎未被考察的。

从对这一附加制度因素的详细说明中,寻找资本主义制度不同于其他类型交换经济的关键特征,这一马克思经济分析中的独到之处使马克思经济学独树一帜。马克思经济学的另一特色是(我们将会看到它与第一个特色有紧密的联系):它不仅提供了一个经济均衡理论,而且还提供了一个经济发展理论。对现代资产阶级经济学来说,经济发展问题不属于经济理论的范围,而是经济史的问题。他们认为,对经济制度因素变化的研究已经超出了经济理论的范围,因为这些变化是来自经济学家们的灵感,而不是经济活动的结果。与这一观点相反,马克思经济学进一步提供了一个经济发展的理论。

马克思的经济发展理论是建立在这一论点基础上的,即:某种情况下一定经济因素变化的必然性和范围,在特定的意义上说,是可以从资本主义社会的经济运行机制中推断出的。至于这一机制是什么,以及这里所说的"必然性"这个术语意味着什么,我们在后面将会看到。这里有资格说:因素中主要的变化发生在生产中(一个生产函数的变化),而这种变化的必然性,只有在资本主义特有的制度结构中才能推断出。这样,资本主义制度的一个"发展的规律"就建立起来了。因此,从马克思理论中推断出的有关未来事件过程的预测就不是一个纯粹经验主义倾向的机械的推断而是建立在对发展规律认识基础上的推断,而且，即使非常谨慎也还可以说，它并不比建立在经济均衡理论基础上的预测缺少说服力，比如，在一定的条件下，价格的上升会导致某种商品需求量的下降这类预测。

四、眼光没有超出纯粹静态均衡理论界线的经济学家总是否认经济发展理论的可能性。他们过分习惯于把他们理论中纯粹因素的发展作为一种"例外"来看待，这种例外可以被历史学家和统计学家描述，但却无论如何也无法被经济理论逻辑所证明。他们的论点一般是：现象是如此复杂以至于不可能进行理论上的系统说明，也就是被单一的（或少数几个）原则所证明。他们坚持认为：在对经济发展的研究中，必须加以考虑的因素是如此之多，以至于经济发展实际上只能被历史地描述，而不能被强行纳入一个过于简化（以致错误）的理论模式之中。但是，这一论点是很少具有说服力的。它与那种主张以历史学派来反对静态经济理论可能性的论调非常相似。历史的或纯粹制度主义的经济学家认为，定价问题是如此复杂，根本不可能用单个的原则（边际效用）来解释，还不如用历史和统计的方法加以叙述，以便充分考虑影响一个商品价格的所有要素。如果这个商品是衣物，那么除了效用，这些要素还应包括：生产费用、稀缺程度、运输费用、进出口商品规模、质量、风土等等。在他们看来，竟然有人主张用单一的原则如边际效用来解释由如此众多的原因所导致的复杂结果，是多么的奇怪。

还有一种观点认为：即使经济发展理论原则上是可能的，它也不属于经济学的范围。若以这种观点来看，经济发展理论就要求有超出经济均衡理论所包含的假定以外的附加假定。这一点是显而易见的，因为如果经济均衡理论已包括了这些假定，那它就可以推导出一个发展的过程以取代某一种均衡状态。至于从一定原则中得出的关于一定因素变化的必然性的推断，能否被称作经济理论，仅仅是一个术语问题。不过值得注意的是，在马克思的理论中，这一因素的变化正是从作为经济均衡理论基础的利润最大化原则中推导出来的。而这一原则被古典经济学家们看作传统上已被认定的经济理论的主干。因此我认为，把一定因素的变化解释为资本主义社会经济过程本身造成的结果的这种经济发展理论，可以适当地包括在经济科学之中。

五、我已指出马克思经济学优越性的真正原因在于解释和预测了经济发展过程。它不在于马克思所使用的特殊的经济概念，而在于对资本主义社会经济制度构架的明确而具体的说明——在这一构架中经济过程不断进行，这样就使得建立一种不同于单纯历史叙述的经济发展理论成为可能。但是，大多数正统的马克思主义者相信：他们在理解资本主义发展方面的优越性是由于马克思研究时所运用的经济概念，也就是他的劳动价值论。他们认为，放弃古典的劳动价值论而支持边际效用论，就无法逃避像资产阶级经济学在解释资本主义发展基本现象方面那样的失败，通过对劳动价值论的经济意义的考察，就可以容易地看到他们错了。劳动价值论不是别的，正是一般经济均衡的静态理论。在一个以分工为基础的个人主义的交换经济中，不存在中央当局对生产哪些商品、生产多少的规定，这些问题是通过下述过程自动解决的：竞争推行这样一种不同产业间生产资源的分配，即价格与生产各种商品所需要的劳动量是成比例的。（这就是古典经济学中的"自然价格"。）这在本质上与现代经济均衡理论一样都是静态的，因为它仅仅在特定因素的假定条件下来解释价格和产量均衡。（也就是一个给定的劳动总量——比如，对于生产一个商品来说是必要的——是一个由生产的技术确定的量。）因此，也不能说说这一理论更多地是建立在特殊制度假定的基础上而不是建立在现代经济均衡理论的基础上的。不仅在资本主义经济中，而且在任何有自由竞争的交换经济中，它都是适用的。然而确切地说，它真正精确掌握的仅仅是非资本主义的、个人拥有自己的生产工具的小生产者的交换经济。（一个由个体手工业者和小自耕农组织的交换经济。例如，马克思所说的简单商品经济。）在资本主义经济中，正如马克思自己在《资本论》第三卷中揭示的那样，由于不同部门间资本有机构成不同（也就是投入资本中用于支付资本物品部分与支付工资部分的比例不同），这一理论就需要作一定的修改。这样，从马克思主义观点来看，劳动价值论就并不具有使之优越于现代更为详尽的经济均衡理论的性质，它仅仅是后者更为原始的形式，受到纯粹竞争狭小范围的限制，甚至在这一范围内还有其自身的局限性。进一步说，它的最有意义的陈述（那就是价格等于平均成本加"平均"利润）已被包括在现代经济均衡理论中了。这样，劳动价值论就不能成为马克思经济学在解释经济发展现象方面优越于资产阶级经济学的根源。事实上，拘泥于经济均衡理论的陈旧形式，恰恰是马克思经济学在许多方面落后的原因。马克思经济学在资本主义发展问题上的优越性是由于它对特定的制度因素的精确而详细的说明，正是这一制度因素把资本主义从简单商品经济中区分了出来。正因如此，马克思才能发现资本主义制度的特殊性，并建立一个经济发展理论。

六、如果同时考察马克思经济学和资产阶级经济学对商业周期理论的贡献，那么，马克思经济学由于其陈旧的经济均衡理论而造成的缺陷和由于它所拥有的经济发展理论而得到的优点，都将是显而易见的，这两种经济学都不能完满地解决这一问题。

由于劳动价值论——它仅仅能把价值当作均衡价格来解释（亦即李嘉图所说的"自然价格"），马克思经济学失败了。任何与"自然价格"的背离都或多或少被当作是偶然的，劳动理论对它们说不出任何确定的东西。但是，商业周期理论的中心问题正是一个与均衡背离的问题——

这种背离的原因、过程及后果。在这里，劳动价值论不可避免地失败了。马克思的经济学不能有效地解决商业周期问题，这已被马克思的著作，包括著名的《资本论》第二卷中的再生产图式所证明。甚至，这一整本著作都试图在不打算运用数学分析工具的情况下解决经济均衡与非均衡的基本问题。

不过，资产阶级经济学也没能建立一个首尾一致的关于商业周期的理论。它在解决对一个商业周期理论来讲是最为重要的一组细节方面已经做了一件非常出色的工作，如研究在我们的经济制度中法定货币的不同弹性的作用。而且，它以史无前例的方式阐明了货币和信用在商业周期中的作用。但它还不能系统地表述一个完整的商业周期理论。在这一方面的不成功是它仅仅是作为一种静态的均衡和调整过程理论的直接结果。这种理论能够分析为什么出现了一个失衡就必然随之发生一定的调整过程，它还能分析在给定因素的某一变化后发生的调整过程的性质，但它无法解释为什么这些失衡有规律地不断发生，因为只有运用经济发展理论才有可能对这些问题作出解释。因此，现代经济均衡理论能够说明由通货膨胀引起的信用扩张带来的裨益必然导致崩溃和清算过程。但是，真正的问题在于解释为什么信用膨胀一而再、再而三地发生，从而成为资本主义制度本身所固有的属性。与技术革新被当作商业周期的一个原因相似，经济发展理论将证明：商业周期是资本主义社会经济发展借以发生的形式。

只有通过一个经济发展理论，才能对导致稳定并反复发生的商业周期的一组因素的"必然"重现问题作出解释。那种认为因素变化问题属于它的范围之外的单纯经济均衡理论只能用两种方式处理商业周期问题：（1）通过非经济力量导致经济因素变化的规律性来寻找商业循环的周期性；比如气象的周期，或者，人的心理状态在乐观悲观之间的不断波动；或者（2）通过否认这种规律性再现的商业周期的存在以及把商业波动看作是从经济理论家的观念中产生出的那些因素的变化，这些变化是"偶然的"，并且因此更多地是经济史所考虑的事情。在后一种情况下，经济理论就只限于把经济均衡理论的原则运用到由经济史学家们收集来的事实材料上去，从而把每一独立的商业波动当作唯一的历史现象来解释。

七、我已经强调了这么一个观点，即马克思经济学的显著特色是对制度因素的精确而详细的说明，借此，马克思把资本主义定义为简单商品经济即由独立的各自使用自己的生产资料进行生产的小生产者组成的交换经济的对立面。制度因素，——马克思经济学分析资本主义的独到之处——其中就有把人划分为两个部分的分配方式：一部分占有生产资料而另一部分仅仅拥有劳动力，很明显，只有通过这一制度上的因素，利润和利息才能作为从工资中分离出的一种收入形式出现。我相信没有人会否认这一制度在社会学方面的重要意义。然而，问题就在于：作为马克思对资本主义定义基础的这一制度因素在经济方面有无意义。大多数的现代经济理论，或者把这种意义当作暗含的前提，或者干脆否认这种意义的存在。一般认为：（作为与简单交换经济不同的）资本主义概念对社会学和经济史或许是重要的，但对经济理论却无关紧要，因为资本主义制度中经济过程的性质与任何类型的交换经济的经济过程的性质没有实质上的不同。

这一论点就经济均衡理论而言是完全正确的。那些经济均衡理论的正式的原理对于不同类型的交换经济都是相同的。瓦尔拉斯的均衡体系对资本主义经济或"简单商品经济"都是不加区别地可适用的。占有劳动和资本的生产性服务（用马克思的话来讲就是劳动力和生产资料）的那部分人是否一样，这当然会影响经济均衡过程的实际结果，但并不影响它在正常理论上的状态。这对于马克思所使用的经济均衡理论即劳动价值论也同样是正确的，它也不加区别地适用于任何类型的交换经济，只要那里存在着纯粹竞争。马克思本人就反复论证过以下观点，即：在以分工为基础的交换经济中，均衡借以维护自身的"价值规律"对于任何类型的交换经济都是适用的，无论资本主义或"简单商品经济"。马克思甚至首先是为了"简单商品经济"而创立了他的价值理论，而后再说明了如果要把它运用到资本主义经济中去的话，就必须对它进行一些小小的（他的观点中非本质的）修改。这样，资本主义社会的制度基础对于一般经济均衡理论就不具有重要的意义。至此，经济学家的一般观点是正确的。这一制度因素的全部意义乃是以对经济均衡过程所作的社会学的解释为依据的。

但是，马克思对资本主义制度因素的分析在经济发展理论所考察的范围内却具有根本性的意义。只有对经济过程进行于其中的制度构架作非常确定的假定，经济发展理论才能建立起来。只有在非常特定的制度因素下，生产技术的不稳定性这一马克思经济发展理论的基础才能被证明是必然的。很清楚，在封建社会，或者甚至在一个"简单商品经济"中，我们都看不到它的存在。当然，任何类型的人类社会都存在着一定的技术进步，但只有在资本主义条件下，这种技术进步才被证明是制度生存的必要条件。

八、马克思经济学通过证明只有在发展的经济中，资本家的利润和利息才可能存在这一点，推断出了技术进步对资本主义制度生存的必要性。

在马克思看来，资本家的利润——资本的利息正是从中瓜分的——来源于工人的劳动力价值与工人所创造的生产价格之间的差额。根据劳动价值论，劳动力的价值是由它的再生产的费用决定的。由于任何文明社会中的工人都能够生产超过他自身生存所需的东西,这样他就创造了一个剩余,这个剩余便是雇主利润的基础。马克思理论中关键的论点便是劳动价值论在工资决定中的运用。如果棉布的市场价格超出了它的"自然价格",资本和劳动就会流入棉布行业,直到通过棉布供给的增加,它的市场价格与其"自然价格"一致为止。但这一均衡的机制——它是劳动价值论的基础——不能应用于劳动市场。如果工资上升到劳动力的"自然价格"以上,以致有取消雇主利润的危险,那就不存在资本和劳动从其他部门转移到一个对劳动力的需求更为强烈的生产上的可能性,就这一点来看,劳动力根本不同于其他商品。不过,为了说明工资不能超出某一确定的最高界线以至于取消利润,就必须导入一个原理以区别于使市场价格趋向于"自然价格"的普通机制。

古典经济学家们在人口理论中发现了这一原理。他们认为人口再生产的本能对生存手段的压力,有效地抑制了工资上升到劳动力的"自然价格"以上。李嘉图明确指出:"很多这样的劳动的市场价格会偏离它的自然价格,就像众多的商品一样,它有着一种与它(自然价格)相一致的倾向……当劳动的市场价格超过了它的自然价格……由于高工资对人口增加的刺激,劳动者的人数增加了,工资重新又降到它们的自然价格水平。"这样,工人阶级就被假定为处于一种他们自身无法超越的恶性循环之中。马克思驳斥了马尔萨斯的人口理论,坚持认为,即使没有这样的再生产机制,工资也不会上升到取消利润的程度。因为根据马克思的观点,资本主义通过技术进步、以机器取代工人,创造出了它特有的过剩人口(产业后备军)。技术进步所带来的过剩人口的存在,阻止了工资上升到吞噬利润的程度。因此,技术进步对于维护资本主义制度是必要的。这样就确立了资本主义制度的有效率的性质。

显然，对这一论点来说，劳动价值论并不是必须的，因为它在劳动市场上的运用是一种纯粹的形式，而作为这一理论基础的均衡机制并不是在劳动市场上发生作用的。阻止工资吞掉利润的是技术进步（或者，在古典经济学家那里，是"生产规律"）。

现在，我们可以看到，在什么意义上，马克思经济学从理论的考察中推导出了经济发展为"必然性"。当然，那种事实为"必然性"，即减轻劳动的技术革新在当时通常是有效的，并不能从经济理论中推导出。而且在这种意义上，经济发展的"必然性"无法证明。不过马克思经济学并非试图证明它。它所建立的全部内容是：如果没有这种革新，资本主义制度就无法维持自身的存在。有一种经济学提供了这一证据，它证明了资本的利润和利息可以仅仅因为某一特定因素的不稳定性而存在，比如说生产的技术，而一旦进一步的技术进步证明是不可能的，它就必然消失。这里提出的经济思想当然只是有关马克思如何解释资本主义发展的一个概要，以及关于如何完成他的理论以弥补他留下的缺口的一个建议。现代经济理论的发展使得创立一个更为令人满意的经济发展理论成为可能。

很明显，资本主义制度下经济发展的必然性完全是由于资本主义所特有的制度因素，正是这一制度因素把资本主义同"简单商品经济"区分开来了。但是，资产阶级经济学忽略了对资本主义制度因素的确切而详细的说明，就不可能建立一个经济发展理论，因为这样一种理论通常是不可能从有关交换经济的非常一般的假定中发展起来的。根据我们对马克思经济学的考察，以下这点变得明显起来，即：经济发展的必然性并不是交换和定价过程本身的结果，而是这一过程在一个资本主义条件下赖以进行的特殊的制度结构的结果。资产阶级经济理论对制度因素的描述过于一般，它只不过提供了任何类型的交换经济都具有的制度因素。由于这一描述提供的是过于一般以致无法应用于特殊问题的结论，所以，它通常附加一个有关货币银行制度因素的非常狭窄的特殊说明（例如，是否存在金本位制，银行系统能否制造一种由通货膨胀引起的信用膨胀）。但是，在第一种关于制度因素的描述即非常一般的说明和第二种描述即非常狭窄的附加说明之间，存在着一个缺口，即：把资本主义同"简单商品经济"区分开来的制度因素。而这恰恰就是那种对经济发展理论具有决定意义的因素。

九、通过对资本主义经济制度构架的精确而详细的说明，马克思经济学能够建立一个经济发展理论。在这一理论中，一定的因素从经济制度内部展开。但是马克思理论并没有用这一方法来解释所有因素的变化，正是经济制度结构导致的一定因素的发展，影响了某些非经济因素如国家政策、政治和社会思潮等等，而这些非经济因素又反作用于经济制度，改变它的其他部分。这一考察解释了从自由放任主义到国家干预主义、从自由贸易到保护主义和经济民族主义以及垄断竞争的出现等一系列现象。然而，经济因素的发展对非经济因素的影响，以及这些非经济因素对经济制度因素的反作用的因果关系链条并不属于经济学的范围之内。它属于历史唯物主义理论的研究范围，这一理论旨在阐明那种把经济发展与社会发展作为一个整体联系起来的因果关系链。但并不能单独用一个经济发展理论来解释资本主义所有具体事物的充分发展。只有同时运用经济理论和历史唯物主义理论，才能对它们作出解释。后者，即历史唯物主义理论，是马克思对资本主义制度分析的一个不可缺少的部分。

十、我们的结论也许可以总结如下：

1. 马克思经济学在分析资本主义制度方面的优越性，不是由于马克思所使用的经济概念，而是由于对把资本主义从一般交换经济概念中区分出来的制度因素的确切而详细的说明。

2. 有了对这一制度因素的详细说明,就能建立一个经济发展理论,根据这一理论,就能推断出资本主义制度中一定因素变化的必然趋势。

3. 这一经济发展理论和历史唯物主义一起,阐明了资本主义制度中所发生的实际变化,并且提供了一个预测未来的基础。

(原载《马克思和现代经济学》,现代读者出版社 1968 年英文版)

(许彬 译)

关于生产方式

资本主义生产方式的必然性与偶然性

——兼论马克思论述中的两种逻辑[*]

〔美〕贾森·里德

《反思马克思主义》杂志 2002 年夏季号（第 14 卷第 2 期）发表了贾森·里德（Jason Read）题为《原始积累：资本主义的偶然基础》（Primitive Accumulation：The Aleatory Foundation of Capitalism）的文章，主要运用阿尔都塞等人的理论，认为尽管马克思在其他著述中实际上认同了古典政治经济学关于资本主义必然产生的目的论的说法，但是在《资本论》中的《所谓原始积累》等章节中，实际上提出，资本主义的产生是一系列偶然因素交织的结果，它依赖于国家暴力的支持和维护，这种暴力今天仍然在继续，这就说明资本主义的存在是没有保证的，因此就总是存在改变的可能性。文章主要内容如下。

资本主义的起源：资本家的道德还是偶然的遭遇？

后马克思主义和后现代主义认为，偶然性（Contingency）是对社会和政治结构的形成和转化进行反思的基本范畴；马克思主义的历史观则认为这种社会关系和社会转化具有偶然性的观点是不可想象的。但是，

---

[*] 本文选自《国外理论动态》2003 年第 12 期。

如果我们重读马克思关于资本原始积累的阐述，我们就会发现，其中包含了这样的观点：社会关系具有偶然性，社会关系的形成源于偶然的遭遇，社会关系具有物质性。

"原始积累"理论假定存在某种原始的或者事先的积累，这种积累不是资本主义生产方式的结果，而是它的起点，正是这种积累形成了资本和工人的最初分野。

马克思之前的政治经济学把原始积累理解成一种道德上的差异，认为最初是由于勤奋和懒惰的差别造成了资本家和工人的分别。这种观点意味着，资本主义一直是可能的并且永远是可能的：为了使资本主义成为现实，只要存在勤劳智慧的第一个资本家就行了。

认为存在所谓勤劳的原始资本家，这只是一种妄想。如果没有将货币转化为资本的条件，那么货币积累就不是资本主义积累，而只是货币贮藏。贮藏在主观上可以是无限的，但是会遇到客观的局限，因为一个人总是只能贮藏一定数量的货币。商业资本和借贷资本也是如此。没有适当的历史条件，"守财奴"的积累欲望就会遇到既定的结构性障碍。那么，在什么条件下积累不再是"贮藏者"的梦想，而变成一种有效的实践，构成一种生产方式？

这个条件就是：资本家能够购买生产资料和劳动力。就是说，劳动者必须与任何形式的生产资料相分离。马克思说："货币和商品，正如生产资料和生活资料一样，开始并不是资本。它们需要转化为资本。但是这种转化本身只有在一定的情况下才能发生，这些情况归结起来就是：两种极不相同的商品占有者必须互相对立和发生接触；一方面是货币、生产资料和生活资料的所有者，他们要购买他人的劳动力来增殖自己所占有的价值总额；另一方面是自由劳动者，自己劳动力的出卖者，也就是劳动的出卖者。"① 也就是说，资本主义生产方式是由货币或者说货币拥有者和那些只有劳动力出卖的人的结合形成的。

正如阿尔都塞所说的，从前提条件上考虑资本主义生产方式就必须考虑这些前提条件在时间上和空间上汇合的时刻，就要考虑这种生产方式来自相互"遭遇"（encounter）。资本主义生产方式的必要因素例如自由劳动者和可以任意投资的货币，各自具有极为不同和分歧的历史。一旦两者在雇佣劳动这种特定形式下相遭遇，那么就出现了资本主义这种特殊的生产方式，而且它的形式也成为必然的和稳定的（人们在这种生产方式下需要找工作、生产商品、获取剩余价值、实现利润）。但是这种遭遇本身是偶然的。德勒兹和加塔利指出："如果自由工人和货币资本不是'事实上'同时存在，这种遭遇就可能不发生。"② 一种生产方式的必然性，或者说这种生产方式有规则的再生产，本身是由偶然性产生的。而且这种必然性可能永远也摆脱不了这种偶然性。一种生产方式具有各不相同的因素——社会条件、技术条件、政治条件，它们各自拥有独立的历史和关系，就是这种独立性使各种生产方式面临解体或者转化的威胁。马克思反复指出，资本总是受到它的两个基本要素相分离的威胁：工人停止流入或者工人离开，资本被浪费掉而不是用于投资。资本和工人的遭遇在起源上是偶然的，其未来是不确定的。

---

① 《马克思恩格斯全集》第 2 版第 44 卷第 821—822 页。
② 德勒兹和加塔利：《反俄狄浦斯：资本主义与精神分裂症》，美国明尼苏达大学出版社 1983 年版，第 225 页。

马克思的著作：目的论与遭遇论

在马克思论述原始积累的章节里，遭遇论取代了古典政治经济学的目的论和主观性。在古典政治经济学那里，资本主义的出现是某些意图（勤劳、积累）的实现，而在遭遇论这里，资本主义的出现是由于某种遭遇，上述意图本身是这种遭遇的结果，这个过程完全是物质性的。

但是，在马克思的其他著作中，尤其是在《共产党宣言》中，正是资产阶级这个集体主体的意志和愿望是资本主义生产方式形成的原因。因此阿尔都塞批评马克思在使用资产阶级（bourgeoisie）这个术语时不够严谨，马克思把这个阶级说成既是致使封建主义解体的社会力量，也是新社会的支配阶级。这就抹煞了前述"遭遇"形成资本主义的事实，忽视了这样一个事实：资本家阶级如同无产阶级一样，不可能存在于这种"遭遇"之前。古典政治经济学和《共产党宣言》都表达了这样的思想：资产阶级或者原始资本家阶级既存在于资本主义生产方式之前也存在于资本主义生产方式之后。因此阿尔都塞后来区分了马克思著作中的两种不同的唯物主义：事件的或者遭遇的唯物主义（a materialism of the event or the encounter）和目的论的、必然性的唯物主义（a materialism of teleology and necessity）。也就是说，主体性是资本主义生产方式的必然原因呢，还是上述"遭遇"的结果？如果资产阶级是资本主义的原因，无产阶级是由资本自动产生的，那么就出现了自相矛盾。这就是目的论的（"这是意志的结果"）和必然论的（"这是经济的必然结果"）。阿尔都塞则在《所谓原始积累》一章发现了主体性的另一种解说。

在《所谓原始积累》中，资本主义实质上是一种关系（资本、劳动缺一不可),或者说关系的总和。资本主义生产关系不能被简单理解成某种偏离正轨的人性的表露,资本主义不是某种基本的、原始的贮藏愿望的实现,也不是对古老的共同体本质的压迫。

在《关于费尔巴哈的提纲》中,马克思使用"关系的总和"来取代人的本质问题。与费尔巴哈的抽象人性概念相反,马克思说:"人的本质不是单个人所固有的抽象物,在其现实性上,它是一切社会关系的总和。"① 个人之间的"共同点"并不是什么抽象的人性,而是他们的独特关系:这些关系通过以多种形式出现的各种"遭遇"构成了每一个时刻。资本主义不能归结为某种抽象的人性,相反,人的欲望、人的意图或者说人的全部主体性,只能从这些独特的关系和这些关系的历史来考察。或者说,资本主义生产方式的形成不能简单归结为资本家积累的欲望或者资本和工人之间的道德差别(尽管在节约和开支上涉及道德话语),恰恰相反,这些因素或者关系不是抽象人性的结果,反而正是抽象人性的原因。阿尔都塞在谈到偶然唯物主义(aleatory materialism)时说道:"任何事物(人身、主体、社会关系)本身都应当被视为一系列不同遭遇的结果,这种结果一旦形成,就有它自身独特的因果律。"②

马克思认为,资本主义生产方式是"已往历史发展的结果,是许多次经济变革的产物,是一系列陈旧的社会生产形态灭亡的产物"③,其中最直接的就是封建生产方式的消灭。封建生产方式的消灭包含多种不同的事件,例如行会制度的解体、农民土地所有制的瓦解,通过商业资

---

① 《马克思恩格斯选集》第 2 版第 1 卷第 56 页。

② 阿尔都塞:《遭遇的历史唯物主义的隐蔽趋势》,载《哲学和政治学著作》第 1 卷,巴黎 1994 年版。

③ 《马克思恩格斯全集》第 2 版第 44 卷第 197 页。

本和高利贷而发生的财富和地位的既存结构的崩溃等等。这些解体因素既不是同一事件的各个结果，也不是单一进程的各个方面。他们完全是相互分离的。艾蒂安·巴里巴尔说，"由资本主义生产方式联合起来的各种因素，具有不同的、独立的起源。"① 只是当这些因素一起促成了资本主义之后，人们回过头来才觉得它们是同一事件或者同一进程。

　　古典政治经济学的原始积累理论用一种独特的记忆，用道德和主体将过去和现在混同起来；马克思则发现，这是不同的历史轨迹和历史线路相交的结果，这种相交只有在它们共同创造的空间才能实现。比如说，将公有地变为牧场并迫使农民离开土地的法律，其目标并不是要创造"无产阶级"；后者完全是无意的结果并被其他因素抓住了。"工业骑士之所以能够排挤掉佩剑骑士，只是因为他们利用了与自己毫不相干的事件。"② 在被政治经济学描绘为田园诗的地方，马克思发现了血腥的暴力。这出戏上演了两幕。第一幕，包括高利贷在内的各种剥夺行为使得生产者与生产资料主要是土地相分离。这种剥夺本身并不产生"自由工人"，而主要是产生失去身份的农民和工匠，他们转而乞讨或犯罪，而不是到新兴资本家阶级的工场去找工作。紧随剥夺之后便发生了第二幕："血腥立法"。这种立法的目的本来是要农民在封建社会瓦解后仍保持农民的地位，但是产生了意料之外的后果，就是对"工人阶级"进行控制。那些被从以前的劳动形式和生存形式中"解放"出来的人必须受到暴力的压制并被装进劳动和生存的新结构中去。

　　从封建主义过渡到资本主义决非易事，这个过程必然需要法律、国家和新型警察的干预，以便将丧失原来身份的农民和工匠变成劳动主

---

① 阿尔都塞、巴里巴尔：《读〈资本论〉》，伦敦1975年版，第281页。
② 《马克思恩格斯全集》第2版第44卷第823页。

体。正如马克思所说的,国家,特别是国家的警察和暴力,是资本主义生产方式偶然的但又是必然的条件。

原始积累:封建主义还是资本主义?

原始积累的条件在说明资本主义生产方式的形成时遇到了历史分期的问题:这些条件到底是封建主义的还是资本主义的?原始积累处于两种不同类型的暴力之间,一种是被原始积累摧毁了的封建奴役,一种是原始积累创造的资本主义剥夺方式。因此原始积累似乎不能归入任何一个连续的历史分期中(亚细亚的、古代的、封建的、资本主义的和共产主义的)。

能否将原始积累作为一个过渡时期归入资本主义生产方式之前的历史,并不清楚。原始积累既包含了资本形成的历史条件,也扩张进其他生产方式中。资本的出现是由多种历史因素决定的。马克思说:"美洲金银产地的发现,土著居民的被剿灭、被奴役和被埋葬于矿井,对东印度开始进行的征服和掠夺,非洲变成商业地猎获黑人的场所——这一切标志着资本主义生产时代的曙光。[……]在英国,这些因素在17世纪末系统地综合为殖民制度、国债制度、现代税收制度和保护关税制度。这些方法一部分是以最残酷的暴力为基础,例如殖民制度就是这样。但所有这些方法都利用国家权力,也就是利用集中的、有组织的社会暴力,来大力促进从封建生产方式向资本主义生产方式的转化过程,缩短过渡时间。暴力是每一个孕育着新社会的旧社会的助产婆。暴力本身就是一种经济力。"①

---

① 《马克思恩格斯全集》第2版第44卷第860—861页。

这段话表明，原始积累既存在于资本主义生产方式的历史形成中，也通过殖民化暴力扩张进其他生产方式中。原始积累不仅是一个事件，而且是一个过程，是使用剥夺和立法去摧毁其他经济关系和社会关系的过程，其目的是改造这些关系，使它们对资本而言具有生产性，即能够创造剩余价值。因此，原始积累就不仅是资本主义生产方式的原因，也是资本主义生产方式的结果。原始积累的两个最重要结果——只有劳动力出卖的工人和可以到处投资的资本，也是资本主义生产方式与其他生产方式和经济相遭遇的结果。马克思的这段话告诉我们，原始积累可以理解为资本扩张到地球上其他地方的一个长期的过程。原始积累的暴力有它特殊的地方。分散而极端的封建形式的暴力现在采取了普遍的法律形式，暴力成为司空见惯的关系，这种关系是法律的结果，也是法律的原因。马克思认为公开的暴力演变成日常的剥夺关系，这也就是认为法律仅仅是将原始积累的暴力私有化了，将这种暴力带入了工厂的大门内。马克思指出，原始积累和资本主义经济之间有着巨大的不同，前者是血腥的、间断的，而后者是连续的并默默无声地运行。然而，马克思也蕴含着这样的思想：这种不同最好理解成暴力在形式上的变化，资本主义积累只是原始积累在工作场所的继续，只是以"血腥立法"和圈地法开始的暴力经过改头换面后的继续。

原始积累和资本主义生产方式之间的关系的问题也带来另外一个问题：是将资本主义作为一种生产方式还是将它当作一种"经济"。这其实是如何理解资本的连续性的问题，即生产力和生产关系是如何再生产的。如果将资本主义理解成一种生产方式，就是认为资本的连续性必须拥有非常复杂的条件，资本的运行需要一整套复杂的因素（包括国家、法律、意识形态）。如果将资本主义或者其他生产方式当作一种经济，就会陷入"经济主义"，即认为经济本身就足以保证他的再生产，其他因素如国家、意识形态、法律或者主体性等等，并不是必要的。经济主义认为经济具有既定的规律，认为经济施诸其他因素的影响是一种直线的因果关系。但如果我们回到前文所说的原始积累何时结束这个问题，我们就可以看到有两种意见，一是将"无声地发挥强制影响的经济关系"视为经济对社会其他因素的支配，另一种是按照马克思对资本主义惩戒权力的理解，将"无声地发挥强制影响的经济关系"理解为暴力在制度本身中的内化。

原始积累在马克思论述中的逻辑地位

如果总是以引用马克思论述的方式来讨论生产方式的问题，就永远也解决不了这个问题。我们总是可以抬出一个"经济主义"的马克思来反对一个"非经济主义"的马克思，整个马克思主义史已经证明了这一点。为了摆脱这种反复的笔战，看来有必要提出另外一个似乎无关的问题：原始积累在马克思的《资本论》的解说或者说逻辑中处于什么样的地位？阿尔都塞认为，马克思的哲学包含在解说的方式中，包含在篇章的次序和范畴的逻辑中。阿尔都塞在《读〈资本论〉》中强调了表述或者说哲学解说与生产方式的结构和关系之间的关系，从而就把以前对生产方式过渡或者转化的起点的讨论——通过引述马克思所说的话来立论、批驳，如此反复——转化成另外一个问题：马克思文本中的解说或者逻辑是怎样的。

如果提出文本表述的问题，那么马克思对原始积累狂想的论述就是有问题的。尽管原始积累涉及导致资本主义生产方式形成和封建主义解体的各种真实关系以及对这些关系的主观理解（道德童话），但是它却出现在《资本论》的末尾。于是，在对原始积累进行论述的地方和原始积累在历史上出现的地方之间,便出现了很大的差异。马克思在《资本论》中是以著名的对商品的分析开始的,马克思没有以起源问题来作为《资本论》的开始,而以资本的一个因素作为开始。尽管资本每天以一大堆商品的样子呈现在我们面前,但是并不能将资本主义等同于商品生产。商品起点和原始积累起点之间的不同,不仅是静态地研究资本各种关系和研究资本的历史出现之间的不同,而且也是包含在对资本主义生产方式的叙述中的两种倾向的不同。

阿尔都塞在其去世后出版的著作《没有局限的马克思》中认为,马克思的著作,甚至《资本论》这样的成熟著作,也不能简单地归结为单一的表述,而应当将它们理解为是多种表述构成的,由多种逻辑决定的。因此,承认马克思著作中有互相冲突的倾向(最重要的如经济主义和人道主义)并不是附会或者歪曲。在资本两个不同的起点之间,即在《资本论》的开始——商品形式,和资本主义的历史出现——原始积累之间,存在一个张力。商品形式和《资本论》第一章展开了一系列内部矛盾:从使用价值和交换价值到抽象劳动和具体劳动,最后到剩余价值本身。这个运动也是从对商品或者价值的不确定的抽象到最终明确表达出资本主义生产方式(包括资本主义生产方式的日常关系和发生在工厂的日常斗争)的运动。部分地正是由于这个论述过程的线条非常有力——在这个论述过程中每天就工作日长短进行的斗争看上去似乎是使用价值和交换价值之间的矛盾展开的结果——导致许多学者认为"商品形式"本身是资本主义生产方式的本质。

但是开始于《资本论》第1卷的"逻辑"并不能说明整个文本。阿尔都塞认为,《资本论》的上述论述过程经常被另外一些加进来的章节和分析所打断,而这些章节和分析所涉及的关系并不能塞进商品形式内部矛盾的展开这条线索中,它们对这种经济主义的逻辑构成了一个断裂。这些打破经济主义逻辑的章节除了论述原始积累的那一章,也就是涉及资本主义生产方式起源的那一章,还包括协作、工作日、机器和大工业等论述。这种存在于主要秩序或者说主要解说之外的另一种逻辑说明了什么问题呢?

要回答这个问题,还是要从商品形式和原始积累这两个不同的起点的比较入手。原始积累揭示了使劳动主体得以形成的必要暴力的作用,而对商品形式的分析则假定这个条件已经完成了。一旦假定劳动的商品化已经存在,剩余价值或者剩余劳动就只是劳动超出再生产劳动力所必要的部分,即生产出来的价值减去劳动力成本价值的余额。

如果从一开始就将劳动作为商品,作为抽象劳动的一个可以计量的单位,那么就忽视了将各种人和各种关系转化为劳动—权力单位的各种交织在一起的因素。遭到忽视的不仅有资本主义的偶然基础(aleatory conditions of capitalism),即作为一种政治、法律和文化秩序的产生过程,而且资本主义生产方式继续存在的多重决定条件(overdetermined conditions of its survival)也被忽视了。其实马克思在《所谓原始积累》中是谈到了这些条件和偶然性的。论述资本和抽象劳动的章节似乎将劳动表述成了一个人类学上的常量,但论述原始积累的章节却提醒我们,"个人变为上述一无所有的工人,这本身是历史的产物"[①]。"原始积累"揭示了任何生产方式都离不开相应的"征服方式",或者说离不开主体性的生产。作为某种孤立的和可计量的东西而存在的"经济"只有在它受到相应的国家、法律、习惯和愿望支撑的时候,才能存在。

---

① 《马克思恩格斯全集》第 2 版第 30 卷第 466 页。

今天：原始积累的继续和创造的可能性

关于原始积累的理论揭示了资本主义生产方式不能简单地等同于一种市场或者一种经济，它的起源不能由勤奋、贪婪或者买和卖来解释。资本主义生产方式为了历史地维护自己的产生和存在，就必须摧毁此前的生存经济和相应的生活方式。在资本主义生产方式生产它自己的合法性、规范和主体性形式的地方，原始积累仍然在继续。也就是说，如果原始积累的第一个意思是指资本主义生产方式的必要的、非经济的各种条件，那么原始积累，或者说与它相联系的主体性的生产，就是与资本主义生产方式并存的。

因此阿尔都塞在有关"偶然唯物主义"的文章中论述原始积累时说，没有任何生产方式能够在没有意识形态条件和文化条件的情况下运行。这些条件使个人成为该生产方式的主体。

米歇尔·哈特和安东尼奥·耐格里认为，今天存在着一种新型的原始积累，它不仅是对工人和财富的积累，而且是对主观潜能、愿望和知识的积累，其中的许多积累是在资本主义之外、在公共部门和商品化存在的缝隙里进行的。① 更为严重的是，在今天，生命的权力本身，再生产和生活下去的能力，从遗传密码到生存的基本需要，就像当年封建制度下的公共土地一样，日益在越来越大的程度上受到"绝对的私有财产"的统治。

原始积累概念直到今天仍然有意义，因为主体性是任何生产方式的必要条件，而原始积累也正是对主体性的积累。另外，原始积累还在那些尚未商品化的地方为自己占领空间。最终，原始积累的理论具有了一

---

① 哈特和耐格里：《帝国》，剑桥 2000 年版，第 258 页。

种"革命的"性质，或者说至少是指向一种社会转型的思想。原始积累是在资本主义生产方式核心发生的遭遇的继续（persistence of the encounter）。它是遭遇的继续，就是说，构成资本主义生产方式的要素，货币、愿望、人身、信念等等，总是从它们的独特连接中不断分离出来。从资本主义生产方式是由多重因素决定的、它的存在需要复杂的条件这个意义上说，原始积累就意味着还存在非资本主义的社会关系，还存在着群众协作，这些都威胁到资本主义的存在。资本主义生产方式的构成必然需要众多条件（力量、法律和意识形态之间的多重关系）这个事实，意味着资本主义生产方式的再生产是没有保证的，从而就形成了转型的可能性：多重决定（overdetermination）与不充分决定（underdetermination）是紧密联系在一起的。

将"原始积累"放在《资本论》第1卷的末尾就可以理解成是提醒我们注意生产方式纯粹的偶然性（the sheer contingency of the mode of production），注意事情可能还有其他的可能性。阿尔都塞说："原始积累持续到今天，它不仅显著地发生在第三世界，而且本身是一个在资本主义生产方式的心脏上刻下了偶然性的长期进程。"[1] 这样，原始积累就在正统马克思主义资本主义必然灭亡的信念和流行的意识形态即资本主义是永恒的这一说教之间开辟了空间。没有这样的保证，只有重迭相交的遭遇的历史，在这些遭遇之间存在创造的可能性。

（原载《反思马克思主义》，2002年夏季号第14卷第2期）

（徐洋 摘译）

---

[1] 阿尔都塞：《遭遇的历史唯物主义的隐蔽趋势》，载《哲学和政治学著作》，巴黎1994年版第1卷。

对社会生产公式的再思考*

冯文光

[摘 要] 马克思在《资本论》第2卷第一个稿本中把生产生活资料的部类当作第一部类，把生产生产资料的部类当作第二部类。但是，他在第一个稿本的末尾认识到，这样的排列次序不适于描述资本主义生产。于是他在第八个稿本中把这一次序颠倒了过来。第八个稿本中的这一生产公式是对资本主义生产的描述，不是普遍适用的公式。

[关键词] 社会生产的两个部类　资本主义生产　社会生产公式

资本论第二卷的手稿一共有八个稿本。第一稿的标题是《第二册。资本的流通过程》，这是资本论第二卷最早的一个稿本，是1861—1863年手稿之后关于资本积累理论的第一个系统的论述，就涉及的内容而言，这一稿本与《资本论》第二卷的内容大体一致。但也有许多不同的地方。关于社会生产的两个部类的论述，这一稿本是和《资本论》第二卷不同的。在这一稿本中，马克思把社会生产资本分为如下两种类型：第一种类型是生产生活资料的生产资本，"作为社会总资本的一部分，我们把它称为资本A"①。第二种类型是生产生产资料或不变资本

---

* 本文选自《马克思主义与现实》2002年第5期。作者系中央编译局研究员。
① 《马克思恩格斯全集》第1版第49卷第441页。

的资本,这种类型称为 B。根据马克思的论述,我们可以把这两个类型或两个领域的资本的构成表述如下:

领域	总资本	不变资本	可变资本	剩余价值
A	600	400	100	100
B	1200	800	200	200

这两个领域的交换是这样进行的,A 的 400c 和 B 的 200v、200m 相交换,A 的 100v 和 100m 在 A 内部交换,B 的不变资本 800 则在 B 内部交换。

我们在这里看到,马克思在分析社会资本的生产过程时是从第一种类型或生产生活资料的资本开始的。

资本主义生产的内在机制是要不断扩大生产的规模。因此,资本主义生产是一种经常的相对的过剩生产。资本家把剩余部分(剩余价值)的一部分转化为可变资本,把另一部分转化为不变资本,在此基础上不断扩大规模。资本家要扩大生产时,必须把剩余产品中的一部分重新转化为资本,这一部分剩余产品不应该是资本家用于基本生存所需要的部分,而应该是奢侈品部分。在这里,马克思在研究积累时分析了两种情况。1. 假定全部剩余产品以奢侈品的形式被消费,那么,积累基金就等于零。这是与资本主义生产的精神相违背的。2. 假定奢侈品的消费等于零。在这种情况下,"必然会出现社会必需品的相当多的生产过剩,因而会出现再生产的中断"[①]。马克思在这一稿本中没有分析在奢侈品消费等于零的情况下怎么就会出现生活必需品的生产过剩。这个问题在《资本论》第二卷中解决了,在那里马克思把生产生活资料的部类又分

[①] 《马克思恩格斯全集》第 1 版第 49 卷第 524 页。

为两个分部类即生产必要生活资料的Ⅱa和生产奢侈品的Ⅱb。

显然,马克思在写作这个稿本的末尾时已经认识到,在研究资本主义条件下的社会生产时从生产生活资料的部类开始是不行的。这是因为:1."虽然个人消费是再生产过程的必要的和内在的环节"①,但是,资本主义生产的决定性动机不是消费,资本家是为利润而生产,他总是盲目地倾向于扩大生产规模,因而扩大生产资料的生产。2.要描述资本主义危机,只能从扩大生产资料的生产开始。在假定工人不参与奢侈品消费的情况下,随着生产规模的不断扩大,奢侈品总会过剩。也许人们会说,在出现这种过剩时可以把代表这部分过剩产品的奢侈品同外国的货币相交换。但是,这种货币也会用于扩大生产而不用于货币储藏,因为货币储藏同样不适合于资本主义生产的精神。也许人们还会说,在出现奢侈品过剩时,可以把一部分年剩余产品转化为固定资本。不过,这样做的结果是:对劳动的需求会增加,工资会提高。"但是,劳动生产力的发展很快就会成为这种增长的障碍,危机就会一次接着一次地发生。"②

在《资本论》第二卷的第八个稿本中,马克思放弃了第一个稿本中对社会生产的两个部类的次序排列,把生产生产资料的部类放到了前面。在这第八个稿本中,社会生产的公式变为:

1. $4000c + 1000v + 1000m = 6000$

2. $2000c + 500v + 500m = 3000$

这两个部类的交换如下:第一部类的1000v和1000m同第二部类的2000c交换,第一部类的4000c在第一部类内部交换,第二部类的

---

① 《马克思恩格斯全集》第1版第49卷第515页。
② 《马克思恩格斯全集》第1版第49卷第524—525页。

2000c 和第一部类的 1000v 和 1000m 交换，第二部类的 500v 和 500m 在第二部类内部交换。

马克思又把第二部类分为Ⅱa 和Ⅱb。Ⅱa 是生产生活资料的分部类，Ⅱb 是生产奢侈品的分部类。Ⅱa 和Ⅱb 的资本构成是：

Ⅱa　　1600c　　400v　　400m

Ⅱb　　400c　　100v　　100m

在分析Ⅱa 和Ⅱb 的交换时，马克思假定Ⅱa 和Ⅱb 各自把自己的剩余部分的 3/5 用于必需品，2/5 用于奢侈品。Ⅱa 的剩余价值 400m 乘 3/5，等于 240（用于必需品），400m 乘 2/5，等于 160（用于奢侈品）；Ⅱb 的剩余价值 100m 乘 3/5，等于 60（用于必需品），100m 乘 2/5，等于 40（用于奢侈品）。Ⅱa 的 400m 中的用于必需品的 240 在Ⅱa 内部交换，Ⅱb 的 100v 和 100m 中用于必需品的 60 同Ⅱa 400m 中用于奢侈品的 160 相交换。

以上所分析的是简单再生产公式。在这个公式中有两点要着重指出：第一，Ⅰ(v+m) = Ⅱc；第二，Ⅱb(v) 是在Ⅱa(m) 中实现的。一旦奢侈品过剩，Ⅱb(v) 就不可能全部实现，一部分工人会被解雇，与此同时，Ⅱa(m) 中有一部分会过剩，也就是说，生活资料会过剩。因此，生产生活资料的一部分工人也会被解雇，这种情况最终会影响到第一部类和第二部类的交换，从而引起整个社会生产的紊乱和停滞。马克思谈到这一过程时是这样说的："每一次危机都会暂时减少奢侈品的消费。危机使（Ⅱb）v 到货币资本的再转化延缓和停滞，使这种再转化只能部分地进行，从而有一部分生产奢侈品的工人被解雇；另一方面，必要消费资料的出售也会因此停滞和减少。"[①]

---

① 《马克思恩格斯全集》第 1 版第 24 卷第 456 页。

从简单再生产公式得出的结论也适用于规模扩大的再生产公式。在扩大再生产的情况下，Ⅱ（v+m）>Ⅱc。在资本主义生产下，Ⅱ（v+m）=Ⅱc只是一个假设。在Ⅰ（v+m）>Ⅱc的情况下，第一部类必须用它的剩余产品为第二部类追加不变资本，同样，第二部类也必须为第一部类追加可变资本。这就是说，Ⅱb（v）和Ⅱa（m）在扩大再生产的情况下会不断增加。当危机出现时，奢侈品销售不出去，又因为Ⅱb（v）和Ⅱa（m）的数量已经增大，工人失业的情况就会以更大的规模出现。

资本主义社会生产两个部类的这种划分，是马克思的理论体系和方法论所要求的。马克思的理论体系是要证明资本主义生产必然会遇到危机。马克思的方法则要求在分析社会生产两个部类时要贯彻资本占统治地位的原则，这就是资本支配生产，因而是为利润、为生产而生产。

理解马克思的社会生产公式要注意以下几点：

1. 这一公式不是一般的社会生产公式，而是资本主义的社会生产公式。资本家生产的目的不是为满足需要，而是为了获取更多的利润，因此他不可能首先扩大第二部类的生产而是要从扩大第一部类的生产即生产资料的生产开始。

2. 马克思假定剩余价值全部归资本家所有，工人不参加奢侈品消费。实际情况并不完全如此，但这个假定是必需的，这是贯彻理论体系和方法论的要求。

3. 在分析危机时只提到消费性奢侈品，但是，奢侈需要不只是消费性需要，而且还包括生产性需要。消费性奢侈品的生产和需求的扩大是社会生产发展的原动力，奢侈生产资料的生产和发展则是这种原动力的放大器。马克思在分析社会生产公式时把奢侈需要和奢侈品生产放在重要的地位，是符合马克思的一贯思想的。生产首先是为了满足物质需要，在物质需要的满足达到一定程度以后，追求奢侈需要的满足就成了推动社会生产发展的主要动力。

4. 在公式中，Ⅱ 的 500v 分割为 Ⅱa 400v 和 Ⅱb 100v，Ⅱ 的 500m 分割为 Ⅱa 的 400m 和 Ⅱb 的 100m，Ⅱ 的 2000c 分割为 Ⅱa 1600c 和 Ⅱb 400c。这种分割的比例决定了消费资料的生产和奢侈品生产之间的比例。"因此，这种分割从根本上影响着生产的性质和数量关系，对生产的总形态来说，是一个本质的决定性的因素。"①

5. 在资本主义生产中，奢侈品消费由于工人不参与而受到很大的限制，可是资本为获取利润而不断更新固定资本，扩大生产规模，所以危机会越来越频繁。如果工人完全不参与奢侈品消费，利润全归资本家所有，那么资本主义生产很快就会达到极限。这两个假定是分析资本主义生产并认识其规律所必需的。但是在分析现实时不能仅仅根据从抽象中得出的一般规律。

6. 在扩大再生产的情况下，$I(v+m) > IIc$，就是说生产资料首先要扩大。但是，这种扩大是由资本追求利润、为生产而生产的趋势决定的，不能由此得出生产资料优先增长是普遍原理的结论。同样，也不能由此得出生产资料增长速度快于消费资料增长速度是普遍原理的结论。资本总是趋向扩大不变资本、减少可变资本，由此造成的结果是，生产资料增长的速度快于消费资料增长的速度。但是，这是资本主义生产的趋向，不能说是一切社会生产所共有的规律。

在了解了马克思的社会生产公式的内容和意义之后，我们就可以解读下面两种历史现象：1. 社会主义国家都以满足人民群众的物质需要和精神需要为生产的目的。可是，在改革开放以前，所有的社会主义国家都毫无例外地陷入了短缺经济。2. 按照马克思的分析，资本主义生产会危机不断，走向崩溃。可是，今天各主要资本主义国家的经济仍在

---

① 《马克思恩格斯全集》第 1 版第 24 卷第 457 页。

发展，资本主义的外壳仍然能容纳生产力的发展。不仅如此，工人的生活水平和素质也有很大的提高。

关于社会主义国家。为什么社会主义国家在改革开放前几乎都陷入了短缺经济？首先，因为它们都采取了优先发展重工业的思路。苏联十月社会主义革命胜利后，世界上出现了第一个社会主义国家。苏联在革命后按照马克思的社会生产公式确立了优先发展重工业的发展思路。后来出现的其他社会主义国家也都采取了这一经济发展思路。现在可以说这一发展思路是不正确的。首先，这一经济发展思路是马克思的社会生产公式的体现，而马克思的这一社会生产公式则是对资本主义生产过程的一种描述。这个社会生产公式包含如下的内容：资本为利润而生产，为生产而生产，在激烈的竞争中不断扩大生产规模，最终由于消费品（首先是奢侈消费品）的过剩而出现危机。其次，由于人们对奢侈需要、奢侈品的生产和消费有误解，以为这些东西只是和资产阶级有关，与工人阶级是无关的，所有社会主义国家也都几乎不提倡发展奢侈品的生产和消费。这样，这种经济发展思路在源头上就把生产发展的路子堵死了，也就是说，社会生产失去了原动力。此外，几乎所有社会主义国家都不提倡利润原则和竞争原则。我们比较一下社会主义生产和资本主义生产，就可以更清楚地看到这种情况所带来的后果。在资本主义生产中，马克思假定工人不参与奢侈品消费，尽管如此，对奢侈品的需求仍然很大，因为除工人以外的其他阶级都参与奢侈品的消费。因此可以说，在资本主义生产条件下生产力发展的原动力的缺失只是部分的。与此相比，社会主义国家在改革开放前的原动力缺乏情况却很严重，短缺经济使得生活必需品都要凭票才能得到满足，奢侈品的生产和消费根本谈不上。资本主义国家以利润原则和竞争原则作为生产力发展的强大加速器，社会主义国家却不提倡利润原则和竞争原则，而是用抓革命促生产以及展开劳动竞赛来代替。其结果只能是短缺经济。

关于资本主义国家。在当代，资本主义生产方式仍然具有生命力，还没有出现马克思所说的资本主义外壳与生产力的发展不能相容的情况。原因是多方面的，这里只能涉及一些与上述社会生产公式有关的原因。1. 工人不参与奢侈消费是一种假定。实际上，随着社会生产力的发展，工人也越来越多地参与着奢侈品的消费。2. 资本越来越要求工人提高自己的素质，因此资本也会相应提高工人的工资。3. 利润全部归资本所有也是一种假设。除资本家以外，银行家、商人、地主都要参与分享利润。国家通过税收也分享利润并通过再分配来保证社会的安全和平等。4. 资本为了自身的发展和利益，往往采取与工人分享利润、让工人参股的形式。5. 国家起到了较好的调节作用，化解了许多矛盾，例如通过对外贸易政策解决国内企业产品迟销的问题。

中国的社会主义市场经济的发展是对以上两种历史现象的实践上的解读。在社会主义发展史上，社会主义市场经济概念的确立是一件重要的事情。它标志着承认利润原则和竞争原则。这样，社会主义的经济发展也就有了自己的加速器。第二件重要事情是把不断提高人民群众的物质文化生活水平作为代表人民群众利益的根本点。这一思想与从抓奢侈品和一般消费品的生产出发进而推动生产资料的生产思路有共同之处。这样，社会主义经济的发展就有了原动力。加速器加原动力是经济发展的心脏。但是，一个社会的经济并不是因为有了加速器和原动力就会自动快速发展，国家的调节作用是不可或缺的。因为：1. 利润原则和竞争原则有时还有消极的作用；2. 从抓奢侈品和一般消费品出发发展经济，还要掌握好这两种消费品生产的比例。在这方面，社会主义国家应该能够起到更好的调节作用。

黑格尔的目的性理论和马克思的劳动过程理论[*]

〔日〕吉田文和

前　言

马克思在《资本论》第一卷第五章中论述劳动过程并给劳动资料下定义时引用了黑格尔的一段话:"理性何等强大,就何等狡猾。理性的狡猾总是在于它的间接活动,这种间接活动让对象按照它们本身的性质互相影响,互相作用,它自己并不直接参与这个过程,而只是实现自己的目的。"[①] 这段话是黑格尔在《小逻辑》第三篇《概念论》B节《客体》的(C)《目的性》一节中说的。马克思为什么在给劳动资料下定义时要援引黑格尔的这段话呢?他又怎样利用了这段话呢?在从前研究技术理论时,人们对这个问题未必取得了一致意见。从前,研究黑格尔的学者就曾围绕"理性的狡猾"进行过讨论,但是没有取得一致意见。我们知道,在技术理论领域中同这一问题有关的是,围绕劳动资料体系学说在体系上的论据曾进行过一系列争论。例如,三枝博音主张"作为过程的手段"说,星野芳郎和大谷省三主张"手段包含主体"说

---

[*] 本文选自《马列主义研究资料》1985年第5辑。作者吉田文和系日本北海道大学经济学系副教授。——译者注

[①] 参看黑格尔:《小逻辑》,北京:商务印书馆1982年版,第394页。下面有关《小逻辑》的引文,均参考了该版译文。——译者注

等等，他们的这些观点，都同对黑格尔的"理性的狡猾"和手段的理解有关。

我们从近几年来出版的《经济学手稿（1857—1858年）》的"劳动过程"理论中，看到了《资本论》的"劳动过程"理论的雏形以及马克思本人对这一理论所进行的严密思考的经过。其次，我们在这里还看到了向"劳动资料"定义、"需求体系"和"非有机自然"等理论过渡的情况，以及使用黑格尔的目的性、劳动理论等概念的情况。

本文试图探讨作为马克思劳动过程理论源泉的黑格尔的目的性理论，阐述马克思在制定劳动过程理论中是怎样吸收黑格尔的目的性理论的。当然不必说，我们的目的不在于说明马克思的劳动过程理论源出于黑格尔的目的性，我们的目的是想通过关于黑格尔的目的性的研究，进一步深入理解马克思的劳动过程理论。因此，马克思的批判的吸收和他的脱胎换骨的方法就成了问题的焦点。为此，我们首先必须说明黑格尔的目的性在他的《逻辑学》中的地位，说明黑格尔的目的性的结构和特性，并在这一基础上，说明工具理论、机器理论和"理性的狡猾"等。

关于马克思的劳动过程理论批判地吸收和继承关系问题，虽然我们以劳动资料的定义为核心，向整个"劳动过程"理论过渡，但是，我们是通过对《经济学手稿（1857—1858年）》、《经济学手稿（1861—1863年）》和《资本论》的比较和研究进行考察的。这样，我们就会说明，马克思在吸收黑格尔的目的性时，是怎样在理论上克服黑格尔的弱点的。我们认为，通过这种研究，在一定程度上会有助于解决技术理论领域中的争论。

Ⅰ. 黑格尔对目的性的分析

一、目的性在黑格尔的《逻辑学》中的地位

黑格尔的目的性（Die Teleologie）是在黑格尔《逻辑学》（通称《大逻辑》）[①]第三编《概念论》第二部分《客观性》第三章《目的性》中论述的。第二部分的第一章是《机械性》（机械关系），第二章是《化学性》（化学关系）。接下去是第三部分《理念》，其第一章是《生命》。在黑格尔看来，**表现中介和统一关系的概念**就是"客观性从其**内在性发生**的并过渡到实有中去的**实在的概念**"。这里所说的"实在的概念"就是中介和统一的关系通过具体所表现的东西。在《哲学入门》第三课程《概念论》中，这个《客观性》篇改为《概念的实现》，突出了目的性，接下去才是机械性和化学性。我们在这里看到的说明观念东西的现实关系的概念，在通过客观性实现目的这一目的性中，非常典型地表现出来了。

其次，机械性、化学性和目的性这三者的关系怎样呢？

黑格尔在《小逻辑》中说："客观性包含有**机械性**、**化学性**和**目的性**三个形式。**机械性**的客体就是直接的无差别的客体。诚然，机械的物体包含有差别，不过这些机械物体的差别彼此是漠不相干的，而它们的联系也只是外在的。反之，到了化学性的阶段，客体本质上表现出差别，即客体之所以如此，只是由于它们彼此的关系，而这种差

[①] 下面有关《大逻辑》的引文，均参考了商务印书馆1981年出版的此书译文。——译者注

别构成它们的质。客观性的第三个形式，**目的的关系**，这是机械性和化学性的统一。目的，正如机械的客体那样，是一个自成起结的全体。但又被从化学性中展开出来的质的差别的原则所丰富了。这样，目的便使它自身和同它对立的客体相联系了。所以目的的实现就形成了到**理念**的过渡。"

我们看到，机械性和化学性被统一到目的性中了（在《哲学入门》中，机械性和化学性就已隶属于目的性了）；从说明相互无关和外在性的机械性出发，经过说明相互关系（亲和性）的化学性，再进到现实关系的目的性，关系规定进一步深化了。继目的性之后是生命论及其关系，在这种关系中，目的性涉及到**外在的**合目的性，在生命论中，涉及到了**内在的**合目的性，并通过这种论述，使目的性成为生命论的前提。

二、黑格尔的目的性的特殊性质

黑格尔的目的性和以前的目的性相比，其内容有很大不同。关于自然神学的目的性，他在《大逻辑》中说："目的性原则越是与一个**在世界以外**的知性这样的概念相联系，并且在这种情况下受到虔敬的赞助，这个原则也就似乎离开真正的自然研究越远。"与此相反，机械性（机械的自然性）比目的性更加重视内在的见解。这是因为，机械性企图把自然就其自身当作一个整体来把握。黑格尔对自然神学的批判显然继承了康德对自然神学的批判。康德认为，目的性并非客观的东西，它只不过是主观原理，只有作为方法论原理，作为业已发现的原理，它才有可能用于对有机体的观察。如果人们不在一般自然中研究目的性关系，那么他们要到哪里去研究呢？关于作为"判断力批判"的"目的性体系的自然最终目的"，康德是这样论述的："人类知道设定自然和人类自身之间某种目的关系，并具有这样做的意志，不过，只有在自然界中才能求得这种最终目的。"①

黑格尔是在人类同自然关系这种人类有目的的现实活动中研究和阐述目的性关系的。当然，关于康德的"主观原理"，黑格尔对它没有进行批判，只是把康德的相对的外在的合目的性和内在的合目的性（生命）区别开来，并加以评论，试图把前者用于目的性，把后者用于理念中的生命。关于康德的目的性原理，黑格尔评价说，他把普遍归结为特殊化的"反思的判断力"。这是因为，目的就是"具体的普遍"，"它在本身中就具有特殊性和外在性的环节"，在客观上特殊化起了作用。

由此我们可以看到，黑格尔的目的性虽然冠以目的性的标题，但他是以批判前人的自然神学的目的性为其目的的，并有一种极新的设想，试图将人类的目的现实关系同目的性这一题目结合起来。黑格尔指出，"机械的或化学的技术，由于必须外在地被规定为这一特性，就不得把自身奉献予目的关系"，从而暗示了目的性和技术的关系。因此，这种设想把康德在《判断力批判》一书中所说的"目的性的判断力的批判"这一主题，通过黑格尔的《逻辑学》的体系，进行了改造。

三、黑格尔的目的性的结构——A 主观目的

黑格尔说："概念作为目的，当然是一个客观的判断。"对概念进行"原始的分割"（判断），使概念特殊化，在客观性中实现正在发挥作用的目的。在这种场合，概念（普遍）进行自我分割和限定（特殊

---

① 康德：《判断力批判》（1790 年），第 431 页。

化），成为在客观性中发挥作用、不断进行"客观判断"的东西。黑格尔又说："目的关系不只是判断，它是独立自由概念的推论。"这是因为目的本身是在客观性中达到的，在这里，目的关系显示了自我实现并返回到自身的这种关系。因此，黑格尔在概念论之前使用了"判断"、"推理"等范畴，把目的关系逻辑化。这是黑格尔的目的性的最大特征。

首先关于目的，黑格尔说，它不表现为"力和原因"。这使他想起了亚里士多德。目的"作为一个原因，它就是自己的原因，或者其结果直接就是原因"。"目的就是在客观性中达到了自身的概念"，这是因为，目的是在客观性中实现正在发挥作用的目的，并说明返回到目的自身的这种媒介关系。目的是在客观性中发挥作用的，是由有限的客观性规定的，它同理念不同，不产生这种前提本身，从这里产生了"目的的有限性"。

这里的"目的的运动"是要扬弃目的的前提，也就是要扬弃客观性的"直接性"（独立性、无中介性），并且要建立由概念（目的）规定的那种客体。因此，"目的"和"客观性"以及"实现"之间在概念上的关系开始发挥作用，这是因为"概念环节的规定性是外在性"，"目的"和"实现"之间的缝隙有限。因此，"在一个环节中，目的主体规定自身，在那同一个环节中，主体与一个漠不相关的、外在的客观性相关，这种客观性，目的使它等同于那种内在的规定性"。也就是说，从客观中产生出"手段"，同主观一样，成为内在的"规定性"。

四、黑格尔的目的性的结构——B 手段

黑格尔在《大逻辑》中说："手段是推论的中项。""一种手段，即

是说中项，它同时又具有外在的实有的形态，对目的本身及目的的实现都漠不相关。"这样，黑格尔就把"目的本身"当成前提，把"目的实现"当成结论，把"手段"当成"中项"。目的→手段→结果，虽然是一种推论的联结，但是各种结合并非浑然一体。手段作为客观，有别于主观，是独立存在的。这种关系对手段来说，只是一种形式。黑格尔说："手段是一个**形式**推论的**形式**的中项。"

黑格尔进一步说："抽象的活动和外在的手段构成其中的两端，客体的规定性通过目的构成两端的中项。"黑格尔的这种看法，在把"抽象的活动"和"外在的手段"的关系当成"推论"的两极的场合，是由设定目的的客观规定的，但是在构成这两者的中项、设定目的、具有非主观的客观方面，"**普通性**又是目的活动和手段的关系"。因此，目的由于具有手段和活动性，也就具有"不再仅仅是冲动和趋向"的理性性。

五、黑格尔的目的性的结构——C 实现了的目的

黑格尔说："目的通过手段的活动之对外在客体的关系，首先是推论的**第二个前提**——**一种**中项对另一端的**直接**关系。"另一方面，他又说："目的证明了自身是这种关系的真正中项和统一。"关于这一点，我们认为有必要解释一下。首先，在"主观的目的→手段→外在客观性"的推论中，成为中项的手段是"外在客观性"自身，在对待外在客观性上是"直接关系"。其次，同一推论由于主观目的的中介，形成"手段→主观的目的→客观的目的"这种推论。因此，"目的证明了自身是这种关系的真正中项和统一"。再次，通过以上两种推论，由于目的造成手段，形成以外在客观性为前提的这样一种推论——"主观的目的→外在客观性→手段"。如果把以上三种推论称之为"三重推论"的话，就说明有三个极和三重的结合关系。

关于"理性的狡猾"，黑格尔在《大逻辑》中说："既然目的自身直接与一个客体相关，并使它成为手段，而且通过手段来规定另一客体，这就可以看作**强力**，在这种情况下，目的显出与客体完全不同的性质，而这两种客体又同是相互独立的总体。但目的既然把自身建立为与客体的**直接**关系，并在自身和那个客体**之间插入**另一客体，这就可以认为是理性的**狡猾**。合理性的有限性，具有这样一个方面，即目的是关系到事先建立（前提），即客体的外在性。在对客体的直接关系中，目的本身像是进入了机械性或化学性之中，从而像是从属于偶然和它的成为自在自为之有的概念这一规定的没落。所以目的又摆出一个客体来作为手段，让这个客体代替它外在地消耗，把这客体委之于磨损，而面对机械的强力时则躲在这个客体的后面来保存自己。"

首先，在我们理解"理性的狡猾"时，最为重要的是通过同机械性的对比抓住目的性的特质。也就是说，目的一旦在机械性中直接地、客观地发挥作用，它就接受反作用，相反也接受支配。但是，它在目的性中，在它同这一客观性中，不断吸收另一客观性，并成为一种手段。其次，目的一旦把这种关系纳入上述的"三重推论"，就把手段看成目的活动性即能动性的结果，认为手段具有客观性以及手段和活动性是由设定目的的客观性中介的。再次，黑格尔说："手段是一个比**外在的合目的性的有限目的更高的东西**……工具保存下来，而直接的享受则会消逝并忘却。"也就是说，手段是一个比外在合目的性的更高的东西，应放在《理念》论中生命的内在合目的性之前。关于黑格尔在《小逻辑》中有关"理性的狡猾"，我们在下面即将谈到。

其次，关于原因和结果的关系，以及这种关系同目的性的区别，当黑格尔说"概念通过自己，与自己融合"，"终结即开始，结论即根据，结果即原因"时，我们想起了亚里士多德的《博物学》。也就是说，"原因—结果"关系是反思论的规定，原因不表现结果，相反，目的的普遍性从一开始就已存在。在目的性的关系中，相关规定（始和终）和反思规定（原因和结果）在概念上是同一的，不构成另一规定，处于"目的→手段→目的"这种关系之中，很少分离和比较统一。

黑格尔列举了作为"目的**单纯的形式**"的三个因素，即"主观目的"、"作为手段和中介的活动"、"客观目的"，但是这个推论"总有形式推论的一般缺点"，因为推论的各极尽管统一，但三者又相互有别，归根到底，"目的→手段→结果"不过是对物加工，而非"直接关系"和真正统一。其次，还因为推论的形式以及因为"把结论当成了前提"。所谓"形式推论"就是，例如"苏格拉底之死"这个结论是从"苏格拉底是人"（大前提）和"人会死"（小前提）中得出的。但是，"苏格拉底之死"这个结论属于大前提，为了证明这一点，就要有无限累进归纳法这种手段，而这是"形式推论"所缺少的。

乍一看来，黑格尔是从逻辑主义的要求中得出"手段的无限累进"的。所谓"手段的无限累进"就是已经实现了的目的，是自身以前的手段，是彻底的相对的东西，是目的对大目的的手段，是一种磨损关系。因此，手段充其量能达到外在的合目的性，而达不到"客观的目的"（理念）。不过，"说目的在手段中达到了，而且手段和中介都保持在已完成的目的之中，——这样的反思却是**外在的目的关系的最后结局**"。我们在这里可以看到，黑格尔强调目的的实现、过程中的中介和中介的消失等概念。

六、黑格尔的工具理论和机械理论

在我们研究了斯图亚特和斯密的经济学,并以此分析劳动以后,对黑格尔的目的性中的手段理论就更容易理解了。在我们说明"理性的狡猾"理论的背景时,需要研究一下黑格尔各手稿中有关工具理论和机械(机器)理论。

1802—1803年(或1804年)黑格尔写了《伦理学体系》,其中谈到在人们相互关系中起中介作用的有三个要素,即"儿童"、"工具"和"语言",现在我们来看一看其中之一的"工具"要素。

黑格尔说:"谁会制造工具,谁就会劳动。在这个限度内,工具是劳动的守常规则(die beständige Regel)。由于工具的这一理性性质,工具作为中介物,比劳动、比加工过的客观、比享乐或者比目的,都要高出一头,因此,处于自然界中的每个民族没有不尊重工具的。我们看到,人类对工具极为尊敬,关于工具的意义具有极高的表现。"在这里,黑格尔对工具作了高度评价,认为工具还是规定作为劳动结晶的其他主体的劳动的东西。关于机器,黑格尔说,由于劳动分工,劳动成了这样的劳动,它"比较机器化了"。斯密认为,首先是分工,经过劳动的简化,最后向机器过渡。黑格尔的看法不同,他认为,首先是分工,经过劳动的"物"化,最后向机器过渡。

接着,黑格尔从1803年秋冬开始到第二年的冬季写了《思辨哲学体系(自然和精神哲学讲义手稿片断)》。他在这份讲义中,详细研究了工具理论,同时利用斯密的分工理论,分析了人类劳动。他说:"人类使用多种多样的机器加工自然……人类所残存的劳动使人类自身越来越机器化了。"这样,他对分工和机器给予了否定的评价。

1805年秋到1806年，黑格尔在《自然哲学和精神哲学（实在哲学讲义草稿）》中，从"理性的狡猾"的立场出发，考察了工具。他说："我不肯出力，因为在我和外在的物性中间插进了狡猾，并为我的规定性进行辩护。工具在使用中不断磨损……作为一般原理，人们在运用自然所固有的活动性，这个活动性就是蒸气、水、风的弹力，这些东西自身在其感性的定在上进行同其志向完全不同的行动，对它们来说，把不过是盲目的行动变成合目的的东西。这样一来，把被利用的东西变成了反对其自身的东西。在被利用之物的外在的**定在**中，出现了自然规律的合理的举动。在**自然本身中**虽然没有发生什么，但是，自然存在的每一目的都已成为普遍之物。在这里，冲动完全退走。冲动劝使自然通过自身发挥作用，并不动声色地观察，只用少许之力便可统治整体。这就是狡猾。"

十分明显，所谓"狡猾"（List）就是"不肯出力"或利用他物，在使用工具的情况下，通过利用自然力和自然规律，"使自然通过自身发挥作用，并不动声色地观察，只用少许之力便可统治整体"。同给予工具以高度评价相比，黑格尔对机器的评价如何呢？黑格尔在《自然哲学和精神哲学》一书中，运用斯密的分工理论，描绘了如下图式：分工→劳动机器化→劳动抽象化→更换机器→人的节约→失业。

1822年到1823年，黑格尔写了《法哲学原理》讲义，在这份讲义中他就这一问题说："劳动的完成应归于机器，正是机器节约了人的劳动并使其价格低廉。因此，现在发生了人对机器的控诉。在英格兰，机器使工人失业，发生部分工人毁坏机器的事件。然而人们还会使用机器，因为它会更好地完成工作。"

1824年到1825年，黑格尔在《法哲学原理》讲义中又说："人可以用机器、武器、蒸气、火等等代替自己，精神的归结不过是使人监督它们而已。因此，由于劳动的完成使工人变愚蠢，最后使人成为不必要。这无异于悟性劳动，并作为此物被陶冶和被修正。"黑格尔由于想到英国罢工，由于想到使用机器使工人"变愚蠢"，指出了"使人成为不必要"的机器的消极作用。但是事情决非仅仅如此。机器会产生使人进行相应工作的可能性，通过机器劳动"陶冶"自身的另一方面。但是，黑格尔对这一方面的分析，总括起来说，是抽象的。

同黑格尔一样，马克思在《经济学手稿（1857—1858年）》中分析了劳动过程。他说："机器的特征决不象［单个工人的］劳动资料那样，对工人的活动作用于劳动对象起中介作用"，"工人不再是生产过程的主要当事者，而是站在生产过程的旁边"。[①] 在这里，马克思把"机器"和"劳动资料"区别开来，指出黑格尔所说的工具就是"劳动资料""对工人的活动作用于劳动对象起中介作用"。他认为，在有"机器"的场合，工人同"生产过程"并列。因此，马克思的分析没有把机器当作"真正意义上的劳动资料"，只是着眼于机器代替人劳动的一面。这一弱点在1861—1863年手稿中通过对"劳动过程"和"机器理论手稿"的分析得到了克服。

七、什么是"理性的狡猾"？

据德文格林辞典称，List 包括以下含义：1. 知识和工艺；2. 熟练；3. 科学；4. 谋略；5. 贤明；6. 狡猾；7. 活动等等。黑格尔所使用的 List 同阴谋（Pfiffigkeit）不同，包括有贤明、科学和技艺的意思。因此，在日语中把 List 译成"狡猾"未必恰当。

---

① 《马克思恩格斯全集》第1版第46卷下册第208、218页。

如我们在上面的研究中所指出的，黑格尔论述工具时所说的"理性的狡猾"是指人不肯出力，利用自然力和自然规律。黑格尔在《自然哲学》第 245 节中谈到"人的理性狡猾"时明白指出："不管自然展示和发出什么力量——严寒、猛兽、洪水、大火——来反对人，人也精通对付它们的手段，而且人是从自然界取得这些手段，运用这些手段对付自然本身的；人的理性的狡猾使他能用其他自然事物抵御自然力量，让这些事物去承受那些力量的磋磨，在这些事物背后维护和保存自己。"

显然，人从自然中取得手段，根据自然本性，使自然同自然相对抗，这就是"理性的狡猾"。因此，在马克思给劳动资料下定义援引黑格尔的"理性的狡猾"以后说："这样，自然物本身就成为他的活动的器官，他把这种器官加到他身体的器官上，不顾圣经的训诫，延长了他的自然的肢体"①，于是发生了劳动者把自然作为自己的手段并同自然相对抗的关系。

不过，问题在于马克思援引《小逻辑》那段引文之后有关同"天意"的关系的那段话。黑格尔是这样说的："在这种意义下，天意对于世界和世界过程可以说是具有绝对的狡猾。上帝放任人们纵其特殊情欲，谋其个别利益，但所达到的结果，不是完成他们的意图，而是完成**他的**目的，而上帝的目的与他所利用的人们原来想努力追寻的目的，是大不相同的。"不用说，在《历史哲学》中也有类似的内容。

田烟稔曾对"理性的狡猾"作过整理②，据他说其中包括如下一些问题：1. 历史变革实践的盲目性；2. 离开行为的结果和意图；3. 向对立物的转化，特殊东西的没落；4. 作为手段的特殊意志的利用和理性

---

① 《马克思恩格斯全集》第 1 版第 23 卷第 203 页。
② 田烟稔：《黑格尔历史哲学和理性的狡猾》，载大阪大学文学系：《哲学论丛》，1979 年第 4 号。

的无为主义；5. 目的意识性等等。不过，比较有代表性的看法是，他认为，黑格尔虽然在自然同人的关系中看到了理性的狡猾，但是在历史过程中却没有看到这种狡猾，而是乞求神得到这种狡猾。不过，黑格尔说到神的场合到底意味着什么，这是一个相当复杂的问题，因为**既有可能把"天意"读成历史规律，也有可能把它积极地看成与人相关的"理性的狡猾"，是人同自然的关系**。正因为如此，马克思在引证《小逻辑》的"理性的狡猾"时，对前半部分给予了积极的评价。

八、主体和手段

如上所述，"目的单纯形式"是由"主观目的"、"作为手段和中介的活动"和"客观目的"这三个要素构成的。在这种场合，根据推论，"主观目的"和"客观目的"是两极，"作为手段和中介的活动"是中项。因此，在中项（Mitte）中不仅包含手段（Mittel），而且也包含活动。可是，星野芳郎因此解释说："主体自行反抗，把自身规定为手段"；"这种手段不单单成为工具"[①]。我们必须把"中项"和手段（Mittel）区别开来，不过在这种场合，即作为推论的中项，却包含着"作为手段和中介的活动"这两者。因此，我们不能一视同仁地对待"手段"和"中介的活动"。

我们已经看到，黑格尔虽然说过，对神来说人是手段，人成为手段，但对黑格尔来说，并未限定在同神的关系上。黑格尔在《法哲学原理》的《市民社会》一章中说："在市民社会中，每个人都以自身为目

---

① 星野芳郎：《技术理论笔记》（1948年），载《星野芳郎著作集》第1卷，劲草书房1977年版。

的，其他一切在他看来都是虚无。但是，如果他不同别人发生关系，他就不能达到他的全部目的，因此，其他人便成为特殊的人达到目的的手段。"

在这里我们看到，作为市民社会的人们相互关系的原理是，每个人对自己来说是目的，又成为他人的手段。"目的—手段"关系统一了。马克思在《论犹太人问题》中同意黑格尔《法哲学原理》的内容，他说："在这个社会中，人作为**私人**进行活动，把别人看做工具，把自己也降为工具，成为外力随意摆布的玩物。"① 像马克思批评黑格尔"到处去寻找逻辑概念的规定"②那样，对彻底主张逻辑的关系规定的黑格尔来说，使用人的手段去实现有目的的活动和市民社会中人们的相互关系，也都被规定为同一的"目的—手段"关系。因此，在上述的意义上，人主体虽然已进入黑格尔的手段概念中，但是人主体是由使用人类的手段去实现有目的的活动和具有不同层次的人们的社会关系规定的。

九、过程、原因、手段

关于目的性中的过程和要素这个问题，黑格尔在《哲学入门》中说："在从推论要素的自身的自然性方面去看是内部关系这种意义上，推论要素成为过程。"这就是说，作为推论要素的"主观目的"、"中介和手段"、"实现了的目的"等等在内部关系这种意义上都成为过程。因此，如果问到过程和手段的关系，那么手段是过程的第一个要素，成为同其他要素一起形成"内部关系"的过程，但是手段自身不成为过

---

① 《马克思恩格斯全集》第 1 版第 1 卷第 428 页。
② 《马克思恩格斯全集》第 1 版第 1 卷第 359 页。

程。关于这一点，三枝博音极力主张"作为过程的手段"这种提法，对他的这种观点我们必须批判地进行研究①。三枝从"作为劳动过程的一个要素的劳动手段"这一定义中，硬是把"劳动"一词抹去，接着把"作为过程的一个要素的手段"改为"作为过程的手段"。

十、手段的无限累进性和体系性

如上所述，黑格尔既说明了手段的相对性，也指出了手段的无限累进性。所谓手段的无限累进性就是指，为了实现某一目的，必须要有手段，其次是指为了这一手段就要有另一手段，手段必须具有连接性。黑格尔认为，应把手段的无限累进看成是同推论形式问题密不可分的一个实际问题。这一点可以从黑格尔在《大逻辑》第三章《目的性》中所说的"石头、梁柱或轮、轴等等构成了目的的现实"中看到。在黑格尔那里，这个问题作为说明手段的相对性和磨损性占有一定的地位，并且是通往理念论的桥梁。

过去曾讨论过，作为技术定义，为什么必须强调劳动手段的**体系性**这一问题。在把手段的无限累进问题看作技术理论的场合，这个问题就表现为手段的体系性问题。也就是说，当某一手段成为必要时，为了这种手段，便有必要创造和分化出另一种新的手段。就这种意义来说，手段本身已经是把体系性作为前提的概念了。

顺便指出，在《法哲学原理》中，手段的体系是同需求的体系相对而论的。黑格尔说："无限多样化的手段及其在相互生产和交换上同样无限地交叉起来的运动，由于其内容固有的普遍性而**集合起来**，并区

---

① 三枝博音：《现代日本文明史——技术史》，1940年版，第5—8页。

分为各种**普遍的集团**，全部的集合就这样地形成在需求、有关需求的手段和劳动、满足的方式和方法以及理论教育和实践教育等各方面的**特殊体系**——个别的人则分属于这些体系——，也就是说，形成**等级**的差别。"

Ⅱ. 对马克思的劳动过程理论的继承关系的分析

到此为止，我们对黑格尔的目的性进行了分析。下面，我们根据这一分析，并根据马克思的劳动过程理论的内容，试图就马克思批判地吸取黑格尔的目的性即继承问题进行分析。我们在研究过程中，一方面要对照黑格尔的目的性，一方面还要参照黑格尔在《法哲学原理》中积极开展的劳动理论。

一、"劳动过程"概念

在黑格尔那里，在过程和手段的关系中，手段是过程的第一个要素，它同别的要素一起，成为结成"内部关系"的过程。马克思在法文版《资本论》中论述劳动过程理论时，为"过程"一词专门写了一条注，他指出："'过程'这个词表示一种从其全部现实条件上来考察的发展过程。"① 发展是概念性的对象，在这个概念性中就包含有目的性，从这里我们应当认真思考马克思所说的"全部现实条件"和黑格尔所说的"因素构成内部关系的过程"。

---

① 《资本论》法文版中译本，中国社会科学出版社1983年版，第166页。

二、劳动是控制人和自然之间的物质变换的过程

关于劳动过程，马克思首先指出："劳动首先是人和自然之间的过程，是人以自身的活动来引起、调整和控制人和自然之间的物质变换的过程。"[①] 在这里，劳动过程是从物质变换方面和由人中介、控制方面规定的。黑格尔则把劳动规定为人对自然的中介活动。他在《法哲学原理》中说："替**特异化**了的需要准备和获得适宜的，同样是**特异化**了的手段，其中介就是**劳动**。劳动通过各色各样的过程，加工自然界所直接提供的物资，使合乎这些殊多的目的。"

因此，黑格尔是从通过劳动的中介这个方面和从对自然材料的特殊化即物质变换这个方面规定劳动的。因此，马克思针对黑格尔把劳动规定为对自然的材料的特殊化，指出"人和自然之间的物质变换"，针对黑格尔说的通过手段去中介，指出物质变换的"中介、调整、控制"这一公式。

三、人类劳动是有目的有意识的

关于人类劳动是有目的有意识的问题，马克思指出，建筑师的劳动同蜘蛛和蜜蜂的"本能"劳动相比，建筑师"在用蜂蜡建筑蜂房以前，已经在自己的头脑中把它建成了"[②]。黑格尔也谈到了蜜蜂的"本能"劳动。关于动物的本能和有目的有意识的人类劳动问题，他在《法哲学

---

① 《马克思恩格斯全集》第 1 版第 23 卷第 201—202 页。
② 《马克思恩格斯全集》第 1 版第 23 卷第 202 页。

原理》中说:"动物按本能而行动,受内在的东西驱使,从而也是实践的。但动物不具有意志,因为它并不使自己所渴望的东西出现在想象中。"据我们推测,马克思以上的论述有可能参考了黑格尔的这一论述和达尔文的《物种起源》的论述。

四、在"结束"时包含有"开始"

关于人类劳动的有意识的目的,马克思还援引了亚里士多德和黑格尔的目的性的用语。他说:"劳动过程结束时得到的结果,在这个过程开始时就已经在劳动者的表象中存在着,即已经观念地存在着。"① 正如我们在同有论和反思论进行对比时看到的,黑格尔在《小逻辑》中说:"目的还包含效果在自身内,因此在效果里目的并没有过渡到外面,而是仍然**保持**其自身,这就是说,目的仅通过效果而实现其自身,而且它在**结束**和在**开始**或原始性里是一样的。"

五、在"自然物"中"实现自己的目的"

在黑格尔论述目的性的场合,"主观目的"从客观性中得到手段,在客观性中发挥作用,并"实现自己的目的"。马克思把黑格尔的客观性变成"自然物",指出劳动者"不仅使自然物发生形式变化,同时他还在自然物中实现自己的目的"②。

---

① 《马克思恩格斯全集》第 1 版第 23 卷第 202 页。
② 《马克思恩格斯全集》第 1 版第 23 卷第 202 页。

六、"有目的的意志"

为了使意志从属于目的，马克思接着说："除了从事劳动的那些器官紧张之外，在整个劳动时间内还需要有作为注意力表现出来的有目的的意志。"① 而黑格尔却主张，"意志的活动"使目的转向客观性，在客观性中继续发挥作用。黑格尔在《法哲学原理》中说："意志的活动在于扬弃主观性和客观性之间的矛盾而使它的目的由主观性变为客观性，并且即使在客观性中同时仍留守**在自己那里**。"马克思把黑格尔所说的"意志的活动"改为"有目的的意志"的持续。

七、劳动过程的三个要素

马克思在《资本论》中把"有目的的活动或劳动本身"、"劳动对象"和"劳动资料"作为"劳动过程的简单要素"②。黑格尔则把"手段和中介活动"作为"主观目的"和"实现了的（客观）目的"。

马克思通过"手段和中介活动"把"中介活动"当作"有目的的活动或劳动本身"，把手段解释成"对象"和手段。马克思在《经济学手稿（1861—1863年）》论述劳动过程理论时，根据黑格尔的观点，把物即对象要素——在德语中 Gegenstand（对象）与法语中的 objectum（客观）是一个意思，因此，可以把"对象要素"换成"客观要素"——当成"劳动资料"，劳动资料又分为本来意义的劳动资料和劳

---

① 《马克思恩格斯全集》第 1 版第 23 卷第 202 页。
② 《马克思恩格斯全集》第 1 版第 23 卷第 202 页。

动材料①。接着，马克思指出，资本为了"进入实际的**劳动过程**"，除了要购买劳动力外，还必须购买"物的条件"。② 不过，我们在这份手稿中还看到，马克思又把"劳动"、"劳动材料"和"劳动资料"当作劳动过程的三个要素。

正如我在另一篇文章中所指出的，从《经济学手稿（1861—1863年)》起到写成《资本论》止，马克思在明确把握劳动资料的价值转移和制定出公式以后，才把劳动资料和劳动对象区别开来。因此，在这里我们必须承认，马克思当初把劳动对象（材料）和本来意义的劳动资料合在一起称为劳动资料，这是因为他所依据的是黑格尔的观点。③

八、关于原料

关于劳动对象中的原料，马克思说："劳动对象只有在它已经通过劳动而发生变化的情况下，才是原料。"④ 黑格尔在《法哲学原理》中也说："用不着加工的直接物质为数极少。"

马克思在制定《经济学手稿（1861—1863年)》的劳动过程理论时使用了黑格尔的中介（媒介）理论，他说："使用价值越高级，组成新形成的使用价值的那些要素所经历的劳动过程就越多；因此新使用价值的存在所经过的媒介也就越多。"⑤ 其次，马克思论述这一劳动过程理

---

① 《马克思恩格斯全集》第1版第47卷第56—57页。
② 《马克思恩格斯全集》第1版第47卷第58页。
③ 参看吉田文和：《对马克思〈经济学手稿（1861—1863年)〉的劳动过程理论中的技术理论的探讨》，载《科学史研究》，1977年第122号。
④ 《马克思恩格斯全集》第1版第23卷第203页。
⑤ 《马克思恩格斯全集》第1版第47卷第60页。

论的实际劳动时指出:"实际劳动是生产使用价值的、以与一定的需求相应的方式占有自然物质的有目的的活动。在这种活动中,肌肉耗费多还是神经耗费多是无关紧要的,同样,与自然物质理想化的高低程度也毫无关系。"① 其中的"理想化"是德语 idealisiert 一词,德语中的这个词虽然也可以理解为"理想化",但是它的原义是"观念化"。据黑格尔说,这个词意味着失去直接性,是中介(媒介)的意思。因此,在这种情况下,所谓自然物质观念化、被媒介,表明它已成为原料。

九、劳动资料的定义

关于劳动资料,马克思指出,其定义是:"劳动资料是劳动者置于自己和劳动对象之间、用来把自己的活动传导到劳动对象上去的物或物的综合体。"② 正如我们在上面考察"理性的狡猾"时所看到的,问题的焦点在于,马克思是怎样把"理性的狡猾"的逻辑吸收到劳动资料的定义中的?马克思在《经济学手稿(1861—1863年)》中就劳动资料说道:"不言而喻,从事物的本性可以得出,人的劳动能力的发展特别表现在**劳动资料**或者说**生产工具**的发展上。正是这种发展表明,人通过在两者之间插入一个为其劳动目的而安排规定的、并作为传导体服从于他的意志的自然物,在多大的程度上加强了他的直接劳动对自然物的影响。"③

正如我们在前面确认的,人从自然中取出手段,使自然同自然相对抗,这就是"理性的狡猾"。在这里,我们找到了为什么"人的劳

---

① 《马克思恩格斯全集》第 1 版第 47 卷第 55 页。
② 《马克思恩格斯全集》第 1 版第 23 卷第 203 页。
③ 《马克思恩格斯全集》第 1 版第 47 卷第 57 页。

动能力的发展表现在劳动资料的发展上"的原因。马克思的这个"理性的狡猾"理论就是前面我们介绍过的黑格尔的"理性的狡猾"理论。

十、发挥力量的手段，物的特性

马克思继续为劳动资料下定义说："劳动者利用物的机械的、物理的和化学的属性（Eigenschaft），以便把这些物（Ding）当作发挥力量的手段（Machtmittel），依照自己的目的作用于其他的物。"① 值得注意的是马克思在这里所说的"发挥力量的手段"（Machtmittel）。马克思在这里为什么不用 Kraft（力），也不用 Gewalt（暴力、强力），而用 Macht（威力）呢？据黑格尔说，强力或暴力是外来力，相反，威力是内在力，是自身中的力，例如他在《宗教哲学》中说，"狡猾是强力的否定"。

Ding（物）和 Eigenschaft（属性）是本质论的范畴，属性同物自身难以分开，是一个东西，这种看法不用说是对物自身论的一种批判。有人认为，本质论的属性（Eigenschaft）在转变中具有自身同一性即恒常性，而有论的性质（Beschaftenheit）是转变物即偶然物。② 全部引证黑格尔的用语去解释马克思的用语，这样做未必正确。我们应当看到，马克思的用语选择是非常慎重的，但是我想，考虑黑格尔的用语也还是必要的。

---

① 《马克思恩格斯全集》第 1 版第 23 卷第 203 页。
② 坂本贤三：《劳动资料的逻辑结构》，载桃山学院大学：《经济学论集》，1964 年第 5 卷第 4 号。

十一、把手段加到身体的器官上

关于把手段加到人的身体器官上，马克思说："这样，自然物本身就成为他的活动的器官，他把这种器官加到他身体的器官上，不顾圣经的训诫，延长了他的自然的肢体。"① 关于这一段话，法文版《资本论》是这样的："这样，他把外在物变成为他自身的活动的器官，他把这种器官加到他的器官上，不顾圣经的训诫，延长了他的自然的肢体。"②

以上是指：第一，人把外在物（自然）变成为自身的活动的器官；第二，人把这种器官加到他的器官上，延长了自己的肢体。上边的第一点说明了黑格尔的辩证法的一个特征——客观（自然）主观化（人化）。黑格尔在《大逻辑》第三章《目的性》中说，"这种客观性，目的使它等同于那种内在的规定性"，就是说，从客观中取出手段，同主观一样，成为"内在的规定性"。他在另一处说："当手段是站在目的一边并自身具有目的和活动那样的客体时……便回归到概念中"，从而把手段看成是目的的活动性即能动性的表现。我们在前面援引的马克思的那句话就是包括这样一点的公式化。

上边的第二点所说的人把这种器官加到他的器官上，延长了自己的肢体，这只不过是一种比喻。正如黑格尔在《法哲学原理》中所说的"动物是一种特异的东西，它有其本能和满足的手段，但这些手段是有限度而不能越出的"，在这里，黑格尔通过同动物相对比，说明人会使他的劳动手段超出他的身体的限制，并说明人的劳动主体和劳动手段是

---

① 《马克思恩格斯全集》第1版第23卷第203页。
② 《资本论》法文版中译本，中国社会科学出版社1983年版，第167页。

一种相互促进的关系。

十二、手段的体系性

我们在上面论述了黑格尔的手段无限累进性，这种论述说明了手段的体系性，不过是按照黑格尔的方式进行的。马克思关于这一问题指出："土地本身是劳动资料，但是它在农业上要起劳动资料的作用，还要以一系列其他的劳动资料和劳动力的较高的发展为前提。"① 在这里，马克思是以农业为例说明劳动资料的互为前提的关系。"同一个使用价值，既是这种劳动的产品，又是那种劳动的生产资料。所以，产品不仅是劳动过程的结果，同时还是劳动过程的条件。"② 这说明，产品（结果）成为生产资料（条件），别的生产资料创造出别的产品，这一产品又成为另一种生产资料，而在这种社会生产中，生产资料是通过产品才互相发生关系的。这里所说的劳动资料和生产资料互为前提的这种关系，就是技术理论所要研究的"手段的体系性"。

十三、以劳动资料划分时代

马克思接着说："各种经济时代的区别，不在于生产什么，而在于怎样生产，用什么劳动资料生产。"③ 这显然继承了黑格尔所主张的同外在合目的性相比，更应平视手段的观点，因为黑格尔说过，"犁是比由犁所造成的、作为目的的、直接的享受更尊贵些。工具保存下来，而

---

① 《马克思恩格斯全集》第1版第23卷第203—204页。
② 《马克思恩格斯全集》第1版第23卷第205页。
③ 《马克思恩格斯全集》第1版第23卷第204页。

直接的享受则会消失并忘却。"

十四、过程中的中介和中介在结果中的消失

在黑格尔那里,所谓真正的中介就是中介的痕迹消失在结果中。马克思把这一逻辑运用在货币理论和劳动过程理论中。他在《资本论》中说:"过程消失在产品中。"① "尤其是说到劳动资料,那末就是最肤浅的眼光也会发现,它们的绝大多数都有过去劳动的痕迹。"② "就好的产品来说,它的使用属性由过去劳动创造这一点就看不出来了。"③

十五、生产资料和生产劳动

关于生产资料和生产劳动,马克思说:"如果整个过程从其结果的角度,从产品的角度加以考察,那末劳动资料和劳动对象表现为生产资料,劳动本身则表现为生产劳动。"④ 按照黑格尔目的性的"主观目的→中项→客观目的"这种推论,中项就是"手段和中介活动"。如果我们从作为结果的产品即客观目的的角度去看,"手段"就成为"生产手段"⑤,"中介活动"就成为生产劳动。于是生产手段分解为劳动资料和劳动对象。

---

① 《马克思恩格斯全集》第 1 版第 23 卷第 205 页。
② 《马克思恩格斯全集》第 1 版第 23 卷第 206 页。
③ 《马克思恩格斯全集》第 1 版第 23 卷第 207 页。
④ 《马克思恩格斯全集》第 1 版第 23 卷第 205 页。
⑤ 即生产资料。——译者注

结束语

介绍黑格尔的目的性理论，深入分析马克思的劳动过程理论，这就是本文的宗旨。黑格尔的目的性大大改变了从前的目的性的主题，因为他把人类劳动过程当成了这一理论的逻辑化的素材。因此正是在黑格尔的目的性中发现了劳动过程的逻辑的马克思，在构筑自己的劳动过程理论时，把黑格尔的目的性（以及《法哲学原理》中的劳动理论）当成了他的这一理论的出发点。

我们通过以上从第一点"劳动过程"到第十五点"生产资料和生产劳动"的叙述，可以清楚地看到，马克思的劳动过程理论是怎样吸收黑格尔的目的性和劳动理论的。

另一方面，马克思当时继承黑格尔，把对劳动资料的分析事实上只限于工具，把劳动对象消融在劳动资料中，是经过《经济学手稿（1861—1863年）》最后在《资本论》中得到克服的。

同技术理论的争论有关的是，黑格尔所说的"理性的狡猾"是指人从自然中获取手段，按其本性使自然同自然相对抗，使自然直接进入过程。因此，马克思在制定劳动资料的定义时援引了这段话。

（原载日本北海道大学经济学系《经济学研究》，
1984年3月第33卷第4号）

（刘焱 译）

生产的社会化：马克思对此是如何理解的*

〔俄〕尤里·奥列伊尼科夫

不管多么惋惜，应该承认：所谓的民主派敢于不仅在意识形态上战胜苏联共产党，拆散苏联，对它的各族人民进行社会征服，而且还敢于批判苏联社会主义，损害马克思主义的威信。可是，马克思主义并未在理论上被战胜。相当多的一部分居民拒绝苏联共产党，几乎有1800万党员背弃马克思主义，究其原因，有很多，现在可以举出其中之一，即对这一理论知之甚浅。

一些国家试图通过实践实现马克思的思想，但由于意识形态方面的考虑，国内历史条件和政治力量的对比等，使这一复杂的完整的科学理论被片断片断地理解，经常出现对它的曲解，把它教条化和神圣化。实质上，排斥了对理论的创造性的掌握和进一步的发展。一些与马克思主义毫无共同之处的理论体系开始整它。现代推翻苏联式的现实社会主义的人们，把马克思主义与执政党的意识形态等同起来（其实根本不是一回事），并起来反对社会主义思想本身和它的奠基人。

在现代的条件下，人们的现实经验迫使他们重新转向社会正义的人道主义思想，使他们回忆起社会主义的理想。这时，创造性地掌握原本的马克思主义，并在此基础上指导社会的社会化的理论和实践已成为十

---

* 本文选自《马克思恩格斯列宁斯大林研究》1999年第1辑。

分迫切的工作。

1966年在《对话》杂志第8期上发表了Ю. К. 普列特尼科夫的文章《财产关系和社会主义》，该文论述了马克思主义的科学实践的基本问题之一：真实社会化的问题。下述材料是关于这一问题的讨论的继续。

马克思主义的基本思想是毋庸置疑的。人类发展的干线贯穿在社会革命中。当物质生产中执行职能的生产力实际上是社会的而形式上仍从属于资本并被用作剥削和获取剩余价值的手段时，社会革命负有解决矛盾局势的使命。这一思想是为马克思的所有追随者所接受的。但是，当人们论证并实现劳动和生产的真实社会化的实际成果，但又不去联系具体历史形势时，对马克思主义的歪曲便开始了。

众所周知，马克思认为：在无产阶级夺取政权后，私人资本公有化应通过下述途径来实现：赎买或没收前占有者的生产资料，使私有财产国有化并把它转交给劳动者，发展集体占有和支配财产的形式，而且要在下述条件下进行：全世界的社会民主化（在《共产党宣言》中把无产阶级夺取政权理解为"争得民主"[①]，这不是没有道理的）；用本身积蓄着数量越来越大的一般劳动的劳动工具，即靠科学集约的生产资料重新装备生产。

在俄国，革命临近时形成的具体历史形势，推动革命者迅速地在各地实行最激进的公有化措施——剥夺私有财产并将所有生产资料交给国家。国家则通过无产阶级专政来实现人民的权力。

糟糕的是，当时对公有化问题的领会十分粗浅，而且在国有制被绝对化为公有制的最高形式的情况下，把这一问题归结为没收行动。这样

---

① 《马克思恩格斯选集》第2版第1卷第293页。

一来，马克思的下述基本原理实际上就被抛弃了：关于劳动和生产真实社会化的经济和工艺的基础；关于民主化——作为使真正社会的所有制发挥功能的必要前提——的过程；关于真正解放劳动的人和在此基础上克服劳动者与权力和财产异化的过程等原理。而没有上述原理就不成其为马克思主义。

事实上，苏联的马克思主义诠释者所详细叙述的东西，执政党的官方意识形态和社会主义国家中社会改革的实践，在马克思那里，并不是大功告成，而只是已经开始的社会革命的条件之一。除政治变革之外，这一革命还要求生产的工艺方式在新生产力的基础上进行根本的改变，以及与之相应的生产关系、整个文化和人们的世界观的改变。

马克思预先说过：以过去的私有财产国有化为形式的、指令性的、政治和法律的（专制的）社会化，是形式的社会化（虚有其表的、幻想出来的集体所有制），它不能解决下述问题：根本改变社会的经济组织和社会组织，根本改变社会生产方式的实质。形式的社会化只可能是向旧社会制度继续进攻的前提。旧社会制度揭示了劳动和生产在事实上社会化的可能性。既然形式的社会化意味着国家垄断制度的建立（马克思把国家垄断制度看成是私有制发展到顶峰的逻辑过程），那么，在马克思看来，停留在国家所有制上，就意味着创立"粗陋的共产主义"。它"作为普遍的私有财产出现"，只是私有财产关系的完成和普遍化。①它在苏联得到实际体现之前很久，马克思就已对它作了描述。这种共产主义"以两种形式表现出来……物质的财产对它的统治那么厉害，以致它想把不能被所有人作为私有财产占有的一切都消灭；它想用强制的方法把才能等等舍弃。在它看来，物质的直接占有是生活和存在的唯一目

---

① 《马克思恩格斯全集》第1版第42卷第117页。

的；工人这个范畴并没有被取消，而是被推广到一切人身上；私有财产关系仍然是整个社会同实物世界的关系；最后，用普遍的私有财产来反对私有财产的这个运动……这种共产主义……只不过是私有财产的彻底表现……它具有一个特定的、有限的尺度……向贫穷的、没有需求的人——他不仅没有超越私有财产的水平，甚至从来没有达到私有财产的水平——的非自然的单纯倒退，恰恰证明私有财产的这种扬弃决不是真正的占有"。对这种共产主义来说，"共同性只是劳动的共同性以及由共同的资本即作为普遍的资本家的共同体支付的工资的平等"。①

我们为什么沿着这条道路走？过错仅仅是在于主观因素呢，还是也有客观因素？在选择革命变革的目标、方法、手段和具体纲领上，二者都有影响。现在谈谈客观原因。

在俄国，革命由于许多情况而取得胜利。其中主要的有：损失巨大的战争激起普遍不满和使阶级斗争加剧，国内发展惊人的不平衡——农村中前资本主义关系的残余和垄断资本在某些工业中心的统治。工业中心的、经受过资本主义的一切"诱惑"和对社会革命来说已经成熟的无产阶级，得到要求完成资产阶级土地改革的农民的支持。在取得政权的人民面前，最迫切的任务是在城市和农村完成资产阶级民主改革，创造与资本主义相同的物质技术、社会经济和法律的条件。

生产资料的国有化是用"骑兵突袭资本"的方法实现的。由于所采取的措施只是改变了财产的主体（过去是资本家—垄断者，现在，在保留了以往的生产工艺基础的情况下，国家—垄断者成了主体）。在这样的基础上只可能产生均贫——"粗陋的共产主义"——和对个人权

---

① 《马克思恩格斯全集》第1版第42卷第117—119页。

利以及自由的限制。① 这也不足为怪,要知道,在马克思看来,正是"物质生活的生产方式制约着整个社会生活、政治生活和精神生活的过程"②。

在长期的国内战争和喀琅施塔得叛乱之后,列宁认识到:继续执行建立在经济全面国有化之上的战时共产主义政策,不仅没有前途,而且要导致灭亡。短时间的战时共产主义实践证实了马克思的理论推测。因此,列宁写道:"战时共产主义……不是而且也不能是一项适应无产阶级经济任务的政策。"③ "试验"使"我们终于确信,这种**构想**(黑体为本文作者所用)是错误的,是同我们以前关于从资本主义到社会主义的过渡的论述相抵触的"④。他认为,摆脱这种既成局面的出路在于:回到马克思主义的理论原理去和实行包括一整套经济政治措施的经济政策。这些措施应当能够在俄国生产力的条件下,在历史地形成的、经济结构的各种各样过渡形式混杂的状态中,保证比资本主义更高的劳动和生产真实社会化的水平。在保留以前的生产力的条件下,这样的社会化形式只能是向集体所有制过渡,集体所有制的形式有:租赁、合作、股份制企业。当然要加上经营主体的完全经济独立,从而也要有全世界的民主过程在经济政治生活中的发展。

---

① 早在1917年11月19日亚·亚·波格丹诺夫在致阿·瓦·卢那察尔斯基的信中就提到:"国家共产主义的整个体系无非是资本主义和消费性的军事共产主义的杂种。"这种共产主义的气氛"产生了极端主义",它"横冲直撞,冒犯……马克思主义、逻辑、文化,与社会主义的逻辑决裂,掌握了牢房的方法和思想体系"。参看1990年10月13日《莫斯科共青团员报》。

② 《马克思恩格斯选集》第2版第2卷第32页。

③ 《列宁全集》第2版第41卷第208—209页。

④ 《列宁全集》第2版第42卷第182页。

在保留下来的未改变的物质技术基础上,新经济政策变更了人们参加占有和管理财产的社会形式,鼓励居民独立自主,促使他们建立民主的经济联系和经济关系形式,克服财产国有化形式所固有的、劳动者与财产和权力的异化。在实现了形式社会化之后,这是必要的并且在当时是唯一可能的保证下述过渡的措施:向真实社会化过渡,以及同时向社会的更高水平的社会化——建立集体占有和管理财产的形式以及与此有联系的社会民主改革——过渡。

新经济政策在很短的时间内取得了所希望的成果——工农业迅速恢复,接近战前水平。人们考虑到新经济政策是一个长期的发展过程。因而它可以逐步地创造这样的生产力,它能够决定具有新工艺水平的劳动和生产真实社会化的自然过程,创造社会主义的物质技术基础。但是,这个庞大的国家面临着下述的实际任务:加速工业化(国民经济的结构改造),创造和发展与资本主义社会生产方式相当的工业化的物质技术基础。

从社会化的观点来看,工业化转向了何方?

人所共知,在所有资本主义国家中,与工业化过程同时发生的有劳动和生产的形式社会化的增强,而根据马克思的说法,这就是一部分私有者剥夺另一部分私有者、资本和生产的扩大和集中,大的托拉斯和康采恩的建立——生产的垄断。资本主义垄断的顶峰是各个生产、运输部门等的国有化。这一过程的规模特别宏大,尤其是在这样的时候:工业化进入完成阶段——物质生产的求量不求质的发展阶段。而这一阶段的特点是:在18—19世纪工业革命时期创造的技术工艺原则的基础上复制和规定生产能力的数量。

几乎所有发达的资本国家都在不同程度上试验过国有的和中央集权的经济形式,因为这一方式可以在传统生产资料的发展潜力即将耗尽和试图加紧挖掘这些潜力的条件下加速生产。

苏联也没有绕过类似的加速工业化的方式。由于新经济政策的保证,在恢复国民经济方面取得了初步成功,生产规模也进一步扩大。在此之后,要实现工业化,还是要求采取类似的措施:积聚生产,集中管理,有计划地按既定细则分配有限的基金、资源和熟练的劳动力等等。

十分自然,当大工业生产仍然是垄断的国有制时,它就要求相应的原料、劳动力和粮食的保证,从而也就必须促进农业的大规模生产,使生产集约化,推动农村建立大的生产结构。一句话,工业化的不断加快的速度决定了新经济政策的中止。

原来考虑作为集体的劳动和生产形式的集体农庄,并未获得真正的经济独立,而成了集体所有制的替身。集体化实际上是形式的(强制性的)社会化,是剥夺农民,准确地说,非农民化的政策的继续。于是,社会的全部社会生存活动的国有化过程就结束了,并留下了由此产生的一切后果。

保留并规定与资本主义相同的生产力的数量和生产的工艺方式,这在对国有财产进行无限垄断的情况下必然会引起这种垄断所固有的客观矛盾和后果。因此,在选择了社会主义道路的国家完成工业化的时期,产生了与资本主义发展惊人类似的情况。

国民经济在工业化基础上的求量不求质的发展,有可能在一定限度内逐渐增加工农业生产的总量,满足日益增多的居民的需求。但是,继续这种经营方式,历史地说是有局限性的。停留在这种方式上,意味着必然使社会(不管是资本主义还是社会主义)停滞不前,然后发生危机。

如此的结局与求量不求质的生产的发展有关,这种生产要求不断增加传统的原料、能量和劳动力资源的数量,而这些资源的储量是有限的。例如，传统的工业工艺规程允许不超过2%的进入生产的自然物质积滞在成品中，这在生产不断扩大的情况下，就不可避免地引起自然资源的有限储量的枯竭，引起污染自然环境的工业废料的增加，人类生存的自然条件——生物圈的直接毁坏和生态危机的威胁日益增长。工业生产传统方法的潜力的耗尽表现为：经济发展速度踏步不前，社会规划的压缩，社会阶级矛盾和国际冲突的增加，军国主义化的加剧，科学技术进步的停顿，等等。

在官僚主义行政制度统治的条件下进行求量不求质生产的阶段，社会处于日益复杂的状况，因为这种生产只能严格地再生产自己的结构，而不能接受新事物，其中包括生产力的更替和国民经济的结构改造。结果是，社会进入一个封闭的圈子，其中靠传统生产不能解决的问题日益升级。资本主义国家的发展在60年代到70年代初到达这一地带，而我们进入有类似困难的地带则在70年代末到80年代初。

根据上引事实，应当肯定：财产的国有化、集中化和行政命令的管理方法，是不同的社会制度所固有的。这种管理方法在下述情况下合乎规律地出现：在过去的、传统工业生产的物质技术基础上使劳动生产率增长的潜力业已消耗殆尽，同时在这个或那个国家以及国际关系中，社会经济问题和政治问题在此基础上日益尖锐，这时亟须在某些极为重要的方面对力量和资源进行最大限度的积聚。可见，行政命令的领导方法，并不是社会主义特有的组织社会生存活动的形式，而且与马克思主义的学说并无直接联系，尽管，毫无疑问，把马克思主义庸俗化，领导的主观主义，以及对科学技术进步和社会进步相互联系的一般规律的忽视，使得业已形成的社会政治活动形式保留下来，并导致这一形式在极其异常的历史条件下所特有的积极的生产组织特征转变为它们的对立面。

这里似乎应该谈谈马克思了。要弄清楚：当资本主义社会在自己的物质技术基础——自动化机械机器体系——上达到其最佳发展的临界线时，它的革命改造的样板为什么没有制成？真正社会主义为什么处于历史过程的边缘？是什么妨碍了他的思想的凯旋？

遗憾的是，批判性的分析并未实现。相反，在以前宣布自己是社会主义的国家中马克思主义遭到事实上的否认，并被认为是社会乌托邦，而且根本不能解释当今的现实事物。

可以十分明确地断言，马克思没有预见到我们时代所特有的、引起工业革命的科学、技术和工艺的迅猛发展。他把社会的进化过程归因于传统生产资料的长期完善化和积累，以及与此有关的无产阶级人数和力量的增加；这必然会引起资本主义生产方式的矛盾的增长，引起社会革命和政权转归无产阶级；在无产阶级领导下必然会逐步地有计划地创造质上全新的生产力，并在此基础上改变生产的工艺方式，产生相应的生产关系。

在历史过程进展到如此地步，在资本主义工业化完成，资本主义生产方式所固有的一切矛盾尖锐化，社会主义的物质技术、经济、文化和民主的前提已经具备的阶段，革命可能发生。在这里，在理论上最可设想的是社会主义革命的方案，其中包括与争得民主具有同等价值的无产阶级专政，以及令人满意的一般历史总结。

在另一种历史条件下，社会进步可能有另一条道路。由于客观资料的不足，马克思对此没有像对第一方案那样详细全面地研究，但是，这一可供选择的历史发展方案在马克思的思想遗产中肯定无疑是考察过的。

马克思在古典资本主义内部觉察到其演化的某些由传统生产力的客观发展决定的特点。传统的生产力由于最新生产力的质的改变而得到强化。马克思虽然没有从整体上预见到科学、技术、工艺学和生产工艺方式的革命性变化的具体形式，但阐明并明确指出了由这些变化决定的社会经济发展的趋向。

他认为，在资本主义生产方式进一步发展的情况下，由于这一方式所固有的生产资料不断革命化，资本主义终于创造了私有者无法掌握和管理的生产力。正是这种情况最后引起了社会的生产方式和人们的全部生活方式的改变。

现在，我们看到，在发达国家中，资本主义越过了它的古典的、工业的和垄断的发展阶段，进入了没有社会革命动荡和生产关系被根本破坏的后工业时代，创造了在某种程度上为社会主义所追求的物质生活条件。

决定这些形态变化的原因有各种各样。例如，迫使西方国家作出社会让步和妥协的十月革命的历史经验事实本身。在这里还有国际矛盾可能升级成世界战争的危险；民族解放运动的高涨和与东欧各国竞赛的必要性。在资本的国家形成新的生产工艺方法和新的生产结构时期，大量苏联黄金涌进，以交换农产品，这对这些国家来说是极大的补助（我们吃光了进口的粮食，而我们的贸易对手则利用数十亿的年收入来发展和重新装备生产）。

的确，这些历史形成的情况在一定程度上促成了资本主义向新的对它有利的发展阶段过渡。资本主义形态变化的主要原因则是它掌握了科学技术革命和适应了这一革命的要求。传统的技术和工艺的基础是把经过变性处理的自然对象用作使自然物质发生机械变化的工具，它们耗尽了能使自己完善化和提高劳动的有效功率的潜力。现在它们被作为工艺过程使用的自然过程所代替。这种自然过程表现为生产力的革命（科学技术革命）。这样一来，就大大降低了能量和资源的消费，从而减少了由于人类活动而形成的对自然环境的压力，减少了发达国家对原料出口国的经济依赖，提高了生产效率。科学、自然力和自然过程——使它们在劳动过程中发挥作用，对资本家来说毫不费力——广泛应用于生产，可以大大降低生产费用，并在此基础上提高劳动者的生活水平，从而减少社会问题的尖锐程度，增加用于发展科学并把科学运用于实践的投资。

我们则力求在按人口计算的传统产品（钢、煤、石油、粮食）的生产上，实现前几个五年计划提出的"赶上并超过"发达国家的口号，照旧依靠更严格地使用经批准的行政命令的方法。可是，这种方法在向质上全新的生产工艺方法过渡时显得完全不适用，而只能硬性规定大家所熟知的产品的数量和重复生产它们，并使之达到一定的临界线，这样一来，就把国民经济总体最早的（工业社会所固有的）结构保留下来。因此，我们就注定要重复旧东西，注定要停滞不前，并越来越把国家赶上经济和社会总体发展的绝路。国家作为行政命令制度的代表，像可怕的火神一样，烧光了财富、资源、自然产物，把生产的真正目标——人——变成扩大再生产的手段，歪曲了主要的关于人是历史发展目标的共产主义思想。

与此有关，产生了一个问题，是不是马克思主义给我们招致了这样的结果？我们再回过来谈谈马克思。我们已经说过，马克思认为，对于社会生产方式的根本的革命变革来说，形式的社会化是经济上有局限性的措施，他把这种社会化归结为与真正社会进步毫无共同之处的"粗陋的共产主义"所具有的有限可能性。

在资本主义社会中使劳动和生产真实社会化并决定这个社会合乎规律地向下一个社会发展阶段过渡的客观因素很多，我们可以从中举出马克思的思想，这些思想在科学技术革命的条件下得到进一步的发展和证实。

　　显然，广泛地把自然过程当作直接的劳动手段使用，并以之代替由于机械作用而改变了形态的自然对象——工具，这样就使一般劳动和科学集约生产的作用和份额大大地增加，并由此而否定了私人资本主义生产的本来目的和基础。实质上，"社会智慧的一般生产力的积累"① 就是在复杂的生产工艺体系中广泛地实行创造性劳动的协作并使这种劳动物质化。在此基础上，"生产过程从简单的劳动过程向科学过程的转化，也就是向驱使自然力……为人类的需要服务的过程的转化"② 成为现实，同时，使生活过程受一般智力的控制③，即不仅使生产，而且也使整个社会的发展按计划进行并受到控制，也成为可能。

　　随着自然过程被用作劳动的代理者以及物质的各种形式和特性变为客体、生产工具和生产资料，就必然会产生关于它们的社会存在形式的问题。劳动的对象和个人使用的工具曾经是而且只能是单独的、数量有限的、具体的自然客体（森林、耕地、水、矿山和采石场，等等），而不是全球性的自然界。共同使用的对象，人们生存和生物发生的一般自然条件，像空气、阳光或生物圈，不可能是私人的、集团的、国家的、社会的财产。④ 它们可能是并且只是作为人的存在、人的肉体的生产和再生产、社会的进一步发展的不可转让的条件而存在。

　　从生态危机、生产生态化和科技革命条件下单个人活动的全球化等

---

① 《马克思恩格斯全集》第 1 版第 46 卷下册第 210 页。
② 《马克思恩格斯全集》第 1 版第 46 卷下册第 212 页。
③ 《马克思恩格斯全集》第 1 版第 46 卷下册第 220 页。
④ 《马克思恩格斯全集》第 1 版第 26 卷第 348 页。

实例①中,我们可以看到:的确,正如马克思所预见的,每一个个人的活动获得越来越大的直接的社会性质,这种性质与靠人和靠恶化自然界进行的物质财富和剩余价值的生产是不相适应的。靠牺牲他人和生物界来保证个人存在,不加控制应用科学和技术,这些情况变得越来越不能容忍。科学和技术的继续进步和与此有关的人们活动的全球化,要求对社会生活进行根本的社会改革和社会进步的深化。因此,展望未来,"许多生产工具应当受每一个个人支配……现代的普遍交往……只有通过受全部个人支配的途径"②,不过,这不是形式的,而是真实的。

因此,在当代,甚至在由国家垄断资本主义保证的资本高度集中和积聚的情况下,这种资本主义创造的生产力还迫使人们使用集体占有、管理和支配财产的形式,而这种形式由于继续发展的逻辑逐渐不再是自己的资本主义形式。的确,我们现在完全确信:"随着这种集中或少数资本家对多数资本家的剥夺,规模不断扩大的劳动过程的协作形式日益发展……劳动资料日益转化为只能共同使用的劳动资料……资本的垄断成了与这种垄断一起并在这种垄断之下繁盛起来的生产方式的桎梏。生产资料的集中和劳动的社会化,达到了同它们的资本主义外壳不能相容的地步。"③

马克思在谈到资本主义制度下财产的协作制和股份制形式的发展时,强调指出了在这些条件下执行职能的资本的社会形式的两重性,这种资本"是资本在它的最适当形式中的最终确立"④,同时是"作为私

---

① 详情可参看 IO. B. 奥列伊尼科夫:《科技革命的经济抉择》,莫斯科1987年版。
② 《马克思恩格斯全集》第1版第3卷第76页。
③ 《马克思恩格斯选集》第2版第2卷第268—269页。
④ 《马克思恩格斯全集》第1版第46卷下册第167页。

人财产的资本在资本主义生产方式本身范围内的扬弃"①。资本"在这里直接取得了社会资本（即那些直接联合起来的个人的资本）的形式，而与私人资本相对立，并且它的企业也表现为社会企业，而与私人企业相对立"②。换言之，马克思认为，财产股份制的形式和劳动者本人的劳动和生产组织的股份制形式的形成具有两重性：一方面是资本主义生产高度发展的结果，另一方面是私人财产变为股东生产者的财产，变为直接的社会财产。"这是资本主义生产方式在资本主义生产方式本身范围内的扬弃……是通向一种新的生产形式的单纯过渡点。"③

总之，资本主义生产力发展的内在逻辑，刺激了劳动和生产的社会化过程，并在资本的社会化中达到自己的顶峰。这就等于积极地扬弃了私有财产，并要求改变社会经济基础——生产关系和其他与之相应的社会关系。

正是由于生产力、劳动和生产真实社会化的不断发展，资本主义进入了它的社会经济和政治发展的质上全新的阶段。扩大集体活动形式的相互联系的过程（而不是私有化）实现了，生产中采用了新生产力，于是，为改变许多对工业资本主义来说是传统的问题创造了条件，同时产生了不是过去的资产阶级社会所具有的但与资本的社会化有关的特点④。在这方面，一些作者是对的，他们在谈到一般的人类发展的最终

---

① 《马克思恩格斯全集》第1版第25卷第493页。
② 《马克思恩格斯全集》第1版第25卷第493页。
③ 《马克思恩格斯全集》第1版第25卷第495—496页。
④ 资本主义后工业发展的全部经验证明，社会化的基础——财产、社会管理和生存活动的集体形式的形成——奠立在私有化相反的过程之上。在苏联，社会化过程可能与取消国有化而不是与总体私有化联系在一起。总体私有化反映的不光是对物的占有、利用和支配的法律原则，还反映了相应的人们在物的方面的关系——资本主义的关系。

方向时，指的是由科学技术革命所推动的真实社会化过程。

由此可以合乎逻辑地得出结论：随着集体占有、利用和支配社会财富的形式以及组织、管理劳动和生产的集体形式的扩大，随着这些形式扩展到所有新的生产部门和领域，随着新的集体的社会组织的形成，在我们面前展现出社会主义改革的新图景。总之，财产、劳动生产组织的合作制和股份制形式的演变表明："在物质生产力和与之相适应的社会生产形式的一定的发展阶段上，一种新的生产方式怎样会自然而然地从一种生产方式中发展并形成起来。"①

马克思主义明确指出，资本主义由于它内在的规律性逐渐演变到自己的不可避免的灭亡："对资本主义生产的否定，是它自己由于自然过程的必然性而造成的"②，是由自然界形态变化的不可避免性造成的③，是由客观的、因生产力发展而引起的、不断扩大的劳动和生产的真实社会化造成的。

（原载俄罗斯《对话》杂志，1998 年第 2 期）

（单志澄 译）

---

① 《马克思恩格斯全集》第 1 版第 25 卷第 498 页。
② 《马克思恩格斯全集》第 1 版第 20 卷第 147 页。
③ 《马克思恩格斯全集》第 1 版第 49 卷 264 页和《马克思恩格斯选集》第 2 版第 2 卷第 269 页。

马克思论科学的经济作用[*]

〔美〕内·罗森堡

马克思曾指出:"各种经济时代的区别,不在于生产什么,而在于怎样生产,用什么劳动资料生产。"[①]

本文的目的是考察马克思关于资本主义下日益增长的生产力资源和技术变化的论述的某些方面。以往,人们忽略了马克思关于技术变化的论述的若干最有意义的方面,这或许是因为不同政治色彩的读者在阅读马克思的著作时具有强烈的论战倾向。结果是人们撰写了许多关于机器对工人及其家庭的影响、异化现象、技术变化、实际工资和就业之间的关系等等的著作。与此同时,马克思关于欧洲资本主义大约 300 年的发展的大量论述则未受到应有的重视。同样,马克思论述科学、技术和经济发展之间的复杂的相互关系的观点也未受到应有的重视。

马克思认为,资本主义制度是导致人的生产力和人对自然的控制的空前增长的因素。这是马克思对资本主义分析的一个著名特征。马克思和恩格斯在《共产党宣言》中写道:"资产阶级争得自己的阶级统治地位还不到一百年,它所造成的生产力却比过去世世代代总共造成的生产力还要大,还要多。自然力的征服,机器的采用,化学在工农业中的应

---

[*] 本文选自《马克思恩格斯研究》1995 年第 21 期。
[①] 《马克思恩格斯全集》第 1 版第 23 卷第 204 页。

用，轮船的行驶，铁路的通行，电报的往返，大陆一洲一洲的垦殖，河川的通航，仿佛用法术从地底下呼唤出来的大量人口，——试问在过去哪一个世纪能够料想到竟有这样大的生产力潜伏在社会劳动里面呢?"①因此，对于马克思关于资本主义发展的全部分析而言，最重要的可以说是这样一个问题：同以前所有的经济组织形式相比，为什么资本主义是具有巨大的生产力的制度。显然，这个问题被提出来了，并且马克思作出回答的某些部分实际上是很清楚的。尤其是，资本主义的社会结构和经济结构是一种为技术变化的产生创造巨大刺激的结构。马克思和恩格斯认为，资产阶级作为统治阶级不同于以前所有的统治阶级，以前所有的统治阶级的经济利益与维持现状不可分割地联系在一起，而资产阶级统治的本质则是不断推动技术进步。②资本主义为采用新的、降低成本的技术创造了前所未有的刺激。

我尤其感兴趣的是要考察下述问题：在马克思主义的结构内，科学和科学进步在资本主义不断成长的过程中所起的作用。毫无疑问，生产力资源的增长决不**仅仅**是资本主义制度发展的一种机能。显而易见，这种制度的存在是这种增长的必要条件，但决不是充分条件。无疑，资本主义的技术生命力是与科学知识状况和工业利用这种知识的能力紧密地联系在一起的。

马克思（和恩格斯）的立场，简单地说，就是断言，科学确实是生产力资源的增长和人控自然环境以达到自己目的的巨大能力的一个基本因素。然而，这种阐述要求两个直接的和非常重要的界定，这是我们在本文中最关心的事情：（1）根据马克思的观点，科学在历史上并不

---

① 《马克思恩格斯全集》第 1 版第 4 卷第 471 页。
② 参看《马克思恩格斯全集》第 1 版第 4 卷第 469 页。

是作为一个独立的变量起作用的；并且（2）科学作为一种不断推动生产力增长的因素只是在历史的最近一个时期（按照马克思的观点）才开始起关键作用。只有在一定的客观条件成熟之后，科学才能发挥这种作用。这些条件是什么还未被得到充分理解。

一

马克思对科学进步的阐述是与他的广义的历史唯物主义相一致的。经济领域以及生产过程的需要规定着人的政治制度和社会制度的形式，同样，它们也规定着人在历史的所有阶段中的科学活动。科学的增长或发展与科学或科学共同体内固有的力量并不相适应。科学不是人类活动的自主领域。相反，科学需要被理解为一种与经济力量相应的社会活动。正是人的不断变化的需要（当这些需要变成生产领域中的关键时）决定着科学进步的方向。的确，对人的一切解决问题的活动——科学是其中的一部分——来说，这是普遍正确的。正如马克思在他的《〈政治经济学批判〉序言》中所说的那样，人类总是只把这些问题当作他能够解决的问题，因为，更仔细地考察问题，我们将总是会发现，问题本身只有在解决该问题的物质条件已经存在或者至少正处于形成过程中时才会产生。

马克思认为具体的科学学科是与生产领域中产生的问题相应发展的。唯物主义历史观和社会观的应有之义是否认那种认为人的精神追求可以同独立于物质利害关系的地位相一致的。它强调了把思维和观念领域同人的物质利害关系系统地联系起来的必要性。因此，科学事业本身需要从这一角度进行考察。"费尔巴哈特别谈到自然科学的直观，提到一些秘密只有物理学家和化学家的眼睛才能识破，但是如果没有工业和商业，自然科学会成为什么样子呢？甚至这个'纯粹的'自然科学也只是由于商业和工业，由于人们的感性活动才达到自己的目的和获得材料的。"① 计算尼罗河水涨落期的需要，产生了埃及的天文学，而这同时又是埃及的农业赖以存在的基础。② 马克思说，机器在17世纪的日益应用（即使仍是"间或的"），"是极其重要的，因为它为当时的大数学家创立现代力学提供了实际的支点和刺激"。③ 在用水利推动巨大的磨石时传动机构发生的困难，是"促使人们更精确地去研究摩擦规律的原因之一"④。

恩格斯也重申这些观点，他说，"科学的发生和发展一开始就是由生产决定的"⑤。在说明科学在文艺复兴时期的兴起时，他再一次以工业的需要作为首要的原因。

"如果说，在中世纪的黑夜之后，科学以意想不到的力量一下子重新兴起，并且以神奇的速度发展起来，那末，我们要再次把这个奇迹归功于生产。第一，从十字军远征以来，工业有了巨大的发展，并产生了很多力学上的（纺织、钟表制造、磨坊）、化学上的（染色、冶金、酿酒）、以及物理学上的（眼镜）新事实，这些事实不但提供了大量可供观察的材料，而且自身也提供了和已往完全不同的实验手段，并使**新的工具**的制造成为可能。可以说，真正有系统的实验科学，这时候才第一次成为可能。"⑥

---

① 《马克思恩格斯全集》第1版第3卷第49—50页。
② 参看《马克思恩格斯全集》第1版第23卷第562页脚注（5）。
③ 参看《马克思恩格斯全集》第1版第23卷第386—387页。
④ 参看《马克思恩格斯全集》第1版第23卷第414页。
⑤ 《马克思恩格斯全集》第1版第20卷第523页。
⑥ 《马克思恩格斯全集》第1版第20卷第524页。

不仅如此，恩格斯在 1895 年写给博尔吉乌斯的一封信中指出："如果象您所断言的，技术在很大程度上依赖于科学状况，那么科学却在更大的程度上依赖于技术的**状况**和**需要**。社会一旦有技术上的需要，则这种需要就会比十所大学更能把科学推向前进。整个流体静力学（托里拆利等）是由于十六和十七世纪调节意大利山洪的需要而产生的。关于电，只是在发现它能应用于技术上以后，我们才知道一些理性的东西。"①

这段话大概是马克思和恩格斯的著作中关于影响对科学的需要的因素比影响科学的供给的因素远为重要的最清楚和最直接的论述了。科学知识只有在这种知识的社会需要产生时，才会获得。但是，科学不是推动社会变动的原动力。这个领域中的发展是起源于其他领域中的力量的反映。因此，看来马克思和恩格斯是在提出一种纯粹的需要决定论来解释科学的社会作用的。因此，科学事业满足工业的需要，因而科学发展的方向的不断变化应当用工业需要的不断变化来解释。

二

在这一部分我将论证，刚才陈述的需要决定论的确是马克思主义观点的一个主要部分，但是，在马克思的论断中还有一些至关重要的但很少引人注目的因素却被忽略了。没有这些更容易被忽视的其他因素，人们就不能解释从马克思的观点中产生的一个中心话题，即：只是在人类历史的一个特殊时期，科学才作为关键因素被引入生产过程。马克思论证说，只是在历史的最近一个时期，科学和工业的联姻才产生。而且，

---

① 《马克思恩格斯全集》第 1 版第 39 卷第 198—199 页。

这种联姻并不与资本主义在历史上的出现相符合。事实上，马克思很清楚，科学和工业的联盟只有在现代资本主义到来和理论科学的尖端课题出现几个世纪以后才会产生。如果以资本主义的刺激和需要力量为基础的论断证据充足的话，那么工业上对科学的全方位的利用将会在西方历史的早得多的阶段产生。但是结果并非如此。为什么？

究其实质，马克思的回答是，生产的手工业和工场手工业阶段缺乏能够把科学知识运用于解决工业生产问题的技术基础。① 这种主要的技术基础只是在现代工业时期才出现。在马克思看来，19世纪英国工业的巨大的、日益增长的生产力确实是三种结合起来的力量的结果：（1）由资本主义制度提供的独特的刺激体制和积累能力，（2）同工业中解决问题的活动直接相关的科学知识库的有效性，（3）具有某种特性的技术。最后一个范畴很少被人理解，因此我们现在要讨论这个范畴。

从历史上来讲，资本主义关系是突然发生的，它纯粹是由单个资本所有者雇用雇佣工人的人数的量的增长②而产生的。同几个帮工和学徒一起操作的独立的手工艺人，渐渐变成了资本家，因为他同这些人的关系采取了永久的支付工资的形式，因为这些劳动者的人数增加了。③ 因此，工场手工业制度在引进与以前的中世纪行会的手工业制度完全不同的社会关系时，最初也使用同样的技术。

根据马克思19世纪中叶时期的主要观点，工场手工业制度确实是近乎整个资本主义历史——"大约从16世纪中叶到18世纪末叶"——

---

① 参看《马克思恩格斯全集》第1版第22卷第339页。
② 参看《马克思恩格斯全集》第1版第23卷第372页。
③ 参看《马克思恩格斯全集》第1版第23卷第373页以及第3卷第28—29页。

上占支配地位的制度。① 工场手工业明确地把工人重新组织起来并重新规定每个人的责任。而中世纪的手工艺人则是自己完成一件产品的一系列操作过程，工场手工业制度把这种操作过程分成了一系列的步骤，其中每个步骤分配给各单个工人。

因此，工场手工业制度的实质是单个工人的专业化不断加强。而工场手工业反过来又对工人产生了巨大心理后果和社会后果，它仍然具有较早的手工业制度的本质特征。这就是说，尽管产品现在经过了许多人之手，尽管这种改组提高了劳动生产率，但它仍然使工场制度依赖于人的技能。而从前行会手工艺人的关键技能，现在成为局部工人的狭隘活动的不断重复。更精确地说，生产过程现在力图突破人的力量、速度、准确性以及四肢数量的局限性所带来的限制。

只要工人在生产过程中继续占有战略性地位，这个过程就始终受到人的一切弱点的限制。当然，单个资本家总是用各种方式迫使工人突破这些限制。但是马克思在这里指出的这一点具有更广泛的意义：把科学运用于生产过程包括应付客观的自然规律并使生产过程摆脱对无机体的一切依赖。它要考虑到自然现象的情况。它包括利用由科学规则建立起来的可靠的物质关系。它包括对纯粹客观的东西（完全排除了人的行为的不确定性和主观性）的预见度。简言之，科学只能将它的发现体现在非人格的机器中。科学不能通过具有自己的意志、特质和难以驾驭的人这种存在体现出来。工场手工业时期同以前的手工业制度具有相同的本质特征，即它是一种使用工具的经济，在这种经济下，工具受人的操纵和指导。马克思强调指出，在机器和工具的区别中，具有决定意义的正是人的这种控制因素，正是对人手的有限活动范围的不断依赖，而不是

---

① 参看《马克思恩格斯全集》第 1 版第 23 卷第 373 页。

力量源泉的性质。

"工具机是这样一种机构，它在取得适当的运动后，用自己的工具来完成过去工人用类似的工具所完成的那些操作。至于动力是来自人还是来自另一台机器，这并不改变问题的实质。在真正的工具从人那里转移到机构上以后，机器就代替了单纯的工具。即使人本身仍然是原动力，机器和工具之间的区别也是一目了然的。人能够同时使用的工具的数量，受到人天生的生产工具的数量，即他自己身体的器官数量的限制。……同一工作机同时使用的工具的数量，一开始就摆脱了工人的手工工具所受的器官的限制。"[①]

三

那么，现代工业与众不同的技术特征是什么呢？那就是生产过程的计划第一次在工人的特点和身体的能力对组织和管理资本已不再具有重要意义这一基础之上完成的。相反，资本是按照完全不同的逻辑即明确体现了科学和工程技术原则的逻辑来计划的。偶尔与工人的能力（或更确切地说，弱点）相适应的技术的主观性让位于按照其自身的规律和科学规律设计的机器的客观性。

"在工场手工业中，单个的或成组的工人，必须用自己的手工工具来完成每一个特殊的局部过程。如果说工人会适应这个过程，那么这个过程也就事先适应了工人。在机器生产中，这个主观的分工原则消失了。在这里，整个过程是客观地按其本身的性质分解为各个组成阶段，每个局部过程如何完成和各个局部过程如何结合的问题，由力学、化学

[①] 《马克思恩格斯全集》第1版第23卷第411页。

等等在技术上的应用来解决。"①

从手工操作过程到机器操作过程的转变是一个重大的转变，理由很简单，机器操作过程可以不断地、无限制地改进，而手工操作过程则不然。生产要素系统使生产力的不断提高成为可能。它把生产过程分解成在客观上可看作是相同的各个组成部分，从而创造出了一种可以进行严密分析的活动结构。"机器生产的原则是把生产过程分解为各个组成阶段，并且应用力学、化学等等，总之就是应用自然科学来解决由此产生的问题。这个原则到处都起着决定性的作用。"② 因此，历史发展使工艺学第一次成为科学分析和科学地利用的对象。

"很能说明问题的是，各种特殊的手艺直到十八世纪还称为mysteries（mystéres）[秘诀]，只有经验丰富的内行才能洞悉其中的奥妙。这层帷幕在人们面前掩盖起他们自己的社会生产过程，使各种自然形成的分门别类的生产部门彼此成为哑谜，甚至对每个部门的内行都成为哑谜。大工业撕碎了这层帷幕。大工业的原则是，首先不管人的手怎样，把每一个生产过程本身分解成各个构成要素，从而创立了工艺学这门完全现代的科学。社会生产过程的五光十色的、似无联系的和已经固定化的形态，分解成为自然科学的自觉按计划的和为取得预期有用效果而系统分类的应用。工艺学揭示了为数不多的重大的基本运动形式，不管所使用的工具多么复杂，人体的一切生产活动必然在这些形式中进行，正像力学不会由于机器异常复杂，就看不出它们不过是简单机械力的不断重复一样。

现代工业从来不把某一生产过程的现存形式看成和当作最后的形

---

① 《马克思恩格斯全集》第1版第23卷第417页。
② 《马克思恩格斯全集》第1版第23卷第505页。

式。因此，现代工业的技术基础是革命的，而所有以往的生产方式的技术基础本质上是保守的。"①

因此，在其最发达的形式中，"大工业……把科学作为一种独立的生产能力与劳动分离开来，并迫使它为资本服务"②。

然而，在资本主义能达到自身推动技术进步这个阶段之前，还必须实现另一个关键的条件。只要人的技能在机器自身的生产中仍然占有重要地位，那么机器就不能使经济完全摆脱由人的技能所限定的最高产出量。在现代工业的早期阶段，机器不可避免地是在直接依赖人的技能的情况下被生产出来的。工场手工业制度是与工人的新专业的开创所引起的新发明的需要相适应的。在大工业发展的早期阶段，工场手工业制度还是能满足新发明的需要的，但是与此同时，机器设计和操作的改进以及规模的日益扩大终于也逐渐遇到依靠人力的机器制造者的限制。

"当大工业特有的生产资料即机器本身，还要依靠个人的力量和个人的技巧才能存在时，也就是说，还取决于手工工场内的局部工人和手工工场外的手工业者用来操纵他们的小工具的那种发达的肌肉、敏锐的视力和灵巧的手时，大工业也就得不到充分的发展。所以，且不说这样生产出的机器很昂贵，——这种情况作为自觉的动机支配着资本——已经使用机器的工业部门的扩大，以及机器向新的生产部门的渗入，完全取决于这样一类工人增加的情况，这类工人由于他们的职业带有半艺术性，只能逐渐地增加而不能飞跃地增加。但是，大工业发展到一定阶段，也在技术上同自己的手工业以及工场手工业基础发生冲突。发动机、传动机构和工具机的规模日益扩大；随着工具机摆脱掉最初曾支配

---

① 《马克思恩格斯全集》第 1 版第 23 卷第 533 页。
② 《马克思恩格斯全集》第 1 版第 23 卷第 400 页。

它的构造的手工业型式而获得仅由其力学任务决定的自由形式，工具机的各个组成部分日益复杂、多样并具有日益严格的规则性；自动体系日益发展；难于加工的材料日益不可避免地被应用，例如以铁代替木材；——所有这些都是自然发生的问题，要解决这些问题到处都碰到人身的限制。这些限制甚至工场手工业中的结合工人也只能在一定程度上突破，而不能从根本上突破。例如，象现代印刷机、现代蒸汽织机和现代梳棉机这样的机器，就不是工场手工业所能制造的。"①

因此，关键的步骤是创造技术条件，使利用机器来制造机器成为可能，并因此克服旧的工场手工业制度的主要束缚。"因此，大工业必须掌握它特有的生产资料，即机器本身，必须用机器来生产机器。这样，大工业才建立起与自己相适应的技术基础，才得以自立。随着十九世纪最初几十年机器生产的发展，机器实际上逐渐掌握了工具机的制造。"②马克思不仅提出了能供给巨大力量同时又完全受人控制的发动机，而且也提出了机器制造者必不可少的机器的附加装置，转动刀架。亨利·莫兹利的这个简单但却精巧的设计所代替的，正如马克思富有洞察力地指出的那样，不是某种特殊工具，"而是人的手本身"③。从这个意义上可以说它是技术上的战略性突破，其重要性完全可以同蒸汽机相比。

生产机器的部门的改进是人所支配的技术宝库中的一个总的飞跃。这些改进使避开使用工具方面的身体的限制成为可能。正如马克思讽刺地指出的那样，这些改进在克服使用工具方面的身体限制的同时却生产出再现手工业工具动作的机器，不过"规模十分庞大"④。

---

① 《马克思恩格斯全集》第1版第23卷第420—421页。
② 《马克思恩格斯全集》第1版第23卷第421—422页。
③ 参看《马克思恩格斯全集》第1版第23卷第422页。
④ 参看《马克思恩格斯全集》第1版第23卷第422页。

四

因此，我会说，马克思的观点是，工业的不断变化的需要和对经济需要的不断变化的认识为科学知识的具体形式的研究提供了动力。但是，我也要得出结论，把马克思的观点描述为需要决定论，这对马克思的巧妙的历史分析是很不公正的。因为把科学运用于生产领域的能力依赖于工业利用这种知识的不断变化的能力，这种马克思显然承认的能力又受制于最近历史过程的重大变化。的确，正如我力图证明的那样，马克思本人把很大的力量用于阐述那些体现社会吸收科学知识的不断变化的能力的因素。

马克思认为，各门科学学科在其中实际上得到发展的历史顺序也不是直接由经济需要决定的。例如，他在探讨工业和农业发展的相对速度时认为，在历史上，农业生产力的增长必须等待某些科学学科的发展，因此相对滞后，而工业要比农业发展得快，至少大致如此，因为工业依靠的科学知识发展得较早。正如保罗·斯威齐所说的那样："大工业的真正的科学基础——力学，在18世纪才达到了一定的完善程度。化学、地质学和生理学（这些科学直接构成农业而不是工业的具体基础）的发展，直到19世纪特别是最近几十年才产生。"

正如我们以前看到的，马克思和恩格斯通常强调工业和科学之间的因果关系，但是，尽管如此，上述情况至少有力地证明科学在工业变化的次序的形成中具有某种程度的独立性和自主性。如果农业生产力的增长依赖于科学的具体分支的发展，如果农业方面有利可图的商业机会的存在不能"刺激"必要知识的生产，那么就必须承认科学领域中内在的因素起着独立于经济需要的作用。

不仅如此，特别令人惊奇的是，正如我们在前面所引过的，恩格斯满足于指出："科学的发生和发展一开始就是由生产决定的。"[1] 因为恩格斯本人在《自然辩证法》中还提出过一种科学分类方案，该方案强调一种以被分析的物质的运动形式为基础的按照复杂性的不同程度划分的等级分类。日益增长的复杂性是同从无机界到有机界，从力学到物理学、到化学、到生物学的运动相一致的。恩格斯甚至谈到了一种"内部所固有的次序"[2]，他明确认为，这种"内部所固有的次序"决定自然界的秘密被不断揭示出来的"历史的"次序。但是，如果一个人接受这种直观地来看似乎有理的观点，那么无疑，除了生产领域中的特殊需要之外，还存在着更多的东西可以用来解释"科学的发生和发展"。确实，在工业中应用力学很久之后，生物科学才开始支持农业，这个历史事实只是起源于这些科学学科的不同程度的复杂性，而不是起源于经济需要。严格地说，恩格斯的阐述似乎过于强调了需要产生动力的重要性，而忽略了供给方面的考虑，尽管他在其他地方显然对供给这一可变因素很敏感。

当然，人们在为恩格斯辩护时必定会想起他的《自然辩证法》的未完成的、往往只是片言只语的情况。完全可能的是，如果他有机会，他会解决这些显然不一致的地方。但是期望马克思或恩格斯解决这些深奥、棘手的问题未免太过分。时至今日，我们也远未能有条有理地把科学史融于我们对西方世界的经济发展的理解之中。

---

[1] 《马克思恩格斯全集》第 1 版第 20 卷第 523 页。
[2] 参看《马克思恩格斯全集》第 1 版第 20 卷第 593 页。

结　论

"科学的发生和发展一开始就是由生产决定的"这个陈述可能有以下几种含义：

1. 科学因需要得到财政支持而依赖于工业。

2. 期望高的经济报酬是促使个人（和社会）从事特殊的科学问题研究的因素。

3. 工业需要是促使人们注意某些问题的一个强有力的动因（比如巴斯德研究发酵和蚕传染病）。

4. 日常进行的生产活动为某些学科（冶金术和化学、开凿运河和地质学）提供了具有巨大意义的有形证明。结果，这些生产活动为科学提供了科学赖以产生和推广的丰富的观察材料，这是这些生产活动在操作时产生的副产品。

5. 对社会的不断变化的经济需要的理解规定了各个个别科学的历史，包括对它们在不同历史时期的不同发展速度的阐述。

我认为，马克思和恩格斯无条件地赞成第1—4个论点。我认为，他们经常给人的印象是他们赞成第5个论点。但是我想，前面的论述也已证明，他们只是在附带有一些条件的情况下赞成第5个论点，这些条件作为一个整体给我的印象比这一论点本身更有意义。

（原载《卡尔·马克思的经济学：分析评估》，1988年美国版第4卷）

（闫月梅　译）

关于前资本主义经济制度

马克思恩格斯对前资本主义经济制度的分类和分析[*]

〔美〕F. L. 普赖尔

一、简介

关于前资本主义经济制度,马克思和恩格斯都写过大量著作予以探讨,这些著作提出了一个严肃的问题,即他们关于这类社会的观点与他们的一般因果模式在何种程度上保持着一致性。

本篇文章旨在表明,马克思和恩格斯并没有完全把他们的一般因果模式运用于前资本主义经济,这个模式和他们对前资本主义经济制度的分类也不是始终一贯的。我力图证明,马克思和恩格斯关于辩证法和矛盾的思想并不适用于这类社会,并指出马克思对历史中的因果力量的分析也只适用于资本主义社会。这一探讨主要限于思想本身,其次才论述这种思想同历史现实是否符合这一重要事实。

在第二部分中,我考察了几个关键概念,如"所有制"、"生产方式"等,概述了马克思和恩格斯试图遵循的对经济制度的因果分析的类型。在第三部分中,我把注意力集中在马克思和恩格斯划分前资本主义经济制度的方法上,认为在后来的研究中,他们似乎无保留地赞成多元发展论的观点(即,世界的不同经济勿需遵循同一条发展道路,相反,

---

[*] 本文选自《马克思恩格斯列宁斯大林研究》2001年第1辑。

是沿着若干平行的道路前进的），我提出了自这种立场产生的一些主要理论问题。在第四部分中，我考察了前资本主义经济制度运动的基础的因果机制，并试图指出从马克思和恩格斯的分析中产生的理论难题。最后，在第五部分中，我简要阐述了自己关于前资本主义经济的几点看法。

二、分类原则和分析方法：宽阔的视野

1. 所有制

马克思和恩格斯不同于大多数古典经济学家的地方在于，他们始终关注经济制度以及这些制度影响经济事件的方式。在他们的思想中，所有制关系起着重要作用，在他们的早期著作之一《德意志意识形态》第 1 章第 A 部分①中，他们根据经济发展水平（或分工）的不同阶段划分了前资本主义经济制度，他们认为这同所有制关系的不同形式是一致的。比如，部落所有制（Stammeigentum），它包括部落的狩猎、捕鱼和牧畜经济，古典古代的公社所有制和国家所有制，这种所有制仍然保存着广泛的奴隶制，伴有农奴制的封建的或等级的所有制。尽管他们在自己的探讨中首先是以"生产方式"这个概念为出发点的，但是同以后的著作相比，他们对所有制关系这个概念的解释不够精确，并且略有差异。

在以后的几年里，他们对"所有制"这个术语的运用更加精确，他们开始沿用所有（Eigentum）和占有（Besitz）之间的传统区分。前

---

① 《马克思恩格斯选集》第 2 版第 1 卷第 68—72 页。

者指对某些"东西"的无所不包的和绝对的权利。后者指有条件限制的一系列权利，或者有时间限制（即某人只能在特定的时期内行使这种权利），或者有行使行为的限制（即某人只有在履行了某种特殊的义务后才能行使这种权利），或者有特定的限制（即某人只能行使对这种"东西"的一部分权利）。这两种所有权形式是指，这种权利包含着某些社会强制机制。有时马克思和恩格斯也在"物质保管"的含义上使用"占有"这个词，这时"占有"并不包含任何社会强制机制。他们虽然承认占有和所有之间的区别，但他们通常（他们对亚细亚生产方式的一些探讨除外）都是从所有方面而不是从占有方面来说明生产关系（这在下面探讨）的；这就导致了在说明前资本主义经济制度时可能产生一些问题；但是这些问题是可以解决的。

2. 生产方式

马克思和恩格斯在他们的成熟的经济学著作中分析各种经济制度时使用了一系列相对标准的术语。然而关于这些术语的真正含义却产生了很大的争论。在下面的讨论中，我采用了最常用的"技术性的"解释。在柯亨于1978年撰写的同路易·阿尔都塞和埃蒂耶纳·巴里巴尔等人所持的观点进行辩论的著作中，为了证明这种解释，进行了详尽的摘录和细致的分析。

"生产关系"（Produktionsverhältnisse）规定所有制关系和这种关系借以实现的具体制度（特别是在生产部门）。"生产力"（Produktionskräfte）反映技术水平、资本储备了劳动力的教育和技能、分工程度以及通过生产关系来决定生产率的环境条件。"生产方式"（Produktionsweise）既包括生产力又包括生产关系。"社会形态"（Gesellschaftsformation or Gsellschaftsform）描述生产方式以及社会的政治的、法律的、社会的和文化的制度。

斯大林在他于1940年写的《论辩证唯物主义和历史唯物主义》一文中声称,马克思和恩格斯规定了五种(并且只有五种)生产方式,即:原始共产主义、古代的或奴隶占有制、封建制、资本主义和发达的共产主义。这是一种误解,因为马克思和恩格斯在他们的各种著作中,还分析了亚细亚生产方式(例如,《资本论》第1卷第4篇第12章第4节)①。另外,马克思在《政治经济学批判大纲》中还探讨了日耳曼的、斯拉夫的、亚细亚的和古典古代的"生产形式"(Formen der Produktion),这些生产形式主要是根据它们的所有制关系来区分的。

"生产形式"和"生产方式"相同吗?在详细地分析马克思著作中的亚细亚生产方式时,匈牙利马克思主义者费伦茨·特凯伊作了肯定的回答;在同样详细分析同一个论题时,美国马克思主义者劳伦斯·克拉德作了否定的回答。克拉德谴责特凯伊仅仅根据所有制关系来定义生产方式。然而,从某些理由来看,特凯伊的解释与克拉德解释相比,似乎是正确的。马克思始终同时提及四种"生产形式",从《马克思恩格斯全集》的其他部分中,我们得知,其中有两种生产形式,即亚细亚的和古典古代的生产形式被划分为生产方式。而且正如我在下面所探讨的,由于马克思和恩格斯对任何一种农业制度中的生产力都没作区分,所以就只得根据生产关系——尤其是所有制关系来说明农业生产方式的特征。

对其他的生产方式或"形式"需要作个简要的说明,因为在这些生产方式中,还没有发现封建地主,此外,在前三种生产方式中奴隶主还未出现。在亚细亚"形式"(马克思并没有把这种形式局限于亚洲)

---

① 参看《马克思恩格斯全集》第1版第23卷第395页及以下各页。

中，土地被农民或农民村社占有（马克思承认在这个方面也存在变化）；所有制被社会看作是在农民须向其交纳地租、赋税、纳贡的君主或政府官员身上得到人格化的（得到体现的）整体。亚细亚"形式"不同于原始共产主义的地方在于，其中存在着原始国家、原始阶级（农民和政府官员），最后还有原始城市（君主生活居住于此，并通过这些城市进行对外贸易）。斯拉夫"形式"（这个形式很少受到重视，在马克思的著作中只是模糊地存在着）是亚细亚方式的变种，但是它比较分散，也就是君主更接近于乡村水平。农业主要是以个人形式从事的，但共同劳动也偶尔发生。马克思没有讨论原始城市的存在，但假定在这种社会中存在着原始国家和原始阶级。日耳曼"形式"的特征是私人占有土地同公社占有土地的分离，而且，君主和原始国家开始存在。但是，城市并没有起作用，经济"共同体"主要是由个人的居住地、毗邻的土地和未耕种的共有地组成。最后，古典古代的"形式"看起来同奴隶制生产方式一样；但是，一些评论家，如海因兹和赫斯特在《前资本主义生产方式》一书中却对它们作了区分。在这种"形式"中，经济阶级被更加明显地表现出来了，大多数人不占有或拥有土地，公社占有的土地（农业的和其他的）被上层阶级所控制，城市及其周围的乡村构成经济"共同体"，存在着人身（即奴隶）形式的财产。

值得注意的是，这些不同的生产方式并没有得到相应的说明，所以农业经济的其他生产方式是否可能存在是不清楚的。在他们对这些前资本主义经济的探讨中存在的其他令人困惑的问题，特别是恩格斯为什么在他的《家庭、私有制和国家的起源》一书中略去探讨日耳曼的、斯拉夫的和亚细亚的生产方式，促使人们撰写了许多评注性的文章，这些文章认为，恩格斯的忽略并没有真正否定这些其他方式的理论的或经验的现实性。

3. 分析经济制度的方法

在本篇文章中,人们可以发现三种分析经济体制和制度的总方式,为了理解马克思和恩格斯的方法,有必要简略地考虑一下这些方式。第一种方式是分析"运动规律",它包括研究特殊经济制度或事实发展的原因,这些制度或事实对经济和社会的其他部分的影响,它们的相互作用决定这种制度范围内的变化和这种制度向其他制度演变的方式。第二种方式是"理想类型"的完善化,它包括确定那些形成稳定整体的一系列特征,研究可能从这一系列特征中产生出来的相互作用的类型,以及分析现实经济制度以确定同这种理想类型的一致程度。第三种方式是分析特定经济中的经济事件或机制,而不把分析结果或方法同在一种更为抽象的制度水平上起作用的总的长期的历史力量相联系。这种方式尤其被用于研究短期现象。

《资本论》三卷可以被认为主要是第一种分析方式的一个范例。尽管在《资本论》和他们的其他著作中,尤其是在具有更多的政治色彩的著作中,也有一些第二种形式和第三种形式的分析,人们在马克思恩格斯经济著作中首先关心的似乎是他们的制度理论,并力图把注意力放在总的情况上,以便改变现存的分析范例;当然,他们所写的论述非常具体的问题的许多著作是具有这个较为广泛的目的的。德国历史学派的一些成员或同行采用了第二种分析方式。美国的比较经济制度文献大多数是以第三种分析方式为范例,尽管第二种方式似乎又开始再度流行起来。

马克思和恩格斯试图用以分析运动规律的方式,要求对他们关于物质因果关系的思想进行考察。关于这些术语的含义,我不希望加入那些进行无休止辩论的辩论者行列；相反，我只引用1894年1月25日恩格斯致W.博尔吉乌斯的信的最后一大段论述：

"[社会的]政治、法律、哲学、宗教、文学、艺术等的发展是以经济发展为基础的。但是，它们又都互相影响并对经济基础发生影响。并不是只有经济状况才是积极的，而其余一切都不过是消极的结果。这是在归根到底不断为自己开辟道路的经济必然性的基础上的互相作用。……这并不象某些人为着简便起见而设想的那样是经济状况自动发生作用，而是人们自己创造着自己的历史，但他们是在制约着他们的一定环境中，是在既有的现实关系的基础上进行创造的，在这些现实关系中，尽管其他的条件——政治的和思想的——对于经济条件有很大的影响，但经济条件归根到底还是具有决定意义的。"①

对于这段模糊的陈述，我（以及对马克思作"技术解释"的其他人，如柯亨）的理解是，恩格斯是说经济和社会变化中的主要根源产生于生产力与生产关系的不相适应，生产力是主要的独立的变量，当生产力发生变化而与生产关系不相一致时，便会引起生产关系的变化。

马克思和恩格斯在一种较低的抽象层次上讨论了具体因果因素的变化，我们可以把这些因果因素简单地分成两组：内在的和外在的原因。导致生产力和生产关系不相一致的内在变化包括与生产资料的不断积累、更广泛的分工，技术变化，或环境变化（例如，由人口增长而引起的土地与劳动的比率的变化）有关的情况。生产关系也会因各种原因而发生变化（在这类情况下，政治力量起着尤为重要的作用），但它们通常只是适应而不是引起生产力的变化。外在原因包括战争（特别是战

---

① 《马克思恩格斯全集》第1版第39卷第199页。

败，常常导致或者被胜利者占领，或者承认自身的弱点并为补救这种情况而进行变革）；饥荒、瘟疫，或导致生产力或生产关系变化的其他自然灾害；对生产力和生产关系起作用的对外贸易。很明显，在这组基本的原因中缺少宗教观、思想意识形态方面的变化，或者对待贪欲和积累的态度方面的变化，而所有这些，马克思和恩格斯会认为它们只是更为基本的经济状况的反映。

4. 对经济制度分类的简要评论

为了说明马克思和恩格斯界定"经济制度"的方法的独特性，让我们考察一下19世纪其他一些学者是如何处理这个问题的。德国历史学派的许多经济学家都根据经济所固有的特征（如，家庭、村庄、城市、民族经济和国际经济，或者物物交换、货币和信贷经济）界定经济制度。韦尔纳·桑巴特（恩格斯认为他是德国学究式人物中少有的几个正确理解他和马克思力图要表达的内容的人之一）后来根据三种因素区分了生产方式，即：经济制度、经济发展水平和支配经济的"精神"。欧洲大陆的其他社会评论家如傅里叶则谈论社会形态并把经济因素同非经济因素放在一起考察，然而几乎所有的人都满足于第二种形式的分析。尽管英国的一些古典政治经济学家曾论及农业经济及其滞后发展的可能性，但他们似乎把他们的主要注意力集中在经济变量（总生产、收入的分配等）上，而很少注意经济制度和所有制关系本身。因此，尽管他们谈到了长期力量，但他们并没有真正抓住作为经济制度的基础的制度现实，因此，不能把他们看作制度理论者。

马克思和恩格斯的方法的关键之处在于，他们力图根据两个重要的分析变量即生产力和生产关系来界定"生产方式"，然后力图把他们对具体经济制度的分类同他们关于生产方式的总概念一致起来。本文下一部分的要点是说明他们没有能够实现他们的这一想法。

三、从分类和先后次序中产生的一些问题

在马克思和恩格斯对农业生产方式的分析中出现了若干严重的困难。我对这个问题的大多数证明都是否定性的，即他们没有能够触及一些关键性的问题。我对此作出的判断是在找到并阅读他们的已发表的德文和英文著作所包含的关于前资本主义经济制度的每个段落之后作出的。为了简便起见，现把马克思和恩格斯最重要的分析难题分成下述四个具体的异常。

1. 分类标准的异常

根据马克思主义的总模式，生产力的发展水平是界定特殊生产方式的关键因素。然而，就我所知，马克思和恩格斯从来没有以任何连贯的形式认真地讨论或比较过各种农业社会的生产力的不同。当然，这样一种分析很难进行，并且要求考察劳动生产率、技术知识的应用和有效的固定设备以及各种收成和气候的影响。然而，应该指出的是，马克思和恩格斯对生产方式的分类，似乎并没有同发展水平（规模）很好地联系起来。无论马克思还是恩格斯都没有实现这样一个计划；的确，除了下述几个例外的段落之外，他们完全撇开了这个问题，即使他们可以利用的人类学资料和历史资料允许他们向读者说明前资本主义社会中生产力与生产关系之间存在着某种有待证实的联系。人们只能得出结论说，他们似乎假定各种农业社会的发展水平中的这些区别并不大，如果不是

为了重要的计划和目的，就可以不予考虑。无论他们是怎么想的，他们是把他们对具体的农业生产方式的界定主要建立在生产关系的区别上。

我在马克思恩格斯著作全集中所能找到的关于忽视生产力的这一概括的两个最重要的例外之一，是马克思对凯尔恩斯所作的美国南部奴隶制度研究的探讨。在《资本论》第1卷第3篇第7章第2节①中，马克思指出，奴隶制度中所使用的生产工具比农奴制农业中所使用的生产工具要粗糙得多，可能是因为，在前一种制度中，产生了滥用设备问题，而在后一种制度中，农奴拥有他们自己的生产工具。在《资本论》第3卷第5篇第23章②中，马克思还评论说，监督费用是奴隶制经济中的一种费用，它是其他农业经济中所没有的，他似乎推断说，这意味着奴隶制的净生产率较低，这是一个不作出其他许多假设就不能成立的推断。这种忽视生产力的第二个重要的例外是他们早期对亚细亚生产方式的探讨，在这里，他们指出，热的、干旱的气候使灌溉成为农业中必要的事情，这使国家能起重要的作用。然而，在他们以后的著作中，当他们进一步说明亚细亚生产方式的一系列特征时，生产力的这个方面显得不重要了。而且，他们没有详细说明与其他生产方式相联系的一切气候条件。马克思和恩格斯还留下了一些关于农业技术（例如，轮作制、农业工具和耕种方法）的即兴评论，这些评论散见于他们的著作中。遗憾的是，这些评论并没有被用来系统阐明各种农业生产方式中生产力的区别这个问题，也不存在他们利用这些材料来帮助界定生产力的任何可能性，因为他们没有刻意去分析在前资本主义经济制度中如何界定或规定生产力的问题。

---

① 参看《马克思恩格斯全集》第1版第23卷第222—223页。
② 参看《马克思恩格斯全集》第1版第23卷第431—432页。

撇开这些较次要的例外不谈，我们必须得出结论说，马克思和恩格斯认为，各种农业社会中的生产力大致是相似的。这导致一些严重问题，下面我将予以说明。

2. 顺序的异常

各种生产方式以什么样的次序显现出来？关于这一点，可以指出三种不同的解释学派。

（1）单线发展论者认为马克思有下述思想，即，一切社会都是沿着同一条道路前进的，这种见解源于黑格尔。例如，他们从马克思的《政治经济学批判》序言中引证一些段落，以表明一种发展顺序，即从亚细亚的到古典古代的、到封建的、到资本主义的生产方式。然而，这类探讨一般都对日耳曼的和斯拉夫的生产方式欠考虑，并且没有说明它们在什么地方较适合，或者如何把它们同"原始共产主义"联系起来。单线发展论者的见解（有时称"斯大林主义者的"或"恩格斯"的解释）受到了来自各种马克思主义者的攻击，即使是在苏联内部也是如此。

（2）二者择一论者所持的观点是，马克思认为，经济发展的主线条中存在着某些可以替代的发展阶段。但是在具体说明这些替代阶段时，意见不一。例如，亚细亚方式是古代的生产方式（马克思和恩格斯有时称这种方式为"古典古代的"或"奴隶制"的生产方式；尽管他们所使用的术语并非完全一致，但理论思想是相同的）的替代者，还是封建生产方式的替代者，二者择一论者在这一点上似乎意见不同。在前一种场合会导致封建主义，在后一种场合会导致资本主义。而且，总的说来他们忽略了对日耳曼的和斯拉夫的方式的探讨。

(3) 多元发展论者认为，马克思确实相信多元发展道路。有些段落常被引用来支持这个观点，例如，《政治经济学批判》第1章第1节中的一段：

"仔细研究一下亚细亚的、尤其是印度的公社所有制，就会得到证明，从原始的公社所有制的不同形式中，怎样产生出它的解体的各种形式。例如，罗马和日耳曼的私人所有制的各种原型，就可以从印度的公社所有制的各种形式中推出来。"①

多元发展论者的观点被西欧和美国的马克思主义者广泛接受（例如，戈德利埃1973，霍布斯鲍姆1965，克拉德1975，梅洛蒂1977，特凯伊1979，等等）。

部分问题的产生是由于，这些作者中几乎没有人详细说明他们（或马克思）谈的是时间顺序还是经济发展水平顺序。这同马克思和恩格斯没有详细说明各种农业制度中的生产力是相联系的。另一部分问题的产生是由于把经验材料置于图式中，例如，威特福格尔在1963年出版的《东方专制主义》一书中认为，中国不仅是以亚细亚生产方式为特点的，而且它是在奴隶制和封建制以后出现的，这似乎与"主线条"的顺序相反。

这种顺序问题在解释下面第四部分中讨论的各种制度的内在运动时产生了一些问题。

3. 独立的农民经济的异常

作者所说的"独立的农业经济"是指主要由农民小业主组成的经

---

① 《马克思恩格斯全集》第1版第13卷第22页脚注1。

济制度，这些小业主拥有他们自己的土地，在那里，共同占有的土地并不起主要作用。根据马克思和恩格斯的思想，这类经济制度发生在历史上的许多时刻。

其中两个历史时刻是随着原始共产主义生产方式和封建主义生产方式的各自破产而发生的。这表现在马克思的下述评论中（《资本论》第1卷第13章中的一个脚注）：

"小农经济和独立的手工业生产，一部分构成封建生产方式的基础，一部分在封建生产方式瓦解以后又和资本主义方式并存。同时，它们在原始的东方公有制解体以后，奴隶制真正支配生产以前，还构成古典社会全盛时期的经济基础。"①

此外，正如恩格斯在他的文章《法兰克时代》以及其他历史著作中所指出的那样，这类小农经济还产生于古典古代的生产方式的解体之后和封建主义发展之前。

这意味着什么？看起来他们是说，同样的经济制度——即有着同样的生产关系，大概有着基本上一样的但未详细说明的生产力——出现于历史上的三个不同阶段。这与其说是某些历史传统在连续的各经济制度中的继续，不如说是小农经济在某些不连续的而历史地来说是孤立的阶段上的短时期的出现（支配？）。而且，既然在各种农业社会中生产力大致相同，那么这似乎并不表示任何意义上的一种倒退。当然，推动独立的小农经济分别朝着古典古代的方式、封建方式和资本主义生产方式发展的历史力量是很不相同的。这又意味着，我们不仅具有朝着资本主义发展的多元化道路，而且存在着这些多元化道路的可能的交叉。

---

① 《马克思恩格斯全集》第1版第23卷第371页脚注24。

关于小农经济占支配地位的这些时期所引证的段落和其他讨论，也可以作不同的解释。例如，可以说这些不同时期的小农经济具有很不相同的生产力；或者小农经济在这些过渡时期不起支配作用；但是，这些解释似乎违背了马克思和恩格斯的原意，因此摆在我们面前的问题是要努力把他们实际上所说的同他们实际上"意指"的东西区分开来，而这种做法是不会有什么结果的。

4. 因果不一致的异常

如果像马克思和恩格斯所作的那样，用同样的生产力详细说明多种生产方式，那么这些经济发展的根本的内在泉源——生产力同生产关系的不平衡——就被置于危险之中。因为，如果生产力向许多不同的生产关系相一致的话，那么"不平衡"这个概念便成为模棱两可的概念。就是说，同生产关系相对的生产力的变化可以导致无运动的变化，即制度结构（生产关系）内部发生了变化，而没有导致向发展序列上的一种新生产方式的运动。如果生产力同许多种生产关系一致的话，那么由不平衡所引起的基本"矛盾"似乎变小了。

如果一个人相信单线发展的道路，那么他可能会认为，每种生产方式都会具有同导致运动的发展力量无关的内在的不平衡，但是这些不平衡在各种方式内是不相同的。如果一个人相信多元发展道路，那么他可能会认为，同种生产方式受到同时从几个方向推动它前进的几种不同类型的内在不平衡（与生产力无关）的制约，但是在不同的时代，不同的不平衡占支配地位。无论在哪种情况下，我们必须改变马克思主义研究运动规律的方法，因为建立在生产力和生产关系的辩证矛盾基础上的第一种形式的比较制度分析导致了不确定性。

四、因果分析的一些具体问题

由于没有仔细区分各种农业生产方式中的生产力，这就使得马克思和恩格斯很难把他们关于历史发展的总规律（它们是建立在生产力与生产关系不一致的基础上的）运用于这类经济。然而在探讨这些经济发展的过程中产生了更多的、深一层的具体问题，对这些问题，还应作简要解释。

为了阐明这些问题中的某些问题，首先要考察一下他们对资本主义生产方式的发展的分析。由于这是大家熟悉的领域，所以在此只需最简要地谈一谈。然后再转向作为其他生产方式的运动的基础的因果问题，看看马克思和恩格斯是如何运用他们的一般因果模式的。

1. 资本主义运动

按照马克思的看法，在资本主义的早期阶段，大规模生产的经济的出现，要求资本家不断地进行积累和技术革新。由于众所周知的原因，随着积累的进行，这些大规模的经济导致资本的集中和积聚。这些趋势还同人口日益分成两个阶级——资本家和无产阶级——联系在一起。同较高的经济发展水平相联系的一些现象导致如下结果：失业工人人数越来越多，商业周期日益严重，两个阶级的成员的收入日益不平等。因此，同特殊经济制度（生产关系）结合在一起的日益增长的经济发展水平（生产力）是同更严重的经济机能失调（生产关系与生产力之间的矛盾）联系在一起的。这种机能失调给无产阶级造成了巨大的身心伤害①，这种状况反映在"无产阶级的贫困化"这个术语中，它们导致了阶级冲突和经济危机的日益加剧以及该制度的日渐衰落和崩溃。

马克思对经济的分类、对生产关系和生产力以及生产方式的这两个方面的基本的不平衡的说明是清楚明白的。马克思和恩格斯也许在理论上是不正确的，或者他们对其模式的说明在经验证据上不够充分；但他们至少提出了一些引起极大关注的具有充分的内在一致性的思想。

2. 亚细亚生产方式内部的运动

马克思和恩格斯对前资本主义经济的因果分析的范围最清楚地反映在他们对亚细亚生产方式的探讨中。

马克思和恩格斯对亚细亚生产方式的最初看法是同黑格尔一样的——即它是一种不能调节内部变化的停滞的经济制度。这尤其反映在他们写于19世纪50年代的著作和书信中。当然，全面的停滞并不是指缺少表面上的变化；在亚细亚生产方式中，体现君权的一代王朝也许会通过内部的和外部的战争被取代，尽管如此，这种经济制度的基本机能却并没有改变，至少要等到具有较高水平的生产力的殖民强国入侵时才会改变。在这个时候，殖民主义者的行动——摧毁乡村手工业生产，大幅度增加市场交换（以及被迫的交换），加强资本积累——促进了亚细亚生产方式的瓦解并导致这种生产方式向资本主义的运动。

这种方法提出两个问题：亚细亚生产方式是怎么产生的？更重要的是，如果一些重要的经济不受运动的影响，历史发展的总规律的地位将

---

① 参看《马克思恩格斯全集》第1版第22卷第265—275页。

发生什么变化呢？

马克思和恩格斯在他们后来的著作中确实承认，亚细亚生产方式内曾发生过一些出于自身原因的运动。例如，在《资本论》第 1 卷中描述亚细亚生产方式时，马克思指出："在印度的不同地区存在着不同的公社形式。形式最简单的公社共同耕种土地，把土地的产品分配给公社成员。"① 由于他还描述了更为复杂的形式，在那里耕种以及其他农业生产活动都是单个进行的，因此，他显然认为在这种经济中会发生某些变化。

发生这类变化的可能的原因是什么？首要的可能的原因是对外贸易。马克思和恩格斯在他们的著作的许多部分中都断言，市场交换开始于公社的边界地区，即同其他公社或社会的贸易。而且，在这种交换被引入对外关系中以后，它又被转入内部关系中，之后便导致公社内部社会关系的瓦解。不仅如此，恩格斯在他的一部历史著作中还断言，贫富矛盾日益扩大，这是商品生产和商品交换的不可避免的规律。② 然而，马克思在描述亚细亚生产方式时指出，市场交换许多世纪以来一直受到限制并处于抑制状态；商业所起的解体作用取决于该社会本身的性质③，因此，这种潜在因素的作用看起来相对较小，至少直到殖民强国到来之前是如此。

另一个可能的原因是生产资料的积累。但是，马克思指出，亚细亚生产方式中的农业地租"所达到的程度可以严重威胁劳动条件的再生产，生产资料本身的再生产，使生产的扩大或多或少成为不可能，并且

---

① 《马克思恩格斯全集》第 1 版第 23 卷第 396 页。

② 参看《马克思恩格斯全集》第 1 版第 19 卷第 541 页，同时参看第 1 版第 20 卷第 161 页。

③ 参看《马克思恩格斯全集》第 1 版第 25 卷第 371 页。

迫使直接生产者只能得到最低限度的维持生存的生活资料"①。就是说，农民没有足够的剩余产品来用于积累；君主显然并没有把这类基金用于资本积累，而是用于战争（以获得更多的地租）和奢侈。无论马克思还是恩格斯都不认为，在这类经济中资本同劳动的比率上升了并因而导致了发展力量的增强。

还有另一个可能的原因是高利贷，但这个原因似乎会被一段陈述②所排除，在这段陈述中，马克思指出，高利贷并不是对资本主义以前的一切经济有革命的影响，而只是对接近于资本主义的经济有革命的影响。而且他在直接讨论亚细亚生产方式时，并没有强调高利贷。

最后一个可能的原因是阶级对抗。但是，既然阶级在亚细亚生产方式中还未得到充分发展，那么，阶级对抗也如此，因此，这一可能的原因不必提及。其他可能的原因（例如，土壤耗费问题）都同样不能说明什么问题，因为，无论是马克思还是恩格斯都没有清楚地说明这种生产方式的任何可能的内部机制，或者更进一步地说，没有说明这种生产方式内部从一种状态到另一种状态的重要变化的任何机制。

的确，在已经知道他们用以说明亚细亚生产方式的情况下，就很难想象同他们的经济因果理论相一致的、在这种经济中导致运动的内部原因（生产力同生产关系之间的矛盾）。不用说，这种不一致使得马克思主义者在力图分析亚细亚生产方式时产生了巨大的分析困难，结果，不同的分析者从不同方面预言了亚细亚生产方式的"解体"。

---

① 《马克思恩格斯全集》第1版第25卷第897页。
② 参看《马克思恩格斯全集》第1版第25卷第675页。

3. 其他生产方式内部或之间的运动

暂且撇开封建生产方式不谈，我们可以先简短地探讨一下其他农业制度的运动。马克思和恩格斯对斯拉夫的生产方式未给予密切关注，对这种生产方式的运动也没有提供明确的线索。日耳曼的生产方式确实引起了他们的注意（主要是在恩格斯的历史著作中），但是是以第三种形式的分析进行的：恩格斯以叙述的形式追溯了日耳曼生产方式的发展，但并没有力图去概括这种生产方式，或者力图详细说明其内在的因果机制，至少在日耳曼人征服西欧和他们向封建主义过渡之前这一时期是这样。

同样，马克思和恩格斯在他们的许多著作中，都对古典古代的生产方式——尤其是罗马的经济——谈了很多，但是看来他们都没有试图去概括这种生产方式，或者很明确地详细说明导致这种制度瓦解的生产力与生产关系之间的不相适应。总之，这又是第三种形式的分析。像安德森一样的马克思主义者就尝试过这种分析，但是他们仍然把他们的实例建立在这样一些经济机制之上，这些经济机制是有极大争议的并且也许同我正集中讨论的生产力与生产关系之间的基本矛盾不相一致。

最近有许多马克思主义著作论述了封建生产方式，因此还应该谈谈这种生产方式。这多半是由于恩格斯把注意力集中在向封建主义的过渡上的缘故。他的分析是建立在欧洲经验的基础之上的，关于西欧，他强调指出，是两种主要的因果因素导致了封建主义的产生。第一，查理大帝及其继承人的无休止的战争以及必须为此筹措资金，导致了独立农民的灾难即赋税、服兵役以及负债累累。这种赋税只有在农民依附于一个能够保卫自己而不受这类勒索的更强有力的人时才可以避免。此外，对更强有力的人的债务可能会导致非自愿的奴役。

第二，外族——诺曼人、萨拉森人和马扎尔人——对西欧的入侵使得独立农民有必要通过依附于更强有力的人而从外人那里获得保护。对于东欧，恩格斯在探讨"第二种封建主义"时把特殊的重点放在以前的独立农民没有能力抵抗贵族的政治压力。如果说他不只是叙述过程，那么他似乎把主要的因果着重点或者放在外在因素上，或者放在内在的政治因素（例如，"贵族的压力"）上，而不是放在同生产力有关的经济事实本身。当然，政治因素对经济和维持经济的制度结构都有影响。但是，在恩格斯的著作中似乎表面上是这类政治因素而不是所说的根本的经济因素对该制度起基础性的作用；而要拯救生产力与生产关系不相适应这一马克思主义的基本因果模式，还必须十分精确地说明各个"政治时刻"是由不同的生产方式决定的。

马克思和恩格斯在各种文章中探讨了封建主义的衰落，关于某些非常重要的细节，他们在各篇文章中似乎意见不一，例如，他们在不同的著作中，把西欧封建主义的衰落和（或者）资本主义的产生放在13世纪至17世纪之间。至于封建主义衰落的基础的实际机制，他们提出了许多起作用的因素。例如，马克思在《政治经济学批判大纲》中探讨这个问题时，曾提到，日益增长的对外贸易和国内贸易，货币的大规模利用，行会权力的减弱，地主中新的经济需要的增长，城市的日益增大的作用，商业资本的积累，高利贷的作用，等等，把它们作为与封建主义的衰落相联系的因素。作者认为，在他们的任何一部著作中，都未能发现对生产力与生产关系之间的不平衡的分析，关于封建主义问题的任何马克思主义著述家也没有写过我所提到的这个论题的著作。当然，许多作者都提出了各种建立在可能导致重要的制度变化的内部原因基础上的"唯物主义的"理论,这些变化包括人口的不断增长,边际产量的下降,由于缺乏关于肥料的知识而引起的土地肥力的衰竭,作为独立的政治因素的城市的日益重要性,但是,这些内部原因是封建主义所特有的这一点并不清楚。而且,尽管可以详细说明各种"矛盾",但这并不表示任何矛盾似乎都同生产力与生产关系之间的不平衡有关。论述这个问题的最新的一些马克思主义著作(例如罗德尼·希尔顿编的《从封建主义到资本主义的过渡》一书中的各作者),不仅彼此之间意见极其不同,而且也很少用生产方式中的不平衡这一基本因果模式作为他们关于封建主义衰落的具体思想的框架。

无论马克思,还是恩格斯都充分意识到了关于封建制度的理论应当包含的内容,在《哲学的贫困》中[①],马克思批判了(我认为是正确地)蒲鲁东关于这个问题的论点。当然,他们在详细说明封建制度衰落的具体原因上的这个失误不能归因于方法论上的任何简单化。总之,马克思和恩格斯只对封建主义作了第三种形式的分析。

4. 运动的特殊问题

有两个特殊问题值得考虑:跳跃某些阶段的生产方式和在发展规模上倒退的生产方式。

关于跳跃某些阶段的问题,马克思在给俄国民粹组织的成员之一维拉·查苏利奇的贺信中曾讨论过。查苏利奇问能否从俄国农村公社占支配地位的这种经济直接过渡到社会主义。马克思在一封简短的、意义不

---

① 参看《马克思恩格斯全集》第1版第4卷第154—155页。

明确的信中回答说①,这完全取决于能否克服摧毁这些公社的当前的影响。这封只有一页的书信的草稿大约有26页长(一些内部资料表明,当这些草稿在20世纪30年代首次发表时,原文可能被审改)。在这些草稿中,马克思写道,如果公社内部存在的集体因素能够抵御私有财产的增长、赋税负担的加重的腐蚀性影响,抵御高利贷以及导致农村向资本主义道路发展的其他因素的影响,那么这些公社就不会瓦解。马克思的这些思想有力地表明,跳跃某些阶段确实是可能的。但是,必须指出,恩格斯后来否认这种观点,他在许多书信和著作(例如,《〈论俄国的社会问题〉跋》②)中认为,俄国农民公社是原始共产主义的衰弱形式,这个社会从来没有改造自身而只是摧毁自身,它只有在下述情况下才能直接进入社会主义,即西方成功的无产阶级取得胜利——然后,也许胜利再传入俄国——或者在俄国爆发一场给西方无产阶级提供导火线的革命,并且这场革命会引起全欧的成功的革命。跳跃某些阶段的问题,尤其是在上述文章中引起极大的争议,文中的证据被各种自称为马克思主义者的作者引证,用以支持和反驳跳跃某些阶段的可能性。

如上所述,马克思认为,如果处于发展的殖民强国的统治之下,那么亚细亚生产方式能够直接进入资本主义。那么,大概在外部的政治压力下,任何更发达的方式都能跳跃某些阶段。但是,这种跳跃某些阶段并不真的可信,因为跳跃某些阶段的理论问题还牵涉到内在力量。

因此,给我们留下的就是具有非常重要意义的模棱两可的话。在经济能或者不能跳跃某些阶段方面并没有令人信服的经典的证据。尽管现

---

① 参看《马克思恩格斯全集》第1版第19卷第268—269页。
② 参看《马克思恩格斯全集》第1版第22卷第499—500页。

实已经向我们表明，某些经济没有经过以奴隶制或农奴制为特征的生产方式而向前发展了，某些前资本主义经济能够直接进入某种社会主义，但这些事实并非马克思主义体系所能全部囊括的，除非根据经济制度的多元发展来解释它们，在这一多元发展中，一些路线越过了位于原始共产主义和发达的共产主义之间的某些中间的生产方式。

马克思和恩格斯没有能十分明确地提出这个跳跃某些阶段的问题，这使得我们再一次对生产关系和生产力相联系的程度以及它们与从一种生产方式向下一种生产方式进展的路线的关系程度提出争议。东方和西方各种马克思主义学者在这个问题上意见不一，就是缺乏解决这个问题的办法的强有力的证据。

就我所确知，无论是马克思还是恩格斯都没有详细地论述过一种经济制度在发展阶段上是否能倒退的问题。可以提出一个有趣的论据：封建的生产方式就是这样一个阶段。当然，商品、服务和土地的市场交换在封建制下比在罗马经济下发展较缓慢；无疑，城市中，尤其是在建设方面所采用的技术水平在罗马比在早期的封建经济下要高。尽管在西欧一些封建经济的农业户所应用的技术发明比在罗马经济中要多，但是在东欧封建经济中情况并非如此。

这种思想路线只是以上不同场合所讨论的问题的另一个方面，即马克思和恩格斯对农业社会中的生产力相对缺乏注意，更一般地说，他们没有对这些生产力的发展标准进行详细阐述。

五、一些说明

在最近对马克思主义关于前资本主义经济制度理论的讨论中，人们可以区分出五种非常不同的主张：

1. 在马克思和恩格斯对农业制度的分析中确实不存在问题。如果我们把一切非奴隶的农业制度看作是封建经济，如果我们对于始终一贯的历史因果发展理论并不特别担心，那么，我们就能以一致的形式着手我们的经济分析。这看来是苏联官方的主张。在最近的一本关于苏联对印度农业（它为马克思对亚细亚生产方式的分析提供了典型的例证）的分析的书中，斯蒂芬·克拉克森写道，他们认为这类农业是封建生产。

"在这种意义上说，它是前现代的，或者，更确切地说，是前资本主义的。如果一种关系阻碍资本主义关系的发展，如果它允许有过分的剥削程度，如果它把资本资源转向浪费的、非生产的用途，那么这种关系在他们看来就是'封建的'。换句话说，如果他没有促进资本主义的——或者在革命的领导下，社会主义的——生产形式和结构的具有历史必然性的和合乎需要的发展，那么它就是封建的。马克思列宁主义者运用于第三世界的这个词汇'封建的'，其含义已经改变，而并非已失去了它的分析内容。"

这个总结在我看来是准确的，它的意思是，现代苏联的主张或者是整个思想界的不忠诚，或者是对马克思和恩格斯关于农业制度思想的全部抛弃。

2. 马克思和恩格斯对农业制度，尤其是对亚细亚的、古典古代的和封建的生产方式的分析是充分一致的，我们只需通过填补空白并把一些分散的片断结合在一起，就可以依赖这些著作。这种主张看来是劳伦斯·克拉德在他最近的一本关于亚细亚生产方式的书（1975年）中所采取的。然而迄今为止，这种思想纲领还没有贯彻于全部前资本主义农业制度，这也许是因为可用的经验证据很难适合这样的一个纲要的缘故。

3. 马克思和恩格斯对农业制度的分析前后很不一贯，太混乱，他们并没有充分制定出这类生产方式的范畴以供直接运用。然而，我们可以从他们的基本理论和范畴中，从他们关于特殊历史情况的见解和观点中，作出我们自己的分析。看来这是埃里克·霍布斯鲍姆这类作者所持的观点（1965年，导言）。

4. 马克思和恩格斯对农业制度的分析有许多见解，但是必须谨慎地运用它们，因为在许多情况下，无论是他们的理论、他们的范畴（例如，亚细亚生产方式），还是他们的事实都是不恰当的。佩里·安德森（1974年，附录B）似乎持这种立场。

5. 马克思和恩格斯对农业制度的分析与他们对其余制度，特别是对生产力和生产关系之间的基本矛盾的分析有着很大的分歧，这就使人们对他们的思想体系的完整性产生怀疑。尤其是，他们关于历史的一般辩证理论同他们对前资本主义经济制度分析的三个方面之间存在着基本的不一致，这三个方面是：他们仅仅根据生产关系（以及与此相应的他们对发展力量的完全忽视）来说明前资本主义制度；他们显然相信多元的（和可能交叉的）发展道路；他们没有能够详细说明导致从一种生产方式向另一种生产方式过渡的内在的因果力量。尽管研究农业经济制度的唯物主义方法允许有多种见解，但是，如果我们要分析前资本主义经济制度，那就必须抛弃辩证法（即根据生产力和生产关系之间的矛盾来探讨这些经济）。简言之，马克思和恩格斯主要是关于资本主义的理论家，他们之所以受到人们的注意，是因为他们是历史人物，而并不是因为他们是世界史（Universal History）的著述家。这最接近于我自己的立场，我希望本文为这种解释提供了一些证据。

如果我们仍停留在教义方面，那么由这些有争议的解释所引起的辩论就永远也不会得到最终的解决，以使我们能够更好地理解历史发展的规律。但是，如果我们对历史上确实发生的事情感兴趣，那么，我们就必须从一种以因果轶事作为例证的严格的理论分析前进到对前资本主义经济制度的实际发展的系统分析。因为，事实上由理论所构建的这种研究，意味着必须重新系统阐述上面提出的问题，以便有可能运用这些经验资料来解决这些辩论的问题。正如我力图说明的，马克思和恩格斯在对前资本主义制度的分析上前后不一贯，只是经济发展过程中确实发生的众多问题中的一小部分。

（原载《卡尔·马克思的经济学：分析评估》，1988年美国版第4卷）

（闫月梅 译）

马克思的亚细亚生产方式概念和历史哲学的理论上的不可能性[*]

〔希腊〕亚尼斯·米利奥斯

一、马克思的（资本主义）生产方式的概念

19世纪50和60年代间，马克思在他的政治经济学批判的理论体系范围内依据的理论，阐述了**生产方式**的概念。他试图界定资本主义、资本主义的社会关系和生产关系（不同于其他各社会形态及社会生产形式）的特殊差异，这一尝试促使他一方面对资本主义生产方式概念加以表述，同时另一方面对非资本主义生产方式加以表述。这些理论概念意味着马克思的分析不仅是同实在论（本质哲学）和人本主义（人类学）决裂，而且也同经验主义决裂了。[①] 生产方式是历史上特殊的社会形态，因而也是历史上特殊的社会统治形式的**基本结构特征**。

马克思在《政治经济学批判（1857—1858年手稿）》中称"资本一般"是"抓住了与所有其他财富形式或（社会）生产发展方式相区别的资本的特征的一种抽象"。[②] 马克思在《资本论》里把资本主义生产方式概念解释成生产力和生产方式的资本主义的特殊统一，即基本的（经济、政治、思想的）结构特征，这些特征为任何资本主义体系所特

---

[*] 本文选自《马克思恩格斯列宁斯大林研究》2001年第1辑。
[①] 米·海因里希：《价值的科学》，汉堡1991年版，第112页及以下几页。
[②] 《马克思恩格斯全集》第2版第30卷第440页。

有。他在《资本论》第1卷第1版序言中写道:"我要在本书研究的,是资本主义生产方式以及和它相适应的生产关系和交换关系。到现在为止,这种生产方式的典型地点是英国。因此,我在理论阐述上主要用英国作为例证。"①

自由人(市民或者更确切地说法律意义上的主体)的产生和同时工人同生产资料的彻底分离就是这种特殊的生产方式的基础:"可见,货币所有者要把**货币**转化为**资本**,就必须在**商品市场**上找到**自由的工人**。这里所说的**自由**,具有双重意义:一方面,工人是自由人,能够把自己的劳动力当作**自己的**商品来支配,另一方面,他没有别的商品可以出卖,自由得一无所有,没有任何实现自己的劳动力所必需的**东西**。"②在资本主义生产方式中,劳动产品是被作为商品来生产的,居统治地位的资本家阶级占有的剩余劳动表现为剩余价值形式:"如果我们进一步研究,在什么样的状态下,**全部**产品或至少大部分产品采取商品的形式,我们就会发现,这种情况只有在一种十分特殊的生产方式即**资本主义生产方式**的基础上才会发生。"③

可见,马克思把资本主义生产方式理解为资本主义统治关系的"基本内容"④,而资本主义统治关系则是社会发展的结果。资本主义生产

---

① 《马克思恩格斯全集》第1版第23卷第8页。

② 《马克思恩格斯全集》第1版第23卷第192页。——黑体字系本文作者所加

③ 《马克思恩格斯全集》第1版第23卷第192页。——黑体字系本文作者所加

④ 《马克思恩格斯全集》第1版第25卷第233页。参看路·阿尔都塞、埃·巴里巴尔:《读〈资本论〉》,莱茵贝克—汉堡1972年版,第2卷第262页及以下几页;雅兰切勒:《批判的概念和政治经济学批判》,柏林1972年版,第71页及以下几页。

方式为自己开辟了经过历史地存在的非资本主义生产方式的道路。因此，资本主义生产方式概念是以具体的非资本主义生产方式概念为前提的。"自然界不是一方面造成货币所有者或商品所有者，而另一方面造成只是自己劳动力的所有者。这种关系既不是**自然史**上的关系，也不是一切历史时期所共有的社会关系。它本身显然是已往历史发展的结果，是许多次经济变革的产物，是一系列陈旧的社会生产形态灭亡的产物。"①

必须强调的是，生产方式是一个理论问题，它不仅表现经济关系的结构特征，而且也表明由经济、政治和意识形态结合形成的结构化社会整体的存在："任何时候，我们总是要在生产条件的所有者同直接生产者的直接关系……当中，为整个社会结构，从而也为主权和依附关系的政治形式，总之，为任何当时的独特的国家形式，找出最深的秘密，找出隐蔽的基础。"②

马克思没有阐述非资本主义生产方式，特别是亚细亚生产方式的详细理论，因为他的分析集中在资本主义生产方式上了。虽然如此，在上述理论前提的基础上，他那些关于亚细亚生产方式以及所谓"亚细亚"社会结构特征的笔记和评注也可以使我们重构亚细亚生产方式的概念。

二、亚细亚生产方式：马克思的概念的内容和发展

马克思的亚细亚生产方式的概念是指非资本主义的社会的一种类型，它有下面几个结构特征：（1）不存在生产资料**私有制**，（2）统治

---

① 《马克思恩格斯全集》第 1 版第 23 卷第 192 页。
② 《马克思恩格斯全集》第 1 版第 25 卷第 891—892 页。

阶级集体组织成为一个专制国家，(3) 被统治的劳动（被剥削）阶级集体组织成为（农村）公社。

如同在**各种生产方式**中一样，在亚细亚生产方式情况下，生产资料（主要是土地）也是占有**剩余产品**的统治阶级的财产。如同在**各种非资本主义生产方式**中一样，劳动者并不脱离劳动资料（因此也脱离不了直接的政治依附关系）。如同在**封建生产方式**中一样，生产资料（即对生产资料的支配权）掌握在被剥削阶级手中。亚细亚生产方式的特殊差异在于，无论是财产和剩余产品的占有，还是生产资料的占有都不是建立在私人的基础上，而是建立在集体的基础上的。土地在亚细亚生产方式中（和在所有前资本主义生产方式中一样）是主要生产资料。不存在私有财产关系和占有关系一方面意味着，**统治阶级**组织成这样一个**国家**，它以国家元首即**独裁者**（他作为神圣秩序的代表，因而也是作为土地的名义所有者出现）的身份人格化了，而另一方面则意味着，农村的单个**农民**只能靠其对**公社**的依附关系从事劳动。剩余产品表现为**贡赋**形式，各公社（农业公社或城市公社）按一定规定必须向国家纳贡。

可见，公社是亚细亚生产方式占统治地位的社会里最基本的经济的也是军事政治的单位。它有内部等级制度，由首领阶层管理。这种管理把公社与专制国家的各级主管（军事—政治同时还有经济）部门和军官的权力结合起来。这些军官和要人组成一种国家"官吏"形式，受雇于专制君主。他们占有一定的贡赋，但没有对其所管理的领地或公社的世袭权和所有权。他们对公社或国家单个"主体"的权力只由最高主管部门（专制君主）的敕令决定。只要公社纳贡，他们就享有不依附于专制君主及其要人的一定的自治权。

像中国、俄国和18世纪末以前的奥斯曼帝国或蒙古统治下的印度这样一些亚洲大国，都是亚细亚生产方式构成社会关系主要形式的社会形态。我认为,这就是马克思为什么把这种相应的历史的生产关系和社会关系称之为亚细亚的原因(尽管他知道,过去除亚洲外,在其他地区,例如苏格兰也存在过这种生产方式,甚至还曾经占据统治地位①)。对马克思来说重要的问题是分析非资本主义社会向资本主义变革的这个过程,而不是效法一些西方著作家来指出亚洲的"落后"(例如像布罗克所主张的那样)。②

事实上,马克思所从事的亚细亚社会关系的最初的研究之一,就是关于苏格兰集体公社所有制即克兰所有制演变为资本主义意义上的私有制的研究。例如关于苏格兰,马克思在1853年1月写道:"某一克兰,即某一氏族,所居住的地区就属于该克兰,正如俄国的农民村社所占用的土地不属于个别农民而属于整个村社一样。……为进行共同防御而缴纳的贡赋或向苏格兰地主缴纳的贡赋同样也是永不增加的,首领是战时的指挥官,同时又是平时的最高统治者……这种贡税……与其说是现代意义上的地租或收入来源,还不如说是表示承认'**大人**'和他的小头目的最高权力而缴纳的贡赋。直接从属于'**大人**'的小头目称为'**塔克斯缅**',委托他们管理的土地叫'**塔克**'。'塔克斯缅'之下设下级办事员管辖各村,他们之下便是农民。由此可见,克兰不外是按军队方式组织起来的氏族……土地是**氏族的财产**,在氏族内部,尽管有血缘关系,但是等级差别占支配地位,正像在所有古代亚洲的氏族公社一样……只是在1811年以后,才实现了彻底的和真正的篡夺,即把**克兰**

---

① 《马克思恩格斯全集》第1版第8卷第569—576页,第1版第23卷第796—797页。

② 蒂·布罗克:《导言》,载《中国的亚细亚生产方式》,阿尔蒙卡—伦敦1989年版,第4—7页。

的财产强行变成了**首领**的现代意义上的**私人财产**。"①

上述这篇文章发表后,马克思与恩格斯通信讨论了亚洲社会形态的特点问题。例如1853年6月2日,关于弗·贝尔尼埃《大莫卧儿国家游记》一书,他写道:"贝尔尼埃完全正确地看到,东方(他指的是土耳其、波斯、印度斯坦)一切现象的基础是**不存在土地私有制**。这甚至是了解东方天国的一把真正的钥匙。"② 几天后恩格斯回信说:"不存在土地私有制,的确是了解整个东方的一把钥匙。这是东方全部政治史和宗教史的基础。但是东方各民族为什么没有达到土地私有制,甚至没有达到封建的土地所有制呢?我认为,这主要是由于气候和土壤的性质……在这里,农业的第一个条件是人工灌溉,而这是村社、省或中央政府的事。"③

马克思完全采纳了恩格斯这个"自然主义的"(即非社会的)说法,恩格斯推测(为了改写或回到前面引述的《资本论》第1卷的论断)自然界一方面造成专制国家,另一方面造成纯粹的公社。马克思在《纽约每日论坛报》上的一篇文章里几乎逐字逐句复述了恩格斯关于气候和灌溉的论断④,这个论断甚至还用苏格兰的例子来加以说明。因此看来,马克思那时(1853年)还未阐明他的政治经济学批判的理论体系和属于该理论体系的资本主义生产方式及非资本主义生产方式的理论概念。换句话说,他还未抛开古典政治经济学的理论影响。

1857年,马克思写作《1857—1858年手稿》时,他的思想才同资

---

① 《马克思恩格斯全集》第2版第11卷第609、610、611页。
② 《马克思恩格斯全集》第1版第28卷第256页。
③ 《马克思恩格斯全集》第1版第28卷第260—261页。
④ 《马克思恩格斯全集》第2版第12卷第139页及以下几页。

产阶级政治经济学的理论影响彻底决裂。① 从这部著作里我们可以看到对**资本主义生产以前的各种形式**的详细分析。② 马克思在这部著作里说明,在游牧民族中或者后来在农业部落中,共同占有和利用土地是历史上第一种所有制形式。换句话说,家庭公社是在亚细亚生产方式(作为一种结构分明的社会整体)形成之前存在的一种社会形式。在这远古的形式基础上,产生了"**亚细亚的基本形式**",在这些形式中,"凌驾于所有这一切小的共同体之上的**总合的统一体**表现为**更高的所有者**或**唯一的所有者**,因而实际的公社只不过表现为**世袭的占有者**"。③

这时,马克思特别关注剩余产品的历史上的特殊形式:"在东方专制制度下以及那里从法律上看似乎并不存在财产的情况下,这种部落的或公社的财产事实上是作为基础而存在的,这种财产大部分是在小公社范围内通过手工业和农业相结合而创造出来的,因此,这种公社完全能够自给自足,而且在自身中包含着再生产和扩大生产的一切条件。公社的一部分剩余劳动属于最终作为一个**个人**而存在的更高的共同体,而这种剩余劳动既表现在贡赋等等的形式上,也表现在为了颂扬统一体——部分地是为了颂扬现实的专制君主,部分地为了颂扬想象的部落体即神——而共同完成的工程上。这类公社财产,只要它在这里确实是在劳动中实现的,就或是可能这样表现出来:各个小公社彼此独立地勉强度日,而在公社内部,单个的人则同自己的家庭一起,独立地在分配给他的份地上从事劳动……或是可能这样表现出来:统一体能够使劳动过程本身具有共同性,这种共同性能够成为整套制度,例如在墨西哥,特别是在秘鲁,在古代克尔特人那里,在印度的某些部落中就是这样。其

---

① 米·海因里希:《价值的科学》,汉堡1991年版,第154页及以下几页。
② 《马克思恩格斯全集》第2版第30卷第465—510页。
③ 《马克思恩格斯全集》第2版第30卷第467页。

次，部落体内部的共同性还可能这样表现出来：统一体或是由部落中一个家庭的首领来代表，或是表现为各个家长彼此间的联系。与此相应，这种共同体的形式就或是较为专制的，或是较为民主的。"①

马克思在《资本论》里进一步探讨了贡赋，认为它是剩余产品的历史上的特殊形式，是具体的剥削关系自然而然的表现形式，因而也是具体的、历史上特殊的社会结构的结果。《资本论》第3卷把地租描述为特殊形式的贡赋："如果不是私有土地的所有者，而象在亚洲那样，国家既作为土地所有者，同时又作为主权者而同直接生产者（农民——作者注）相对立，那末，地租和赋税就会合为一体，或者不如说，**不会再有什么同这个地租形式不同的赋税**。在这种情况下，依附关系在政治方面和经济方面，除了所有臣民对这个国家都有的臣属关系以外，不需要更严酷的形式。在这里，国家就是最高的地主。在这里，主权就是在全国范围内集中的土地所有权。但因此那时也就没有私有土地的所有权，虽然存在着对土地的私人的和共同的占有权和使用权。"② 马克思在《资本论》第1卷里甚至强调，虽然可以把贡赋视为产品地租的特殊形式，但不可笼统地把它与地租等同。他批判了詹姆斯·斯图亚特爵士，称贡赋是苏格兰高地的克尔特人克兰的"地租"，并说："他错误地把这个经济范畴套用于塔克斯缅向克兰首领交纳的贡赋。"③

贡赋，作为一种"税"类似于产品地租或部分甚至与货币地租相似（例如自16世纪起的奥斯曼帝国），这时与封建制度下剩余劳动初级形式的徭役劳动（劳动地租）相比，可以理解为剩余产品发展较高

---

① 《马克思恩格斯全集》第2版第30卷第467—468页。

② 《马克思恩格斯全集》第1版第25卷第891页。——黑体字系本文作者所加

③ 《马克思恩格斯全集》第1版第23卷第798页，译文稍有改动。

的形式（而共同体创造贡赋的剩余劳动则理解为剩余劳动的高级形式）。马克思在 1853 年写道："克兰是一种社会存在形式，它在历史发展的整个过程中比封建制度低一整个阶段。"① 同时，他在《资本论》第 3 卷中在分析各种地租形式的基础上得出结论说："产品地租的前提是直接生产者已有较高的文明状态，从而他的劳动以及整个社会已处于较高的发展阶段。产品地租和前一形式的区别在于，剩余劳动已不再在它的自然形态上，从而也不再在地主或地主代表的直接监督和强制下进行。驱使直接生产者的，已经是各种关系的力量，而不是直接的强制，是法律的规定，而不是鞭子，他已经是自己负责来进行这种剩余劳动了。"②

马克思在（1867 年才发表的）《资本论》第 1 卷里写道，印度公社的社会政治结构和文化结构"部分还继续存在"。除了直接的生产者以外，我们还可以在公社内看到一个"'**首领**'，他兼任法官、警官和税吏；一个**记帐员**，登记农业帐目，登记和记录与此有关的一切事项；一个官吏，缉捕罪犯，保护外来旅客……；一个边防人员，守卫公社边界防止邻近公社入侵；一个**管水员**，从公共蓄水池中分配灌溉用水；一个**婆罗门**，司理宗教仪式；一个**教员**，在沙土上教公社儿童写字读书；一个**专管历法的婆罗门**……；一个**铁匠**和一个**木匠**……；一个**陶工**……一个**理发师**，一个**洗衣匠**，一个**银匠**，有时还可以看到一个诗人……这十几个人的生活由全公社负担"。③

这种结构往往能使公社获得高度的封闭性和独立性，它是"静止的

---

① 《马克思恩格斯全集》第 2 版第 11 卷第 609 页。
② 《马克思恩格斯全集》第 1 版第 25 卷第 895 页。
③ 《马克思恩格斯全集》第 1 版第 23 卷第 396 页。——黑体字系本文作者所加

社会状态"的"基础","如象我们在亚洲看到的那样"。^① 在这种种情况下,公社"为揭示下面这个秘密提供了一把钥匙:亚洲**各国**不断瓦解、不断重建和经常改朝换代,与此截然相反,亚洲的**社会却没有变化**。这种社会的基本经济要素的结构,不为政治领域中的风暴所触动"^②。

但是,马克思在这里没有预言亚细亚生产方式的任何内在的停滞倾向(例如像曼德尔在他的关于亚细亚生产方式的非常恰当的文章里认为的那样^③);他从理论上解释了这个经验事实,即亚洲的某些地方,社会没有变化。但是,这种不变,即继续存在农民的集体团结的感情和公社在经济上的自立,不构成唯一的历史可能性;它在概念上并非来源于亚细亚生产方式的结构因素,它不是其基本内容的组成部分。在一定情况下,创造贡赋的公社独立于国家(正如创造产品地租的农民不依赖于地主)是向市场经济关系即资本主义经济关系进行社会变革的基础。这样一种发展是以传统的共同体关系的"松弛"、在农民中经济差异的出现和共同体逐渐解体为前提的,事实上,18 世纪至 1821 年希腊革命南巴尔干地区^④,或 19 世纪至 1905 年革命时期(例如见 1893—1900 年时期列宁的著作)俄国的情形就是这样。用马克思的话来说:"至少,这样的可能性已经存在,并且,这些直接生产者获得再去直接剥削别人劳

---

① 《马克思恩格斯全集》第 1 版第 25 卷第 897 页。
② 《马克思恩格斯全集》第 1 版第 23 卷第 397 页。——黑体字系本文作者所加
③ 埃·曼德尔:《亚细亚生产方式》,载《卡尔·马克思经济学思想的形成》,纽约—伦敦 1971 年版,第 116—139 页。
④ 让·米留斯:《资本主义的发展、民族国家和帝国主义。希腊的衰亡》,雅典 1988 年版,第 115 页及以下几页。

动的手段的可能性也已经存在。"①

恩格斯在谈到俄国时也阐明了这种"可能性",他在1875年写道:"俄国向资产阶级方向的继续发展……在这里也会把公社所有制逐渐消灭掉的。这特别是因为俄国农民不是像在印度某些省份里现在还有的情形那样,共同耕种公社土地,仅仅把产品拿来分配。相反,在俄国,土地不时在各个家长之间进行分配,并且每家各自耕种自己的一份土地。这就有可能造成公社社员间在富裕程度上的极大差异,而这种现象也确实是存在的。几乎在一切地方,公社社员中总有几个富裕农民,有时是百万富翁,他们放高利贷,榨取农民大众的脂膏。"②

亚细亚生产方式的解体不仅是从"下"(从公社),而且也是从"上"(从国家)开始的:作为资本主义在全国和国际范围的发展的结果,国家逐渐成为资产阶级经济利益和政治利益的代表。换言之,随着资本主义的发展,国家不再是亚洲统治阶级的集体组织形式,而是转变为专制主义的过渡国家或资本主义国家。例如,克里木战争和1861年农业改革以后俄国的情况就是这样。1881年,俄国社会主义者维·查苏利奇在一封信中询问马克思对俄国"农村公社可能的命运的看法和对世界各国由于历史的必然性都应经过资本主义生产各阶段的理论的看法"③,马克思写道:"威胁着俄国公社生命的不是历史的必然性,不是理论,而是**国家的压迫**,以及渗入公社内部的、也是**由国家**靠牺牲农民培养起来的资本家的剥削。"④

---

① 《马克思恩格斯全集》第1版第25卷第896页。
② 《马克思恩格斯选集》第2版第3卷第281页。
③ 《马克思恩格斯全集》第1版第19卷注164第637页。
④ 《马克思恩格斯全集》第1版第19卷第446页。——黑体字系本文作者所加

三、马克思的亚细亚生产方式概念是对经济学研究决定论的"否定"

马克思主义往往被理解为研究决定论,被理解为说明所有国家都必须经过同样一些历史发展阶段的"历史哲学"①。这种思想方法的理论基础就是经济主义②即(归根结蒂是资产阶级的)思想体系,它从马克思主义思想中消除了阶级斗争,把历史理解为生产力发展及其与生产关系相对立的发展的结果(同时把"从量变到质变"说成是从一种生产方式过渡到另一种生产方式)。我的看法与米·海因里希一致:虽然马克思主义理论不是历史哲学,"马克思肯定不是历史哲学家",但是,[他的著作——作者注]"也没有完全克服历史哲学的思辨"。③

在海因里希也提及的1859年《序言》中我们可以看到对历史所作的一种历史哲学的解释,在这里,历史被马克思视为生产方式的精确的结果:"大体说来,亚细亚的、古代的、封建的和现代资产阶级的生产方式可以看作是经济的社会形态演进的几个时代。"④

这种研究决定论的阐述意味着亚细亚生产方式是"分化为阶级的社

---

① 米·海因里希:《马克思的历史哲学》,载《历史和马克思的唯物主义历史理论》(《马克思恩格斯研究论丛》,1996年新辑),第62—72页。
② 路·阿尔都塞:《什么是革命的马克思主义?》,柏林1973年版。
③ 米·海因里希:《马克思的历史哲学》,载《历史和马克思的唯物主义历史理论》(《马克思恩格斯研究论丛》,1996年新辑),第62、69页。
④ 《马克思恩格斯选集》第2版第2卷第33页。

会的第一个历史时期"①,并且被古代奴隶社会所取代。用坚持研究决定论的一位中国马克思主义者的话来说,"马克思在这里(指1859年《序言》——作者注)阐述了人类社会发展的普遍规律。如果亚细亚生产方式可以用任何别的方式加以解释的话,那么,马克思主义有关社会发展的基本原理就将站不住脚了"②。

但是,正如已经表明的那样,马克思在《政治经济学批判(1857—1858年手稿)》、《资本论》和他的其他著作里谈到过19世纪仍然存在的**正在向资本主义过渡**的(亚细亚)社会形态和生产形式。相反,倘若亚细亚生产方式是阶级社会第一个历史形态的特征,那么,马克思所说的社会各形态(1811年之前的苏格兰、19世纪的印度、俄国、中国等等)就不是与亚细亚生产方式有关的社会。因为按照研究决定论,封建主义总是先于资本主义,所以这些社会肯定是封建的。把亚细亚生产方式设想为亚洲封建主义的形态,无论如何都可以被接受,在这些情况下,亚细亚生产方式为自己开辟了冲破封建生产方式的道路,例如在拜占庭帝国的部分地区,尤其在奥斯曼占领后的情形就是这样。③但是,如果把这个问题与亚细亚生产方式向封建主义过渡相对比,即在公社为了封建农奴制关系而解体的历史情况下,那么事情仍然错综复

---

① 劳·克拉德:《亚细亚生产方式》,载《马克思主义历史考证词典》,汉堡1994年版第1卷,第630栏。

② 柯尚基(Ke Changji):《古代中国社会和亚细亚生产方式》,载《中国的亚细亚生产方式》,第49页。

③ 例如蒙塔夫切娃称15世纪和16世纪的奥斯曼帝国为"东方—封建"社会。(维·蒙塔夫切娃:《15和16世纪奥斯曼帝国的土地关系》,纽约1988年版)。

杂。① 研究决定论现在只允许一种（虽然是有分歧的）理论解释，即亚细亚生产方式是古代生产方式的一种形式。② 但是，无论如何**马克思**的（封建的、古代的、还有资本主义的）**生产方式的概念失去了科学的精确性，即失去了启发力和分析力**。

可见，历史哲学思辨与马克思在《政治经济学批判（1857—1858年手稿）》或《资本论》里阐述的亚细亚生产方式概念是不一致的。换句话说，我在本文第一部分提到的**马克思对亚细亚生产方式的分析排除了历史哲学和研究决定论的思辨：即所有国家都必须经过相同的历史发展阶段**。

因此，在许多著作中坚持研究决定论的恩格斯，从人类历史的普遍模式中删掉了亚细亚生产方式概念，决非偶然，他写道："奴隶制是古希腊罗马时代世界所固有的第一个剥削形式；继之而来的是中世纪的农奴制和近代的雇佣劳动制。这就是文明时代的三大时期所特有的三大奴役形式。"③ 苏联"马列主义"代表们自 1931 年以来便兜售这

---

① 例如 18 世纪北巴尔干部分地区的发展就是这样。参看让·米留斯：《资本主义的发展、民族国家和帝国主义》。

② 关于对这些观点的批判，参看埃·曼德尔：《亚细亚生产方式》，载《卡尔·马克思经济学思想的形成》，纽约—伦敦 1971 年版，第 118 页及以下几页。

③ 《马克思恩格斯选集》第 2 版第 4 卷第 176 页。

个模式。①

那么，作为总结，我们可以指出，亚细亚生产方式概念具有双重的科学内容：一方面它是在世界许多地区统治了几个世纪的历史上特殊的社会模式的基本结构特征，另一方面它表明，对马克思主义所作的研究决定论解释，或者甚至是马克思本人的研究决定论的论述，都与马克思的政治经济学批判的理论体系无关，因此也不可能要求有什么科学内涵。

（原载柏林《马克思恩格斯研究论丛》，1997年新辑）

（胡慧琴 译）

---

① 蒂·布罗克：《导言》，载《中国的亚细亚生产方式》，阿尔蒙卡—伦敦1989年版，第13页。关于亚细亚生产方式的马克思主义的讨论不仅取决于研究决定论，而且也取决于经济主义。亚细亚生产方式不可理解为历史社会整体的基本内容，而应理解为理想的经济关系（"一系列经济关系的理想类型"，约·哈尔东：《国家和贡赋的生产模式》，伦敦—纽约1993年版，第56页）。用克拉德的话来说："对生产方式的分析，并不是从像国家和政治这种非经济的力量来入手的"（劳·克拉德：《亚细亚生产方式》，载于《马克思主义历史考证词典》，第637栏）。把亚细亚生产方式归结为经济基础使哈尔东可以抛开国家或公社来谈既包括亚细亚生产方式又包括封建生产方式的"贡赋"生产方式。魏特夫甚至把生产方式概念归结为生产力："生产方式最终由生产力来确定，因为生产力在生产方式中综合为劳动过程"（卡·魏特夫：《中国的经济和社会》，莱比锡1931年版，第2页）。他在这一理论基础上把亚细亚生产方式解释成"治水"生产方式："只有在占有的需求经济阶段之后，超然于以降雨为基础的强大的农业中心的影响，在私有经济的现代工业社会阶段之前，人在对缺水地区的特殊反应中才建立特殊的治水的生活秩序"（卡·魏特夫：《东方专制主义》，科隆—柏林1962年版，第37页）。"'治水'一词……包含有政府的决定性作用。它表明了所有这些文明的农业管理和农业官僚的特征"（同上，第25页）。因为魏特夫不是简单地把生产方式归结为经济，而是归结为生产力和自然条件，他完全忽略了生产关系，尤其是公社。不过有许多作者受到过这种自然主义的经济主义的启示。有关的分析，参看埃·曼德尔：《亚细亚生产方式》，载《卡尔·马克思经济学思想的形成》，纽约—伦敦1971年版，第116—139页。

关于"原生形态"概念的历史

——马克思著作中的原始社会概念*

〔苏〕Н. Б. 特尔－阿科皮扬

原生形态或古代形态的概念,是马克思在《给维·伊·查苏利奇的复信草稿》①中提出的。除了原生的形态,这里还提出了次生形态,它的特征被认为是私有制。这样,这种形态按照马克思的定义就包括资产阶级社会,以及"建立在奴隶制上和农奴制上的一系列社会"②。马克思同时还考虑到再次生形态,用以指未来的共产主义社会。③

只要把在1881年2月末3月初由于俄国革命运动女活动家查苏利奇写信向马克思求教而写的这些草稿同著名的《〈政治经济学批判〉序言》④加以比较,就可以看到这些草稿中包含有社会经济形态理论的崭新因素和世界历史分期的新方法。在《序言》中被看作历史过程的个别独立阶段的所有一连串依次更迭的对立社会,在新的分期法中被说成是单一的次生形态。然而,如果说在以前的分期法中就已经有这样合并的前提,那么采用"原生形态"(建立在公有制基础上)这一概念的前提,我们却不能直接在《序言》中找到。因为那里提到的亚细亚生产

---

* 本文选自《马列主义研究资料》1987年第2辑。
① 见《马克思恩格斯全集》第1版第19卷第430—452页。
② 《马克思恩格斯全集》第1版第19卷第450页,与第444页比较。
③ 见《马克思恩格斯全集》第1版第19卷第432页。
④ 《马克思恩格斯选集》第1版第2卷第8—85页。

方式，马克思整个说来也是把它算作阶级的形态的。但是"原生形态"这一概念的根源可上溯到马克思主义发展的最早阶段，甚至上溯到它的形成时期。这些问题看起来离现实似乎非常遥远，然而马克思对这些问题的研究在他整个一生中都没有间断过。原始历史的概念是总的历史过程理论的不可分割的部分。这个概念的发展和整个理论的演变一样，经历了同样的阶段，所以可以按照列宁对十九世纪马克思主义全部历史的分期来进行考察。

列宁在马克思主义学说的发展中划分三个主要时期。① 第一个时期到1848年为止，马克思主义形成，主要是哲学方面的发展。第二个时期从1848年到1871年，经济方面被提到重要地位。在这个时期写成了《资本论》，制定了历史唯物主义的中心范畴——"社会经济形态"的概念。在第三个时期，对科学共产主义问题的研究获得特别重要的意义。还在历史唯物主义方面提出了一些崭新的思想，特别是研究了上层建筑对基础的能动作用。在列宁的这种分期中，特别清楚地看得出马克思主义理论的发展同实践、同社会主义工人运动的直接联系。三个时期用1848年欧洲革命和巴黎公社这两个具有世界历史意义的事件分隔开来。正是社会状况的变化和工人运动向更高发展阶段的过渡成了进一步深化和丰富马克思主义理论的推动因素。

至于原始社会史的概念，那么它的某些重要组成部分还在马克思主义形成阶段就产生了。马克思的观点最充分地反映在他1845—1846年和恩格斯合写的《德意志意识形态》②、后来的《1857—1859年经济学手稿》③ 以及上面已提到的《给维·伊·查苏利奇的复信草稿》中。当

---

① 见《列宁选集》第2版第2卷第437页。
② 《马克思恩格斯全集》第1版第3卷。
③ 见《马克思恩格斯全集》第1版第46卷上下册。

然，揭示原始社会某些特点和方面的意见和评论也包括在马克思的其他著作中，但是每个时期的综合论述正是包含在上述著作中。

上世纪三十年代末，当马克思开始自己的创作道路时，关于原始社会的科学认识还带有极为模糊的性质。在德国，德国人的日常意识中占统治地位的还是宗教观念和造化思想，但是青年黑格尔派哲学家们对圣经神话展开了广泛的批判。启蒙思想家们提出的关于人和自然有密切联系、关于历史和进化的观点，在先进阶层中得到了传播。按照教会的学说，蒙昧和野蛮部落似乎是由于离开了真正的基督教信仰而产生的，与这种学说相对立提出了关于"善良的野人"、关于没有被文明败坏的"自然人"、最后关于社会的"自然状态"的观念——这些概念实质上表明了哲学对原始社会思想的态度。与政权神授的教条相对立提出了源于契约的思想，从这些思想中推出了在人类历史中存在有先于国家的时代的结论。在更完备的分期中，原始社会的历史包括蒙昧时代和野蛮时代。

在最接近于看出原始社会问题的十八世纪的思想家们当中，应该提到英国政治经济学的代表苏格兰人亚当·弗格森与德国的哲学家和作家约翰·戈特弗里德·赫尔德。前者指出了公有制是原始社会关系的基础。后者强调全人类的统一，描绘了人类从原始状态到现时代的广泛发展图景。这两位作者的著作在上世纪三十至四十年代都受到欢迎，对马克思观点的形成产生了积极的影响。

除了对原始历史的这种一般解释之外，还存在有对它的更具体的解释。"远古"有时被体现为荷马时代的希腊，有时被体现为古罗马时代的德国。反动浪漫派关于古代日耳曼人的理想化观念广泛流行，它对德国民族主义的形成起了一定的作用。

在反对反动造化学说的斗争中，当时的哲学思想能够越来越多地依靠具体科学的成就。康德-拉普拉斯的天体进化理论、查理·赖尔的地质学研究成了证明人的自然起源的直接前提。考古学在研究原始人的实物遗迹方面，民族学在研究原始社会的结构和习俗方面已跨出了最初的几步。然而，还要花好几十年功夫顽强地积累事实，对事实逐步进行概括，将各种不同知识领域加以综合，才有可能把布歇·德·佩尔特对头批石制工具的发现、克里斯提安·汤姆森（几乎是按卢克莱修·卡鲁斯）在人类史上区分石器、铜器和铁器三个时代的分期法、摩尔根在四十年代末对易洛魁人氏族的描述（他本人还未意识到是发现）结合成为一门关于原始社会的独立科学。可是马克思和恩格斯在创立他们关于历史过程的一般唯物主义理论时，不制定关于原始社会史的概念是不行的。他们试图在现有材料的基础上一般地解决这个问题。

唯物史观的中心问题，一方面是揭示社会的结构，它的各种不同环节（生产力、生产关系、其他社会关系、政治上层建筑、各种形式的社会意识）的相互联系和相互依赖，另一方面是研究这一结构在历史过程中的规律性变化，即社会历史形态的依次更迭。弄清社会结构的各种环节和建立按社会形态的历史分期的工作是不平衡的，逐步地进行的，虽然创立新世界观的过程带有激烈的甚至突发的性质。它占了三年多一点时间——从1842年秋马克思的文章在《莱茵报》上发表到1846年春完成《德意志意识形态》的手稿为止。克服宗教观念还在这个时候以前就完成了。马克思在1842年11月写道："宗教本身是没有内容的，它的根源不是在天上，而是在人间。"[①] 新学说形成过程的第一阶段是马克思在1843年对黑格尔法哲学进行的批判，这使得他得出结论，不是国家决定市民社会，而是市民社会决定国家。马克思所理解的市民社

[①] 《马克思恩格斯全集》第1版第27卷第436页。

会，不是原子化的个人的总和，而是物质生活关系的领域。

下一个阶段是研究市民社会本身，结果马克思得出结论，生产决定社会生活的一切方面。在研究这个问题的《1844年经济学哲学手稿》中，包含有一系列对原始社会史概念也有重要意义的一般原理。人类史在这里被看作自然史的一部分：按照马克思的观点，人和社会是由于和自然相互作用的过程、由于劳动过程而产生出来的。"**整个所谓世界历史**不外是人通过人的劳动而诞生的过程，是自然界对人说来的生成过程。"① 因此，劳动在人的形成中的作用问题在1844年就已经以一般形式提出来了。四十年之后，恩格斯在《劳动在从猿到人转变过程中的作用》② 一文中把这一马克思主义原理加以具体化。

劳动也是马克思把历史过程分为三个时代的基础。他所在的时代是由于劳动异化、即形成私有制的结果而产生的。劳动和资本即私有制的最后形式之间的矛盾，只有通过废除私有制和建立共产主义才能消除。共产主义是"人向自身……向**社会的**人的复归"③。由此得出的结论是，马克思在思想中把人类史上的第一个时代也看作共产主义，在那个时候，自然界和人之间的和谐还没有被破坏。这是对资产阶级意识形态关于私有制永恒不变的论点进行科学批驳的第一个形式。

把上面描述的对历史过程的划分与几乎四十年后在《给维·伊·查苏利奇的复信草稿》中所提出的历史分期法加以比较，它们的相似十分明显。在两处都是把人类的发展分为三个时代。建立在私有制基础上的次生形态相当于劳动异化时代。第一阶段和第三阶段在两种分期法中都有共同点，在一个场合是没有异化，在另一个场合则是没有私有制。

---

① 《马克思恩格斯全集》第1版第42卷第131页。
② 《马克思恩格斯选集》第1版第3卷第508—520页。
③ 《马克思恩格斯全集》第1版第42卷第12页。

两种分期法之间也有重大的差别。在第一种分期法中，历史过程的主体是人，在第二种分期法中是社会。在前一个场合分期的标准是劳动过程，在后一个场合则是作为社会关系的私有制。最后，如果说早年的分期法主要是建立在哲学的和一部分经济的分析之上，那么晚年的分期法则是建立在对大量历史材料的研究之上。对晚年的分期法说来，早年的分期法是一个前提，而晚年的分期法本身是一个结论。这再一次证明了马克思思想发展的连贯性和完整性。

然而，1844年的分期法难道不带纯粹思辨的性质吗？在这里特别重要的第一阶段和第三阶段的接近难道不仅仅是运用否定之否定规律的结果、黑格尔三段式的独特重复吗？自然，马克思从未拒绝过辩证的研究方法，但是他的结论总是从对材料的具体研究中得到的。这里的情况也是如此。在上面我们已经看到，马克思这时在揭示社会的结构联系方面已经做了许多工作。在《1844年经济学哲学手稿》中，他在不仅认识社会的结构，而且认识社会的运动方面又向前跨进了一步。"异化"范畴再好不过地表达了剥削社会发展的趋势，而马克思已经知道哪一个能够改变这个趋势。①

资产阶级社会发展的方向成了马克思做出关于未来社会的共产主义性质的结论的根据。然而马克思同时也依据了对他至少从1842年起②就开始研究的社会主义和共产主义空想理论的批判分析。有一切理由认为，在1844年，马克思已经把这种理论（不管它们有多么大的缺点）

---

① 《1844年经济学哲学手稿》写于4—8月（见《马克思恩格斯全集》第1版第42卷第43页），可是关于无产阶级历史使命的结论不迟于这一年1月就在《黑格尔法哲学批判导言》一文中做出了。见《马克思恩格斯全集》第1版第1卷第467页。

② 见《马克思恩格斯全集》第1版第1卷第130—134页。

的产生本身看作改造现代社会的客观必要性正在成熟的证据。后来他在上面已经提到的《政治经济学批判》序言中明确地表达了这一思想："……人类始终只提出自己能够解决的任务,因为只要仔细考察就可以发现,任务本身,只有在解决它的物质条件已经存在或者至少是在形成过程中的时候,才会产生。"①

对现代社会发展趋势的分析也是马克思做出关于在社会发展的有阶级以前的阶段上没有劳动异化以及其他异化的一般结论的根据。这个回溯过去的结论被那些关于人类的"幸福"、"自然状态"的理论所加强了,显然,马克思就是依据这些理论得出了关于发展的第一阶段和第三阶段相似的结论的。

然而,这个一般结论要求进一步的、更具体的检验和证实。所以,对原始史问题的态度必须与前几个阶段大大不同。马克思和恩格斯在这里更广泛得多地运用属于各种不同时代的历史事实。而且他们大大发展了他们的历史过程概念的理论原则和方法论原则。对社会结构进行了更深刻和更全面的理解。社会结构的第一个环节是生产力,其次是交往关系(即社会关系),再其次是政治上层建筑和社会意识的各种形式。已经制定了"生产方式"和"生产关系"的概念,但是它们在范畴体系中的地位以及和其他范畴的相互联系还没有完全被确定。这一套概念被用于说明社会一连串发展阶段中的每一个阶段。社会的分期中包括部落的、古代的、封建的和资产阶级的所有制形式,以及未来的社会——共产主义。

对原始史问题的考察是从对人类历史的自然基础的分析开始的。马克思和恩格斯写道:"任何历史记载都应当从这些自然基础以及它们在

---

① 《马克思恩格斯选集》第 1 版第 2 卷第 83 页。

历史进程中由于人们的活动而发生的变更出发。"① "用纯粹经验的方法"确定了任何历史的"第一个前提"——"有生命的个人的存在"以及制约他们"与自然界的"关系的相应肉体组织。② 人和动物的区别被从历史的角度进行考察,实质上,这种区别是作为漫长过程的人的起源的特征。"一当人们自己开始生产他们所必需的生活资料的时候……他们就开始把自己和动物区别开来。"③ 区分出社会活动的五个主要方面,或最初的历史的关系。随着生活资料的生产,产生出新的需要。"一开始"就有第三种关系"纳入历史发展过程",这就是家庭,它"起初是唯一的社会关系"。④ 家庭实现最初的分工,它保证和调节人本身的生产——这是一个和生活资料的生产意义相等的因素。马克思和恩格斯认为人口的增长既是需要又是生产的基础,具有特别重要的意义。

交往关系被分出来作为最初的历史关系的又一个方面。"生活的生产——无论是自己生活的生产(通过劳动)或他人生活的生产(通过生育)——立即表现为双重关系:一方面是自然关系,另一方面是社会关系",换句话说就是"共同活动"。⑤ 交往关系按生产力的发展而获得各种不同的形式。一定的生产方式与一定的交往形式相适应,而且这种交往形式或共同活动方式本身是生产力。

意识也是最初的历史关系之一。起初它"和这个阶段上的社会生活本身一样,带有同样的动物性质"。"畜群的"、"绵羊的"、"部落的"意识实质上是"被意识到了的本能"。对自然界的纯粹动物式的神化是

---

① 《马克思恩格斯全集》第1版第3卷第23—24页。
② 《马克思恩格斯全集》第1版第3卷第23页。
③ 《马克思恩格斯全集》第1版第3卷第24页。
④ 《马克思恩格斯全集》第1版第3卷第32页。
⑤ 《马克思恩格斯全集》第1版第3卷第33页。

和意识到"与其他人和物的联系"结合在一起的,因此就是"开始意识到人一般地是生活在社会中的"。意识不是孤立地产生的,而是和语言密切联系在一起产生的。"语言是一种实践的……现实的意识",是由于需要,由于"和他人交往的迫切需要"才产生出来的。①

最初的历史关系既被看作使人和社会从动物界分离出来的起点,同时又被看作社会较后期和较发达的阶段或形式的基础。部落所有制形式是在《德意志意识形态》中位于一连串历史进步阶段之首的第一个社会形式。它是把原始社会作为人类社会发展中一个单独时代或阶段的第一次、比以前更详细和具体的描写。"最初的历史关系"这个概念是一种深刻科学的抽象,它构成对原始社会理解的理论基础,对说明社会发展的较高级阶段也具有意义。部落制度的具体特点,是对马克思和恩格斯当时掌握的历史材料的概括(这些历史材料是关于古希腊罗马和日耳曼部落在公社瓦解阶段的报道,公社瓦解阶段在这些民族那里是直接在国家产生之前的时期)。从《德意志意识形态》的行文中还可以看出,马克思和恩格斯对当时广泛流行的关于一夫一妻制家庭是社会发展由以开始的唯一自古存在的形式的观念还没有表示怀疑。

原始时代的开始属于"自然界几乎还没有被历史的进程所改变"②的时代。逐渐地,随着人口的增长,劳动生产率以及最初带有自然性质的分工开始发展。但是在部落所有制阶段,生产只达到微弱的发展程度,人们还是"靠狩猎、捕鱼、牧畜、或者最多是靠务农"生活。与这种对自然的受限制的关系相适应,交往关系也是受限制的,在这个场合就是部落制度。但是,这种交往关系也发生变化:家庭扩大,从简单

---

① 《马克思恩格斯全集》第1版第3卷第34、35页。
② 《马克思恩格斯全集》第1版第3卷第35页。

变为"复杂",以前在家庭中以隐蔽形式存在的奴隶制发展起来。扩大了的家庭或部落的结构是这样:"父权制的酋长、他们所管辖的部落成员以及奴隶。"① 虽然部落所有制是集体的所有制,然而在"蒙昧人"那里已经有单独的经济和住处。因此,"部落所有制"和"部落制度"的概念反映了原始时代的晚期、完成阶段。

马克思和恩格斯在上世纪四十年代中期提出的原始史的最初概念就是如此。尽管在后来,随着事实的积累,对这个概念做了重大的修正,它的核心还是保存下来了,科学共产主义奠基人的较后期的观点是这一最初理论的有机发展。

马克思在五十至七十年代对资本主义政治经济学的研究,特别是在这一研究过程中制订出的、后来用于研究包括原始社会在内的其他时代的一般方法论原理,在进一步完善原始史概念方面起了极其重要的作用。在1858—1859年提出的"经济社会形态"概念被当作对世界史重新分期的基础。这个标准使得有可能更准确和更深刻地确定每个时代即人类发展的每个阶段的共同和特殊特征。马克思所制定的资本主义政治经济学范畴体系使得有可能对以前较不发展的经济制度进行回溯的分析。马克思写道:"人体解剖对于猴体解剖是一把钥匙。反过来说,低等动物身上表露的高等动物的征兆,只有在高等动物本身已被认识之后才能理解。因此,资产阶级经济为古代经济等等提供了钥匙。"②

然而,由于早期社会形态的局限性和较不发展,不是资本主义经济的所有范畴都能用于早期社会形态的经济制度。马克思从这个观点来看初期原始社会的经济,指出那时还没有"生产出来的生产资料",因此

---

① 《马克思恩格斯全集》第1版第3卷第25页。
② 《马克思恩格斯全集》第1版第46卷上册第43页。

用"价值"概念不适用于它。马克思写道,例如在制作工具时,"野蛮人由于对时间的浪费漠不关心,还犯了一个严重的经济上的罪行"。只有当原始公社过渡到畜牧业和农业,当开始"真正的发展"时,政治经济学的范畴才变得适用于原始社会的研究①,尽管还不是充分适用。那些属于私有制的范畴,对研究公有制占统治地位的社会形态不是恰当的手段。从经济观点看问题,使得马克思能够找出原始社会史分期的主要阶段:萌发生产性经济、产生交换、先是公社之间的交换,然后是公社内部的交换,最后,产生单独的经济,在公社中出现财产上的分化,这就是向阶级社会过渡的前提。

《资本论》中提供的对劳动过程的分析也对构拟原始经济具有重大方法论意义。马克思把劳动看成在人和自然界之间进行的过程,就把人类劳动和具有本能性质的动物劳动形式明确地区分开来。马克思把富兰克林提出的标准——制造工具——作为人类劳动的特点,自己又提出关于劳动资料是区别各种经济时代的更广泛标准的论点。为此他也指出各种工具的考古发现的重大意义。马克思写道:"动物遗骸的结构对于认识已经绝迹的动物的机体有重要的意义,劳动资料的遗骸对于判断已经消亡的社会经济形态也有同样重要的意义……劳动资料不仅是人类劳动力发展的测量器,而且是劳动借以进行的社会关系的指示器。"② 马克思的这个结论是一方面从他的经济研究中、另一方面从对当时还不多的考古材料的研究中得出的,它后来成了建立考古学理论和关于原始社会的科学的方法论基础。

马克思在他对政治经济学的研究中,还得出了一个对构拟原始史在

---

① 《马克思恩格斯全集》第 1 版第 25 卷第 417 页,第 1 版第 2 卷第 489—449 页,第 1 版第 46 卷上册第 44—45 页。

② 《马克思恩格斯全集》第 1 版第 23 卷第 204 页。

方法论上很重要的结论。他在《1857—1859年经济学手稿》的导言中写道："我们越往前追溯历史，个人，从而也是进行生产的个人，就越表现为不独立，从属于一个较大的整体。"① 从这段话可以看出，一夫一妻制家庭不可能是原始时代这种较大的整体；从这里也可以得出结论，个人之间联系的性质、个人和社会之间的关系在那时可能是完全另一种样子。②

在五十年代，马克思开始用许多时间研究农村公社。马克思在了解了这种制度的各种类型——苏格兰的盖尔人的克兰、俄国和印度的公社——以后，得出结论说，与流行的看法相反，公社不是某个国家的特点，而是世界各国人民以这种或那种方式经历过的社会形式。这种制度不是在封建制度下产生的，而是更早得多，属于社会生活的宗法形式。③ 马克思把印度公社甚至说成是"原始的"和"共产主义的"④，强调说："它们存在的条件是：劳动生产力处于低级发展阶段，与此相应，人们在物质生活生产过程内部的关系，即他们彼此之间以及他们同自然之间的关系是很狭隘的。"⑤

马克思在五十年代在研究公社的基础上所做出的主要理论结论，对原始社会的概念具有直接的关系。他在《导言》中说道："历史却表

---

① 《马克思恩格斯全集》第1版第46卷上册第21页。

② 这种看法也可由马克思1858年的一段话证实，他说："家庭的原初形式本身是氏族，私人家庭只是从氏族在历史上的解体中才发展起来的。"(《马克思恩格斯全集》第1版第13卷第39页脚注)

③ 见《马克思恩格斯全集》第1版第8卷第571、572页，比较第1版第13卷第22页脚注。

④ 见《马克思恩格斯全集》第1版第23卷第395页，第1版第25卷第940页。

⑤ 《马克思恩格斯全集》第1版第23卷第96页。

明，公有财产……是原始形式，这种形式还以公社财产形式长期起着显著的作用。"①

马克思采用所有制的标准，把农业公社的基本形式按历史顺序分为：亚细亚的、古代的和日耳曼的。他指出，在第一种形式中保存着**直接的公有制**（东方形式，这种形式在斯拉夫人那里有所变形；直到发展成对立物，但在古代的和日耳曼的所有制中仍然是隐蔽的——尽管是对立的——基础）"。马克思后来看到的格奥尔格·毛勒的材料，证实了他关于古代日耳曼公社性质的理论观点。② 公社发展的各历史阶段与社会形态的顺序相符。同时，划分这些阶段使得有可能建立公社的类型学。

从六十年代末起，公社问题获得实际意义。俄国的革命的民粹派认为，这种制度为俄国避免资本主义发展的灾难创造了可能性。多年的研究使得马克思和恩格斯得出了他们在《共产党宣言》俄译本序言中所表述的稍有不同的结论。那个文献中这样说道："俄国公社，这一固然已经大遭破坏的原始土地公共所有制形式，是能够直接过渡到高级的共产主义的公共所有制形式呢？或者相反，它还须先经历西方的历史发展所经历的那个瓦解过程呢？……目前唯一可能的答复是：假如俄国革命将成为西方无产阶级革命的信号而双方互相补充的话，那末现今的俄国土地公社所有制便能成为共产主义发展的起点。"③

马克思和恩格斯为事情这样发展的理论可能性规定了一定的历史条件。大家知道，这种可能性并没有实现，历史走了别的道路。

在马克思关于原始社会的研究中，关于原始集体内部的最初联系的

---

① 《马克思恩格斯全集》第 1 版第 46 卷上册第 25 页。
② 《马克思恩格斯全集》第 1 版第 19 卷第 326 页。
③ 《马克思恩格斯选集》第 1 版第 1 卷第 231 页。

性质、关于原始公社的结构的问题是一个空白。这个问题在历史科学中当时还没有解决。当时没有可信的和系统化的材料，而终究握有的那些片断不全的信息又由于社会主义者固有的资产阶级偏见而遭到不正确的解释。只有到美国学者路易斯·亨利·摩尔根的巨著《古代社会》在1877年问世以后，情况才发生了变化。

马克思在1879年年底了解了这本书，在1880—1881年冬天作了它的详细摘要。摩尔根的研究揭示了原始社会的内部社会机制，使得有可能仔细研究氏族制度产生和发展的过程，它瓦解和产生阶级及国家的原因。所以马克思认为摩尔根是关于原始社会的科学的奠基人。在他对某些著名学者的著作写的评注中，他将摩尔根所做的发现与它们对立起来。马克思写道："可见，拉伯克同**麦克伦南**一样对基础，即存在于**部落之内**的**氏族**一点也不了解。"①

马克思的批判意见在某种程度上涉及摩尔根本人。他读到摩尔根写到"财产观念"时，以一个很能说明问题的惊叹号表示了对摩尔根用词矛盾的态度。② 在摘要中把材料调换地方也是批判的间接结果：第二编（《管理观念的发展》）被调到第四编（《财产观念的发展》）之后，从而揭示了这两种现象之间的因果联系。马克思也指出了摩尔根对与取火有关的发明估计不足，对于似乎古代社会就已在谋取食物等方面达到"绝对控制地步"表示了怀疑。③

在马克思的笔记中包含有许多从方法论以及原始社会史研究方法的角度很值得注意的意见。他揭露了英国资产阶级法学家把国家描绘成超阶级制度的企图，指出国家的独立性只是"表面的"，它是社会身上的

---

① 《马克思恩格斯全集》第1版第45卷第662页。
② 见《马克思恩格斯全集》第1版第45卷第378页。
③ 见《马克思恩格斯全集》第1版第45卷第332页。

赘瘤，由于经济条件"它只是在社会发展的一定阶段上才**出现**"，以后应该消失。马克思在这里广泛利用了历史比较法和考察遗迹的方法，在当时的历史学家看来，遗迹似乎只是社会生活的"反常现象"。①

虽然马克思没有完成自己的研究，他已来得及提出一系列对研究原始史极其重要的结论。这里要再一次提醒，马克思划分原生形态和次生形态，而且还考虑到了再次生形态即共产主义形态，关于他的这种设想可以根据马克思援引摩尔根的这一说法来判断："新制度"将是"古代类型社会"在一种更完善的形式下的复活。②

按照马克思的观点，这个"古代类型"社会是什么样子的呢？他写道，"古代社会形态……表现为一系列不同的、标志着依次更迭的时代的阶段"，他把这些阶段比作地壳的最初的地质层。这些成层是一系列公社，"好多种社会结构，这些结构的类型、存在时间的长短彼此都不相同，标志着依次进化的各个阶段"。③ 建立在血统亲属关系上的公社在地域性的公社之前。原生形态和次生形态之间的分水岭是农业公社。它摆脱了狭窄的血统亲属关系的束缚，"以土地公社所有制以及由此而产生的各种社会关系为自己的坚实基础；同时，各个家庭单独占有房屋和园地，小土地经济和私人占有产品，促进了个人的发展，而这种发展同较古的公社机体是不相容的"④。

在公社的这种二重性中蕴藏着各种不同社会采取不同发展道路的可能性。马克思对农业公社二重性的发现对还有待进行的从原生形态向次生形态过渡过程的研究提供了指针。马克思指出："各种原始公社……

---

① 见《马克思恩格斯全集》第 1 版第 45 卷第 637—638 页。
② 见《马克思恩格斯全集》第 1 版第 19 卷第 432 页。
③ 《马克思恩格斯全集》第 1 版第 19 卷第 444、448 页。
④ 《马克思恩格斯全集》第 1 版第 19 卷第 450 页。

的解体的历史,还有待于撰述。到现在为止,我们只有一些粗糙的描绘。"①

这个方面的第一步,是恩格斯在马克思逝世后不久迈出的。列宁把恩格斯的《家庭、私有制和国家的起源》一书称作现代社会主义的主要著作之一。②

在过去的一百年当中,关于原始社会的科学已走过了漫长的道路。极其仔细地研究了公社在许多国家的命运,撰写了关于公社制度史的基本著作。确定了关于某些类型公社产生时间不久的事实、公社制度在阶级社会一定发展时期得到加强的事实。现在特别大量地进行对公社的类型学研究。这个研究方向总的说来富有成果,但是远没有充分利用马克思所留下的丰富方法论遗产。这一遗产的意义还有待于加深认识。只有在这个条件下,才有可能解决马克思所提出的对人类社会发展中的原生形态和阶级产生进行研究的任务。

(原载 T.T. 季摩菲也夫编:《马克思主义和社会进步问题》,莫斯科《科学》出版社 1986 年版)

(南山 译)

---

① 《马克思恩格斯全集》第 1 版第 19 卷第 432 页。
② 《列宁选集》第 2 版第 4 卷第 43 页。

关于资本主义

关于马克思著作中名词"资本主义"使用的考证*

徐 洋

一、关于马克思是否使用过名词"资本主义"的四种观点

20世纪末21世纪初,中国理论界就马克思是否使用过"资本主义"概念的问题发生了激烈争论。争论中的所谓"资本主义"概念,特指名词"资本主义"(Kapitalismus),而不包括形容词"资本主义的"(kapitalistisch)的情况。关于这一问题,大致有四种观点:

(1)马克思从未使用过名词"资本主义";

(2)马克思大量使用过名词"资本主义";

(3)马克思在《资本论》和他自己公开发表的著作中没有使用过名词"资本主义",只是在他晚期未发表的手稿和书信中才少量使用过名词"资本主义";

(4)马克思有没有使用过名词"资本主义"并不影响他的理论体系的完整性和科学性。

持以上观点的各派学者分别从各自专业的视角出发对此问题进行了详细考察,发表了一系列富有创见的研究成果,推动人们的认识不断深入。然而这个问题迄今并未解决。根据《马克思恩格斯全集》历史考

---

* 本文选自《国外理论动态》2011年第2期。

证版（MEGA²）编者和日本学者的研究成果以及笔者近年来的考证①，本文认为，就马克思是否使用过名词"资本主义"这一问题本身来说，上述说法大多不正确或者不确切。马克思既不是从未使用过名词"资本主义"，也不是大量使用名词"资本主义"；马克思不仅使用过名词"资本主义"，而且在《资本论》中就使用过；马克思不仅在晚期使用过名词"资本主义"，而且在其他时期也使用过；马克思不仅在生前未发表的手稿和书信中使用过名词"资本主义"，而且在某些具有公开性质的文献中也使用过。本文搜集了迄今为止所发现的马克思使用名词"资本主义"的实例。

二、马克思使用名词"资本主义"的实例

按照时间顺序，马克思在如下地方使用过名词"资本主义"。

1. 1862 年，马克思《剩余价值理论》

中文：

随着<u>资本主义</u>的发展，对劳动的需求，虽然绝对地说是在增加，但相对地说却在减少。（《马克思恩格斯全集》中文第 2 版第 34 卷第 559

---

① 笔者在撰写本文的过程中，得到德国学者、MEGA 编辑人员罗尔夫·黑克尔（Rolf Hecker）教授的大力帮助和指导。另外，日本学者重田澄男（Sum io Shigeta）长期研究此问题，他发表在德国刊物《马克思恩格斯研究论丛·新辑》2004 年卷的文章《"资本主义"概念的起源和传播》（中译文见《国外理论动态》，2011 年第 2 期）以及发表在同一刊物 2007 年卷的文章《关于重田澄男〈"资本主义"概念的起源和传播〉》对笔者启发极大。在他们研究的基础上，笔者有了新的发现。

页。为便于阅读，以下凡引自中文版《马克思恩格斯全集》或《马克思恩格斯文集》十卷本，出处均用简称。）

德文原文：

... im selben Maasse wie der <u>Capitalismus</u> sich entwickelt, die Nachfrage nach Arbe it *relativ* abnmimt, obgleich sie *absolut* wachst. （MEGA II/3. 3 S. 1114; MEW B. 26. S. 493）

这是马克思在创作 1861—1863 年手稿中的《剩余价值理论》时写下的文字，是笔者已知的马克思最早使用名词"资本主义"的例子。马克思在这里对名词"资本主义"（Kapitalismus）的使用，说明了四点。第一，马克思在《资本论》第一卷发表之前已经使用名词"资本主义"。当时为1862年，而《资本论》第一卷发表于1867年。第二，马克思在《资本论》中使用过名词"资本主义"，因为1861—1863年手稿为《资本论》第二稿，《剩余价值理论》被马克思当作《资本论》第四册即理论史部分。第三，马克思在中年时期使用过名词"资本主义"。当时为1862年，马克思44岁。

2. 1865 年，马克思《资本论》第二册手稿第 I 稿

中文：

因为<u>资本主义</u>的动力只有在这种生产方式本身的基础上才能充分发展……（《马恩全集》1 版 49 卷 504 页）

德文原文：

weil der Treib des *Capitalismus* sich erst auf der Basis dieser Productionsweise völlig entwickelt... （MEGA II/4. 1 S. 358）

《资本论》第二册第 I 稿是马克思 1865 年为《资本论》第二卷写的

第一份独立的、完整的草稿。这是在《资本论》草稿中第二次出现名词"资本主义"。

3. 1870年1月,马克思《总委员会致瑞士罗曼语区联合会委员会》

中文:

3.1 如果说英国是一个典型的大地主所有制和资本主义的国家……(《马恩全集》1版16卷438页)

3.2 如果说英国是大地主所有制和欧洲资本主义的堡垒……(《马恩全集》1版16卷439页)

法文原文:

3.1 Si le landlordisme et la capitalisme ont leur siège classique (MEGA I/21 S.161)

3.2 Si l'Angleterre est le bulwark du landlordisme et du capitalisme européens… (MEGAI/21 S.162)

关于本例的说明见下面第4例。

4. 1870年3月,马克思《机密通知》

4.1 如果说英国是一个典型的大地主所有制和资本主义的国家……(《马恩全集》1版16卷472页)

4.2 如果说英国是大地主所有制和欧洲资本主义的堡垒……(《马恩全集》1版16卷473页)

《总委员会致瑞士罗曼语区联合会委员会》是马克思1869年底到1870年初为反击巴枯宁及其支持者对国际工人协会总委员会的进攻而起草的通告信,用法文书写。该通告信于1870年1月1日经总委员会非常会议批准，并被分发给国际各支部。

《机密通知》是马克思1870年3月24—28日之间为德国社会民主工党的委员会写的。该文件包括1870年1月1日总委员会通告信的全文。《机密通知》本身用德文书写，其中的通告信为法文照录，没有翻译。

这两份文件虽在马克思生前未在报刊上公开发表，但是实质上是在一定范围内（国际各支部、德国社会民主工党委员会）公开的文献，因而不属于私人文献或根本未公开的文献。这两个文献说明，马克思在一定的公开场合使用过名词"资本主义"。

5. 1870年9月14日，马克思致恩格斯

中文：

谢夫莱那本书的名字是：《资本主义和社会主义……》（《马恩全集》1版33卷69页）

德文原文：

Das Buch des Schäffle benamst „Kapitalismus und Socialismus etc."（MEW B. 33, S. 65）

这是马克思1870年9月中旬在同恩格斯交换对谢夫莱1870年出版的著作的意见时写下的话。应当指出，这个"资本主义"严格说来不能算是马克思使用，因为它只是对谢夫莱《资本主义和社会主义，特别是对经济活动形式和财产形式的考察》（*Kapitalismus und Socialismus mit besonderer Rücksicht auf Geschäfts und Vermögensformen*）的书名的缩写。

6. 1874—1875 年，马克思《巴枯宁〈国家制度和无政府状态〉一书摘要》

中文：

bürgerlich 这个词对他说来既指<u>资本主义</u>，也指德国中世纪的小市民……（《马恩全集》1 版 18 卷 671 页）

德文原文：

dies Wort *bürgerlich* dient ihm sowohl für den <u>Kapitalismus</u> als die mittel-alterlichen Spießbürger in Deutschland...（MEW B. 18 S. 610）

马克思在 1874—1875 年初撰写的对巴枯宁著作的批判性摘要里，指出"资产阶级的"（bürgerlich）一词对巴枯宁来说意味着具有"资本主义"（Kapitalismus）性质。

7. 1877 年，马克思《给〈祖国纪事〉杂志编辑部的信》

中文：

他一定要把我关于西欧<u>资本主义</u>起源的历史概述彻底变成一般发展道路的历史哲学理论……（《马恩文集》第 3 卷第 466 页）

法文原文：

Il lui faut absolument métamorphoser mon esquisse historique de la genèse du <u>capitalisme</u> dans l'Europe occidentale en une théorie historico-philosophique de la marche générale...（Marx Engels Correspondance, Editions du Progrès, Moscou 1971, p. 321）

马克思在 1877 年 10—11 月用法文写给俄国杂志《祖国纪事》的信中，明确指出自己在《资本论》中对西欧资本主义（capitalisme）的起源进行了研究。

8. 1878 年，马克思《资本论》第二册手稿"片断。Ⅳ"

中文：

因为只要假定发挥作用的动机是享受，而不是发财致富本身，资本主义就从根本上被废除了。(《资本论》第 2 卷，见《马恩全集》2 版 45 卷、《资本论》人民出版社 2004 年版第 2 卷、《马恩文集》6 卷 137 页)

德文原文：

Denn der Kapitalismus schon in der Grundlage aufgehoben durch die Voraussetzung, daß der Genuss als treibendes Motiv wirkt, nicht die Bereicherung selbst. (MEGA II/11 S. 682；MEW B. 24 S. 123)

马克思为《资本论》第二册留下了 14 份大小不等的手稿，其中较短的被 MEGA 编者称为"片断"。这句话出自"片断。Ⅳ"，马克思可能写于 1878 年 6、7 月间。这是马克思在《资本论》草稿中第三次使用名词"资本主义"，而且被恩格斯采用在后来的《资本论》第二卷刊印稿中。因此，即使在公开发表的三卷《资本论》中也出现了名词"资本主义"。据 MEGA 编者考证，"'资本主义'这个概念在三卷《资本论》中仅仅在这里使用了一次" (MEGA II/12 S. 1212；MEGA II/13 S. 645)。

9. 1879 年 4 月 10 日，马克思致尼·弗·丹尼尔逊

中文：

另一方，铁路网在居主导地位的资本主义国家的出现，促使甚至迫使那些资本主义还局限在社会的少数点面上的国家在最短期间建立起它

们的<u>资本主义</u>的<u>上层建筑</u>……（《马恩文集》10卷434页）

英文原文：

On the other hand, the appearance of the railway system in the leading states of <u>capitalism</u> allowed, and even forced, states where <u>capitalism</u> was confined to a few summits of society, to suddenly create and enlarge their capitalistic superstructure…（MECW, v. 45, p. 356）

在这句话中，"资本主义"一词出现了两次。

10. 1879—1881年，马克思《评阿·瓦格纳〈政治经济学教科书〉》

中文：

谢夫莱先生在"<u>资本主义</u>等等"中认为……（《马恩全集》1版19卷402页）

德文原文：

Herr Schäffte in "<u>Kapitalismus</u>" etc. meint…（MEW B. 19 S. 360）

《评阿·瓦格纳〈政治经济学教科书〉》是马克思1879年下半年到1881年初之间撰写的批判性摘要。这里名词"资本主义"的使用情况同于例5。

11. 1881年2—3月，马克思《给维·伊·查苏利奇的复信（草稿）》

中文：

某种在国家帮助下靠牺牲农民哺育起来的<u>资本主义</u>是同公社对立的；它所关心的是公社的毁灭。（《马恩全集》2版25卷474页）

法文原文：

Un certain genre de <u>capitalisme</u>, nourri aux frais des paysans par l intermédiaire de l'Etat, s'est dressé vis-à-vis de la commune; il a l'intérêt de l'écraser. （MEGA I/25 S.234）

这是马克思在致俄国革命者查苏利奇的复信（第三稿）中作的结论，时间是1881年2—3月之间，原文是法文。此处是笔者目前已知的马克思最晚使用名词"资本主义"的例子。

上述例子表明，马克思19世纪60年代以来至少在11篇文献的14个地方使用了名词"资本主义"。这些例子大致可分为四种类型。第一种，"资本主义"是研究对象。属此类型的为第1、2、8例，马克思在创作《资本论》时直接用"资本主义"来称呼自己的研究对象。第二种，在阐述资本主义本身之外的其他问题时使用"资本主义"。属此类型的为第3、4、6、9、11例。第三种，引证他人对"资本主义"的使用。属此类型的为第5、10例，"资本主义"出现在马克思所引用的书名中。第四种，"资本主义"是马克思本人对自己的研究对象的界定。属此类型的为第7例，马克思在这里把自己在《资本论》第一卷《所谓原始积累》一章中的研究称为"我关于西欧资本主义起源的历史概述"，这就说明，马克思规定自己的研究对象是"资本主义"。

结合其他学者的研究可以得出如下结论：马克思在较早的时候就知道了"资本主义"概念，并从19世纪60年代开始在《资本论》和其他著作中使用名词"资本主义"；尽管从绝对数量来看，马克思使用名词"资本主义"的地方不多，而使用形容词"资本主义的"的地方很多，但可以认为，马克思在使用形容词的时候，其内涵也与"资本主义"概念相同。

三、对中国学者有关马克思使用"资本主义"
概念的争论的简要分析

中国学界对马克思是否使用过"资本主义"概念进行争论的文章甚多。① 尽管国外学者很早就提出了这一问题,但大致看来,20世纪90年代之前,这一争论似尚未在中国学界出现。中国学者参与此问题争论源于法国著名历史学家费尔南·布罗代尔,美籍华人历史学家黄仁宇则起了桥梁作用。

1976年4月,布罗代尔在美国约翰·霍普金斯大学发表了三次演讲,简要阐述了他几十年来有关物质文明和资本主义的历史的研究成果,实际上是对当时已经基本完稿的《十五至十八世纪的物质文明、经济和资本主义》(下文简称《十五至十八世纪》)的观点的概述。这三次演讲后被结集出版。在1976年的演讲中,布罗代尔谈到,资本主义

---

① 按照发表时间,代表性的文章有:傅铿:《超越道德批判》,载《读书》,1993年第2期;李伯重:《"资本主义萌芽情结"》,载《读书》,1996年第8期;许清江:《也谈资本主义一词的使用》,载《读书》,1997年第1期;黄仁宇:《关于"资本主义"一词的使用》,载《读书》,1997年第6期;何顺果:《关于"资本主义"的定义》,载《世界历史》,1997年第5期;张一兵、汪浩斌:《马克思真的没有使用过"资本主义"一词吗?》,载《南京社会科学》,1999年第4期;吴向东:《马克思与"资本主义"》,载《马克思主义研究》,2000年第4期;卫兴华:《究竟何人最先从经济制度涵义上使用"资本主义"和"市场经济"概念?》,载《当代经济研究》,2000年第10期,《马克思主义研究》,2000年第6期;张卫良、周东华:《对马克思"资本主义"概念的再认识》,载《史学理论研究》,2001年第4期;蒲国良:《关于资本主义概念的讨论述评》,载《当代世界与社会主义》,2004年第3期。其中张、周合著的文章和蒲国良的文章综述了各方观点。本文以下引用上述作者时,一般不再注明出处。

"这个词,实际上马克思根本不知道"①。1979年三卷本《十五至十八世纪》在巴黎出版。在这部著作中,关于马克思和名词"资本主义"的问题,布罗代尔指出:"可是,在十年之后,即在1867年,马克思还不知道这个词";"尽管马克思自己从未用过,该词却相当自然地被纳入马克思主义的模式"。当然,布罗代尔在这里加了一条注,说明这个观点他是从别人那里借用来的。②

---

① "Ce mot, pratiquement, Marx l'aura ignor." (见 *La dynamique du capitalisme*, Arthaud, Paris, 1985, p. 51)。出版在法文原文之前的英文本译作 "Marx was Virtually Unaware of the Word",见 *Afterthoughts on Material Civilization and Capitalism*, tran. by Patricia M. Ranum, the Johns Hopkins University Press, p. 46。中译文参看费尔南·布罗代尔:《资本主义的动力》,杨起译,牛津大学出版社1993年版,第28页;并见费尔南·布罗代尔:《资本主义的活力》,载《资本主义论丛》,顾良、张慧君译,中央编译出版社1997年版,第85页。

② "Cependant dix ans plus tard, en 1867, le mot est encore ignoré de Marx" "Assez naturellement le mot non utilisé par Marx's incorprera au modèle marxiste……"两处文字均见 Fernand Braudel: *Civilisation materielle, économie et capitalisme*, XVe – XVIIIe Siecle, Armand Colin, Paris, 1979, p. 206。参看费尔南·布罗代尔:《十五至十八世纪的物质文明、经济和资本主义》第2卷,顾良译,生活·读书·新知三联书店1993年版,第242页。布罗代尔对1867年马克思仍不知道"资本主义"一词的说法的来源作了注:"让·雅克·埃马尔丹克:《对让·杜布瓦1963年版〈法国1869—1872年作家著作、杂志、报纸中的政治和社会词汇〉一书的报告》,载《经济、社会、文化年鉴》1967年卷,第445—446页。但是恩格斯后来使用了这个词,而且在1870年,德国经济学家阿尔伯特·谢夫莱就使用 Kapitalismus 了(埃德蒙·济尔贝纳:《社会史年鉴》,1940年卷,第133页)。"(该注原文参看《十五至十八世纪的物质文明、经济和资本主义》,前引中文版第2卷,第686页)中国有些学者认为布罗代尔有关此问题的表述前后不一致,但笔者认为布罗代尔的表述十分清楚,他是名副其实的"从未使用"论者。他在其他地方又重申这一观点:"'capitalist'这个词马克思偶尔使用,至少是从1846年起;'capitalism'一词,尽管非常有用,但他没用过。"(Fernand Braudel: *A History of Civilizations*, Penguin Books, 1993, p. 549.)

布罗代尔关于马克思从未使用"资本主义"的论述发表后一段时间在中国似乎未引起多大反响,直到20世纪90年代初黄仁宇对布罗代尔的介绍和布罗代尔本人著作中译本的出版。黄仁宇1991年出版了《资本主义与廿一世纪》,在第一章第一节《资本主义——名目之由来》中,从英文版大段翻译了布罗代尔在《十五至十八世纪》中的有关文字,其中有"可是六年之后(1867)马克思仍不知有此名目"以及"这个马克思从未使用的名词,却被归并于马氏的规范之中"等句。①鉴于布罗代尔和黄仁宇在中国的影响,他们关于创作了皇皇巨著《资本论》、宣布"资本主义私有制的丧钟就要响了"的马克思竟然从未使用过"资本主义"的说法犹如晴天霹雳,迅速引起人们的强烈关注和激烈争论。下面按照本文开篇的归纳,对这场争论中的各派观点略作分析。

(1)"从未使用"论:马克思从未使用过名词"资本主义",而只是使用形容词"资本主义的"。

这种说法在国外亦曾有不少学者坚持。在中国,如前所述,这种说法滥觞于布罗代尔、黄仁宇。由于两位史学家影响较大,很多人接受了这一说法,如傅铿、李伯重、何顺果。黄仁宇本人曾在《读书》杂志上明确指出:"马克思之英文著作无 capitalism 这一名词。德文著作中亦无 Kapitalismus 字样。"张一兵等学者也几次谈到:"马克思从来没有在

---

① 黄仁宇:《资本主义与廿一世纪》,台湾联经出版事业公司1991年版,第3页。

名词意义上使用过'资本主义'这个术语。"① "从未使用"论虽不正

---

① 参看张一兵、周嘉欣:《资本主义理解史》第一卷,凤凰出版传媒集团、江苏人民出版社 2009 年版,主编的话,第 17—18、24 页。张、周两位学者曾在《南京大学学报》2007 年第 1 期发表《马克思恩格斯资本主义理解范式的历史性生成》一文,谈到"资本主义"这一名词"只是在马克思晚年与查苏里奇的通信中才偶然出现",并且给出例句:"总之,在俄国公社面前,资本主义是处于危机状态,这种危机只能随着资本主义的消灭、现代社会的回复到'古代'类型的公有制而结束……"(《马克思恩格斯全集》第 1 版第 19 卷第 432 页)。当然,此处名词"资本主义"并非马克思使用,而是翻译所致,参看本文第四节"余论"关于马克思给查苏利奇的复信中的例 (1)。另,张一兵和汪浩斌在《马克思真的没有使用过"资本主义"一词吗?》中除指出马克思没有使用过名词"资本主义"外,还对马克思"资本"概念的发展作了系统梳理,颇具理论价值。但该文认为马恩著作中译作"资本主义生产方式"的术语"kapitalist production"更确切地应译作"资本家生产方式",对于这一点,我们不敢苟同。张、汪的论据之一是,德文"kapitalist production"只应译为"资本家生产方式",因为德文"kapitalist"只能作名词"资本家"解,而不像英文"capitalist production"中的"capitalist",既可作名词"资本家",又可作形容词"资本主义的",从而整个词组有可能不确切地译为"资本主义生产方式";又加之当时马克思尚未使用名词"资本主义",就更不能参照英文来将该词组译成"资本主义生产方式"。这里可能有一个笔误:我们在德文原文中没有找到马克思使用"capitalist production"的例子,译为中文"资本主义生产方式"的德文词组是"kapitalistische Produktionsweise",而"kapitalistisch"是形容词,确作"资本主义的"解。不过张、汪的文章引发了笔者对"kapitalistisch"一词的思考。笔者为此曾请教德国学者 Rolf Hecker 教授:"'kapitalistische Produktionsweise'是什么意思?应当译为'资本主义的生产方式'还是'资本家的生产方式'或'资本的生产方式'?"他的回答是:"指的是资本主义的生产方式,即资本和劳动之间的剥削关系。资本的生产方式是剩余价值的生产。资本家的生产方式则是指生产的方式方法,例如手工劳动、机器大生产、流水线劳动等等。"

另,侯外庐在 20 世纪 30 年代已将"kapitalistisch"译为"资本家的"。他同王慎明合译的《资本论》第一卷第一句话作:"资本家的生产方法所于以支配着的诸社会之富……"(见该书,国际学社 1932 年版上册,第 1 页)。还可参看他写的回忆文章《〈资本论〉译读始末》(中央编译局:《马克思恩格斯著作在中国的传播》,人民出版社 1983 年版,第 74 页)。

确，但似乎影响最大，流传最广。

（2）"大量使用"论：马克思曾大量使用"资本主义"或者说"资本主义"概念。

这是国内某些学者为反驳"从未使用"论而提出的观点，代表者为许清江和卫兴华。许清江说："马克思本人不但使用过'资本主义'一词，而且还是其著作中使用频率相当高的一个词。仅《资本论》中就出现几百次之多。"卫兴华指出："应当说，最早从社会经济制度涵义上运用'资本主义'概念的，正是马克思。"并认为马克思"在1867年出版的《资本论》第一卷中，则更为广泛地使用了'资本主义'一词"。如果把马克思严格限定在使用"Kapitalismus"、"capitalism"、"capitalism"等名词上，那么就不能说马克思大量使用了这个术语。但如果不纠缠于词性，而着眼于"概念"，那么卫兴华"最早从社会经济制度涵义上运用'资本主义'概念的，正是马克思"这一判断就是可以接受的。

（3）"极少使用"论：马克思在《资本论》中，在他自己公开发表的著作和文章，没有使用过名词"资本主义"；只是在晚期，在马克思生前未发表的手稿和书信中，才少量使用过名词"资本主义"。

国内一些学者或多或少都持这种观点（尽管他们并未明确表述"在马克思生前未发表的手稿和书信中"），如张卫良、周东华、吴向东。这种说法显然不全面或有失偏颇。张、周在他们的文章中指出两处马克思晚年使用名词"资本主义"的例子。其中第二例即本文第10例（马克思在《评阿·瓦格纳〈政治经济学教科书〉》中提到谢夫莱的著作《资本主义和社会主义》）。而他们所举第一例，即马克思1875年在《哥达纲领批判》中所作的如下表述"它们都建筑在资本主义多少已经发展了的现代资产阶级社会的基础上"中的"资本主义"，其实并不是名词 Kapitalismus，而是用作副词的形容词 kapitalistisch。这句话的德文原文是"dass sie auf dem Boden dermodernen bürgerlichen Gesellschaft stehn, nur einer mehr oder minder kapitalistisch entwickelten"（MEGA I/25 S. 21；MEW B. 19, S. 28）。吴向东认为名词资本主义在马克思的著作中"极为罕见"。他根据另一些国外学者的论证指出马克思只是到 1877 年才在通信中使用了名词"资本主义"。①

（4）"不置可否"：对这个问题不作判断。在一时难以考察清楚的情况下，一些学者选择对这个问题不置可否，或者不作判断。例如，蒲国良虽然在自己的文章中列举了诸多支持上述（1）（2）（3）种类型的观点，但自己并没有作出判断，并说："马克思是否使用过'资本主义'概念本身并不影响马克思的伟大。"

应当指出，不论各派学者有多么大的分歧，他们多数在下面这一点上基本一致：马克思深入阐发了关于"资本主义"的理论，具备系统的"资本主义"概念，现代"资本主义"概念就是建立在马克思的资本主义理论之上的。卫兴华指出："中外学者探讨'资本主义'一词的出现，绝不是从语法差异上着眼的，而是从名实相符的涵义上进行考证的。"何顺果也指出："马克思……实际上对资本主义提供了自己明确的界定，这就是他提出的关于'资本主义生产方式'的概念和定义。"即便黄仁宇也认为："马氏不可能对以后称为资本主义这种组织与体系丝毫不存概念。"（前引《读书》文章）张一兵等则说："马克思成为第

---

① 吴文并未指出是哪一封信。根据本文例证，可知即本文第 7 例（马克思：《给〈祖国纪事〉杂志编辑部的信》）。另，吴文根据德文原文指出了《1857—1858 年经济学手稿》中译文两处原文没有"kapitalistisch"而译者根据上下文加上"在资本主义制度下"、"在资本主义的基础上"的例子（见《马克思恩格斯全集》第 2 版第 30 卷第 390、405 页），说明不能仅凭译文研究马克思概念的发展。

一个在批判意义上真正确定资本主义生产方式本质的伟大思想家。"（张、汪合著文章）

此处不妨再提一下谢夫莱。谢夫莱在其著作《资本主义和社会主义》中谈到马克思时说："他的资本主义（Kapitalismus）概念比我迄今所使用的这个词的概念要窄。"[①] 谢氏著作发表于1870年，当时《资本论》只出版了第一卷，而该卷中并没有出现名词"Kapitalismus"。此例足可证明，《资本论》出版以后，人们自然而然就认为马克思阐述的是"资本主义"概念，而不会刻意想到这里面还有词性问题。

四、余论

关于马克思使用名词"资本主义"的情况，还有一点需要作出说明。诚然，我们不能根据中文版的马克思著作中出现了"资本主义"就说马克思使用了名词"资本主义"；但是同时，我们也不能一看到某种外文版的马克思著作中出现了诸如Kapitalismus、capitalism、capitalisme，就说马克思在这里使用了名词"资本主义"。这里面既有翻译的问题，也有辨认的问题。

首先，拿翻译方面来说，我们必须找到有关文献的最原始文种，因为即使某种外文，也可能同中文一样是翻译过来的。周东华曾撰文举过一例。[②] 下

---

① 转引自重田澄男：《"资本主义"概念的起源和传播》，载《国外理论动态》，2011年第2期。

② 周东华在《〈资本论〉英文版第一卷中有一处把"资本"译成了"资本主义"》（《马克思恩格斯列宁斯大林研究》，2001年第4期）中，指出《资本论》第一卷中有一处，英文版作"captalism"（资本主义）而德文版作"Kapital"（资本）。参看《马克思恩格斯文集》第5卷（《资本论》第1卷）第693页"英国资本"。

面再举两例。

1878年12月18日,马克思接受了美国《芝加哥论坛报》记者的访问。1879年1月5日《芝加哥论坛报》发表了访谈,原文是英文。其中有一句话:

您不要忘记,同别的国家相比,现代资本主义制度对德国来说是一种完全新的事物。①

这句话在德译文中是这样的:

Sie dürfen nicht vergessen, daß für Deutschland im Gegensatz zu anderen Landern der moderne Kapitalismus etwas völlig Neues ist. (MEW B. 34 S. 512)

德文表明马克思在这个地方使用了名词"资本主义"(Kapitalismus)。但是当我们查对英文原文时,情况就发生了变化:

This modern capitalistic system, you must recollect, is quite new in Germany in comparison to other States. (MEGA I/25 S. 434;MECW, v. 24, p. 574)

从英文原文可以看出,马克思这里使用的是英文形容词"capitalistic"("资本主义的"),而不是名词"capitalism"("资本主义")。

另一个例子。1881年2—3月,马克思在答复查苏利奇的来信时,写了四份草稿和一份回信,原文都是法文。如果只看德译文,会发现马克思在复信草稿中不止在第11例中,而且在其他地方还几次使用了名词"资本主义":(1) Mit einem Wort, sie findet den Kapitalismus in einer Krise, die erst mit seiner Abschaffung, mit der Rückkehr der modernen Gesellschaften zum "archaischen" Typus des Gemeineigentums enden wird…

---

① 《马克思恩格斯全集》第2版第25卷第647页。

(MEW B. 19 S. 386）；（2）…mit einem Wort, es durchlebt eine Krise, die mit der Beseitigung des Kapitalismus…（MEW B. 19 S. 390）；（3）…eine Krise, die mit der Abschaffung des Kapitalismus…（MEW B. 19 S. 392）。但是我们在法文原文的相应地方，却找不到一个"capitalisme"（参看 MEGA I/25, S. 220, 225, 228）。究其原因，是因为德译者在这几处地方把代替前面行文中的"le système capitaliste"（资本主义制度）、"la production capitaliste"（资本主义生产）等的代词"它"直接翻译成了"资本主义"。

其次，关于马克思是否使用名词"资本主义"，即使是考察最原始的文字，也还存在辨认的问题。如前所述，马克思使用名词"资本主义"主要是在未发表的手稿和书信中。众所周知，马克思的字迹恩格斯"也往往费很大劲才能辨认"，甚至"连作者自己有时也辨认不出来"（见恩格斯为《资本论》第二卷和第三卷写的序言）。马克思的手稿不仅字迹难以辨认，而且很多句子不完整，很多词用的是缩写。《马克思恩格斯全集》历史考证版（MEGA²）的编辑宗旨是尽最大的可能再现马克思恩格斯手稿或刊印稿的原貌和创作过程。发表马克思《资本论》第二册1868—1881年手稿的 MEGA II/11 的编者在处理手稿中的缩写单词时遵循如下原则（参看 MEGA II/11, S. 901）：通用的缩写（如 cf.、i. e.）予以保留；其他缩写以及马克思对冠词的缩写（例如定冠词 der、das、die 都可缩写为"d."）编者予以写全，并在编者补充的字母（er、as、ie）下加圆点；如果一个较长的单词只简写成头、中、尾两三个（辅音）字母，而编者又能够毫无疑问地确定原词，那么在把这个单词写全时，补充的字母下面就不加原点（例如 vnß 和 vhß 直接写成 Verhältniß，df 直接写成 darauf）。

据此，日本有学者对本文所举的第一例（wie der Capitalismus sich

entwickelt）提出了质疑。他们认为，从该页手稿复制件看来，这里似乎是从缩写"d. Capit."辨认出单词"der Capitalismus"的；但"d. Capit."不应被辨认为"der Capitalismus"（"资本主义"），而应被辨认为"das Capital"（"资本"）。[①] 也就是说，第1例那句话本来应是"随着资本的发展"，而不是现在的"随着资本主义的发展"。日本学者的这个论点可存一说。但是第一，MEGA编者在这里已经将它辨认为"der Capitalismus"（俄文版、德文版、英文版《马恩全集》亦均作"资本主义"）；第二，即使马克思在这里确实写的是"das Capital"从而把马克思首次使用"资本主义"的时间推迟到第2例，那也并不影响本文的结论。

这里只是想说明，我们尚不能简单地根据某种外文版本来判定马克思使用的概念的原貌。即使在阅读MEGA的时候，也一定要记住，这已经是加工过的材料，而并非真正意义上的原始状态（这种状态的马恩文献绝大多数人都无法使用）。至于不是作为历史考证版、而是作为学习版编辑的《马克思恩格斯全集》德文版（MEW），情况就更是如此。因为它一方面将原文不是德文的文献翻译为德文，另一方面它对待原文是德文本身的文献的相关编辑原则是，缩写单词在补全时一般不作交代，书写采用了现代正字法（例如将Capitalismus写成Kapitalismus）。

附：作者补遗

中央编译局原副局长、中国《资本论》研究会副会长、《资本论》第一卷法文版的中文译者之一李其庆老师最近告诉我，马克思著作除本

---

① 参看Sumio Shigeta："Zu Sumio Shigeta：Zur Herkunft und Verbreitung des Begriffs 'Kapitalismus'", in *Beiträge zur Marx-Engels-Forschung*, Neue Folge, 2007。该页手稿复制件见MEGA II/3.3 S.1115。

文中所述 14 处名词"资本主义"外，在《资本论》第一卷法文版中还有两处地方使用了名词"资本主义"：

（1）第 33 章《现代殖民理论》："资本主义和雇佣劳动是怎样产生的呢"（《资本论》第一卷法文版中文单行本，中国社会科学出版社 1983 年版，第 831 页），法文原文作"… capitalisme et salariat …"（MEGA II/7. S. 682. 26）。此处在作为法文版底本的德文第二版中作"资本和雇佣劳动是怎样产生的呢"（《马克思恩格斯文集》第 5 卷第 879 页）。

（2）《德文第二版跋摘录》："攻击资本主义的武器"（《资本论》第一卷法文版，前引书第 841 页），法文原文作"…contre le capitalisme…"（MEGA II/7. S. 692. 22）。此处在德文版中作"攻击资产阶级经济的武器"（《马克思恩格斯文集》第 5 卷第 16 页）。

非常感谢李老师提供这个信息。那么现在可以说，马克思至少在 12 篇文献的 16 个地方使用了名词"资本主义"。《资本论》第一卷法文版文字全部经马克思修订，可以说，马克思在他生前自己正式出版的著作中也使用了名词"资本主义"，而且是在《资本论》第一卷中使用了"资本主义"。

徐　洋
2014 年 4 月

"资本主义"概念的起源和传播[*]

〔日〕重田澄男

日本学者重田澄男（Sumio Shigeta）在德刊《马克思恩格斯研究论丛·新辑》2004年卷发表《"资本主义"概念的起源和传播》一文，对"资本主义"概念在学术史上的起源、演变和定型作了深入而简明的梳理，文章还特别对马克思使用"资本主义"及其相关概念的情况作了考证。现将文章翻译如下。另外，重田澄男2007年在同一刊物上对自己的论述作了补充，用表格的形式展示了马克思使用相关术语的频率，译者节译了相关内容附在文后。

一、关于"资本主义"概念的起源

对"资本主义"这一概念进行研究，首先应当搞清楚，是谁引入这一概念的。其次应当解释，这一概念是如何在世界范围内被当作现代社会的经济制度和社会结构的同义词而确定下来的。

第一个对"资本主义"这个词语的起源进行的研究是理夏德·帕索夫在《资本主义：概念和术语的研究》（耶拿1918年版）中作出的，该研究详细考察了资本主义概念的起源和传播。根据帕索夫的研究，

---

[*] 本文选自《国外理论动态》2011年第2期。

"资本主义"这一术语首先出现在路易·勃朗1850年的著作《劳动组织》(巴黎第9版)中(帕索夫,第2页)。而让·杜布瓦在他的著作《法国1869—1872年政治和社会词汇》(巴黎1962年版;伦敦1975年版)中举出了一个更早的使用该词的例子;埃里克·J.霍布斯鲍姆在其《资本的年代:1848—1875》中将这部著作评价为"详尽的研究"(霍布斯鲍姆,第1页)。根据杜布瓦的研究,"资本主义"这一术语已经由皮埃尔·勒鲁在他1848年的著作《马尔萨斯和经济学家:是否总有穷人?》(布萨克,巴黎)中使用了(霍布斯鲍姆,第319页;杜布瓦,第25页)。以《牛津英语辞典》为根据的《马克思主义思想辞典》1997年第2版(主编为托姆·博托莫尔,莫尔登,牛津,墨尔本版),则声称威廉·麦克皮斯·萨克雷1854年的著作《新来者:一个最值得尊敬的家庭的传记》(企鹅出版社,1996年伦敦、纽约、维多利亚、多伦多、奥克兰版)是最早使用"资本主义"一词的文献(第72页)。这些分歧甚大的关于"资本主义"起源的研究表明,国际学术界还未能确定地回答,实际上是谁引入了"资本主义"这一术语。

为了推进这个问题的回答,有必要更加仔细地看一看同资本主义概念的出现相关的文本以及该文本中出现的术语。皮埃尔·勒鲁被认为是法国社会主义的开创者。大卫·欧文·伊文斯在他的著作《浪漫社会主义——皮埃尔·勒鲁和他的同时代者》(布萨克1948年版)中引用了勒鲁的《马尔萨斯和经济学家:是否总有穷人?》下面一段文字作为使用"资本主义"概念的证据:"资本主义工业(l'industrie capitaliste)让我想起布雷斯特和土伦的划桨苦役。我看到整个整个被奴役的民族,在资本主义(capitalisme)的皮鞭下劳作。"(勒鲁,1848年版,第25页;伊文斯,第81页)。然而在勒鲁该著作的第二版中,"资本主义"一词消失了,同一段文字是这样的:"我看到整个整个被奴役的民族,在资本家（capitaliste）的皮鞭下劳作。"（勒鲁，1849年版，第28页）。在这里，"资本主义"一词换成了"资本家"。由此可以推测，"资本主义"这一概念对于勒鲁来说同"资本家"这一术语的含义一样。

在法国二月革命期间，路易·勃朗成为世界历史上第一个进入政府内阁的社会主义者，在他那里"资本主义"概念是这样使用的："让我们看看，构成巴师夏先生全部论证的基础的诡辩是什么。这种诡辩就是经常混淆资本的有用性和我称之为资本主义（capitalisme）的东西，而资本主义，也就是说，一部分人占有资本，而把另一部分人排除在外。……因此你就可以高呼：资本万岁！我们维护资本，而我们以更大的热情反对资本主义（capitalisme），即资本的死敌。下金蛋的母鸡万岁！保卫下金蛋的母鸡，反对企图杀鸡取卵的人！"（《劳动组织》第9版，第161—162页）。他使用"资本主义"这一术语，是为了表达资本是排他性的占有物这种性质。

威廉·萨克雷是查尔斯·狄更斯之外维多利亚时代英国长篇小说家的代表，他使用"资本主义"概念来指称资产阶级的情感："资本主义（capitalism）的感觉使保罗·德·弗洛拉克清醒，适于表达他的情绪。"（《新来者：一个非常值得尊敬的家庭的传记》第4章《1854年12月》，伦敦1996年版，第488页）。

此外，法国革命家奥古斯特·布朗基可能写于1869—1870年的文章《社会批判》也出现了"资本主义"这一概念："窥伺时机、追求利润的资本主义（capitalisme）抓住了协作这个工具……"（《布朗基选集》，巴黎1971年版，第147页）。后面还写道："然后，资本主义（capitalisme）站在窗前，心安理得地看着人民在水沟中挣扎。"（第164页）显而易见，布朗基在这里使用的"资本主义"一词是同"资本"和"资本家"相关联的。

所有的例子都表明：1850年前后勒鲁、布朗和萨克雷，以及将近60年代末布朗基，都使用了"资本主义"概念，用以表达一种经济社会发展的总合状况，这种状况的特征如下：在现代经济制度产生的背景下，出现劳动阶级的贫困化；资本主义企业家为赚取利润而肆无忌惮；社会上贫富差距日益增大。在这些地方，"资本主义"还没有像今天最终形成的定义那样，用来表达现代社会的独特的经济制度和社会形式。

二、马克思对"资本主义"概念的使用

马克思将他在《资本论》中研究的问题领域，并没有归结为"资本主义"（Kapitalismus）概念，而是归结为"资本主义生产方式"（kapitalistische Produktionsweise）。尽管如此，还是能够证明马克思在为数不多的几个地方使用了"资本主义"这一术语。然而，在马克思自己出版的著作、文章当中，并没有出现"资本主义"这一概念。即使是"资本主义生产方式"这一概念，也是在1860年以后——也就是说在马克思着手撰写《资本论》以后——的手稿中才出现的。在此前的文本中马克思是在其他概念下讨论资本主义经济学问题的。下面本文予以简要解释。

在我们今天称为"资本主义"的问题领域内，马克思所研究的是现代社会中的生产关系和生产方式的独特的历史形态，他认为这种独特的历史形态是人的各种社会关系的决定因素，从马克思在《德意志意识形态》中阐发的历史唯物主义的观点来看，对于马克思来说，这种独特的历史形态是在资本主义社会的形式中表现出来的。马克思在致安年柯夫的信和《哲学的贫困》中首先通过"资产阶级生产形式"和"资产阶级生产关系"这种表达赋予这一思想以具体的形态。这些说法指的是

现代社会中的生产关系和生产方式的独特历史形态，因此它们同马克思在写作《资本论》期间阐发的概念"资本主义生产关系"是一致的。由此可以得出结论：马克思对资本主义的"发现"是在致安年柯夫的信和《哲学的贫困》中开始的。

把这种思想译入德文发生于1847年的文章《道德化的批判和批判化的道德》，在这篇文章中出现了"资产阶级生产"、"资产阶级生产关系"、"资产阶级生产方式"等概念①。这种表达方式在随后十年里，从《共产党宣言》或者《雇佣劳动与资本》直到《政治经济学批判。第一分册》（1859），在马克思的著作里确定下来，在对现代社会中的经济关系进行分析时被用来说明关键问题。

直到1857—1858年马克思写作《政治经济学批判大纲》时，这种情况才有了变化。马克思在《大纲》中力求寻找"资产阶级生产方式"的替代概念。在《资本章》的开头马克思研究了资本在生产中的职能，也就是在雇佣劳动的依附性中资本进行的运动；在这种职能中对资本的定义完全不同于在资本同商品和同货币的关系中对资本的定义。在这个阐释过程中我们反复遇到如下表达方式："建立在资本上的生产关系"、"受资本统治的生产关系"、"以资本为前提的生产方式"、"典型的名副其实的资本生产方式"。"资产阶级生产方式"的概念马克思几乎已经不再使用。

这里对"建立在资本上的"生产或者生产方式所尝试的各种不同表达方式，马克思用来取代以前使用的概念"资产阶级生产"或者"资产阶级生产方式"。从这个特点来说，它们在术语发展上代表通向

---

① 译者未在该著中找到"资产阶级生产"（bürgerliche Produktion）这一术语。——译者注

《资本论》的中间阶段，在《资本论》中马克思用"资本主义生产"或者"资本主义生产方式"等概念赋予资本主义问题领域以新的术语形态。

这两个概念是马克思在1859年1月到1861年夏天他撰写《政治经济学批判》的第二分册（后来以不同的方式在《资本论》中得到采用）的时候阐发的。这部阐释资本的本质的著作以《大纲》的《资本章》为基础。这里阐发的术语随后在《资本论》的一部庞大手稿《政治经济学批判》（1861—1863年手稿）中，以及在《资本论》本身中一再出现，而且，正如其很高的使用频率所体现的，作为固定的表达方式确定下来。"资产阶级生产方式"马克思再也没有使用过。

如果要回答为什么马克思把"资产阶级生产方式"（bürgerliche Produktionsweise）的概念改为"资本主义生产方式"（kapitalistische Produktionsweise）这个问题，那么就一定要看到同"资产阶级的"（bürgerlich）这一概念相联系的含义所具有的局限性。用这个词不可能表达出现代社会中以其现实形态出现的生产关系的全部问题领域。对"资产阶级的"（bürgerlich）概念的这种不足的日益加深的认识，促使马克思提出了"资本主义生产方式"（kapitalistische Produktionsweise）的概念，从这一概念中后来出现了"资本主义"（Kapitalismus）这一术语。

三、"资本主义"概念的阐述和扩展

1870年，即马克思发表《资本论》第一卷三年后，接近德国经济学历史学派的阿尔伯特·E. F. 谢夫莱发表了他的著作《资本主义和社会主义》（*Kapitalismus und Sozialismus*）。谢夫莱除了在标题中，还在正

文中反复使用了"资本主义"概念。"国民经济学上的形态学"中的"经济联系的形式"成为他理解现代社会的关键。因此谢夫莱在术语上用"资本主义"来称呼作为"当今国民经济的支配性组织形式"和不同的个人组成的"社会综合秩序"的企业。

当然我们并不清楚，谢夫莱的"资本主义"这一表达源自何处。上文已经指出，马克思并没有使用这一术语。然而谢夫莱本人引证了马克思的话并声明说，马克思是在同他自己极其相近的意义上使用这一概念的："为了避免误解，我要指出，马克思把资本理解为私人资本，把资本主义生产方式理解为在统治上与雇佣劳动者相对立的独特的经营形式。……因此，他的资本主义（Kapitalismus）概念比我迄今所使用的这个词的概念要窄。"（第310页）

怎样才能解释谢夫莱对马克思的令人感到矛盾的引证呢？谢夫莱在同《资本论》进行争论的时候，对现代社会的经济制度已经有了一套自己的理论理解。由此出发，他用自己的理解解释了马克思的结构性的阐述。谢夫莱由此得出自己的理解：马克思关于现代社会的经济制度的结构性概念面对他本人的阐述显示出意义上的局限性。

另外一个阐述来自约翰·阿特金森·霍布森。同英国正统的学术观点不同，霍布森认为，工人阶级的过低消费引发了经济危机。他在1894年发表的著作《现代资本主义的演化：机器生产研究》（伦敦版）中，将"资本主义"的发展首先理解为"机器生产"的不断扩展。从这个角度出发，他研究了作为机器生产的结果的工业、企业和市场的各个方面的变化。霍布森在他的著作的第一版中这样表达他对"资本主义"概念的理解："是现代工业运动的一个重要因素。……这个中心因素由一个专门用于现代工业的描述性称号——资本主义——表示出来。"（第4页）在霍布森那里，工业生产中机器的运用形成资本主义概念的中心因素；"资本主义"由此被用来表达工业的技术性质。这一概念的社会因素，即表达人的社会关系的生产关系和建立在赚取利润的基础上的独特的对价值的理解，在这种定义中就没有得到考虑。

霍布森在受到威尔纳·桑巴特1902年出版的著作《现代资本主义》（慕尼黑、莱比锡）的启发后，对他的《现代资本主义的演化》作了大幅度的修订和扩充，在新版中他对他的"资本主义"概念作了修改和进一步的阐发。现在霍布森将"资本主义"定义为一种工业形式，这种工业形式必须具备如下五个重要的因素：（1）积累；（2）无产阶级的存在；（3）工业技术；（4）市场；（5）资本主义意志。这种意义上的"资本主义"描绘的是经济企业的一种制度，它是在这样一种独特的社会条件下出现的。霍布森作了这样的界定，就是将作为现代社会的经济制度的表达的"资本主义"概念扩充到国民经济方面。

桑巴特本人则给出了另外一种定义。《资本论》第三卷一出版，桑巴特就发表了一篇受到恩格斯肯定的文章，他在文章中探讨了《资本论》的内容和意义。在《现代资本主义》中，桑巴特通过与手工业概念的对比最终得出如下定义："我们用资本主义来称呼一种经济方式，其中特有的经济方式是资本主义企业。"（第195页）对桑巴特来说，资本主义是建立在资本主义企业的形态之上的，它在雇用经营者的基础上，以赚取利润为目的。

随后，桑巴特在1909年发表了《资本主义企业主》一文（《社会科学和社会政治文库》第29卷，第689—757页），对自己的资本主义概念进行了修改。《现代资本主义》第二版（1916年）就是以这个修改了的定义为基础的，它同第一版中运用的定义明显不同。在第二版中，资本主义是这样定义的："说到资本主义，我们的理解是一种确定的经济制度，它具有如下的特征：它是一种交换经济的组织，在这种组织中通常有两个居民群体——生产资料的所有者,他们同时掌握领导权,是经济主体,以及没有财产的纯工人(作为经济客体)——通过市场联系起来,一起发挥作用;这种组织受到营利原则和经济理性主义的支配。"(第319页)在这里,资本主义这一概念被理解为社会资本同雇佣劳动的关系;也就是说,"资本主义"表达了社会的一种独特的经济组织形式。

此外,桑巴特还努力从以"资本主义精神"为印记的资本主义企业出发,来解释资本主义的产生。为了给这种"精神"——最终为资本主义的产生负责的因素——以具体的形态,他把"企业精神"说成一种"钱财欲、冒险乐趣和创造精神的综合",把所谓的"市民精神"说成人的经济方面,它和宗教以及其他各种因素一样,都对人的思想精神上的根本立场产生影响。

四、结论

1850年前后开始得到使用的资本主义(Kapitalismus)概念,一开始只不过被当作"资本"(Kapital)概念或者"资本家"(Kapitalist)概念的同义词来运用。直到在马克思那里,这个概念才获得了一种抽象的意义,但是还没有形成最终的术语形式。在表达现代社会中的生产方式的独特历史形态——这种独特的历史形态又是社会经济结构的特征——时,马克思阐发了"资本主义生产方式"(kapitalistische Produktionsweise)这一术语,马克思凭借这一术语能够清楚地阐明"现代社会的经济运动规律"。

随后,谢夫莱、霍布森和桑巴特等人以马克思开创的结构性阐述——即"资本主义生产方式"描述了现代社会的经济制度——为基础，各自提出了对这一概念的定义。由此他们深化了"资本主义"这一术语的含义，他们不再把这一术语直接当作某种特定的生产方式的表达。确切地说，他们把"资本主义"理解为现代社会的总体经济制度，这一总体经济制度受到一定的关键原因的制约，而每一个这样的关键原因又都会塑造出另外的一些关键原因。

附录：

［重田澄男在《马克思恩格斯研究论丛·新辑》2007年卷中发表了《关于重田澄男〈"资本主义"概念的起源和传播〉》，对他的这篇文章作了补充。他首先列举了他在马克思著作中发现的使用名词"资本主义"的例子（相当于《国外理论动态》本期所载《关于马克思著作中名词"资本主义"使用的考证》一文所列第1、2、5、7、8、9、10、11例），然后他制了两个表来展示马克思在1861—1863年手稿和《资本论》三卷中使用相关术语的频率：］

表一：1861—1863年手稿相关术语使用频率

MEGA²II/	3.1	3.2	3.3	3.4	3.5	3.6	总计
bürgerliche Produktion 资产阶级生产	3	1	15	13	4	3	39
kapitalistische Produktion 资本主义生产	58	44	137	123	84	83	529
bürgerliche Produktionsweise 资产阶级生产方式	0	0	4	0	1	1	6
kapitalistische Produktionsweise 资本主义生产方式	15	5	18	7	28	69	142

（续表）

MEGA²II/	3.1	3.2	3.3	3.4	3.5	3.6	总计
Bürgerliche Gesellschaft 资产阶级社会	4	9	4	5	4	3	29
Kapitalistische Gesellschaft 资本主义社会	0	2	0	1	1	0	4
Kapitalismus 资本主义	0	0	1	0	0	0	1

表二：《资本论》相关术语使用频率

	序、跋	第一卷	第二卷	第三卷	总计
bürgerliche Produktion 资产阶级生产	2	0	0	0	2
kapitalistische Produktion 资本主义生产	4	100	98	132	334
bürgerliche Produktionsweise 资产阶级生产方式	0	1	0	1	2
kapitalistische Produktionsweise 资本主义生产方式	4	63	21	201	289
Bürgerliche Gesellschaft 资产阶级社会	2	8	0	6	18
Kapitalistische Gesellschaft 资本主义社会	1	3	7	2	13
Kapitalismus 资本主义	0	0	1	0	1

[重田澄男还作了补充论证，以下为其中的部分段落：]

我并不认为马克思使用的"资本主义"表现了资本主义一词在术语学中的自身的独特特征和意义。原因如下。马克思在他出版的著作和文章中从未用过"Kapitalismus、capitalisme、capitalism"。只是在手稿和书信中他才使用了"资本主义"。而且如上表所示，使用"资本主义"的情况极为罕见。此外，书信中使用该词时是英语或法语，只是在谢夫莱的书名中是德语。而且，"资本主义"一词的含义在马克思那里实际上同"资本主义生产"或"资本主义生产方式"一样。

[……]

在《政治经济学批判（1861—1863年草稿）》中，马克思谈到："李嘉图把资产阶级的生产，确切些说，把资本主义的生产看作生产的绝对形式。"（MEGA II/3.4，S. 1247 [《马克思恩格斯全集》中文第1版第26卷Ⅲ第54页]）马克思在这里指出"资产阶级生产"这一术语并没有精确地表达资本主义生产的确定内容。

问题不仅仅是用来表达对现代社会相关因素的观念的术语是什么。马克思非常精确地阐述和确认了它的内容（同雇佣劳动相关的经济基础，现代社会以生产的形式出现的资本主义关系，同商品和货币关系有鲜明区别），根据有关这一内容的观念，马克思确定了新的术语（"资本主义生产"和"资本主义生产方式"）。

新的术语（"资本主义生产"和"资本主义生产方式"）适合于更为精确地表达马克思获得的有关现代社会相关因素的新观念。

（卫华 译）

马克思和韦伯：资本主义批判[*]

〔法〕米歇尔·洛威

美刊《新政治学》2007年冬季号刊登了西方马克思主义理论的著名学者迈克尔·洛威题为《马克思与韦伯：资本主义批判》的文章。文章指出，马克思和韦伯对资本主义的分析与其共同拥有的批判立场是分不开的，但是二者又存在不同，例如，马克思从社会主义革命那里看到了战胜资本主义的可能性，而在韦伯那里，资本主义似乎是一种不可避免的生产和管理模式。文章内容如下。

一

毋庸置疑，尽管马克思和韦伯对当代资本主义的理解有分歧，但仍然有许多共同点：他们都把资本主义看成是这样一个制度——在其中，个人被抽象所支配（马克思），非个人的和似物性的（thing-like）关系取代了人与人之间的依赖关系，资本积累绝大部分是非理性的，其本身成为了目的。

他们对资本主义的分析与一种批判的立场是分不开的，这种立场在马克思那里很清晰，而在韦伯那里却更模棱两可。但是，其批评的内容

---

[*] 本文选自《国外理论动态》2008年第8期。

以及导致其批评的触发点存在极大不同。首先，马克思将战胜资本主义的可能性压在了社会主义革命这一赌注上，而韦伯更确切地说是一个宿命论者和听天由命的观察者，他是在研究一种对于他而言似乎是不可避免的生产和管理模式。

反资本主义的批判是始终贯穿于马克思的研究的一个主要力场（force-field），赋予了其研究一致性。但这并没有阻碍其研究存在某种演变：《共产党宣言》（1848）坚持认为资产阶级在历史上发挥了进步作用，而《资本论》（1867）却更倾向于谴责资本主义制度的可耻行为。通常所说的一个"伦理的"青年马克思和一个"科学的"成熟的马克思之间的对立是无法阐明这一发展的。

马克思的反资本主义是建立在某些价值或某些标准之上的，一般包含如下内容。

（1）普遍的伦理价值：自由、平等、正义、自我实现。这些不同人类价值的联合构成了一个统一的整体，可以称其为革命的人道主义（revolutionary humanism），它作为批判资本主义制度的一个主要指导原则而发挥作用。反对资本主义丑恶的道德上的愤慨在《资本论》所有章节中都表现明显：它是赋予这部著作如此令人印象深刻的批判力量的一个重要因素。正如吕西安·戈德曼（Lucien Goldmann）所说，马克思并没有"混淆"价值判断和事实判断，而是发展了一种辩证的分析，在其中，解释、理解和评价是严格地密不可分的。

（2）作为这一制度的受害者和潜在掘墓人的无产阶级的立场。正如马克思在《资本论》序言中明确指出的：这一阶级的立场是他对资产阶级政治经济学批判的根源。像"正义"这样的各种价值正是从这种社会性的观点出发而得到了重新解释：它们的具体内涵因不同阶级的立场和利益而存在不同。

（3）一种获得解放的未来的可能性，一种后资本主义社会的可能性，一种共产主义乌托邦的可能性。它基于这样一种假设——或者根据吕西安·戈德曼的观点，基于这样一个赌注，即所有生产者将实现自由联合，这意味着资本主义的否定性要素将在资本主义的各种罪恶中形成。

（4）在过去，一个更平等的或者更民主的社会和文化形式被资本主义的"进步"所破坏。这一关于浪漫主义起源的观点作为例子出现在马克思和恩格斯关于原始共产主义社会的所有著作中。这是一种公有制社会的生活方式，没有商品，没有国家或私有财产，也没有对妇女的父权压迫。

这些价值观的存在并不意味着马克思持有康德式的观点，即他反对对现有事实持一种先验的观念：马克思的批判是以反抗资本主义的现实社会力量——工人阶级的名义发展形成的，也是在由生产力的发展所形成的潜力与资本主义生产关系带来的局限性之间所产生的矛盾的名义下发展形成的，就此而言，他的批判是内在固有的。

马克思反资本主义的批判围绕五个基本问题展开：剥削的不公正、异化造成的自由的丧失、金钱式的（商业式的）量化（quantification）、非理性和现代的野蛮主义。让我们对这些问题进行简单考察，重点是那些鲜为人知的部分。

（1）剥削的不公正。独立于这种或那种经济政策的资本主义制度是以剥削工人的无偿剩余劳动为基础的，"剩余价值"是所有租金和利润的源泉。这一社会不公正的极端表现就是对儿童的剥削、低于基本生活费用的工资、不人道的劳动时间以及无产阶级悲惨的生活条件。但是，无论工人在这一或那一历史时期的条件如何，这一制度自身是内在不公正的，因为它是寄生的和剥削直接生产者的劳动力的。这一论断在

《资本论》中占据中心位置,对于马克思主义工人运动的形成具有本质意义。

(2)异化、物化和商品拜物教导致的自由的丧失。在资本主义的生产模式中,个人——特别是劳动者——是受自己所生产的产品支配的,即产品成为自主的偶像并挣脱了劳动者的控制。马克思的早期著作对这一问题进行了集中讨论,但《资本论》中关于商品拜物教的著名章节也对此进行了讨论。

在马克思对异化的分析中占据核心的是这样一种观念,即资本主义是一种幻想破灭的"宗教",商品代替了神性:工人在劳动中耗费的力量越多,他亲自创造出来反对自身的、异己的对象世界的力量就越强大,他的本身、他的内部世界就越贫困。宗教方面的情况也是如此。人奉献给上帝的越多,他留给自身的就越少。拜物教这一概念本身就指向了宗教,指向了偶像崇拜的原始形式,因而包含了所有宗教现象的基本原则。

诸如雨果·阿萨曼(Hugo Assmann)、弗兰兹·辛克拉曼(Franz Hinkelammert)和恩里克·杜塞尔(Enrique Dussel)这样的解放神学论者在他们谴责市场崇拜(market idolatry)时,大量引用了马克思反对资本主义异化和商品拜物教的著作,这决非偶然。

(3)社会生活的金钱式的量化。由交换价值、利润积累和资本积累所控制的资本主义制度往往会消融和破坏所有关于质的价值:使用价值、伦理价值、人类关系、人的情感。占有取代了生命,唯一剩下的只有金钱支付(根据卡莱尔有名的说法就是金钱关系,马克思继承了一说法)和"利己主义打算的冰冰"(《共产党宣言》)。

现在,反对量化和拜金主义(另一个由卡莱尔所使用的术语)的斗争是浪漫主义的核心之一。与浪漫主义对现代资本主义文明的批判一样，马克思相信，资本主义在这一方面引起了社会关系的严重恶化以及一种与前资本主义社会相比而言的伦理上的退步。

最终，历史进入这样一个时代，所有原本不可让与的人类价值都变成了交换和交易的对象，并可能被让与。在这一历史时期，每一件以前可以被转让但绝不能被交换，能被给与但绝不能被出卖，能被占有但绝不能被购买的东西，如美德、爱、观念、科学、良心等等，现在都变成可买卖的。这是一个普遍败坏、整体唯利是图的时代；或者用政治经济学的术语来说，在这个时代，一切东西，无论是精神上的还是物质上的东西，都获得了一种金钱上的价值，并可能被带到市场评估出一个合适的价格。

金钱的力量是资本主义量化的最冷酷的说法：它扭曲了所有"人类和自然的本质"，其手段就是使它们屈服于金钱的衡量标准：金钱的数量越来越变成人类唯一的和强有力的所有物；同时，它将所有的生命存在降低为它的抽象存在，它将处于变动中的自身降低为量化的存在。

（4）这一制度的非理性的本质。生产过剩这一动摇资本主义制度的周期性危机暴露了该制度的不合理性——《宣言》中使用的术语是"荒唐"：一方面是"生活资料太多"，另一方面是绝大部分人口缺乏最低的生活用度。当然，这一整体上的不合理性与单个工厂在生产管理层面上具体的和局部的合理性并不矛盾。

（5）现代野蛮主义。在某种程度上，资本主义是历史进步的载体，特别是通过生产力的几何级数的增长而为新社会创造了物质条件，这个新社会是一个自由和团结的世界。但与此同时，就这种制度"使得每一次经济上的进步都成为公共灾难"而言，它也是一种社会退步力量。考虑到诸如济贫法或者济贫院——那些"工人的巴士底狱"等这些资本主义最邪恶的表现，马克思在 1847 年写下了以下令人惊讶的和预言性的一段话，它似乎宣告法兰克福学派的诞生：野蛮主义重新显现，但是这次它是在文明自身内部形成的，是这一文明整体的一部分。这是麻风病式的野蛮主义，是作为文明的麻风病患者的野蛮主义。

所有这些批评都内在地联系在一起：它们互相涉指，互相预示，它们在一种全球性的反对资本主义的视野中联合在一起，这是作为共产主义思想家的马克思与众不同的特征之一。在其他两个问题——它们是今天最时髦的话题——方面，马克思反资本主义的批评更模棱两可或不充分。

（6）资本主义的殖民主义和/或帝国主义的扩张，对殖民地人民的残暴和野蛮的统治，使他们被迫屈服于资本主义生产和资本积累的需要。就这一点而言，人们在马克思那里可以看到某种演变：如果在《宣言》中，他似乎还把"农业"或"野蛮"民族向资本主义文明屈服作为进步来称赞，那么他关于英国的印度殖民地的著作考虑到了西方统治的阴暗面——但是仍然被看成是不可避免的罪恶。

只有在《资本论》中，特别是在有关资本原始积累的那一章中，人们才看到对殖民扩张的可怕作出的真正激进的批评：土著居民的屈服或灭绝、征服战争、奴隶贸易。马克思引用 M. W. 霍维特（M. W. Howitt）的话说，这些"令人恐怖的野蛮行为和暴行在人类历史的任何时期和任何种族中都是从未有过的，无论多么野蛮、残忍、无情和无耻"。它们不是简单地被描述为历史进步的代价，而是被明确地谴责为一种"恶行"。

（7）资本主义文明的扩张使对自然的统治变成可能，《宣言》为此而欢欣鼓舞。只是到了后来，特别是在《资本论》中，资本主义生产方式的扩张对自然环境的破坏才被考虑到。

资本主义农业的每一次进步不仅仅是剥削工人的方式的进步，也是掠夺土地的方式的进步；每一次生产力方面的短暂进步也是生产力基础遭到长期破坏的进步。因而不仅仅资本主义生产在发展……而且与此同时，它耗竭了产生所有财富的两个源泉：土地和劳动者。

人们能够在这里看到一种关于进步的真正辩证主义观点的表达——进步这一单词在反讽意义上的使用方式也表明了这一点——这可以是一种系统的生态学思想的起点，但并没有被马克思所发展。

二

韦伯的方式与马克思大不相同。他对资本主义的态度是非常含糊和矛盾的。我们可以说，韦伯因其资产阶级的身份和知识分子的地位而处于分裂状态，作为资产阶级，他是完全支持德国的资本主义及其帝国权力的；而作为知识分子，他对浪漫主义作出的反资本主义的文明批判（Zivilisationskritik）观点很敏感（这些观点在20世纪初对德国的学术主流极有影响）。从这种观点出发，可以将他与另外一种分裂（如果不是精神分裂症的话）——德国的资产阶级和知识分子的分裂——进行对比：普鲁士人和犹太人，资产阶级企业家和对机器文明的尖锐批评者。

韦伯拒绝任何社会主义的观念，在有些时候，他在捍卫资本主义时毫不犹豫地使用了一些抱歉性的观点。这一点在他的《新教伦理和资本主义精神》一书的描述中非常明显。他将资本主义的起源描述为新教徒的工作伦理（work ethic）的结果，即艰苦的劳动、有组织的经济活动、节俭的生活和储蓄的再投资的结合：这一描述非常接近资产阶级理想化的自我形象。他常常似乎倾向于听天由命地接受资产阶级文明，这种接受虽然不是心悦诚服的，但是也是不可避免的。然而，在某些对20世纪的思想产生了重要影响的关键性叙述中，他大肆批评了资本主义合理性中的自相矛盾之处，这种批评是富有洞察力的、悲观的和激进的。根据社会学家德雷克·塞耶（Derek Sayer）的看法："在某种程度上，他的对资本主义的批判，作为一种生活的否定力量，比马克思更尖锐。"这一评价有夸大之嫌，但韦伯的某些观点确实触及了现代工业文明/资本主义文明的根基。

很显然，韦伯所提出的这些问题与马克思的那些问题十分不同。韦伯忽视了剥削，他对经济危机不感兴趣，对无产阶级的斗争缺乏同情，对殖民扩张也没有提出质疑。然而，受浪漫主义或尼采式的文明悲观主义的影响，他觉察到了程式化的现代理性的要求（官僚机构和私人企业是这一要求的具体体现）与行为主体的自主性要求之间的深刻矛盾。韦伯使自己远离启蒙的理性主义传统，他对现代理性的矛盾和局限性很敏感，这种现代理性自身体现在资本主义经济和政府管理中：它具有程式化和工具性的特征，它具有追求效果的倾向，而这种倾向导致了现代性对解放的渴望的倒转。对算计和效率不计代价的追求会导致官僚化和人类活动的物化。在很大程度上，对现代性危机的这种诊断被法兰克福学派的第一代（阿多诺、霍克海默、马尔库塞）继承了下来。

在韦伯的对现代性悲观的、听天由命的评价中，最引人注目的是它否定了各种关于进步的幻想，这些幻想在20世纪初是如此强有力地影响着欧洲人的思想观念。例如，下面是他在1919年最后一次公开谈话中所说的："正在等待我们的并不是夏季盛开的鲜花，而是极地的黑夜、寒冷、阴暗和狂暴。"这种悲观主义与对资本主义自身的本质和它的合理性/现代化的机制持有的批评性观点是分不开的。

人们可以在韦伯对资本主义制度的实质本身的批判中区分出两个方面——它们之间是密切联系的。

（1）手段和目的的倒置。就资本主义精神来看（富兰克林·本杰明是该精神的一个理想的代表人物），去赚钱，去赚取越来越多的钱（马克思会说是资本积累）是生活的首善（supreme good）和最终目的。

对财富的追逐完全剥夺了所有快乐的方面，当然这是享乐主义意义上的快乐。从而，这种追求完全被理解为目的自身了——以致它看起来完全脱离了事情的正常轨道，而根本是反理性的，至少从单个个人的"幸福"和"利益"的角度看是这样。这时，人们都习惯于把获取作为生活的目标：获取不再被看成是实现满足生活真实需要这一目标的一种手段。那些拥有自然天性的人把这种情形看成是对自然状态完全无意义的逆转。然而，这种逆转无疑构成了（现代）资本主义的指导原则，如同对这种新形势的不理解构成了所有那些仍然未被（现代）资本主义触角所触及的人们的特征。

以目的为导向的现代理性——韦伯的形式理性，或者法兰克福学派所说的工具理性——的最高表达形式是资本主义经济，从"生活的真实需要"或者从人类幸福来看，它将自身揭示为"完全的非理性"或"绝对的无意义"。韦伯在《新教伦理》中多次返回到这一问题上，总是坚持资本主义积累逻辑的非理性——这是他的重点所在：对于那些将交易视为"对生活必不可少的"人们而言，资本主义精神和经济传统主义之间的比较"使得这种非理性显而易见，从个人幸福的角度看，从安排生活方式的角度看：人们活着是为了交易而不是相反"。

当然，韦伯相信，这种"荒谬的"和"非理性的"制度有它自身强大的合理性；韦伯的评论只不过显示了资本主义精神所存在的一个重要鸿沟。很显然，在这里存在两种冲突的理性形式：一是工具理性，纯粹形式化的和工具化的，在资本主义制度下，它的唯一目的是为生产而生产，为积累而积累，为金钱而金钱；另一个，更真实，与前资本主义自然条件相应，指诸如这样一些价值（价值理性）：人的幸福，他们需要的满足。

这种突出其非理性一面的关于资本主义的定义和马克思的观点具有密切关系。目的（即人类）对于手段（即企业、金钱、商品）的屈从这一观点与马克思的异化概念非常相近。韦伯非常清楚这种相似，他在1918年关于社会主义的会议中提到了这一点："所有这些（资本的与人无关的职能）就是社会主义所定义的'物对人的支配'，这意味着手段支配了目的（必需品的满足）。"附带说一句，这也解释了为什么卢卡奇在《历史和阶级意识》（1923）一书中的物化理论是建立在马克思和韦伯这两者基础之上的。

（2）对一个整体上强大的机制的屈服，被其自身所创造的制度所监禁。这一问题是和前一问题紧密相连的，但是它强调了自由的丧失，个体自主性的衰落。关于这一批判的最常被引证的论述出现在《新教伦理》的最后几章，毫无疑问，这是韦伯著作中最著名和最有影响力的章节——这也是他允许自己做出其所谓的"价值和信念判断"的少数几个地方之一。

首先，带着听天由命的怀旧之情，韦伯认为现代资本主义精神的胜利要求"放弃人类那种浮士德式的多维性（multi-dimensionality）"。对歌德而言，承认资本主义时代的到来意味着告别了一个充满完整的和美好的人性的时代，这对韦伯而言也是一样的。

另一方面，资本主义理性创造了一个越来越压抑和受束缚的环境："清教徒曾经渴望成为具有职业感召（vocational calling）的人，现在我们被强制成为这样的人。"现代资本主义的经济秩序，加上其机械的和机器制造的技术条件，"决定了所有在其中出生的人的生活方式，不仅仅是那些直接赚钱谋生的人"。韦伯把这种束缚比作某种监狱，或者是"铁笼"，在其中，理性生产的制度包围了具体个人："根据巴克斯特

（一个清教徒传教士）的说法，对物质利益的追逐应该由道德高尚的人来承担，像'一件随时可以脱掉的轻外套'。然而，命运却在这件外套外面铸造了一个铁笼（sthahlhartes Gehäuse）。"

这一说法后来变得很有名。它打动人心的不仅仅是其悲剧式的屈从，还有其批判性的方面。对于"sthahlhartes Gehäuse"有几种不同的解释和翻译：一些人将它译成"保护性外套"，而另一些人将它译成"外壳"和"牢房"。韦伯很有可能是从英国清教徒诗人班杨（Bunyan）那里借用来了"绝望的铁笼"这一象征。无论如何，在《新教伦理》中，它似乎是在把资本主义经济的物化结构描述为一种坚硬的囚牢——严密、冰冷和无情。

韦伯的悲观主义使他害怕所有的价值和理想将走向终结，害怕在现代资本主义的庇护下，会出现一种"机械的僵化的东西，这种东西被一种强迫的自以为是的感觉所掩饰"。他预感到这种物化过程将从经济领域扩展到社会生活的所有领域：政治、法律、文化。

在法兰克福学派之前，卡尔·洛维特（Karl Löwith）在他1932年富有才华的关于韦伯和马克思的文章中，已经领会了韦伯对资本主义的批判中具有的"理性辩证法"，以及韦伯和马克思的密切关系：

"这种独特的不合理性是在理性化过程中形成的，就手段和目的之间的联系而言，同时也就这一关系的逆转而言，韦伯也是这样认为的，因为对他而言这种联系是理性概念和自由概念的基础。作为目的的手段使得其自身成为独立的，因而丧失了它们原来的'意义'或意图，换句话说，它们失去了指向人及其需要的原初意图的合理性。这种颠倒是整个现代资本主义文明的标志。现代资本主义文明的制度安排、机制和活动都是如此'被合理化'，以致于与过去人性在这些制度安排、机制和活动中建立起自身不同，现在正是它们像'铁笼'一般包围和决定了人性。这些机制最初是从人类行为中产生的,现在人类行为必须反过来适应它自身的创造物,而这些创造物已经脱离了创造者的控制。"

"韦伯自己断言,真正的文化问题——合理性走向不合理性——即存在于此,他和马克思在对这一问题的界定上是相同的,但关于它的评价则看法不同。这种自相矛盾的倒置——用西美尔(Smimel)① 的术语来说,即'文化的悲剧'——变得最为显而易见的情况是,它正好出现在其内在意图是为了获得具体合理性这种类型的活动中,即它正好出现在从经济方面看是合理的活动中。在合理化过程中,意图完全合理的行为不可逆转地转变为自身的反面,这一转变的过程及其原因正好在这种倒置中变得极其明显。"

三

不像马克思,韦伯所没有理解的是交换价值对人类活动的支配。稳定物价的机制与内在于商品交换中的自主行为导致了社会关系的货币主义化。这位来自于海德堡的社会学家没有想到用对生产的民主化控制来代替价格自我稳定的异化逻辑这种可能性。

韦伯和马克思都共同认为资本主义制度具有本质的不合理性——这与其形式上的合理性和部分合理性并不矛盾。为了理解这种不合理性,两人都提到了宗教。

就韦伯而言,必须要解释的是这种非理性主义的根源,这种"自然状况的逆转",而他所提出的解释提到了某种宗教性表述的决定性影响:新教伦理。

---

① 即指齐美尔。——本丛书编者注

而对于马克思，资本主义的起源并不和任何宗教伦理相关，而是和抢劫、屠杀和剥削的残忍过程相关，他用"资本的原始积累"这一术语来描述这一过程。然而，他也提及宗教在解释资本主义的"颠倒"逻辑中起了重要的作用。这不是韦伯所说的因果联系，而是结构上的密切关系：非理性是作为异化过程的资本主义生产模式的内在的、普遍的和本质的特征，正因为如此，它和宗教异化有着结构上的相似：在两种情形中，人类都被他们自己的产品所控制——分别是资本（金钱、商品）和上帝。

通过考察韦伯主义和马克思主义对资本主义批判在某些方面的密切关系，并以一种原初的方法把它们结合起来，卢卡奇由此构建了物化理论，阿多诺和霍克海默提出了对工具理性的批判——这是20世纪西方马克思主义理论中两种最重要的和最激进的理论创新。

（云南师范大学马克思主义研究中心 译）

关于马克思恩格斯著作中资本主义分析和社会构想的关系问题[*]

〔德〕米歇尔·亨利希

马克思想通过他对资本主义的分析为资产阶级关系的革命作出贡献。正如古典政治经济学是上升时期的资产阶级自我反思和表白的主要代言人一样，政治经济学批判也应该成为无产阶级为自身解放进行斗争的理论武器。

马克思和恩格斯当然不是想从道义上把资本主义评说为不公正的社会关系制度。他们也不是想把社会主义作为以正义的名义来实现的理想状态，与资本主义对立起来。他们称这类观点为"空想社会主义"，并用自己的"科学社会主义"同这种"空想社会主义"明确地划清界限。他们不是用道德标准，而是用对资本主义的科学分析来论证社会主义生产方式的必然性。

但是，马克思主义几乎只是以其被庸俗化的变种，即历史决定论或对资本主义所作的道德化批判，获得其政治影响的。社会主义革命没有在发达的资本主义国家获胜，而只是在不怎么发达的国家取得胜利。当然，这些革命只是在下述意义上说是成功的，即革命先锋队（最初）能够确保自己的政权，而这些革命作为社会解放的规划却失败了。但

---

[*] 本文选自《马克思恩格斯研究》1993年第15期。

是，并没有把社会主义归结为纯粹为了维护政权的规划，而仅仅是捍卫了社会主义的要求，特别是针对原来是解放的主体的那些人。在这样的情况下，马克思主义不只是被庸俗化了，而且堕落为单纯的表明合法性的意识形态。

现在许多左派日益背离马克思主义，这是对"现实存在的社会主义"崩溃的反应。尽管他们能区别马克思主义的最初设想和"社会主义集团"的现实，他们还是把这一集团的发展理解为马克思主义或多或少的必然结果。他们认为，马克思理论中所制定的要求太高了无法实现。关于革命主体的观念必须放弃，就像放弃关于经济关系完全可以计划的幻想那样。不过，还有完全颠倒的反应，认为糟糕的现实与纯马克思遗产没有任何关系，而应宣传真正的社会主义：宣传"真正的"革命、"正确"的计划经济等等。这种美化同全面否定一样，都无助于马克思主义学说的更新。相反，倒是有必要对马克思的理论进行评论（坚定有力的评论），研究马克思理论的内在稳定性和一贯性及其界限。

这里讨论的问题，即马克思和恩格斯所提示的主要以废除商品生产为基础的社会主义构想和马克思的资本主义分析之间的联系，就是要有助于进行这种评论。我的论点是，马克思和恩格斯在谈到废除商品生产时，同时也是以商品生产的观念为出发点的，而这个观念大大落后于在政治经济学批判中达到的反思水平。如果这个论点合乎实际，那么，马克思和恩格斯所着眼的商品生产的废除，就根本不属于马克思主义的科学部分，倒不如说只标出一块填补得很拙劣的空白。

马克思和恩格斯关于社会主义社会的最详细论述见于《反杜林论》

和《哥达纲领批判》两书。① 恩格斯在《反杜林论》里不只是同杜林论战，他还在许多领域中以通俗易懂的形式把"马克思主义的"观点同杜林加以比较，以致《反杜林论》很快被视为马克思主义的最重要的纲要，而且，比马克思的比如说《资本论》传播更广。

在《反杜林论》里，恩格斯试图把资本主义制度下生产力和生产关系之间的矛盾说成是社会主义的客观基础。恩格斯说，资产阶级使中世纪农民和手工业者的小生产革命化了，他们把生产资料"从个人的生产资料变为社会化的，即只能由大批人共同使用的生产资料"②，但是保留了私人占有方式。恩格斯认为，这构成了现代资产阶级社会中生产力和生产关系的矛盾："生产资料和生产实质上已经变成社会化的了。但是，它们仍然服从于这样一种占有方式。这种占有形式是以个体的私人生产为前提……这个使新的生产方式具有资本主义性质的矛盾，**已经包含着现代的一切冲突的萌芽。**"③

但是，不仅在资本主义制度下，而且在任何一个阶级社会，都有非生产者占有产品或剩余产品的情况。恩格斯所说的"社会化的生产"，即只能由大批人共同使用的生产力，在早期的生产方式（如亚细亚生产方式或奴隶社会的生产方式）中业已存在，可见，社会化的生产和私人占有之间的矛盾是很普遍的，不能当作资本主义生产方式的特征。

恩格斯把生产力发展的一个特定方面与**占有方式**即**所有制形式**作了对比。但是，生产方式的资本主义性质在于生产和再生产归属于**价值的**

---

① 因为对我来说问题在于已展开的资本主义分析和社会主义构想的关系，所以这里不可能考虑马克思和恩格斯在《经济学哲学手稿》和《德意志意识形态》里的早期言论。

② 《马克思恩格斯全集》第 1 版第 20 卷第 294 页。

③ 《马克思恩格斯全集》第 1 版第 20 卷第 295 页。

增殖。增殖的强制性是命令,这种命令即使在产品例如由国家占有时也不会更改。因此,不仅改变占有关系而且还要改变生产和再生产的形式规定,生产方式才能失去其资本主义性质。

恩格斯视经济危机是社会化生产和私人占有之间的矛盾的"剧烈爆发"①。恩格斯认为,危机主要是由生产的无政府状态引起的。在马克思那里,对危机的解释虽然出现了互相矛盾的苗头,但他并没有特别指出市场的无政府状态,而是(例如在《资本论》第 3 卷第 15 章里)把生产的资本主义性质,即越来越高的阶段上的增殖,强调为商品生产过剩和资本积累过剩的原因。

恩格斯只是消极地把危机理解为资本"无能"的表现,而马克思总是把危机理解为资本主义发展问题的强制性**解决**,理解为增殖条件的再形成。正是危机使资本主义具有弹性和适应能力。

因为恩格斯把生产力和生产关系的矛盾首先确定在占有方式上,所以他认为,在资本主义制度下已经发生的所有制形式的变改,诸如股份公司或者变私人所有为国家所有,是表明资产阶级也不得不承认生产力的社会性的最初迹象。但是,这种国家所有还不是生产方式和占有方式之间的冲突的解决办法。这种办法只能在于:"社会公开地和直接地占有已经发展到除了社会管理不适于任何其他管理的生产力。"② 不过,要达到这种情况又要经由国家所有:"无产阶级将取得国家政权,并且首先把生产资料变为国家财产。"③

对恩格斯来说,随着生产资料由社会占有,生产力的社会性和私人占有方式之间的矛盾解决了。当然,"社会"一词现在含有别的意思:

---

① 《马克思恩格斯全集》第 1 版第 20 卷第 301 页。
② 《马克思恩格斯全集》第 1 版第 20 卷第 304 页。
③ 《马克思恩格斯全集》第 1 版第 20 卷第 305 页。

如果生产力的社会性一开始是指只有大多数人（但绝对不是整个社会）能够使用新的生产力，那么"社会"一词现在是指作为一个整体的社会。在"社会"一词的第一个含义里，矛盾的解决不在于作为整体的社会占有生产资料，而在于使用生产力的人根据情况以合作社形式占有生产资料，不过这里还丝毫没有说明这些合作社以什么样的方式方法进行**全社会**的协作。

当然，恩格斯直截了当地把生产资料的社会占有和取消商品生产视为同一。个人耗费的劳动不必首先以其产品交换来证明劳动的社会性，更确切地说，劳动从一开始就应该是"直接的社会劳动"：

"一件产品中所包含的社会劳动量，可以不必首先采用迂回的途径加以确定；日常的经验就直接显示出这件产品平均需要多少数量的社会劳动。社会可以简单地计算出：在一台蒸汽机中，在一百公升的最近收获的小麦中，在一百平方米的一定质量的棉布中，包含着多少工作小时。因此，到那时，由于产品中包含的劳动量社会可以直接地和绝对地知道，它就不会想到还继续用相对的、动摇不定的、不充分的、以前出于无奈而不得不采用的尺度来表现这些劳动量，就是说，用第三种产品，而不是用它们的自然的、相当的、绝对的尺度——**时间**来表现这些劳动量……因此，在上述前提下，社会也无需给产品规定价值……诚然，就在这种情况下，社会也必须知道，每一种消费品的生产需要多少劳动。它必须按照生产资料，其中特别是劳动力，来安排生产计划。各种消费品的效用（它们被相互衡量并和制造它们所必需的劳动量相比较）最后决定这一计划。人们可以非常简单地处理这一切，而不需要著名的'价值'插手其间。"[①]

[①] 《马克思恩格斯全集》第1版第20卷第334页。

恩格斯在这里把"社会"理解为自觉活动的**主体**。社会"知道",社会作出"计划"和"决定"。但是,恩格斯没有探讨社会这个主体应该如何组织。因此,他也回避讨论各生产者集团之间、生产者和消费者之间等等的利益差别。他同样也很少提应该如何完成"这个"社会向各个社会成员提出的计划这个问题。随着阶级(必须加上:至今存在的阶级)的消失,国家也会自行消亡,而且对人的统治将由对物的管理所代替①——这样的幻想忽略了正是从对物的管理中重新产生出统治关系。

但是,对这里讨论的资本主义分析和社会主义构想之间的关系来说,比这些政治问题的逐渐消失更具决定意义的,是恩格斯废除商品生产的观念所依据的一些未加只字说明的**前提**。恩格斯的出发点是:社会主义制度下社会**知道**各种物品生产的劳动耗费,**因此**,这个劳动量不必再用价值来表现。他认为,货币用作价值尺度,纯属"权宜之计"。于是,恩格斯不言自明地从下述观念出发:**具体**劳动的耗费量**在**交换前已经确定产品的价值量。这样,每件商品在进入市场时已具有它的完全确定了的价值,而在市场上这种价值只不过再以一定货币量实现罢了。如果从一开始就知道和计划好劳动耗费,那么,市场这种中介显然是多余的。

马克思在《哥达纲领批判》里也持同恩格斯在《反杜林论》里类似的观点。② 马克思在《资本论》里就用"自由人联合体"③ 来描述一

---

① 《马克思恩格斯全集》第 1 版第 20 卷第 306 页。

② "在一个集体的、以共同占有生产资料为基础的社会里,生产者并不交换自己的产品;耗费在产品生产上的劳动,在这里也不表现为这些产品的价值,不表现为它们所具有的某种物的属性,因为这时和资本主义社会相反,个人的劳动不再经过迂回曲折的道路,而是直接地作为总劳动的构成部存在着。"(《马克思恩格斯全集》第 1 版第 19 卷第 20 页)

③ 《马克思恩格斯全集》第 1 版第 23 卷第 95 页。

个直接的社会结合的抽象模式。当然,在《资本论》里,还有一些不同类型的社会结合的例子,它们是用来说明,劳动产品的价值形式只是一种特殊的历史形式。

但是,现在的主要问题是:对这种直接的社会结合是怎样考虑的,应该如何计划生产和分配产品。除了应该计划生产之外,我们对第一点一无所知。而在《资本论》里"仅仅为了同商品生产进行对比"①所设想的一种与个人工作效率成比例地进行的分配,在这里成了共产主义社会的原则,而这个共产主义社会"不是在它自身基础上已经**发展了的**,恰好相反,是刚刚从资本主义社会中**产生出来的**"②。

每一个生产者应该(在扣除扩大生产、社会保险基金以及诸如此类的东西之后)领回的,恰恰是他给予社会的东西:

"他所给予社会的,就是他个人的劳动量……他从社会方面领得一张证书,证明他提供了多少劳动(扣除他为社会基金而进行的劳动),而他凭这张证书从社会储存中领得和他所提供的劳动量相当的一份消费资料。他以一种形式给予社会的劳动量,又以另一种形式全部领回来。"③

马克思的出发点也不仅仅是,耗费在各种物品生产上的劳动量是**已知的**,而且这种劳动量也是可以**直接比较的**。马克思甚至明确地举出类似商品交换的情况:

"显然,这里通行的就是调节商品交换……的同一原则……即一种形式的一定量的劳动可以和另一种形式的同量劳动相交换。"④

---

① 《马克思恩格斯全集》第1版第23卷第95页。
② 《马克思恩格斯全集》第1版第19卷第21页。
③ 《马克思恩格斯全集》第1版第19卷第21页。
④ 《马克思恩格斯全集》第1版第19卷第21页。

可见，在社会主义制度下不应废除商品交换的等价物，而只应该废除起中介作用的主管部门——市场。但是，这就意味着马克思在这里如同恩格斯在《反杜林论》里一样把市场视为这样一种设施：它只是**事后**实现各个商品在交换前已确定的价值。

如果说马克思和恩格斯谈过废除商品生产，那他们也是以商品生产的某种作用方式为前提的。他们假定，商品的价值量在交换前已经由耗费在商品生产上的劳动确定。然后，这种于交换前确定的价值在市场上变为货币。变为货币，这是一种纯粹事后的、可以说技术上的行为。因此，恩格斯也把货币称之为"权宜之计"，而这种权宜之计将会成为多余的。

各个商品的价值在它们于交换过程中与货币发生关系之前就已确定——这个观点可以引证马克思《资本论》里的许多说法作为依据。特别是第一章头两个小节可以说有这个意思。

当然，在马克思那里还可以发现第二个论据系列。例如说，价值形式分析的目的在于证明：商品的价值对象性只存在于它们在交换时借助货币所具有的关系中。马克思关于一般价值形式这样写道："因此，只有这种形式才真正使商品作为价值互相发生关系。"① 这第二个论据系列很明显地表现在 1871—1872 年撰写的、现在第一次发表于《马克思恩格斯全集》历史考证版的一段文字里。在这段文字中，马克思为《资本论》第 2 版修改了第 1 版第 1 章。他在那里关于商品的价值对象

---

① 《马克思恩格斯全集》第 1 版第 23 卷第 82 页。在《政治经济学批判》(1859 年) 里已经在类似的意义上谈到社会劳动时间，即为了成为有价值的，个人劳动必须变为社会劳动时间："社会劳动时间可以说只是潜伏在这些商品中，只是在它们的交换过程中才显露出来……因此，一般社会劳动不是现成的前提，而是变成的结果。"(《马克思恩格斯全集》第 2 版第 31 卷第 438 页)

性这样写道：

"商品也只有作为社会关系才具有这种社会对象性。"① 还有："因此，一件劳动产品，孤立起来看并不是价值，就像它不是商品一样。只有当它同其他劳动产品结合在一起时，它才是价值……"②

此外，商品的"价值实体"即抽象的人类劳动不可当作准基质，而应该当作一种特定社会关系的对象性反映。因此，像马克思在一处③建议的那样，也不可根据生理学意义上的劳动耗费来谈论抽象的人类劳动，而应根据不同的个人劳动在交换中被彼此的等同来谈论抽象的人类劳动。④ 如果说个别商品没有被赋予价值实体，那么价值量也不是个别商品特有的，而是生产者的社会关系的表现⑤，这种关系是在交换中通过商品与货币的关系建立起来的。

关于商品价值是在交换前已经确定还是在交换中才确定的问题，不只是涉及马克思的准确的解释。如已提到的那样，马克思在这个问题上也是不明确的。他的价值论摇摆于价值是实体和实物的观点（这种观点

---

① 《马克思恩格斯全集》历史考证版第 2 部分第 6 卷第 30 页。
② 《马克思恩格斯全集》历史考证版第 2 部分第 6 卷第 31 页。
③ 参看《马克思恩格斯全集》第 1 版第 23 卷第 60 页。
④ 这一点马克思在关于商品拜物教这一节里已明确肯定："完全不同的劳动所以能够相等，只是因为它们的实际差别已被抽去，它们已被化成它们作为人类劳动力的耗费、作为抽象的人类劳动所具有的共同性质。"（《马克思恩格斯全集》第 1 版第 23 卷第 90 页）此外，在上面提到的 1871—1872 年的手稿里他在这一处作了补充（并收入《资本论》法文版）："不同的具体的私人劳动要化成相同的人类劳动的抽象，只有通过交换，这种交换事实上使不同的劳动产品彼此等同。"（《马克思恩格斯全集》历史考证版第 2 部分第 6 卷第 41 页）
⑤ 关于这一点，还可参看《马克思恩格斯全集》第 1 版第 23 卷第 120 页以及《马克思恩格斯全集》历史考证版第 2 部分第 6 卷第 38 页。

是建立在古典政治经济学的理论上的）和"货币"价值论①之间，对于后者来说，在交换中产生的商品与货币的关系恰恰是价值论的重要因素。② 更确切地说，这涉及市场的中介效率问题。

个人耗费的劳动必须首先证明自己是社会劳动的组成部分，必须是"社会必要的"。事实上所耗费的劳动是必要的，因为一方面这关系到生产的工艺条件，另一方面关系到有支付能力的社会需要。③ 只有至少是在平均的生产条件下生产，只有所生产的产品事实上为满足有支付能力的需要也是必需的，这时所耗费的劳动时间才是"必要的"。在市场交换过程中，二者同时被确定。一件产品获得的价格说明，物化在这件产品中的个人劳动时间在何种程度上被认为是社会的劳动时间。这个信息同时是对生产者的一种（肯定或否定的）认可，因为它决定生产者在社会总产品中的应得部分。

但是，在资本主义市场经济中，在交换过程前既不知道工艺水平，也不知道有支付能力的需要的范围。的确它们**也是不可知的**，因为资本所固有的生产相对剩余价值的趋向正是由生产力的持续不断的变革产生的。但是，生产力的这种变革不仅持续不断地改变工艺水平，而且也改变有支付能力的需要。要知道，这种需要不只由或多或少稳定的个人消

---

① 我使用这个概念根据是汉斯－乔治·巴克豪斯：《关于更新马克思价值论的材料》，载《社会。马克思理论论丛》，美因河畔法兰克福1974年版第1期。

② 对这些问题的详细讨论，参看米歇尔·亨利希：《价值科学。谈谈马克思政治经济学批判在科学革命和古典传统之间的矛盾心理》，汉堡版。

③ 马克思关于"社会必要劳动时间"这个著名的定义（《马克思恩格斯全集》第1版第23卷第52页）里强调了第一点，而关于第二点，他只是分别在几个地方作了提示（例如，《马克思恩格斯全集》第1版第23卷第125页，第1版第25卷第716页）。

费构成，它主要是由企业的生产性消费决定的。而这种消费的构成又取决于生产方式。当然，不只是社会需要取决于工艺水平。最有收益的工艺是什么样的情况，这又取决于必要的初级产品和生产资料的价值，从而取决于对这些初级产品和生产资料的有支付能力的需要。

可见，在市场上不仅能事后弄清，而且也能确定什么是社会必要劳动。只有在交换中，即在商品对货币的诸方面关系中，才显示出工艺水平和有支付能力的需要。因此，货币不只是权宜之计，而且是中介，通过这个中介，个人所耗费的劳动变为得到社会承认的劳动。

如果假定价值在交换前已经确定，那么货币和市场的这种中介作用就被忽略了，这样中介显然是多余的。个人劳动显然已经是社会劳动，只是它还没有被认可为这样的劳动。说商品价值在交换前已确定，这就假定，工艺的平均水平和社会需要在交换前也已完全确定。

当然，马克思和恩格斯也不可能完全忽略对分工的经济来说必要的中介过程和比较过程。例如，恩格斯想衡量各种消费品的效用和生产它们所必需的劳动量①，又例如，马克思谈到生产者以一种形式给予社会的劳动与他以另一种形式从社会方面领得的劳动一样多。② 在这两种场合都涉及质上不同的具体劳动的比较。但是，在货币价值论范围内已经很明确：各种单个的具体劳动不可直接比较，它们作为抽象劳动的等同性是一种社会属性，它不全然是现存的，而是首先必须把它**确立起来**。在以商品生产为基础的生产方式里，这种等同性是在市场上通过货币确立起来的。在不以商品生产为基础的生产方式里，应该如何确立个人劳动的等同性，对此马克思和恩格斯没有再谈下去。他们认为，既然"社

---

① 参看《马克思恩格斯全集》第 1 版第 20 卷第 334 页。
② 参看《马克思恩格斯全集》第 1 版第 19 卷第 21 页。

会""知道"生产各个物品所必需的具体劳动量,那么这个问题已经解决了。这种完善的认识和必须在极短时间内把这种认识加工为全社会的生产计划,这几乎是不能实现的。撇开这一点不谈,这个理想的计划又会因生产力的每次提高而落空。随着生产力的提高,对生产相应物品所必需的其他物品的量发生变化,劳动耗费和效用的比例——恩格斯想根据这个比例来制订计划——也发生变化。

从货币价值论的认识出发,虽然可以不马上排除完善的社会计划的可能性,但十分清楚的是:必须在极短时间内完成的使之协调和适应的工作,将是大得惊人的。相反,如果以非货币价值论为出发点,那么,根据简单化的市场观念,关于这种协调的问题也就不存在了。

(原载《马克思主义的更新》杂志,1991年第7期)

(胡慧琴 译)

马克思关于资本主义全球化的论述*

〔日〕平子友长

[摘 要] 马克思关于资本主义全球化的进程以及这一进程对世界工人阶级解放运动的影响的看法是不断发展的。19世纪60年代以后,马克思力图克服社会主义运动和理论中的欧洲中心论,而20世纪的西欧马克思主义者却忽略了这一点。

在这篇文章中,我们将讨论马克思的资本主义全球化概念的不断发展和变化。从1846年起,马克思开始意识到资本主义经济制度通过全球市场的形成和扩张建立起了一个全球体系。可以说,他终其一生都没有改变这一观点。例如,他在《共产党宣言》中说:"资产阶级,由于开拓了世界市场,使一切国家的生产和消费都成为世界性的了。"①

这一论断在《资本论》中变得更加详尽:"随着这种集中或少数资本家对多数资本家的剥夺……各国人民日益被卷入世界市场网,从而资本主义制度日益具有国际的性质。"②

---

* 本文选自《马克思主义与现实》2006年第5期。本文译自"纪念恩格斯逝世110周年国际学术研讨会"会议论文,作者平子友长系日本东京一桥大学社会科学研究院哲学教授。
① 《马克思恩格斯选集》第2版第1卷第276页。
② 《马克思恩格斯全集》第2版第44卷第874页。

然而，随着他对经济学研究的深入，他对全球资本主义体系自身历史进程的理解也不断发展，而且从来没有形成一个固定的理论体系。直到生命的最后阶段，他还一直在尽最大努力去理解异常复杂的资本主义全球化进程。

最初，当马克思和恩格斯于1848年写作《共产党宣言》时，马克思关于资本主义全球化结果的观点如下："随着资产阶级的发展，随着贸易自由的实现和世界市场的建立……各国人民之间的民族分隔和对立日益消失。"① 资产阶级通过创建大工业和世界市场，摧毁了一切传统的社会关系，诸如宗法制度或封建制度，并因而将整个世界分为两大主要阶级——资本家阶级和工人阶级。生产力和生产关系之间的矛盾只有在工人阶级掌权、废除了财产私有制，并建立起一个联合的社会后才能够得到解决。根据资本主义市场的全球化特征，这种变革可以在一场全球性革命中得到实现。英国——资本主义的发源国——的工人阶级将有望在这场全球革命中发挥领导的作用。殖民地和附属国的民族解放运动从根本上来说取决于最发达资本主义国家工人阶级的政治运动。

在这些观点的影响下，马克思在纪念1830年波兰起义17周年的伦敦国际大会上向听众发表演说："在所有的国家里，英国的无产阶级和资产阶级之间的对立最为尖锐。因此，英国无产者对英国资产阶级的胜利对于一切被压迫者战胜他们的压迫者具有决定意义。因此，不应该在波兰解放波兰，而应该在英国解放波兰。"②

马克思关于世界上不发达的边缘地区的解放运动的看法，可以说是世界工人阶级解放运动中的欧洲中心论。甚至于19世纪50年代，在

---

① 《马克思恩格斯选集》第2版第1卷第291页。
② 《马克思恩格斯选集》第2版第1卷第309页。

1848年革命失败流亡伦敦期间,马克思仍然坚持"资产阶级在历史上曾经起过非常革命的作用"①的看法。基于这种认识,他从西欧的文明与东欧或亚洲的野蛮相对抗的角度来说明世界历史的基本冲突。1853年,他为《纽约每日论坛报》撰写了一组关于印度问题的文章。在这些文章中,他认为英国是在引进和促进文明的名义下对印度实行统治的。他说:"这就破坏了这种小小的半野蛮半文明的公社,因为这摧毁了它们的经济基础;结果,就在亚洲造成了一场前所未闻的最大的、老实说也是唯一的一次社会革命……英国不管干了多少罪行,它造成这个革命毕竟是充当了历史的不自觉的工具。"②"英国在印度要完成双重的使命:一个是破坏的使命,即消灭旧的亚洲式的社会;另一个是重建的使命,即在亚洲为西方式的社会奠定物质基础。"③马克思将资本主义扩张所引起的这种激进的变革称作"资本的文明化作用"。

然而,19世纪60年代,由于马克思对资本主义经济的研究不断深入,也由于他亲身投入国际工人协会(1864—1876年)的活动,他改变了自己先前的欧洲中心论的看法。直到1883年逝世,他对自己的批判都没有停止过。

现在,我们就来讨论一下,在资本主义所引起的全球化进程方面,以及这一进程对工人阶级和被压迫人民的国际运动的影响方面,马克思的观点有哪些变化。19世纪60年代,马克思完全投入了所谓的"爱尔兰问题"的研究。他对英国开拓殖民地以来的爱尔兰历史进行了深入的研究,这使他从根本上改变了对资本主义殖民政策的认识。他逐渐清除了先前对资本主义世界体系的"文明化作用"的信仰。1867年12月16

---

① 《马克思恩格斯选集》第2版第1卷第274页。
② 《马克思恩格斯全集》第2版第12卷第142、143页。
③ 《马克思恩格斯全集》第2版第12卷第246页。

日,马克思在伦敦德意志工人教育协会就爱尔兰问题作了一个报告。他对自伊丽莎白一世统治以来的整个殖民地化历史进行了考察,认为爱尔兰工业的解体和农业生产力的低下是由英国资本主义引起的。他说:"爱尔兰刚刚准备好要在工业上有所发展,就遭到了迎头痛击而重新被变成为一个纯粹的农业国家。"① 马克思由此意识到英国资本主义破坏了其殖民地的工业生产,使那里的农业生产衰败,并且造成了爱尔兰人民的贫困,以致出现了大规模的移民和人口的急剧下降。换句话说,英国资本主义使其殖民地和附属国处于不发达的状况。

此外,由于认识到英国资本主义的负面作用,马克思改变了自己关于工人阶级全球革命的看法。他以更为批判的眼光看待以下事实,即英国工人支持英国对爱尔兰的统治,憎恨并鄙视移民到英国的爱尔兰工人。他批判英国工人说:"如果让英国大地主在爱尔兰保持强大的势力,英国无产阶级就无法使他们在英国本土受到损害。"② 鉴于这些批判,他得出结论:"**英国工人阶级解放的先决条件**是把现存的**强制的合并**,即对爱尔兰的奴役,变为**平等自由的联盟**——如果这是可能的话,或者**完全分离**——如果这是必要的话。"③

以下观点说明马克思背离了自己以往的全球资本主义概念:发达资本主义国家使他们的殖民地和附属国"发展滞后";发达国家的工人阶级作为宗主国"国民"中的一员开始与资本家阶级具有共同的"国家利益";在全球资本主义体系中,阶级斗争以民族斗争的形式出现;在这个时代,摆脱殖民附属状态的人民解放是发达资本主义国家工人阶级解放的必要条件。与此同时,随着马克思关于殖民地观念的改变,他关

---

① 《马克思恩格斯全集》第 1 版第 16 卷第 514 页。
② 《马克思恩格斯全集》第 1 版第 16 卷第 474 页。
③ 《马克思恩格斯全集》第 1 版第 16 卷第 475 页。

于欧洲资本主义的历史发展的看法也发生了相应的变化。他对德国和东欧国家现代化进程的分析日益深入。结果，他发现这些地区向资本主义的转变与英国或法国走向资本主义道路在类型上完全不同。

西欧资本主义道路的特征是"自下而上的革命转变"：独立的商品生产者首先在同封建大地主的竞争中掌握了经济权力，随后，他们通过资产阶级革命取得了政治权力；总之，资产阶级率先发起了这场变革。相反，德国和东欧各国向资本主义的转变主要是自上而下的。在这些国家，封建大地主重新组织并加强了农奴制以及其他封建生产关系，而不是废除它们。同时，他们自己则开办了资本主义企业。这些专制国家通过财政政策和其他权力工具建立起资本主义的生产关系和生产力。尤其是在德国，向资本主义的转变是由容克阶级完成的，这个阶级埋葬了这个国家的资产阶级革命。因此，甚至在政治领域，这种相当奇怪的由专制国家向"波拿巴式君主国"（恩格斯语）——一种现代的国家形式——的转变也是在没有资产阶级行使其权力的情况下完成的。马克思认为资本主义的扩张，即使是在欧洲也显示了非常大的地区差异。

此外，马克思还做出了很多努力，力图摆脱他直到19世纪50年代还在坚持的资本具有文明化作用这一先前的信仰。在《资本论》第三卷中，马克思纠正了自己关于英国统治对印度文明化影响的看法。他说："在印度，英国人曾经作为统治者和地租所得者，同时使用他们的直接的政治权力和经济权力，以图摧毁这种小规模的经济公社……但是，就是在这里，对他们来说，这种解体进程也是进行得极其缓慢的。在中国，那就更缓慢了，因为在这里没有直接政治权力的帮助。因农业和手工制造业的直接结合而造成的巨大的节约和时间的节省，在这里对大工业产品进行了最顽强的抵抗。"①

有关资本主义扩张对非资本主义社会的作用的极限,马克思的论述如下:"商业对各种已有的、以不同形式主要生产使用价值的生产组织,到处都或多或少地起着解体的作用。但是它对旧生产方式究竟在多大程度上起着解体作用,这首先取决于这些生产方式的坚固性和内部结构。并且,这个解体过程会导向何处,换句话说,什么样的新生产方式会代替旧生产方式,这不取决于商业,而是取决于旧生产方式本身的性质。"②

因此,马克思逐渐使自己相信,如果对世界上一定地区的内在结构没有进行细致而具体的研究,我们就无论如何不能理解:哪些新的社会经济关系是从资本主义扩张对欧洲以外地区的传统的本土社会的解体作用中产生的,而又有哪些新的社会经济关系是从传统社会对资本主义渗透的顽强的抵抗中产生的。

最后,马克思在晚年,开始强烈地意识到自己在《资本论》中详细描述的资本主义生产方式的历史形成可能只适用于西欧历史。维拉·伊万诺夫娜·查苏利奇是俄国民粹派革命者、劳动解放社成员。她在1881年2月16日致马克思的信中提出了两个问题:第一,关于俄国农村公社可能的命运;第二,关于世界各国都应该经历资本主义生产各阶段这种所谓的历史必然性理论。马克思在1881年3月8日那封著名的

---

① 《马克思恩格斯全集》第2版第46卷第372页。在马克思致查苏利奇的信的第三份草稿中,马克思最终试图改正他先前的理论,他公开承认英国的统治使印度处于不发达状况,他说:"那里的土地公有制是由于英国的野蛮行为才被消灭的,这种行为不是使当地人民前进,而是使他们后退。"(参见《马克思恩格斯全集》第2版第25卷第476页)

② 《马克思恩格斯全集》第2版第46卷第370页。

信中对她做出了如下回答:"这一运动的'历史必然性'**明确地**限于**西欧各国**……在《资本论》中所作的分析,既没有提供肯定俄国农村公社有生命力的论据,也没有提供否定农村公社有生命力的论据。"① 马克思写这封信的目的是为了使俄国社会主义者消除对自己理论的错误运用,即认为他对资本主义的分析具有绝对的适用性。我们应该注意到,马克思在晚年不得不同那些认为马克思的资本主义理论对世界上一切地区都具有绝对的适用性的马克思主义者进行辩论。1877年,马克思在写给《祖国纪事》杂志编辑部的一封信中说:"关于原始积累的那一章只不过想描述西欧的资本主义经济制度从封建主义经济制度内部产生出来的途径……但是这对我的批评家来说是太少了。他一定要把我关于西欧资本主义起源的历史概述彻底变成一般发展道路的历史哲学理论,一切民族,不管它们所处的历史环境如何,都注定要走这条道路……但是我要请他原谅。(他这样做,会给我过多的荣誉,同时也会给我过多的侮辱。)"② 总之,马克思最后的任务是克服社会主义运动和社会科学中的欧洲中心论。现代资本主义使一切国家和族群都卷入了全球资本主义市场,并因此在人类历史上第一次创建了"世界历史"。然而,由于在传统社会和西方资本主义的相遇和混合中存在着巨大的地区差异,因而世界上一切地区的资本主义发展的历史特征非常复杂,很难建立一个统一的类型学或共同的法规。③

20世纪马克思主义的特征是西欧的马克思主义逐渐脱离了工人阶

---

① 《马克思恩格斯全集》第2版第25卷第482—483页。
② 《马克思恩格斯全集》第2版第25卷第144—145页。
③ 作者试图从这个角度出发来分析日本的现代化进程,见平子友长:《日本的现代化与对传统的改造》,载《东西方哲学对话》杂志,1992年3月第2卷,维也纳。

级的社会运动，并缩减为一种知识分子的马克思主义，这就是人们所说的西方马克思主义。另一方面，马克思主义发现其多数虔诚的支持者来自西欧国家之外。然而，非欧洲地区的马克思主义，包括苏联的马克思主义，在理论建构方面却偏离了真正的马克思。多数西方知识分子的马克思主义者坚持主张，马克思所描绘的真正的社会主义一方面以资本主义生产力最高度的发展为前提，另一方面又以市民社会和民主的成熟为前提，换句话说，真正的社会主义只可能在西欧文明社会中出现。从这个观点出发，他们经常公开指摘20世纪所有非欧洲形式的马克思主义，认为它们的理论和实践远远地偏离了马克思的原始文本，并且被一个非文明的、落后的、本土的传统所玷污。这样，他们试图用西欧文明来独占真正的马克思主义。西方马克思主义代表了马克思主义历史发展中的欧洲中心论。西方马克思主义的代表，包括大多数日本的马克思主义学者，忽略了一个事实，即马克思最终试图改正他先前理论的目的，是要克服社会主义理论和运动中的欧洲中心论。

如同我们所看到的，在批判英国工人阶级支持英国对爱尔兰的统治过程中，马克思逐渐开始意识到，随着帝国主义的殖民扩张和其他形式的地区征服，大多数发达资本主义国家的工人阶级同资本家阶级享有共同的国家利益。结果，工人阶级和资本家阶级的斗争阵线逐渐由资本主义的中心转向其周边地区，在那里，资本主义的剥削和压迫以最明显和最残酷的形式出现。在马克思致查苏利奇的信及其草稿中，我们可以看到，他认为非西欧地区的马克思主义理论将由各个地区的本土社会主义知识分子去发展。马克思预言，非西欧的马克思主义将呈现出一种与他所描述的西方资本主义的发展完全不同的形态。

此外，多数西方马克思主义知识分子甚至对本国的工人阶级和其他劳动人民也没有太多的兴趣，因为这些人完全被资本主义的批量生产和大众消费所驯化，他们失去了对资本主义的任何批判能力。马克思主义知识分子逐渐远离了一切民众政治运动，并且努力去纯化马克思主义理论，使之成为知识分子的马克思主义，并认为这是忠于马克思的。然而，马克思主义理论仅由知识分子来支持，这本身就是自相矛盾的。因为，如同我们在《马克思的哲学与实践》①中详细讨论过的那样，马克思的哲学试图克服一切其他形式的、与普通人民的日常实践相脱离的哲学，以及认为知识分子享有特权而对普通劳动人民持蔑视、挖苦态度的哲学，这是欧洲哲学史上的第一次重大尝试。

（黄文前 编译）

---

① 平子友长：《马克思的哲学与实践》，载日本《一桥大学社会研究杂志》，2002年12月第34卷第2号。

关于价值理论

马克思的价值理论的社会内容*

〔德〕弗·彼特里

质的价值问题

1. ［社会生产关系］

马克思认为，经济理论的范畴应当表明社会的关系。这一点的前提是已经有了社会的概念。因此，马克思是怎样理解社会的呢？"人们在生产中不仅仅同自然界发生关系。他们如果不以一定方式结合起来共同活动和互相交换其活动，便不能进行生产。为了进行生产，人们便发生一定的联系和关系；只有在这些社会联系和社会关系的范围内，才会有他们对自然界的关系，才会有生产……生产关系总合起来就构成为所谓社会关系，构成为所谓社会……"① 在这里，我们接触到了**社会生产关系**的基本概念。在讨论这个基本概念时，因为我们完全略去了把这个基本概念置于唯物主义历史观的中心地位的联系，即略去了生产关系一方

---

* 本文选自《马列主义研究资料》1985年第3期。本文是弗·彼特里（1889—1915）写的博士论文的第一章，收在联邦德国努青格和沃夫斯泰特编《马克思主义理论和对它的考证》一书，本文带 ［ ］ 的标题，均为原编者所加。——译者注

① 《马克思恩格斯全集》第1版第6卷第486页。

面表现为受劳动生产力的发展所制约，另一方面使劳动生产力的发展表现为社会生活的最终起决定作用的原因的那些联系，我们的研究是有局限性的。在这里，我们只是讨论社会生产关系的概念包含什么，它同价值概念有什么联系。

首先，社会生产关系从形式的关系来说，不是作为**客体**的人们之间的关系，而是作为自由规定目标的主体的人们之间的关系。因此，社会生产关系所表现的不是物之间或作为外部世界的客体的人们之间的实际因果关系，而是被看作主体的人们之间的一种观念上的联系，即彼此自由的活动范围的某种互相的限制和联系。社会生产关系从形式的关系来说，应当被看作权利关系的典型，而不是实际从属关系的典型。从把人看作主体出发，人和人的劳动贡献对于所有其他生产资料来说就是某种完全不同的东西；这进一步导致了马克思的论点，即从社会的分析来看，只有人的劳动才是价值的源泉，而从自然科学的、技术的角度来看，配第的论点是适用的：即"劳动是财富之父，土地是财富之母"。

马克思在物质上把"社会生产关系"理解为什么呢？在这里，重要的是弄清它同**纯技术**的生产过程，即劳动过程的区别。劳动过程包括以下要素：(1) 有目的的活动，即劳动本身；(2) 劳动对象；(3) 劳动资料。原料，辅助材料，工具等生产的物的条件，总之生产资料在这里起着纯技术的作用。而从人们在劳动过程中的共同作用来考察，无论是简单协作，还是劳动分工，这完全属于技术范围。局部工人之间的关系，即表现为一个复杂的有分肢的总机体的各组成部分之间的关系，还不是社会生产关系。因此，我们把生产过程理解为社会的过程，并不是去考察个体作为共同起作用的局部工人为了生产一个整体即有使用价值的产品而互相发生的关系。这正是**斯密**对分工的理解方法，因而在斯密看来，社会内部的分工同工厂内部的分工自然是一回事，后者不过是前者的微观形式。我们只有考察同技术差别并存的**实际的、权利的结构**,即诸如生产资料、土地等生产的物的条件在社会的成员中间的分配,和由此产生的单个生产当事人的特殊的社会职能,才能真正从社会的意义上理解有分工的生产过程。所以,劳动、生产资料和土地,不是按照它们在**技术性**的劳动过程中所发挥的作用,而是按照它们的社会意义,才表现为作为唯一的占有物的雇佣劳动,资本和地产在一定的社会阶级之间的分配,才表现为生产的一定的结构的基础。现在,我们在这里有了确定社会生产关系这一概念的基础:**即通过劳动过程的技术条件的实际的权利的分配而加入有分工的生产过程的人们之间的特殊的社会关系。**

如果我们**静止地**考察社会生产关系,那么,它仅仅包括涉及生产的物的条件的特定的财产分配。然而,**马克思**的考察方法的特点是,从社会再生产过程的流和运动中引申出经济范畴的特征。① 因此,一定的分配关系是与生产关系相适应的,这个分配关系就是生产关系的反面。"所谓的分配关系,是同生产过程的历史规定的特殊社会形式,以及人们在他们生活的再生产过程中互相所处的关系相适应的,并且是由这些形式和关系产生的。这些分配关系的历史性质,就是生产关系的历史性质,分配关系不过表示生产关系的一个方面"②,因此,如果说分配关系包括在生产关系之中,那么,它甚至是生产关系的最重要的,并且表明特征的因素。人们在生产中互相联系的方式方法表现在他们分配产品的方式方法上。**马克思**说:"所以,曾通过生产的特定社会组成部分理解现代生产,并且主要是生产的经济学家的**李嘉图**,同样不去说明生产,而是说明**分配**这一现代经济学的真正主题。"

---

① 考茨基:《新时代》,1886年第4期,第50页。
② 《马克思恩格斯全集》第1版第25卷第998—999页。

综上所述：马克思认为，政治经济学的范畴是社会生产关系在理论上的表现。但是，社会生产关系是作为主体的人与人之间的关系，即人们在有分工的生产过程中作为权利主体互相联系的方式方法，亦即人的自由活动的范围互相限制和互为条件的方式方法；生产内部这种观念上的关系包含分配关系，并在分配关系中得到了最确定的表现，这种分配关系只是"从另一种观点来看"的生产关系。

2. [社会生产关系和权利关系]

对社会生产关系的分析似乎主要是对支配着经济生活的现存的权利关系的分析。要弄清社会组织的种类，弄清生产共同体的实质，似乎只要对特定时期调节经济生活的法律、习惯法和其他法进行分类就行了。如果这是马克思的见解，那么，他同什塔姆列尔的观点就差不多了，按照这种观点，一切社会的考察都必须以外部调节的形式为条件。这样一来，社会的研究实际上无非是**什塔姆列尔**在他的社会经济现象的分类学中描述的对"经济现象"的分类以及数字统计。①

然而，马克思远不是没有实现什塔姆列尔的要求，或者不像**什塔姆列尔**所谴责马克思的，他仅仅停留在半道上，马克思事实上大大超过了什塔姆列尔。权利关系和生产关系不是一回事，社会的分析是要揭示纯粹形式的权利关系所掩盖的社会的关系联系的层次，这是马克思的最重要观点之一，他对资本主义的生产过程所作的全部社会分析都是以此为基础。从这个意义上，马克思反对**蒲鲁东**说："蒲鲁东实际上所谈的是现存的现代资产阶级财产。这是什么财产？——对这一问题，只能通

---

① 什塔姆列尔：《经济和法律》，第252页及以下几页。

过批判地分析'政治经济学'来给予答复,政治经济学不是把财产关系的总和从它们的法律表现上即作为意志关系包括起来,而是从它们的现实形态即作为生产关系包括起来。"①

但是,这并不是始终这样的。**马克思**为了进行对比,曾列举了历史上其他社会组织的例子:原始的共产主义公社,中世纪的人身依附关系,以及想象中的"使用公共的生产资料进行劳动并**自觉地**把自己的个人劳动作为社会的劳动力全部奉献出来的自由人联合体"。尽管所有这些社会组织彼此有各种差别,但它们不同于资产阶级的商品生产的社会的特点是,在这些社会组织中,人们在生产过程中相互间的联系,他们的活动范围的界限,他们在参与生产的结果方面即在**分配**中表现出来的支配和从属关系,都是**自觉调节**的。在这里,个人在生产中的社会地位在权利规定中得到了直接的表现。生产关系和权利关系完全是一回事——在商品生产的"资产阶级"社会中却不同。随着法国革命及其造成的影响,极严密地统治着封建的生产方式下的经济生活的所有那些复杂的权利构成都被废除了。**私有制**和作为私有制补充的**个人**自由成了新的资产阶级社会组织借以建立的基本法律制度。然而,这样一来,人们的共同的社会生活的每一种直接调节都取消了,极周密地规定的固定的权利秩序被代之以**间接的调节**,按照**什塔姆列尔**的绝妙说法,就是用"长长的绳索"调节,社会组织按照各自的利益和私人意志分裂为无数原子,这些原子不是按照事先确定的计划,而是通过私人的、为自身利益服务的交易合同和契约互相发生联系。自由和私有制的纯粹形式上的、其进一步的活动受到限制的权利原则,只有通过在其中反映各个人的个人利益的方法,才在具体内容上得以实现。对这种权利制度的无组

---

① 《马克思恩格斯全集》第 1 版第 16 卷第 30 页。

织性的研究是一个空白，而马克思把理论政治经济学的这个特殊研究范围确立为一门社会科学，填补了这个空白。

私有制和个人自由的完全抽象的、不包括实证的制度的原则的权利原则，是通过实际发展的形式得到补充的。这种形式通过大量契约关系使私有制和个人自由具有了私人的、由他们的相互利益所支配的个别意志。如果把以各种各样的法律的契约形式实现的这种私人的交换协定作为私有制和个人自由的一般权利标准的应用，那么，这个交换协定表现为法律上的意志关系，表现为权利关系；一在这种研究方法中，**什塔姆列尔**要求每一种社会考察都是对作为一种受外部调节的现象的考察。可是，这种考察方法完全是**形式上**的，不能说明**超出权利这个词本身意义上**①的现象。确切些说，这是由于个人利益在非实证的、抽象的权利制度内的实际作用对人们之间的关系会发生实际的调节，这种关系虽然不是自觉的，然而是**实际存在的**，就像在中世纪一样，生产过程的公开的法律制度，包括了超出抽象的权利范畴的特定的社会关系。

在抽象的无组织的权利制度的广泛范围内发展起来的人们贴切地称之为"事实上的权利"②就是马克思称谓的社会生产关系。因此，**权利关系和社会生产关系在自由竞争的资产阶级社会中不是一回事**，这些关系包括着从不同角度来看的同一社会现象；从社会生产关系的角度来看，把权利关系和社会生产关系理解为抽象标准的应用，理解为

---

① 参看史盘（《经济和社会》，第153页及以下几页）对什塔姆列尔的批判："……在一定能够明显表现权利和支配关系的实现的特点的广阔生动范围内总是有一些现象，从原则上讲，认识这些现象根本不可能是认识权利关系，因为认识权利关系同样就是认识权利关系的实现及其实现的特点"；不过史盘没有从中得出这样的结论，即认识原因仍然是认识这个事实的过程的唯一可能的方法。

② 卡尔纳：《法律制度的社会作用》，第36页。

具体的权利关系,理解为特定的、由私人利益的作用确定的社会关系。

虽然这里只涉及**马克思**的全部思想的一个特殊部分,即研究的方法,实际上就是**马克思**研究"经济基础"时采用的方法,并且,我们有意识地撇开一切同唯物史观有关的问题,但是,由于要把权利关系和生产关系区别开来,我们自然要简单地说一下关于唯物史观的争论,也就是这样一个问题:在**马克思**那里,"经济基础"的结构中已经在多大程度上包含法律的因素,并且按照我们的理解是否会同"法律的上层建筑"的理论发生矛盾。**哈马舍尔**[①]认为生产关系的概念包含超出技术关系之外的法律的内容,生产关系"同时已经包括一定的财产关系"。与哈马舍尔这一无疑是很不明确的解释相反,存在着另一种看法,它正如**迪耳**[②]批判哈马舍尔的著作时所说的:"如果**马克思**真正把生产关系同财产关系等同起来,那么,全部统一性,我是想说他的历史哲学的特性,就被丢弃了。同样,整个社会生活不应归诸于一个统一的原则,而是两个原则,即技术原则和法律原则,而后必然提出一个问题:财产和技术一样,也应该是最后起决定作用的因素——但这是怎样产生的呢?"我们对**马克思**的认识与这两种看法都有联系,因为我们的认识采取了中间的态度;技术仍然是最后决定的因素,社会的和社会生产关系的发展同这个因素的发展相联系;就这一方面而言,这里说的是"不以人的意志为转移的必然的"生产关系。但是,生产关系本身作为社会生活的特定的形式严格区别于技术性的基础。生产关系作为社会范畴包括一定的权利关系,而就上述意义而言,又严格区别于就其狭义而言的权利关

---

① 哈马舍尔:《马克思主义政治经济学体系》,第161—166页。
② 《康拉德年鉴》第 XL 卷,第110—111页。

系，即作为进入社会意识的、调节经济生活的、被概括为法律体系的权利规范。这些权利规范被马克思理解为"法律的上层建筑"。"为了使这些物作为商品彼此发生关系，商品监护人必须作为有自己的意志体现在这些物中的人彼此发生关系，因此，一方只有符合另一方的意志，就是说每一方只有通过双方共同一致的意志行为，才能让渡自己的商品，占有别人的商品。可见，他们必须彼此承认对方是私有者。这种具有契约形式的（不管这种契约是不是用法律固定下来的）法权关系，**是一种反映着经济关系的意志关系**。这种法权关系或意志关系的内容是由这种经济关系本身决定的"①。可见，权利关系和生产关系的差别是**马克思**关于法律的上层建筑理论的基础，尽管它们作为权利关系**在形式上**具有同一种性质，但是我们研究的是两种截然分开的复合现象。

3.［作为社会生产关系的劳动关系］

我们看到，马克思想在政治经济学范畴内说明社会生产关系，这些社会生产关系按**形式的**结构来说，表现为作为**权利主体**的人之间的关系即社会关系，但是，这种关系在**物质**上是同作为调节社会的抽象的法律规范的实施的权利关系相区别的。因此，我们就掌握了使我们能详细考察马克思的价值概念结构的要素。因为价值概念就是这种总的方法论的基本思想的一种应用，当然是一种最重要的应用。

---

① 《马克思恩格斯全集》第 1 版第 23 卷第 102 页。参看《马克思恩格斯全集》第 1 版第 25 卷第 379 页："这种经济交易作为当事人的意志行为，作为他们的共同意志的表示，作为可以由国家强加给立约双方的契约，表现在法律形式上，这些法律形式作为单纯的形式，是不能决定这个内容本身的。这些形式只是表示这个内容。"

马克思的价值学说同古典经济学和从古典经济学继承下来的关于使用价值和交换价值的对立有着密切的联系。但是，对于古典经济学来说，这是需要作出不同解释的两种经验现象的差别，而对马克思来说，这成了**考察方法**的对立。在人们加在事物本身上的对立转变为考察方式、方法的对立中，**马克思**继承了德国唯心主义哲学的传统。因此，如果人们把马克思的价值学说仅仅看作是**李嘉图**价值理论的继续和完美的实现（**马克思**本人确实给人造成这种印象），那么，他们就不能正确看待马克思的价值学说。如果马克思觉得自己就是**李嘉图**的继承者和实现者，那么，这是用马克思主义解释的**李嘉图**，马克思通过他自己特有的生活经历完成了李嘉图的概念和范畴。确切地说，**李嘉图**和**马克思**之间存在着德国唯心主义哲学。**李嘉图**的思想来源于自然科学，而**马克思**的价值学说，尽管它看起来是自然主义的，却反映了认识社会生活的方法上的明显变化。

总的来说，在认识价值理论的任务的方法上的这种变化中有一点是清楚的，即马克思的价值理论中包含着从**概念出发的**因素，人们必须理解这些因素，才能掌握马克思的价值理论的特点。人们可以把涉及价值概念的方法论结构的那些问题的实质，作为**质**的价值问题，同组成交换价值量的那些经验的问题的**量**的价值问题进行比较。虽然马克思指出了区别质的和量的价值问题本身的方法，但还不能说，马克思在《资本论》中就清楚地区别了这两种价值问题。在《资本论》第一卷第一章中，先验的结构与经验的论证有密切的联系，先验的结构正如它还将进一步表现的那样，关系到质的价值问题，经验的论证关系到量的价值问题。分别论述这两个问题，将有助于弄清这一章中的疑难之处，特别是有助于认识《资本论》第一卷与第三卷的关系。

首先，我们按照**马克思**的思想提出**质**的价值问题，也就是说，我们按照方法论的出发点，即某种程度上按照先验的价值理论提出问题：交换过程（不管用什么样的法律的契约形式进行，交换过程总是可以实现的）在以私有财产和个人自由为基础的劳动分工的社会内部不仅是个体经济的分散的偶然的补充；交换已经成了正常的社会的过程，交换是社会再生产过程的必要的因素。交换只有在分解成原子的社会中发生确定的媒介功能，而不是"课桌上进行的例如鹅毛管和邮票的偶然的交换"①，才能是价值理论的对象，因为，只有在这种与生产的那些条件密切联系的交换中，客观的规律性才能实现。

首先，进入交换过程的产品，从其可感觉的、自然的方面看，表现为**使用价值**，表现为有用的物，这些物按照一定的、与本身的自然属性相符的量在交易中互相交换。因此，交换价值关系首先表现为量的关系，即各种使用价值可以相互交换的量的关系。如果人们在交换价值关系中看到的仅仅是这样一种**使用价值**的交换，那么，这个关系就被理解为享用产品的人和产品之间的可感觉的、自然的关系，而不是理解为**作为权利的主体的人之间**通过交换发生的**社会关系**。主观价值理论只看到彼此交换的产品的使用价值，局限于纯粹物的因果联系，只看到交换是孤立的**生理**主体得到满足情况的变换或增加，因而，它不是把交换关系理解为社会生产关系，而是理解为自然的**物的**联系。与此相反，马克思明确地说明了自己的观点："不论财富的**社会**形式如何，使用价值总是构成财富的内容，而这个内容最初同这种形式无关。我们从小麦的滋味中尝不出种植小麦的人是俄国的农奴，法国的小农，还是英国的资本家。使用价值虽然是社会需要的对象，

---

① 希法亭：《新时代》，第 23 期，第 1 页。

因而处在社会联系之中，**但是并不反映任何社会生产关系……**同经济上的形式规定像这样无关的使用价值，就是说，作为使用价值的使用价值，不属于政治经济学的研究范围。"① **马克思**仅仅否认使用价值是对交换进行经济分析的目的和目标，而决不是把使用价值完全排除在经济的因果研究之外。

因而，从马克思的观点来看，否认主观价值理论不是对既定事实的较正确的分析提出"**反驳**"和疑问，而是马克思自始就持一种完全不同的观点，要求一种原则上不同的研究方法：交换关系不能被理解为**生理**主体之间的**物的关系**，只能被理解为权利主体之间的社会关系。

但是，怎样把这个表现为物品互相的量的关系的交换关系理解为**社会生产关系**，理解为人们之间的关系呢？在这里，我们碰到了决定性的问题，在这个问题上显露出劳动作为价值尺度的原则中的先验的东西，产品作为使用价值，首先不过是具有甜、硬、软等等客观属性的**自然的物**，但是，作为人类劳动的产品而言，则是"可感觉的而又超感觉的物"，这里超感觉的是指人作为有意志的主体与客观的可感觉的世界相对立。这是独特的提法，特殊的价值符号，是用德国唯心主义的哲学用语来表达作为有意志的主体的人同客体的自然相对立，在这里，马克思冲破了时常被自然主义掩盖的客体自然的形式，而赋予**李嘉图**的劳动价值论以完全新的、特有的生命。在作为劳动产品的使用价值中，体现了人的个性，谁占有了通过迂回的途径归结为财产的那种使用价值，就间

---

① 参看《马克思恩格斯全集》第1版第13卷第16页。

接地支配了人类活动的产品，从而支配人本身。①

我们看到，在把马克思在政治经济学的范畴中提出的对社会生产关系的这种理解运用于研究交换价值时，直接推导出**劳动**作为价值的原则。如果研究经济关系的基本原则是弄清在社会的权利意识中通过私人利益的作用而发生的并正在实现的"事实上的权利关系"，是弄清在物物交换中确定的具体的社会关系，那么，就不应该把眼光放在五光十色的商品体的物质外表上，商品作为使用价值只是一种自然物，不管怎样把它颠来倒去，人们从商品的使用价值上是弄不清它的社会意义的。**唯一能使商品被当作社会关系的承担者和社会关系的表现的属性是商品作为劳动产品的属性**。因为，我们不再是从消费的角度，而是从生产的角度，把作为**劳动产品**的商品视为物化了的人的活动，因而它在经历迂回的流通过程时的命运，实际上是被商品遮掩了的、在生产中降低为商品的人的命运。②

这就是**马克思**关于**经济关系拜物教**的基本理论的内容，经济关系的最简单和基本的形式就是商品拜物教，也就是简单的交换价值关系的拜

---

① 从下面这段引文中可以看出，马克思把用于物质生产的劳动看作是对伦理个性的吸取："在劳动强度和劳动生产力已定的情况下，劳动在一切有劳动能力的社会成员之间分配得越平均……社会工作日中必须用于物质生产的部分就越小，从而个人从事自由活动，脑力活动和社会活动的时间部分就越大。……在资本主义社会里，一个阶级享有自由时间，是由于群众的全部生活时间都转化为劳动时间了。"（《马克思恩格斯全集》第1版第23卷第579页。类似的说法，还可参看《马克思恩格斯全集》第1版第26卷第3册第281—282页。）

② 齐美尔：《货币哲学》，第457页："……只要静止地同时考察人的体力和脑力，人的智力和意志，那么它们都在劳动中获得一种总是把它们的指数排斥在外的统一性，只要劳动的源流混合在一起，它们的本质的差异归结在产品的无差异性中，那么，劳动就是统一的流。"

物教。人在物质生产过程中相互发生的**社会**联系，隐蔽在具体的使用价值在位置变换的过程中发生的**物的**联系的背后，并且只有分析内在的劳动联系，才能揭示这种社会联系。"人和人之间的社会关系可以说是颠倒地表现出来的，就是说，表现为物和物之间的社会关系。""一种社会生产关系采取了一种物的形式，以致人和人在他们的劳动中的关系倒表现为物与物彼此之间的和物与人的关系，这种现象只是由于在日常生活中看惯了，才认为是平凡的、不言自明的事情。"①

在较早期的社会阶段中的有意识的社会调节，或者说直接的个人的依赖性，现在隐藏到物质产品的交换活动的背后，这个物质产品受竞争的机械动因操纵，完全脱离了与所有人的联系，似乎成了一种独特的、**具有这些产品的自然性质的**价值存在。把商品交易比作机械运动的这种对**竞争**和交换关系的**自然主义的考察方法**，只看到物的商品体的运动，而把处在抽象的社会平等中的人降低为被动的观众②，**马克思**在他关于商品的拜物教的理论中正是试图克服这种研究方法。他把我们从这种完成了的商品物的流通领域带到生产领域。在工厂和车间我们看到，人自己把他的人格降低为产品。一旦这种产品进入流通，就不再是自然的物，而是完完全全的人工产物，是活劳动力的凝结存在，尽管它没有生命和不会说话，在它的命运中却反映着作为它的直接生产者而立于其背后的人的命运。从这种**生产过程和流通过程统一**的观点来看，商品的交换过程就从一种等同的自然过程，即同社会结构无关的产品的纯物质的关系而变为劳动个性的一种社会关系了。

由于人们遵循一条自**康德**始，经十九世纪初的德国国民经济学，左

---

① 《马克思恩格斯全集》第1版第13卷第22、23页。
② 最近在熊彼特那里自始至终运用了这种机械的考察方法。

登，胡费兰德，洛茨，一直到奥地利学派的历史发展的路线，人们常常认为由于直接受了康德的影响，才克服了客观价值理论，特别是克服了劳动价值论。对此，**齐美尔**指出，从康德哲学的整个基调来看，它必定提供主观价值论的基础，因为价值就是物的形式，这种形式并不附着于物本身，而是把主体安置到物本身中去。这一事实致使舒尔采-格弗尼茨①在经济学理论的问题上也把严肃的**康德**或**马克思**说成是主观价值论或客观价值论的代表。但是，马克思关于经济范畴的拜物教理论和由经济范畴产生的劳动价值论复活的理论最终也是师承**康德**的，因为马克思的理论从它的前提来看包含**康德**的实际理性居首位的理论，通过这种实际理性，来自一切自然的人和人与人的关系，被一种独一无二的、特殊的价值符号提出来；在这方面，康德的理论在向经济理论转变的过程中经过长期的历史过程，尤其是以**黑格尔**为媒介，从**马克思**提出的在物物交换的物的关系的背后揭示人的观念上的社会关系的要求中显露出来。

4．[抽象一般劳动的概念]

我们看到，**马克思**如何把从古典政治经济学继承的关于使用价值和交换价值的二重性，同德国唯心主义哲学阐述过的考察世界的发生论方法和批判的方法的对立相结合，而把这种二重性提高为考察经济生活过程的方法的无所不包的二重性，前者着眼于使用价值，它探究自然的物之间的联系，后者着眼于交换价值，它探究隐藏在这种物之间的联系背后的社会关系。在这里**劳动**表现为这种社会分析的手段，因为，劳动具有**双重关系**，既同作为有制造和创造能力的自然力的使用价值有关，又

---

① 《社会政治文献》，1910年第30卷，第828、830页。

同作为人体的活动和消耗的社会规定有关。劳动，一方面作为**具体的有用的劳动**，作为技术性的自然力，另一方面作为**抽象一般劳动**，从而作为社会从属关系的尺度，劳动的这种二重性是马克思着重阐明的。然而，正是在马克思阐述的关于作为价值实体的抽象一般劳动的理论的理解上产生了巨大的矛盾。这出自两个原因：除了没有把质的和量的价值问题区分外，还因为存在着简化的不同形式，**马克思**在简略地阐述这些形式时没有明确地把它们加以区分。因此，为了从抽象一般劳动这个概念的丰富的内容中提出一个至今仍被忽略的方面，我们有意**片面地**研究这个概念。我们把四个基本概念加以区别：

（a）抽象一般劳动，

（b）等同劳动，

（c）与复杂劳动相对立的简单劳动，

（d）社会必要劳动。

（a）应当怎样理解与具体的有用劳动相对立的抽象一般劳动呢？在说明这个难以理解的概念时，我们必须把马克思使用这个概念的目的作为我们的出发点，同时，既然我们在这里研究价值概念的目的只是**分析资本主义经济的社会结构**，所以也是有意进行片面的研究。对于马克思来说，劳动的**技术概念**即有用劳动是抽象一般劳动的对立面，它是由"它的目的、操作方式、对象、手段和结果"[①]决定的，劳动的社会分工是和各种不同的有用劳动相适应的。就劳动的技术作用作为使用价值的创造者而言，劳动代表与作为工具的资本相同的生产因素，同自然力一样，劳动本身就是人的机体的自然力。如果我们把劳动看作是社会生产关系的基础，看作是抽象一般劳动，我们就完全从另一个角度来考察

---

① 《马克思恩格斯全集》第1版第23卷第55页。

劳动及其产品。我们是否研究一种内容贫乏的具体有用劳动概念的非实证的抽象方法呢？按照**马克思**在不同地方的论述，问题似乎是：抽象一般劳动看起来完全指的是一切具体劳动共有的人类劳动力的耗费的**生理上的实际现象**："如果把生产活动的特定性质撇开，从而把劳动的有用性质撇开，生产活动就只剩下一点：它是人类劳动力的耗费。尽管缝和织是不同质的生产活动，但二者都是人的脑、肌肉、神经、手等等的生产耗费，从这个意义上说，二者都是人类劳动。这只是耗费人类劳动力的两种不同的形式。"① 不同观点的作者都从自然科学的实际现象的意义上理解抽象一般劳动的概念，他们中有人试图把各种不同的劳动归结为一个自然科学的共同的分母，把脑力劳动归结为体力劳动，或者把一切劳动归结为一种生理上的能量。另一方面，对抽象一般劳动这个概念的异议直接产生于人们在认识抽象一般劳动时得出的这些似乎是唯物主义的结论。如格尔拉赫的意见是典型的："把每一种企图（意识）都归结为肌肉和神经的运动……从一开始就是不可能的，这种观点必须加以摈弃……因为，人的劳动在任何时候都由意识相伴随，并且是由意识决定的，既然仍存在意识，这种分析没有解决这个问题，所以决不能把意识归结为肌肉和神经的运动。"②

抽象一般劳动的概念超出了一切只涉及劳动的自然方面的理解，因为这个概念应当用于对经济进行社会的分析。在关于拜物教性质那一章里，**马克思**提出商品的价值性质的真正起源问题：商品的价值性质不是来源于使用价值，**也不是来源于价值规定的内容**，因为，"不论有用劳动怎样不同，它们都是人体的机能，而每一种这样的机能不管内容和形

---

① 《马克思恩格斯全集》第 1 版第 23 卷第 57 页。
② 格尔拉赫：《关于经济活动条件》，第 48—49 页。

式如何不同,实质上都是人的脑、神经、肌肉、感官等等的耗费,这是一个**生理学上的真理**"①。但是,就抽象一般劳动而言,这并不意味着劳动的纯生理上的现象。但是,劳动的特殊性质来源于劳动的**社会形式**,"最后,一旦人们以某种方式彼此为对方劳动,他们的劳动也就取得社会的形式"。劳动的社会形式又是表现在生产关系中的"事实上的权利关系"。劳动,只要它采取特定的**社会**形式,就不能被理解为具有人的种种生理机能的个体自然本质即人的活动,而只能被理解为作为**社会成员**从而作为**权利主体**的人的活动。劳动的共性不是自然科学上的只包含一般生理内容的类的概念,而是说明私人劳动本身表现为抽象一般劳动,从而表现为社会的劳动,表现为**权利主体输出的活动**:如果权利主体这个概念在它先验的共性上对人类的经验的个别规定来说是中立的,那么,从这个概念所派生出来的抽象一般劳动的概念②中又会产生一切具体有用劳动的个别差别。

(b) 马克思除了认为商品生产中的劳动具有抽象一般劳动的特性外,还认为它们具有**等同性**这种形式。"首先,劳动的无差别的简单性是不同个人的劳动的**等同性**,是他们的劳动彼此作为等同的劳动的相互关系,当然,这是通过事实上把一切劳动化为同种劳动。每一个个人的劳动,只要表现为交换价值,就有**等同性这种社会性**,而且也只有作为等同的劳动同所有其他个人的劳动发生关系,才表现为交换价值。"③撇开用语上的某些变化不谈,对于马克思来说,劳动的等同性并不等于不同的人类劳动的以等同的有机前提为基础的共同的、自然的性质,而

---

① 马克思没有拒绝这一说法。

② 斯托尔茨曼(《国民经济中的目的》)在他和马克思的论战中否认马克思的抽象一般劳动概念中的这个"社会的"因素。

③ 参看《马克思恩格斯全集》第1版第13卷第20页。

是**观念上的、权利的等同性**,也就是说,劳动的等同性指的是体现在产品中的劳动通过商品生产的社会的交换方式,即通过等量劳动相交换而获得的具体的社会形式。劳动在物物交换中的等同效用是劳动的等同性。"但是,亚里士多德不能从价值形式本身看出,在商品价值形式中,一切劳动都表现为等同的人类劳动,因而是等同意义的劳动,这是因为希腊社会是建立在奴隶劳动的基础上的,因而是以人们之间以及他们的劳动之间的不平等为自然基础的。价值表现的秘密,即一切劳动由于而且只是由于都是一般人类劳动而具有的等同性和同等意义,只有在人类平等概念已经成为国民的牢固的成见的时候,才能揭示出来。"①

马克思把劳动规定为等同的和同等意义的活动,也是在这个研究范围内,即他不是从自然科学的技术方面研究劳动,而是研究劳动只有作为人类个体的活动耗费才能够成为社会关系的体现。劳动的抽象的共性是权利主体的共性,它与那些个别的规定无关,从而对体力劳动和脑力劳动的对立来说是**中立的**。

(c)现在,体力劳动和脑力劳动之间的这种对立经常被强行与**马克思**提出的**包含**在抽象一般劳动**之中**的另一种对立,即简单劳动和**复杂**劳动之间的对立相提并论。我们在这里不可能讨论那些围绕着这些非常难解的问题和马克思极少涉及的问题的争论。我们只是谈一下同我们对价值理论的理解有关的问题。简单劳动和复杂劳动之间的对立的意义是清楚的,简单劳动"是每个没有任何专长的普通人的机体平均具有的简

---

① 《马克思恩格斯全集》第 1 版第 23 卷第 74 页。另外,恩格斯在《反杜林论》中论述道德的平等观念的历史发展时说:"最后,所有的人的劳动——因为它们都是人的劳动并且只就这一点而言——的平等和同等效用,不自觉地但最强烈地表现在现代资产阶级经济学的价值规律中,根据这一规律,商品的价值是由其中所包含的社会必要劳动来计量的。"(《马克思恩格斯全集》第 1 版第 20 卷第 115 页)

单劳动力的耗费"①。按照**马克思**的观点，简单劳动在量上占国民劳动的绝大部分，所以简单劳动和复杂劳动之间的对立不会有太大的意义。复杂劳动是"较繁重"的劳动，这种劳动包含较高的教育费；不仅直接劳动者个人，同对整个从事教育的阶层都体现在这种劳动中。因此，为了从抽象一般劳动中得出一个社会从属关系的尺度，我们必须把复杂劳动和简单劳动的同一时间的不同社会分量归结于同等劳动力这一共同的分母，就像简单劳动中表现的那个共同的分母一样。因此，不管复杂劳动和简单劳动在质上会有什么样的差别，**对于这里正在研究的目的来说**，这种量的差别在"社会分量"中是相对确定的，复杂劳动应该被看作是自乘的简单劳动。但是，也只应在复杂劳动作为这种简化的社会的量的表现的范围内研究复杂劳动，也就是说，这里只研究这种对于每一个平均人来说实际上只要付出代价都可以学会的复杂劳动。天才的有独创性的劳动却完全在复杂劳动范围之外，即在这里所研究的现象之外，这种劳动已经不能加入再生产过程的流。因此，计算多那太罗雕塑时的锤数，不仅是一项不可能的事情，而且是完全不必要的事情。

可见，复杂劳动简化为简单劳动在方法论上有意义的只是**马克思**所说的它对竞争的作用。"各种劳动化为当作它们的计量单位的简单劳动的不同比例，是在生产者背后由社会过程决定的，因而在他们看来，似乎是由习惯确定的。"因为，那些不同的比例不过是在这里应该提供交换比例的客观标准的价值规律的不同的应用，所以，按照**马克思**的观点，价值规律绝不仅仅在资本主义竞争的复杂的情况下，而且在这种简单的情况下，也不是存在于生产者的意识之中，而是单个生产者没有意识到的竞争的结果；可是，因为竞争的推动力可以从个别竞争者的动机

---

① 《马克思恩格斯全集》第1版第23卷第57—58页。

中寻找，由此就得出：按价值进行交换的规律没有被**马克思**看作是**有效的原因**，而被他看作是必然受条件限制的**结果**，从这里可以为我们理解**马克思**的价值概念的方法论结构寻找间接的证明。我们将在讨论量的价值问题时再进一步讨论这个在这里只是顺便提及的问题。

（d）"某种商品所包含的劳动量是生产该商品的**社会必要量**，因而劳动时间是**必要的劳动时间**，这是一种只和价值量有关的规定。"① 我们在这里提到这个问题，只是为了把它作为量的价值问题同最初两个关系到"价值实体"的性质完全不同的问题明确区分开来。因此，以后我们才对这个问题进行研究。

5. ［马克思价值理论的一般特点］

我们看到，价值学说中的出发点是作为价值研究的原则的劳动，并且在这个方面，某种不同于自然技术的劳动概念的**社会学**劳动概念是决定性的。马克思把作为这样一种抽象一般劳动的产品的消费品称作"**价值**"，从研究价值的角度来看，他认为，这个产品就是"一定量的凝固的劳动时间"。由此得出如下关于马克思价值概念的性质的确定的结论：

1. 在价值理论中价值和交换价值多半**不是**一回事，不管在进一步研究一定的复合现象时所理解的"价值"同产品的**交换比例**有直接的关系是其原因，尺度，或其他，但马克思所理解的产品的"价值"并没有涉及具体的交换比例，即产品的交换价值。我们在上面提到的对质和量的价值问题的区别，同《资本论》中对"价值"和"交换价值"的区别是一致的。如果说，**马克思把完全被看作抽象一般劳动的产品的**

---

① 《马克思恩格斯全集》第 1 版第 26 卷第 3 册第 145 页。

产品说成是"价值",那么在"价值"的这个概念中只包括某种程度上说是先验的条件,这些条件在还没有叙述量的关系——"价值"在某一具体的社会组织中按照这个关系互相交换①——的情况下,就能为对交换价值问题的"社会的"讨论指明方向。

　　这看起来似乎是背理的,并且是同习惯的术语相矛盾的,但必须指出,**马克思**常常赋予"价值"概念以复杂的内容,把它同"商品"概念相提并论,已经考虑以竞争为媒介的劳动产品的一定的交换比例。只要了解价值概念的这种双重意义,我们就不会对马克思价值理论的雅努斯之头②感到惊奇。但是,按照我们想在这里从马克思的理论抽象出来并孤立地加以论述的思路,"价值"只能按上面说明的意义去理解,只有这样,才能对《资本论》第一卷和第三卷有一个统一的认识。因为,在第三卷中出现了价值概念的这一层最初与具体的交换比例完全无关的意义。与生产价格的矛盾并不是研究价值的任务,恰恰相反,而是要使价值的研究更充分地表现它的全部力量,以此分析生产价格的社会内容。

　　2. 因此,只能从某种非常有限的意义上讨论作为价值的"实体"的抽象一般劳动。在接受了不包括交换价值范畴在内的价值实体的概念

---

　　① 鲍特凯维茨(《社会政治》文献第25卷)特别注意"绝对价值"和作为交换比率指数的价值之间的矛盾。他引用了马克思把这种绝对价值专门描述成"实际价值"(《马克思恩格斯全集》第1版第26卷第2册第155页)和"内在价值"(《马克思恩格斯全集》第1版第25卷第188页)的提法,同样,马克思还谈到了与"市场价值"(《马克思恩格斯全集》第1版第25卷第199页)相对而言的商品的个别价值。

　　② 雅努斯是罗马神话中的肇始神和两面门神。——译者注

之后，马克思不再把价值绝对地看作某种"独立存在的东西"①，某种客观的物的属性，因为，正如前面的论述中所表明的那样，马克思就是努力要从价值概念中获得一个社会学范畴，一种分析社会关系的方法。"商品作为价值是社会的量，因而，和它们作为'物'的'属性'，是绝对不同的。商品作为价值只是代表人们在其生产活动中的关系。"②从这个意义上看，只有当劳动表现为使劳动个人之间的观念上的联系转变为产品世界的物的联系的工具时，劳动才是价值实体。劳动是社会从属关系的尺度，按照这里论述的思想，劳动不是价格高低的实质原因，而是价格表现的社会内容的指示器。

3. 马克思想把他对资本主义价格现象的社会学分析限定在某个特定的方面，他想要分析掩藏在竞争制度的表面形式之下的**人类劳动的组织形式**。人们之间通过各种各样的方式建立起种种社会的联系，**马克思**只考察通过劳动分工的事实建立起来的那种联系，从而在种种社会表现的范围内划出一个可以从狭义上即本意上称为**社会经济**领域的方面。因为，分析劳动的社会组织是经济科学的对象，所以，对于马克思来说，**劳动**和**分工**成了所有经济学范畴建立在其上的最高的概念。由于**马克思**不是把交换行为和产品，而是把人们在经济再生产过程中发生的社会的劳动联系当作出发点，因此，他一开始就把一切非劳动产品排除在外。

因而，在整个产品世界的范围内出现了一个复合物，即"人类劳动力的结晶"，"总价值"，它实际上可以成为各种社会联系的媒介和承担者。按照这种看法，理论的任务在于，确定"总价值"的分配，即确定各个社会阶级——它们通过这种分配表明自己的特征——参加分配的

---

① 《马克思恩格斯全集》第 1 版第 26 卷第 3 册第 140 页。
② 《马克思恩格斯全集》第 1 版第 26 卷第 3 册第 139 页。

条件和应分得份额的大小。因此，**马克思**把一切收入都看作处于特定条件下的支配人类劳动的形式。如果根据各个人在动力机制中存在的主观条件来**说明**各部分的收入，例如：从目前的和将来的产品的价值之间的差额或作为工资的节余来说明资本利润，那么，理论的任务并没有得到解决。要理解作为社会现象的资本利润，我们必须把它作为按照它的数量和种类确定的在"总价值"中所占的特殊部分，作为支配人类劳动的形式，从而作为社会关系来理解。

因此，从纯粹是"物化社会劳动"的"**总价值**"中分出一部分作为工资流向工人阶级，这一部分的量的界限根据维持和再生产这个阶级的劳动力的要求而具有伸缩性。其余部分表现为工人阶级的剩余劳动，即表现为**剩余价值**，这部分以极不相同的比例作为利润、利息、企业主收入，在一些社会阶级之间进行分配。租金有多少，它就有多少种独立的形式。"在资本主义社会中，这个剩余价值或剩余产品……是作为一份份的股息，按照社会资本中每个资本应得的份额的比例，在资本家之间进行分配的。在这个形态上，剩余价值表现为资本应得的平均利润。这个平均利润又分为企业主收入和利息，并在这两个范畴下分归各种不同的资本家所有。但资本对于剩余价值……的这种占有和分配，受到了土地所有权方面的限制。正像职能资本家从工人身上吸取剩余劳动，从而在利润的形式上吸取剩余价值……一样，土地所有者也要在地租的形式上……再从资本家那里吸取这个剩余价值……的一部分。"① **马克思**把所有这些收入形式理解为量上确定了的"价值"组成部分，是为了在各种各样的收入的外部表现形式之中，在各种各样的说明收入形式的产生及其相应的大小的原因之中，确定这些收入形式作为社会关系的质

---

① 《马克思恩格斯全集》第 1 版第 25 卷第 927 页。

的同一性，并把隐藏在收入的价格形式之下的**社会内容理解**为社会劳动的特定的组织形式。在这里，使总分配通过价格形成得以实现的竞争因果机制完全不在马克思的研究范围之内。马克思要说明在竞争中的各种力量进行较量的结果的**社会意义**，"竞争的实际运动不在我们的研究计划之内，我们只需要把资本主义生产方式的内部组织，在它的可说是理想的平均形式中表现出来"①。

现在，我们又回到一开始提到的问题上来，即马克思对庸俗经济学的论述方法的批判，庸俗经济学只考察本身在"表面"显露出来的"竞争的外部现象"，看不到物与物的**内部**联系；正如在这个批判中用另一种说法指出的那样，庸俗经济学把社会关系物化了，把在涉及社会生产关系的地方看作自然的物的联系。经过以上论述，我们可以了解，从现象到实在的关系，从表面到内部联系的关系，实际上涉及两种不同的研究方法，一种是**说明**因果关系的，一种是以对社会关系的感觉和理性为基础的。马克思通过制定剩余价值理论来揭示的，即他所称作的"资本主义生产的内部联系"，实际上并不是去认识使资本主义竞争的外部轮子运转的深刻的因果的动力，而是在事后从**社会内容**上来**分析资本主义竞争的完成的结果**。

对于以纯粹**从原因上说明**物物交换关系为目的的研究来说，一切收入都是价格表现，这些价格表现的特殊性归结于被当作收入的源泉来考察的那些生产条件的**物质**性质，归结于这些生产条件在劳动过程中所起的作用。从这个观点看，地租似乎是土地提供的价格，利润表明生产出来的生产资料的价格形成，工资是第三个技术性生产因素即劳动的价格。从以说明流通和交换的现象为目的的角度来看，这几种收入作为价

---

① 《马克思恩格斯全集》第 1 版第 25 卷第 939 页。

格表现只是从物质上，也就是从收入在技术生产过程的作用来看本身有区别的物上进行考察的。这是使用价值领域。但是，这样的观点虽然对于纯粹从理论上认识价格现象是合理的，对于**社会地**理解价格表现却毫无作用。马克思对这个"三位一体的公式"的讽刺完全是为了反对这种企图，即把对说明收入源泉的**技术的物质性质**有作用的价格分析当作理解社会的社会结构的方法；把**技术的**作用和作为自然力的王国，作为"一切劳动对象的现代的武库"的土地、生产出来的生产资料和作为生产过程中的有目的的生产活动的劳动各自所得的份额，直接同作为利润、工资和地租流向各自的社会代表的那些部分混为一谈；从而把资本主义生产过程中生产要素受历史制约的社会性质，看成是它们自然的、可以说是永恒的、作为生产过程的要素天生就有的**物质**性质。① 与此相反，马克思提出了自己的观点，收入的技术条件对于社会地理解价格的表现完全无关紧要，因为，这里只研究隐藏在收入中的社会的、人与人之间特有的关系。

因此，我们看到，**马克思**始终坚持这个观点：每年能够拿来分配的一切财物，必须完全归功于人类劳动，只有人类劳动才创造实体，后者在各种收入中在不同的社会阶级之间进行分配。在这里**不存在**实际的伦理上的平等要求，**不存在**获得"全部劳动收益的权利"的要求，而存在纯粹为认识目的服务的概念形成，其明显的政治含意只是指出了一切文化科学所借以承担的实际基础。② 如果我们想用一个现代的、众所周知的话来说，那么，我们可以说，在马克思那里价值概念本身不包含实证的评价，而只是在他那里表述了价值关系的理论原理，因为，马克思

---

① 《马克思恩格斯全集》第 1 版第 25 卷第 933 页。
② 所有赋予马克思的劳动价值论以伦理的性质的马克思的解释者们，如什塔姆列尔和玛丽安娜·维贝尔，都忽视了这一点。

要完成的任务是，在被限制得很狭窄的经济科学范围内去理解历史上的一种经济形式即资本主义制度的社会内容。

6. ［马克思和李嘉图的关系］

在认识作为社会从属关系的尺度的劳动的基础上，建立了马克思的**劳动价值论**，因而，这个劳动价值论从它内在的意义上看，是一种社会**分配理论**。这样一来，**马克思**与**李嘉图**发生了决定性的矛盾。李嘉图的劳动价值论实际上就是**价格理论**，并且他的分配概念完全是利己主义性质的。**马克思**与**李嘉图**之间的关系由于马克思本人的解释——按照这一解释，他自认是**李嘉图**理论的继承者和完成者——而经常被误解。除了在表面上有类似之外，由于他们全然不同的哲学态度而根本不同。①

最初，**李嘉图**的出发点似乎也**是社会的**。他把脱离生产并且独立于生产的分配学说说成是理论的主要问题，从而使自己从那些包含在**斯密**的地租学说中的重农主义成分中解放出来；但是，分配学说本身促使李嘉图对那些独立的阶级进行对比，这些阶级的利益不仅相互对立，而且还同普遍福利的利益发生对立。但是，这个分配概念在李嘉图那里具有利己主义的内容，它涉及的是**实物的**总收益的分配，即每个阶级在**具有使用价值的**总产品中应得的份额，而不像**马克思**所说的，是由完全归结于人类劳动的"价值"产品的分配所确定的人与阶级之间的社会联系。所有重农主义的拜物教都把技术生产过程中实物的超额收益直接同收入混为一谈，与此相反，**李嘉图**认为分配问题是价格问题，用这种观点看

---

① 关于马克思和李嘉图的价值学说的差别，主要可参看迪耳：《李嘉图》第2卷，第94页及以下几页。

问题表明李嘉图的一大进步。这种观点同样适用于他的显然是以土地的各种不同的自然肥力为基础的地租理论，因为，李嘉图认为，地租是通过竞争产生的价格形态——它为较好土地的经营者提供高于他们的生产费用的产品价格的余额的结果。因此，**李嘉图**在这个问题上同**马克思**一致地与重农主义的观点相对立，他认为"地租是实行土地"① 经营时那种社会关系的结果，地租来自社会，而不是来自土壤，李嘉图从这个意义上说："地租不是新的创造，而不过是转移的财产。"②

与重农主义的观点相反，**李嘉图**把分配问题看作价格问题，并因此为说明所有收入部分而探究竞争的社会过程，就这一点而言，他和马克思是一致的，所以，马克思也能够接受**李嘉图**的级差地租论。但不可由于这个一致而忽视了这两个思想家之间的重大区别。当**李嘉图**把分配看作受社会制约的事实时，却没有把它看作社会生产关系。因为，**李嘉图**远远没有做到从产品价值完全归结为劳动的意义上得出绝对的劳动价值论。所以，他既没有得出抽象一般劳动的概念，也没有制定出剩余价值理论。

李嘉图的分配学说所涉及的是：确定在竞争的支配下，各个社会阶级即"统一使用劳动、土地、机器和资本"而从**实物的总收益**中应得的相对份额，以及涉及随着普遍的社会进步，这个份额**变化**的规律。这个份额通过价格，也就是通过表现在货币中的产品的交换价值来调节，但不是任何价格变化都将意味着在生产收益中所占的相对份额的增加或减少。譬如，完全撇开货币价值本身中的变化不谈，工资的提高可能会由于生活资料价格的提高而抵消，或者，利润和地租可能会由于产品价

---

① 《马克思恩格斯全集》第 1 版第 4 卷第 190 页。
② 李嘉图：《政治经济学和赋税原理》，第 194 页。

格下降而代表总产品中一个较大的份额,尽管它们的货币表现保持不变。因此,如果说**李嘉图**是按照和马克思相同的方式,在价格的外部表现的背后,即在竞争的现象背后探寻"**真正的**"联系,如果说他"试图深入研究资产阶级社会的内部生理学"①——**马克思**把这算作李嘉图的特殊功绩——,那么,**马克思**和**李嘉图**之间的根本区别就在于:**李嘉图**不考虑阶级之间的相互关系,认为这种隐蔽的内部联系不过是实物总收益在各个阶级之间的分配;**马克思**对此认识**较深刻**,他认为,在价格运动的背后实现的分配,不是完成的储存的使用产品在孤立的居民阶级中间的分配,而是完全归结于人类劳动的总价值产品的分配,从而是进行生产的人们之间的社会关系。

因为李嘉图把劳动作为价值的原因是用于研究他所提出的课题,所以他那里不会产生剩余价值理论。李嘉图在不少地方明确地反对把交换价值完全归结为劳动,但马克思也只是利用了李嘉图的某些说明对他的观点作了进一步的解释。这里不需要用前面那些地方来反对后一种解释,因为李嘉图研究方法的精神实质是对国民经济现象进行研究。谁要想在**李嘉图**那里说明剩余价值理论,他就是抹煞了**李嘉图**和**马克思**之间的基本的方法论上的区别,从而就是失去了对两位思想家的正确的理解。正是在这个表面似乎完全相同的劳动价值论的如此不同的形成方式中,表现出两位思想家对社会生活问题的根本不同的态度。试图通过自然科学的范畴理解经济生活的**李嘉图**认为,劳动——他完全根据斯密的思想,把劳动看作痛苦和劳累——是除决定产品的交换价值量的其他一些原因之外的一个原因。他写信告诉**麦克库洛赫**:"我有时想,如果我现在有可能把我著作中关于价值的一章重写

---

① 《马克思恩格斯全集》第 1 版第 26 卷第 2 册第 182 页。

一遍，我将指出，产品的相对价值不是由一种，而是由**两种原因**决定的，即由生产该产品所必需的劳动的相对量决定，并且由直至产品投入使用才结束的时期内所使用的资本应得的利润的量决定。"在这里，劳动似乎同其他因素在一起成为一定的交换价值量的原因，而不是作为交换价值的实体。**李嘉图**没有把产品完全归结于劳动，因此，他也不可能根据剩余价值理论的思想，把作为利润流向企业主的那部分产品归结于特定的社会阶级的劳动。经常作为剩余价值理论的证明提出的**李嘉图**所论述的工资和利润的变动之间的关系，也是与剩余价值理论相矛盾的，因为，**李嘉图**的工资的普遍提高会引起利润的下降是建立在李嘉图的分配概念的基础上的，在他的分配概念中，在价格的变动中实现的真正的分配是实物的总收益的分配。如果国民经济的力量努力使工资或地租占总收益中的较大部分，那么，资本家不得不满足于较小的部分。因为，他们的境况的相对恶化程度对于所有资本家都是**一样的**，以至于他们不能彼此互相推让这种劣境。

按照**李嘉图**的理论，消耗在产品上的劳动表现为形成价格的最重要的原因，从而是流向各个人的产品量的最重要原因。正如我们所看到的那样，**马克思**在**李嘉图**的这个理论中建立了完全不同的思路。为了使这个思路显得更明晰，我们直到现在为止片面地把这个思路加以突出。按照这个思路，**马克思**从理论上分析国民经济的现象时，没有涉及独立的个人或阶级应得的消费品的相对量，而从社会的社会结构的角度，使这些消费品在某种程度上具有社会的分母，这个社会的分母是纯粹人的劳动，是上述意义上的人体的消耗，产品的分配是在劳动个体的具体的社会组织中进行的。因此，在**马克思**这里，作为价格高低的原因的劳动——在**李嘉图**那里劳动是价格高低的原因——正在转变为作为社会从属关系的尺度的劳动，李嘉图那里的劳动的技术性概念，成为抽象一般劳动的社会学概念。但是，在马克思那里，作为价值原则的劳动的概念和意义上的这种转变，不是与**李嘉图**彻底相背离的，而是在保持**李嘉图**的价值理论的本质的动因的条件下完成的。由于这个原因，就产生了那种两重性和不平衡性，致使对马克思价值理论的解释产生了极大困难，其实，这种两重性是同马克思观察世界的两重性相一致的。

（卢晓萍 译　荣敬本 校）

马克思的价值决定理论及其现实意义

冯文光

李嘉图的劳动价值论与马克思的价值理论

李嘉图的劳动价值论有以下缺点。第一,他一贯坚持耗费的劳动决定价值的观点;但是,他没有区分劳动和劳动力,因而不能解决价值规律和利润存在的矛盾。第二,他认识到,决定商品价值的不仅是直接耗费的劳动,而且还有间接耗费的劳动,即原有价值转移到新产品上;但是,由于他没有区分抽象劳动和具体劳动,从而不能说明生产资料的价值为什么会转移,在生产过程中又是怎样转移的。第三,在平均利润问题上,李嘉图一开始就假定平均利润的存在,把应该论证的东西当作前提,从而不能说明为什么等量资本能获得等量利润。因此,李嘉图的价值理论只是一种不完整的劳动价值论,也就是说,他在劳动创造价值这一点上是不彻底的。

与李嘉图的劳动价值论不同,马克思的价值理论把价值创造理论、价值转移理论、价值实现理论这三个方面辩证地统一在一起。商品的价值 = C + V + M。价值创造理论指的是:一切新价值,即与工人的工资相等的价值和工人创造的剩余价值,是由工人的劳动创造的。在这个意

---

* 本文选自《马克思主义与现实》1997 年第 1 期。

义上说，劳动是财富的唯一源泉。价值转移理论指的是：商品的价值包括不变资本转移到产品上的价值，因此，影响这种转移的一切因素，尤其是固定资本和科学技术，都是价值决定的因素。价值实现理论指的是：商品的价值在流通中受供求关系、竞争的影响转化为生产价格，并在市场上实现为货币，因此，影响商品价值实现的一切因素，如周转速度、供求波动、竞争等，都作为决定因素加入价值形成。

为了正确理解马克思的价值理论，必须把握价值创造和价值决定以及价值的质和量之间的辩证关系。资产阶级经济学家认为固定资本如机器也创造价值，马克思对此进行了批判。这种批判在马克思主义经济学家中形成了一种固定的看法，即固定资本（如机器）与价值形成无关，只是其价值转移到新产品上。由此出现了一个问题，就是价值的迅速增殖如何用劳动创造价值来说明呢？人们就这一难题进行了许多争论，但是迄今为止仍然没有完全解决问题。关键何在呢？我认为，区分价值创造和价值决定并阐明二者之间的辩证关系是关键之一。价值创造和价值决定的关系有如下几个方面：一、部分和整体的关系：价值创造涉及 $V+M$，价值决定涉及 $C+V+M$；二、劳动创造价值是本质因素，固定资本如机器等只有通过劳动创造价值的过程才能作为决定的因素加入价值形成，而劳动通过固定资本如机器等能创造出更大的价值；三、价值的质和价值的量的关系。价值的质指商品价值由该商品包含的社会必要劳动时间决定；价值的量指商品价值量由该商品包含的社会必要劳动时间的长度决定。前者必须依赖于后者才能存在。价值的质和量的统一观，是理解马克思的价值决定理论的关键。如果只看到质的一面，那么就可能不承认其他因素也会作为决定因素加入价值形成。如果只看到量的一面，那么就有可能否认劳动是价值的唯一源泉。

正如价值的质和量不可分割一样，劳动创造价值和其他因素作为决定因素加入价值形成过程也是不可分割的。认为固定资本创造价值的经济学家只看到量的方面；认为只有劳动创造价值而其他因素与价值形成无关的经济学家只看到质的方面。只有从价值的质和量、价值创造和价值决定的辩证关系出发，才能回答上述难题。

马克思的价值理论的发展过程

马克思的价值理论的发展过程是从价值的量的决定达到价值的质的决定的过程，是从现象达到本质认识的过程。我们可以把这一过程划分为以下若干阶段：

第一阶段：在劳动决定价值和供求波动决定价值之间来回摇摆的阶段。这明显地表现在1844—1845年的著作中。马克思在《巴黎笔记》中认为，穆勒和李嘉图学派在把生产费用作为价值决定的唯一因素时忽视了需求和供给的波动所起的作用。马克思在这时实际上认为供求的波动是价值决定中本质的东西。这一思想在《詹姆斯·穆勒〈政治经济学原理〉一书摘要》中得到了明确的表述："在谈到货币和金属价值的这种平衡并把生产费用作为决定价值的唯一因素来描述时，穆勒——完全和李嘉图学派一样——犯了这样的错误：在表述抽象规律的时候忽视了这种规律的变化或不断扬弃，而抽象规律正是通过变化和不断扬弃才得以实现的……这种现实的运动——上面说到的规律只是它的抽象的、偶然的和片面的因素——被现代的国民经济学家歪曲成偶性、非本质的东西。"① 在1844年9—11月与恩格斯合写的《神圣家族》中，马克思认为价值本质上取决于劳动时间，"在直接的物质生产领域中，某物品是否应当生产的问题即物品的价值问题的解决，本质上取决于生产该物品所需要的劳动时间。"② 尽管距《巴黎笔记》的写作只有几个月，关于价值决定的要素的观点却发生了根本的变化。但是，这种转变不是成熟的转变。马克思在1845年3月完成的《评弗里德里希·李斯特的著作〈政治经济学的国民体系〉》中又回到了《巴黎笔记》中的观点。第二阶段：马克思确认了劳动时间决定价值，但是把这种决定包含在供求波动决定价值之中。这一观点的代表作是1846年写作的《哲学的贫困》。"如果蒲鲁东先生承认产品的价值由劳动时间来确定，那末他同样也应当承认，在以个人交换为基础的社会中，单只这种摇摆运动已使劳动时间成为价值尺度。""千万不要忽视，一种东西的价值不是由生产它的时间来确定，而是由可能产生它的最低限度的时间来确定，而这种最低额又是由竞争来规定。"③ 这是两种决定的包含关系。第三阶段：包含关系变成了并列关系。马克思把劳动决定价值和供求决定价值都看作是本质的东西。这一阶段是写作《伦敦笔记》的时期。在《伦敦笔记》第Ⅷ笔记本摘录李嘉图的《政治经济学和赋税原理》一书时，马克思写了如下一段评论："李嘉图把他认为是偶然的东西抽象掉了。然而叙述实际过程，则是另一回事，因为在这个过程中，不论是他称为偶然的运动但却是稳定的和现实的东西，还是它的规律，即平均关系，两者

---

① 《马克思恩格斯全集》第1版第42卷第18页。
② 《马克思恩格斯全集》第1版第2卷第62页。
③ 《马克思恩格斯全集》第1版第4卷第106、107页。

同样都是本质的东西。"① 第四阶段：并列关系变成融合关系。马克思在《伦敦笔记》中就已经提出"由劳动时间决定价格正是在供求范围内实现的"②。这一观点在1857—1858年手稿中得到了进一步的发展。他在这部手稿中认为，商品价值本身只存在于商品价格的上涨和下跌之中，他把价值和价格在流通领域中直接联系起来，由此得出了"由劳动时间决定的商品价值，只是商品的平均价值"③的结论。这样，劳动决定价值与供求决定价值的并列关系变成了劳动决定价值与供求决定价值在流通领域中的融合。第五阶段：劳动时间决定价值和供求决定价值的辩证关系。在1858年8月—1859年1月写的《政治经济学批判》中，马克思割断了价值和价格的直接联系，指出"价格是商品交换价值在流通过程内部出现时的转化形式"④。与此同时，他不再像在1857—1858年手稿中那样把商品价值描述为存在于商品价格的上涨和下跌之中的平均价值，而是在劳动领域中确定商品价值的平均因素。他提出了一般人类劳动和必要劳动时间概念，并指出，生产交换价值的劳动是一种无质的区别的简单劳动。这种劳动包含的前提是："一个商品所包含的劳动时间是生产该商品的必要劳动时间，即在当时一般生产条件下生产另一个同样的商品所需要的劳动时间。"⑤ 一般劳动是一个抽象，它"存在于平均劳动中"⑥。价值和平均价格的区分在1861—1863年手稿中更明

---

① 《马克思恩格斯全集》第1版第44卷第108页。
② 《马克思恩格斯全集》第1版第44卷第113页。
③ 《马克思恩格斯全集》第1版第46卷上册第80页。
④ 《马克思恩格斯全集》第1版第13卷第56页。
⑤ 《马克思恩格斯全集》第1版第13卷第20页。
⑥ 《马克思恩格斯全集》第1版第13卷第19页。

确了。"商品的价值等于商品包含的有酬劳动和无酬劳动的量。商品的平均价格等于商品包含的有酬劳动（物化劳动或活劳动）量加无酬劳动的平均份额"。① 马克思还指出，产品的市场价值和它的个别价值之间的差别只能同生产率程度的差别有关，就是说，"这种差别决不能意味着价值是不依赖于该生产领域一般使用的劳动量而决定的。"②

资产阶级经济学家停留在价值的量的决定和现象上，把本质和现象混为一谈，以此为资本的剥削进行辩护。因此，马克思反复对资产阶级经济学家的这种观点进行分析和批判，强调只有工人的劳动才是价值的源泉，揭露了资本对雇佣劳动的剥削。但是，马克思在得出价值由劳动创造这一本质认识的同时，并没有否定供求、流通领域等与价值形成有关，与价值量的形成有关。资产阶级经济学家坚持现象而否定本质。与他们相反，马克思则是在达到本质认识之后仍然把现象看作本质的表现。以上五个阶段的认识过程是扬弃现象达到本质的过程，而不能理解为否定现象的过程。现象是本质的表现，同样，价值的量是价值的质的表现。这二者的统一是理解马克思的价值决定理论的关键。

决定价值的因素

只有劳动创造价值，生产过程的其他因素不能创造价值。商品的价值从质上来说由它所包含的劳动时间来决定。但这种劳动时间是社会必要劳动时间，而社会必要劳动时间概念的确立为决定价值（量）的多

---

① 《马克思恩格斯全集》第1版第26卷第2册第22页。
② 《马克思恩格斯全集》第1版第26卷第2册第301—304页。

因素理论开辟了道路。马克思在他的经济学著作中没有正面阐述决定价值（量）的多因素理论。他着重要解决的问题是揭示资产阶级经济学家陷入假象、否定劳动创造价值的错误。从现象上来看，似乎可以认为资本也创造价值，价值来自流通，竞争也创造利润。但这种看法实际上把假象当作本质，把量的关系当作质的关系。马克思用大量篇幅批判了这种观点。但是，我们从他的批判的字里行间仍然可以看到，对于固定资本、周转、流通时间、竞争等作为决定因素参与价值形成、决定价值量的作用，他是持肯定态度的。

为了论证决定价值的多因素理论，首先要解决的问题是：除劳动以外，生产过程的其他因素虽然不直接创造价值，但是否也作为一个决定因素参与价值形成。这个问题要从使用价值和价值的关系谈起。马克思在1857—1858年手稿中明确指出："使用价值本身起着经济范畴的作用。"[1] 在1861—1863年手稿中，马克思更具体地说明了使用价值起经济范畴作用的含义。"这里又发现另一个方面：最初我们所看到的只是充当经济关系的物质基质的使用价值，现在对经济范畴怎样起决定性的影响。"[2] 在这里，使用价值对经济范畴起决定性的影响，是指参与价值形成，是指固定资本也在一定程度上增加相对剩余价值。马克思在指出劳动过程和价值增殖过程的区别具有决定性意义的同时，还发现了与这种区别有关的另外一些十分重要的关系。"首先，在考察固定资本时我们看到，固定资本全部加入劳动过程，但只是部分地，按照损耗的程度，作为损耗加入价值形成过程。这是通过使用机器来使商品变便宜的

---

[1] 《马克思恩格斯全集》第1版第46卷下册第154页。
[2] 《马克思恩格斯全集》第1版第48卷第340页。

巨大杠杆之一,从而在一定程度上也是增加相对剩余价值的手段。同时也是利润率下降的原因。"① 在 1861—1863 年手稿的这一论述之后不久写作的《剩余价值理论》中,马克思明确说,不变资本包含的一定量劳动"要作为决定产品价值的因素之一转移到产品价值中去"②。

其次要回答这样一个问题,即价值决定的其他因素是如何起作用的。社会必要劳动时间概念的确立也为回答这个问题奠定了基础。"只有社会必要劳动时间才算是形成价值的劳动时间"③。劳动生产力的提高会减少社会必要劳动时间,从而增加相对剩余价值。一个部门的劳动生产力的提高会迫使另一个部门的资本家采用新的生产方法,这是竞争的强制规律。而当劳动生产力的提高扩展到工人必要生活资料的生产部门,使构成劳动力价值要素的商品便宜时,一般剩余价值率最终会受到影响。④

由此可见,凡是提高劳动生产力的因素都在一定程度上作为决定因素加入产品价值的形成。科学在生产中的应用主要体现在固定资本上。"科学和技术使执行职能的资本具有一种不以它的一定量为转移的扩张能力"⑤。资本利用科学技术为自己服务,大幅度减少工人的必要劳动,从而使自己的增殖达到前所未有的规模。

劳动创造价值和不变资本转移价值都是在生产过程中进行的。那么,价值实现过程中的一些因素是否也会作为决定的因素加入价值形

---

① 《马克思恩格斯全集》第 1 版第 48 卷第 340 页。
② 《马克思恩格斯全集》第 1 版第 26 卷第 1 册第 91 页。
③ 《马克思恩格斯全集》第 1 版第 23 卷第 215 页。
④ 参看《马克思恩格斯全集》第 1 版第 23 卷第 355 页。
⑤ 《马克思恩格斯全集》第 1 版第 23 卷第 664 页。

成呢？

以周转为例。一个产业资本在一定条件下，周转的次数越多，它生产的剩余价值量就越多。但是周转并不创造剩余价值。"周转不是作为积极的因素，而是作为起限制作用的因素，对一年内生产的剩余价值量，从而对一般利润率的形成，起决定作用。"① 马克思的这一论述非常清楚地告诉我们，对价值形成"起决定作用"不等于价值创造。当然，我们在这里必须排除价值创造和价值决定概念交叉重叠的情况。创造价值的，或者说起积极作用的只是劳动，周转虽然是一个决定的因素，但只是消极的、起限制作用的因素。

我们还可以看一下马克思关于流通时间的论述。商品的价值在流通中以价格的形式得到实现。资本家从流通中获得超过他的成本的余额。于是产生了一种假象，商品中包含的剩余价值似乎不是单纯在流通中实现，而是从流通中产生出来的。为了阐明资本家和工人之间的剥削关系，揭示这种假象十分必要。但是应该看到，造成这种假象的原因之一是流通时间也作为一个决定的因素对价值形成起着作用，虽然是限制的、消极的作用。马克思在论述这个问题时肯定了流通时间是一个决定的因素，同时又揭示了流通时间造成的假象。②

竞争不仅在生产过程中发生作用，而且也在流通过程中发生作用。资本家总是力图占有更多的无酬劳动，为了减少必要劳动，他采用机器；机器的价格和机器所代替的劳动总量之间的差额决定商品的费用，"并通过竞争的强制规律对他发生影响"③。采用先进机器的资本家能够

---

① 《马克思恩格斯全集》第 1 版第 25 卷第 345 页。
② 《马克思恩格斯全集》第 1 版第 25 卷第 936 页。
③ 《马克思恩格斯全集》第 1 版第 23 卷第 431 页。

获得较高的利润率,于是其他资本家也会跟着采用先进机器。在竞争中,工业和技术不断发展,与此同时,不断形成一般利润率和生产价格。竞争的这一基本规律正是建立在"商品价值和商品成本价格之间的这种差别之上的,建立在由此引起的商品低于价值出售也能获得利润这样一种可能性之上的"①。价值由社会必要劳动时间决定这一点,要成为实际的东西,不能不通过竞争,也就是说,不能不通过"资本的实际过程"②。

价值由它包含的劳动或它的生产所使用的劳动时间决定,但是在竞争中却表现为它取决于它的"再生产所必需的劳动时间"③。利润由商品价值中包含的剩余价值决定,但在社会表面上利润却似乎是由竞争创造的。因而价值规律在竞争中的展开与价值规律本身是不同的。尽管出现了原有规律似乎已被推翻的假象,"但是,只有这样,必要劳动时间由资本本身的运动所决定这件事,才被确立起来"④。

可以说,没有竞争,也就没有价值规律的实现。从竞争的基本规律以及它与价值规律的关系来看,竞争会对价值形成和价值增殖产生很大的影响。在揭示竞争的假象并批判竞争创造利润的观点的同时,不能否定竞争的上述作用。甚至在有些场合,竞争还是唯一的决定因素。

---

① 《马克思恩格斯全集》第1版第25卷第45页。
② 《马克思恩格斯全集》第1版第46卷下册第160页。
③ 《马克思恩格斯全集》第1版第46卷下册第166页。
④ 《马克思恩格斯全集》第1版第46卷下册第166页。

马克思的价值决定理论的结构的发展

商品的价值由商品所包含的社会必要劳动时间决定这一规律的实现过程是与资本主义生产方式的发展过程相一致的。与此相应，价值创造、价值转移和价值实现的内容也有一个发展过程。

劳动创造价值的支出形式经历了如下阶段。第一阶段，以体力支出为主，工人使用简单工具，掌握一定的技艺，但价值的创造主要靠体力支出的强度和劳动时间的长度；在这一阶段，资本家的剥削主要是占有绝对剩余价值。第二阶段，机器代替了工人的体力和技艺，资本家的剥削主要是占有相对剩余价值，工人劳动的密度加强了。第三阶段是生产自动化阶段，工人站在机器旁进行监督和管理。从第一到第三阶段，随着科学在生产中的应用程度的提高，工人的传统技艺和经验已不能适应生产发展的需要，因此，客观上要求工人不断提高科学文化水平和自身素质。就这一方面来说，资本主义生产方式不仅为未来社会准备了物质基础，而且准备好了人员素质方面的基础。现代资本主义的发展还表明，劳动者素质的提高主要是随着科学在生产中的广泛应用以及新技术的不断涌现得到实现的。

价值转移也经历了相应的发展阶段。第一阶段，劳动过程中使用的固定资本很少，因而转移的价值在商品价值中所占的份额也很小。第二阶段，固定资本急剧膨胀，劳动过程中使用的机器规模很大，转移的价值与劳动创造的价值相对而言，所占的份额日益增大。第三阶段，固定资本中科学技术的含量不断增加，因而科学技术转移的价值也不断增大。

价值实现的发展过程主要体现为竞争的发育过程。第一阶段以部门内部的竞争为主，商品各种不同的个别价值形成相同的市场价值和市场价格。第二阶段以部门之间的竞争为主，资本从一个领域转移到另一个领域，从而造成一般利润率和统一的生产价格。第三个阶段，国际竞争占支配地位，价值转化为国际价值。以上三个方面发展的结果是生产的集约化程度日益提高。从这一发展过程中可以得出这样的认识：在商品经济社会中，只有以追求利润为目的，以竞争为中介，以加速科学向生产力的转化为手段，才能不断提高生产的集约化程度，从而极大地促进生产力的发展。

结构的失衡与对策

价值规律只是随着资本主义生产方式的发展才得到实现的。在当代资本主义的发展中，决定价值的社会必要劳动时间已经是国际范围内的必要劳动时间。与发达资本主义国家相比，发展中国家在劳动力的素质、固定资本的科技含量以及竞争发育度方面都处于较低的阶段，因而价值规律实现的程度也较低。就价值决定的要素结构而言，发达资本主义国家与发展中国家之间存在着不平衡。因此，在国际商品交换中，发展中国家处于不利的地位。这是当今世界范围内贫富分化的一个根本原因。

发展中国家要想使自己的商品价值接近国际价值，最根本的办法还是要尊重价值规律。价值规律使人们懂得应如何去劳动、去革新技术和进行竞争。在资本主义发展初期，价值规律的实现程度较低，竞争发育度不高，那时也曾一度流行制造假冒伪劣产品。但是随着价值规律作用的发挥以及保障价值规律发挥作用的法律体系的建立，这类现象逐渐减少了。我国当前假冒伪劣产品屡禁不止，说明价值规律的作用很微弱，竞争发育度差，劳动者素质较低，产品的科技含量不高。解决这些问题需要时间，有待于价值规律作用的充分发挥。资本主义国家的发展表明，国家的宏观调控以及社会保障体系的任务只能限于克服价值规律的消极后果的范围内。如果超出这一范围，效率就会下降，生产力的发展速度就会减慢。前苏联七十年和我国前几十年的历史证明这是真理。历史的经验是：社会主义的优越性不在于限制价值规律的作用，而在于克服价值规律作用的消极后果。牢固地确立这一理论认识，对于我国今后的发展具有十分重要的意义。

此外，在价值决定的三个构成要素中要抓住根本环节，即提高劳动者的素质、加速科学向生产力的转化以及促进竞争。就价值创造而言，劳动者的素质需要大大提高，发展教育是关键，目前尤其要把重点放在基础教育、职业教育和社会行为规范教育上。就价值转移而言，我国在大力发展科学技术的同时，应把重点转向加速科学技术向生产力的转化，资金投向亦应以此为重点。就价值实现而言，目前的任务应是发展竞争，促进竞争有序化。

当代马克思主义价值理论的迫切问题[*]

〔苏〕H. A. 科尔明　〔第比利斯〕Г. O. 诺季阿

1985年9月16—19日，在梯比利斯举行了全苏第二次马列主义哲学中的价值问题讨论会。这次会议是由苏联哲学协会和格鲁吉亚科学院哲学研究所组织的。这次讨论会的指导思想是，把科学的价值理论的创造性潜力全面运用于解决加速社会发展的任务。在讨论会上，主要围绕价值理论怎样才是可能的问题展开了热烈争论。

H. 恰夫恰瓦泽在讨论会的开幕词中指出，20年前在全苏第一次价值问题讨论会上，关于马列主义哲学范围内的价值问题的提法本身在许多人看来就是值得商榷的。那次讨论会证明，价值概念对进一步发展我们的哲学科学不仅是合理的而且是必要的。由于运用这一概念，我们开始更深入地理解历史唯物主义和应用社会学、伦理学和美学的问题，确立这一概念，大大促进了我国哲学科学中新的研究方向如马克思主义哲学的人的概念、文化哲学等的发展。此外，我们开始更好地理解我们的哲学的实质本身，理解它的人道主义的含义。

同时，20年来在理解马克思主义的价值论方面也积存了不少难点和模糊不清的问题。第二次讨论会的任务就是要讨论并试图弄清这些问题。

---

[*] 本文选自《马列著作编译资料》1987年第4辑。

价值（这里指的是高尚的、有目的的价值）按其本性而言是观念的。这就是说，价值只能作为人的价值意识的内容的客观因素而存在。价值同比如说逻辑真理和数学真理的区别就在于：人把价值看作是并应当看作是自己的存在、自己活动的目的的意义和理由，而逻辑真理和数学真理只是实现自己目的的手段。

与会者把关于价值的争论与当代现实联系起来，指出了价值对于调动人的积极因素的作用，提出了反映加速国家社会经济发展要求的新的价值标准的形成问题，以及当代世界中价值现象学的问题，论证了和平的价值是当代文明的主要价值。人们把对价值论原则的理论分析，同国内现实问题和社会发展现阶段的矛盾的分析结合起来。

讨论会上讨论的主要问题是：

一、价值概念的哲学论证和价值理论的建立

价值——这是高尚的精神上的绝对命令，人的行为举止的动因，是理想、神圣东西的领域。高尚的价值观念反对仰给于人的生活态度。把握了价值会产生一种特有的开朗高尚的激情并使感情得到净化。古代的伦理学范畴在哲学的进一步发展中并没有消失，而是发展为类似概念的总和。这就是信念、希望、爱、睿智（创造性的智慧）。这些概念的特点在于，它们反映了"人中真正人的东西"，是积极的因素。人的精神的潜能有5个层次：虚构（思维的无意识层次，在这里观念的东西和实在的东西融合在一起）；艺术形象（观念的东西和实在的东西的融合具有假定性，具有"表演"原则）；悟性的形式（抽象的知识）；理性（具体概念）；智慧（哲学），它把所有形式的知识结合起来，并使之与行为相联系。价值存在于各个层次上，但这首先是艺术和哲学领域。哲

学应当从人的活动的结构中演绎出价值,价值关系是在人的活动中发生的。不同种类的价值是由不同的学科（社会心理学,历史科学,民族学,文化学,教育学,伦理学,美学,艺术理论,符号学,宗教学）加以研究的,而哲学考察价值本身及其在文化各领域中表现的规律性。哲学必须从方法论上把这一切组织起来,为它们提供价值关系的统一的理论模式,这种模式能说明这些学科对于研究价值关系的必要性和充分可能性。

价值本身是什么？怎样和以什么样的认识手段才能发现和揭示它呢？当然,价值不是事物本身,同时,它又是事物所客观固有的东西,是"感性而又超感性的事物",是事物的特殊的存在方式,这种存在方式不是自然的,而是社会给予的。在交换价值中,人们的社会联系是脱离个人的差别和特点而存在的。物作为交换价值（商品）,不是使人们联合,而是使人们分离的条件,更确切地说,是人们的这样一种联系的条件,这种联系同他们的个性、个人无关而纯粹抽象地存在着。与交换价值不同,价值是事物的这样一种社会特性,它同价值创造者的个人、个性是分不开的。因此,价值可揭示为一定的、客观存在的社会关系,这种社会关系不是排斥人的个性存在,恰恰相反,而是以发达的人的个性为前提的。也就是说,它不是抽象的关系,而是把作为个人的人们联系起来的非常具体的关系。

如果说,历史仿佛向我们展示了价值的客观演绎法,那么社会系统就表明了价值的等级、价值系统的相互渗透。建立科学的价值理论的困难在于,用于价值的概念和方法与用于物理对象的概念和方法是一样的,而价值并不是物理对象。当价值与自然科学所采用的时间概念进行对比考察时,这一点特别明显。在人文科学中,时间还是本着19世纪自然科学的精神去理解的。必须制定历史时间的特殊概念,这可能是建立价值理论的关键。与会者有人谈到改进一般价值理论的问题。有人认为，对于研究价值领域的方法论来说，克服心理主义，揭示价值关系中的非心理成分具有特殊意义。评价活动本身并不是纯粹心理的、心灵的过程，它是一种精神活动，而作为这种活动与心理活动不同，它具有对象的性质，它以对象为目的。有人认为，价值是特殊类型的实在，价值的存在方式有两个层次：现实的和潜在的。与价值存在的现实层次相联系的，是价值的未来定向性这种特性。这是暂时的、非固定的价值特性。然而正是这种特性使价值达到完整的整体，从而使它具有真实的状态。

二、价值领域的范畴

价值论的基本范畴有："应有"、"意义"、"规范性"。"应有"这个范畴反映了价值关系主体对理想的追求及实现理想的可能性。"意义"范畴使人们能够把观念的东西与物质的东西（其中包含了价值的自然因素）的联系具体化。"规范性"范畴揭示了价值关系在社会现实中的功能本性。文化的规范性质规定了价值关系主体在该文化系统中的自由。价值具有规范性质，不过，任何规范作为计量的独特单位，都是被人为地绝对化了的相对的东西，它执行绝对的东西的全部职能。这就是说，价值具有虚假的绝对性。这里表现出绝对的东西和相对的东西在价值论范畴中的辩证统一。作为哲学问题的规范性同作为精神病学问题的规范性本质上不同。在将规范性与异化现象的对比中，可以更深刻地阐明规范性的本质。从马克思的观点看来，不能认为异化是正常状态。但成为异化的东西并不意味着有某种心理缺陷或心理疾病。异化的人处于另一价值领域中，他受作为手段的价值的限制。规范性是情愿要作为目的的价值而不要作为手段的价值的一种价值秩序。

三、社会意识结构中的价值意识

　　加速社会经济发展的实践本身,把评价标准的可靠性和整个评价反映的真理性的问题提到了首位。评价标准和评价反映的客观基础可以在某些类型的社会历史经验中找到:诸如人们作用于自然客体,并由他们创造准自然客体;超个人的(生产的、阶级的、民族的等等)和个人的人的关系。科学是精神生产的特殊形式,它以旨在满足人的内心需要的充满生机的、令人激动的活动为前提。人的本质力量在科学中得到表现,而由科学合成的知识,在历史上不仅必然成为关于自然的知识,而且必然成为关于人本身及其目的、切身利益和任务、人的活动途径和方法的知识。换句话说,科学发展成为社会过程进行合理的自我调节的因素,科学被纳入价值系统。

　　至今仍未彻底克服的那种忽视人的世界,忽视社会、历史、社会认识的特殊性的倾向,以及把马克思主义的历史主义归结为历史发展天定论、绝对历史主义的观点,曾经妨碍了对价值问题的提出和探讨。历史同人类生活的客观方面直接有关,而忽视人的内在世界,忽视人的价值定向,的确,就不可能理解人类生活的客观方面。价值在历史哲学中的地位取决于此。

　　任何一个世界观体系中都表现出它的双重的指向性,即既想认识世界上现有的东西;又想认识世界上应有的东西的意愿。世界观的这两种功能的相互关系和相互作用总是很复杂的。对什么是作为存在的世界这个问题的回答,在一个长时间内曾处在关于应有的东西的观念强有力影响之下。有时被思想家们当作世界的本体论图景的东西,在很大程度上是社会关系和反映这种关系的价值观念的折射。使真理适应于应当的东西这件事证明,在发现唯物史观以前绝大多数世界观具有意识形态的性质,意识形态的发生要比科学早得多。马克思所提出的作为发展人的全部本质力量(把自身发展的完整性当作目的本身)的人类生活的理想,是组织那种真正合理的人类生活的理想。在确定了类本质是能够从事具有自由意识的、普遍的社会性质的合目的性活动之后,可以认为合理的理想是这样的生活:当人有意识地对给予他的自然材料和社会材料进行加工时,他是在按照确证其类本质的某种价值秩序的样式组织这些材料,用这些材料制成独特的、独一无二的统一体,从而达到个性存在的水平。

四、价值论思想史

在西方,目前正试图把以传统为基础的价值定向返回到哲学议论中来。对康德哲学的巨大兴趣就是明证。力求使尼采哲学获得新的形象的意愿,可以说给人的印象最为深刻。尼采不是作为推翻有关资产阶级道德首先是基督教道德的传统规范的人,而是作为新价值体系、新道德的预言家,生活的新含义的宣扬者被抬了出来,但是,尼采宣扬的生活的新含义是以——这一点特别为现代尼采主义者所推崇——素有的个人主义和资产阶级意识具有高贵性为基础的。

俄国哲学史既是有关作为对普遍的东西的行为方式的思想的各种理论构成的历史,又是有关作为对意义(包括最普遍的东西的意义)的行为方式的思想的各种价值构成的历史,在历史的这些阶段上,哲学所取得的重要成就正是同思想在生活材料的价值方面的作用相联系的。在这方面,俄国哲学史为研究价值领域及其同知识和世界观的辩证联系提供了独特的材料。

H. 恰夫恰瓦泽在闭幕词中指出，这次讨论会对于交流最近几十年来国内价值论研究的情况具有重要意义。它为论证马克思主义的价值论提供了新材料，弄清了对一系列问题的看法和解释上的争论点。

(原载苏联《哲学问题》，1986年第9期)

(毛卫平 译 星淑 校)

知识产权与马克思的价值理论[*]

〔美〕迈克尔·皮瑞曼

美刊《激进政治经济学评论》2003年夏季号发表了米歇尔·皮瑞曼的题为《知识产权与商品形态：对剩余价值转化的新思考》的文章，认为知识产权是一种新的商品形态，它是马克思没有详细论述的剩余价值的特殊的新的转化形式。当今社会中知识作用的加大反映了社会一般劳动所起的作用越来越大，资本主义越来越失去存在的必要性，对知识产权的过分保护成为资本主义扩大商品化、抵制利润率下降从而保护资本主义的一种新办法。文章主要内容如下。

一、引言

卡尔·马克思剖析了资本主义市场如何创造剩余价值，以及如何在产业资本家、借贷资本家、土地所有者等资本家间进行分配。尽管马克思的这种价值形态分割今天仍具有实际意义，但是由于知识产权的普遍应用，分割范围扩大了。可以讲，知识产权这一商品形态更深化了资本主义社会体制的矛盾。

本文讨论的产权内容只涉及科学技术上的知识产权。知识产权市场

---

[*] 本文选自《国外理论动态》2004年第8期。

不同于典型的商品市场。虽然知识产权的所有者并没有提供物质产品或服务，但他仍然能因他人使用产权而得到支付。由于知识产权被认为是一种垄断，其所有者体会到的不是直接竞争，而只是交叉产品的竞争。此外，由于知识产权再生产成本极小，因此知识产权的生产成本与市场价格相比基本无足轻重。

对知识产权所有者的支付与其说是对某种商品的支付，倒不如被认为是支付租金。但与土地所有者的租金不同的是，支付给知识产权的租金是对创造性成绩的奖励，而土地所有者得到的租金只是一种坐收渔利。

从法律角度看，除在被设定保护期限结束后自动失效外，知识产权与资本货物（如机器、生产资料）所有权类同。但是在很重要的一些方面，知识产权又与资本货物所有权截然不同。那就是在一个典型的商品中，尽管剩余价值会以利润、利息和租金等形式提供给非生产者，价值总是会流向生产过程中的生产者。

二、作为公共品的知识产权

知识产权是马克思所谓一般劳动转化为一种完全新型的商品形态。一般劳动可以不贬值地被一遍遍地使用。正如马克思在完全区分价值与价格之前，在《剩余价值论》中做出的评述：脑力劳动的产品——科学总是远远低于其自身价值，那是因为学习科学所花费的劳动、时间与创造科学所要求的劳动、时间是完全不可同日而语的。比如，一个学生在短短的一个小时就可以掌握二项式定理。

与土地或大多数商品强制收取租金不同，知识产权具有非竞争性。

正如马克思所言，磁针在电场中发生偏向的原理一旦被发现，则使用原理的成本为零（或者说阻止别人不使用定理的成本非常巨大，以至于无法实现）。因此，科学和知识之所以是一种更普遍的公共品，是因为它们的巨大价值源于被普遍使用。

科学的重要性越来越显著揭示价值理论存在着一个严重的矛盾。马克思说："劳动时间——单纯的劳动量——在怎样的程度上被资本确立为唯一的决定要素，直接劳动及其数量作为生产即创造使用价值的决定要素就在怎样的程度上失去作用；而且，如果说直接劳动在量的方面降到微不足道的比例，那么，它在质的方面，虽然也是不可缺少的，但一方面同一般科学劳动相比，同自然科学在工艺上的应用相比，另一方面同产生于总生产中的社会组织的、并表现为社会劳动的自然赐予（虽然是历史的产物）的一般生产力相比，却变成一种从属的要素。于是资本也就促使自身这一统治生产的形式发生解体。"①

这里马克思没有着眼于工人的不满对资本主义社会的颠覆作用，而是归结为技术使资本主义越来越失去存在的必要。他继续说："现今财富的基础是盗窃他人的劳动时间，这同新发展起来的由大工业本身创造的基础相比，显得太可怜了。一旦直接形式的劳动不再是财富的巨大源泉，劳动时间就不再是，而且必然不再是财富的尺度，因而交换价值也不再是使用价值的尺度。于是，以交换价值为基础的生产便会崩溃，直接的物质生产过程本身也就摆脱了贫困和对立的形式。个性得到自由发展，因此，并不是为了获得剩余劳动而缩减必要劳动时间，而是直接把社会必要劳动缩减到最低限度，那时，与此相适应，由于给所有的人腾

---

① 《马克思恩格斯全集》第 2 版第 31 卷第 95 页。

出了时间和创造了手段,个人会在艺术、科学等等方面得到发展。资本本身是处于过程中的矛盾,因为它竭力把劳动时间缩减到最低限度,另一方面又使劳动时间成为财富的唯一尺度和源泉。"①

马克思从没有提出一般劳动作用的提高是资本主义生产方式转变的唯一原因,但它确实号召与以市场为导向的竞争性商品生产的传统观点决裂。在这个条件下,资本家无法标榜:他们通过使工人加班加点工作或有效组织工人积累,是在执行一种促进积累的社会职能。

三、一般性的另一种认识

一般劳动具有另外一种重要的特征,那就是除无偿地被社会普遍利用外,它常常以特殊的形式发挥作用。一项科学发明可以被年复一年循环使用,而且催生一项项新的技术。

从某种程度上来讲,没有人能够独立完成科学发明。科学技术的出现依赖于一个复杂的信息网络,这个网络由一个公共化的教育系统支撑。在社会劳动发展进程中,科学家和艺术家传承着前辈们的奋斗。对此,具体说,单单一个科学猜想不能发展成为新技术,新技术的创造源于多个科学发现的互相影响,这些科学发现是由许许多多人在不断积累中摸索的。计量经济学的研究显示新技术达到完善需要大约20年的时间。而一项新技术被得到运用之前所进行的基础研究工作则需要耗费更长的时间。从新技术被提出到最终形成专利,我们无法辨清究竟由哪些人对此付出了努力。正如2002年诺贝尔经济学奖得主阿克尔洛夫最近

---

① 《马克思恩格斯全集》第2版第31卷第101页。

所言,"计算机技术的价值中多少应归功于阿兰·图灵、冯·诺伊曼,多少由诺伯特·维纳或者比尔·盖茨创造?"

在科学技术转化为知识产权的情况下,当代资本主义制定了赢者通吃的游戏规则,即产权制度赋予产权所有人拥有发明独享权,而且不需要向对此发明有过贡献的人给予任何补偿。这样的结果是,社会中微不足道的专利申请泛滥成灾,更有甚者,专利申请人为得到专利权而花费昂贵的诉讼费。

四、知识产权与利润率下降趋势

资本主义早期,一般劳动被资本家无偿地支配。结果即使资本主义体制最大的特点是按要素分配,但生产系统中最重要的要素仍无数次地被利用。事实上,当没有人能确实发现对生产起决定作用的因素是什么的时候,市场经济如何能根据成本来合理配置资源。这种矛盾在当时的经济文献中没有被提及,也许是因为当时一般劳动的作用不如现在那样强。

马克思对一般劳动作用加大的预见让我们更加明白,无限剥削劳动的体制必定无法与最大可能地解放劳动并提供机会让劳动者在生产中有所创新的体制相媲美。实际上,马克思设想了这样的一种生产体制:所有劳动者都有机会各尽所能。

一般劳动并没有直接揭示资本主义生产体系的弊病,却变相地以知识产权的形式来成为这个体系的支撑。事实上,对知识产权的保护已经成为抵消利润率下降趋势的重要手段。

从某种意义上看,知识产权与利润率存在关系的观点并非新论。19

世纪后期,自由主义学派曾强烈反对知识产权。只是在19世纪最后10年经济陷入危机后,才以知识产权作为缓解经济危机的手段。

由于贸易出现逆差和经济开始不景气,重视知识产权的浪潮在20世纪60年代后期在美国再次涌起。

不管资本主义是怎样的生产模式,正如能源是生活的可靠保证一样,知识产权如今在维持美国国际收支平衡方面起着重要的作用。由于物质产品的生产已经转到低收入周边国家,这样知识产权所创造的收入,冲减了因大量进口物质产品而产生的对周边国家的逆差。但不幸的是,这样的手段远远不够弥补美国对世界上其他国家的逆差。

五、知识产权的矛盾性

马克思对于一般劳动的分析的重要性非常清楚,即市场发展的自然发展趋势将提升一般劳动的作用和降低市场的作用。市场决不是自然生成的,它是国家支持的原始积累的产物。一旦产生,它仍需要政府力量的维护。

对于一般劳动的管理,政府在支持市场上发挥着两个重要的作用。首先,国家对一般劳动给予大量补贴,这种方式容易被理解。正如新古典经济学家所言,因为很难对一般劳动的果实商品化并取得利润,个体企业也就没有动力雇用一般劳动。而资本家不愿使一般劳动成果普遍提供,相反即使初始研究是在公共部门进行的,他们也将一般劳动据为己有。

尽管从表面看,知识产权似乎在促进科学技术进步,但私有化确确实实给深化科学技术进步设置了障碍。下面是其负面作用的几个例子。

首先，个人或团体都有动力最大程度地保守秘密。

其次，知识产权法导致专利竞争，使专利的申请人陷于复杂的社会程序，浪费了大量本应用于科学研究的努力。因此，许多科学家不得不中断正在进行的科学研究，而将大量的精力和时间浪费在学习对他们的工作进行法律认定上。

公司试图扩大自有知识产权的边界，这就像帝国主义为扩张国界而发动战争，总是疯狂地占有知识产权。许多知识产权除了能防止竞争者启用该技术，没有更多的效用。

另外，专利诉讼耗资巨大。社会关系此时成为争取胜诉的关键因素之一，而这些也需要花费额外的成本。

当大量的知识产权被掌握在极少数公司手中，与知识产权休戚相关的垄断必定提高价格水平。这样的体制将使数以百万计的人陷于贫穷，并且阻碍这些人对一般劳动的扩大发挥潜能。此外，追求知识产权对高等教育也产生很大的不良影响。

六、结论

马克思认为资本主义将迎来一个一般劳动成为社会发展的关键的时代。人们必须有机会发展能力并相互合作，社会才能实现发展。腐朽的资本主义工厂的独裁主义只可能阻碍社会的进步。这个阶段，必须通过社会合作与社会交流，来最大发挥自然科学的推动力作用。

换句话说，价值理论仅仅分析了工人是劳动时间的人格化和所有个人差别被消除的资本主义原始阶段的本质。

相反，在一般劳动占据主导的新阶段，物质生产条件的变化将使得以劳动时间最小化为基础的生产方式终结。

简而言之，一般劳动是对许多经济学教科书中商品化的公然革命。马克思似乎认为理性将最终占据主流，一般劳动的矛盾将推动社会走向社会主义。强大的资本主义国家将阻止这个转变，而且它们通过对知识产权立法来抵制利润率的下降。但实际上，保护资本主义的策略严重削弱了科学劳动对社会与经济发展的潜在能力，使矛盾更加深化，而这种深化很大程度上没被人们注意到。

（靳立新 摘译）

从自然与人为两分的角度再论马克思的价值形式和哈耶克的规则[*]

〔韩〕洪 勋

[摘 要] 马克思和哈耶克都反对自然和人为的两分,他们提出了一些概念来对这种两分进行整合或者说作为两者的中介。马克思的价值形式和哈耶克的规则旨在把握某种既不是纯粹自然的、也不是纯粹社会的、而是"社会自然的"东西。价值形式和规则是自然的,因为它们先于主体而存在,被主体视为是既定的;另一方面,形式和规则又是社会的,因为生产关系或自发秩序是作为主体利用形式或遵守规则的行为的意外的社会后果而再生的。因此,价值形式和规则充当的是主体和生产关系或自发秩序之间的联结点。

[关键词] 马克思 哈耶克 凯恩斯 价值形式 规则

自然(physis)与人为(nomos)的两分是西方思想中占主导地位的观念之一。这种两分可以追溯到前苏格拉底时期。包括柏拉图和亚里士多德在内的古希腊哲学家对自然与人为的关系作了各种各样的解释。大体上说来,自然包括人性和物质的自然,而人为则表示技巧、习俗、规范或立法。在熊彼特等人看来,这种两分经过阿奎那等经院哲学家而

---

[*] 本文选自《马克思主义与现实》2010 年第 5 期。作者系韩国延世大学经济系教授。

与自然规律的概念紧密联系起来，而自然规律的概念则是社会科学和经济学的基础。更明确地说，这种两分在经济学思想中体现为使用价值和交换价值的区分，它已经成为19世纪大多数价值理论的出发点。

本文试图从两分的角度重新解释马克思的价值形式（value form）和哈耶克的规则（rule）。本文的基本论点是，价值形式概念和规则概念都是用来克服这种两分的，它们旨在理解那些既不是纯粹自然的东西，也不是纯粹人为的或社会的东西，而是所谓的"自然社会的"或"社会自然的"东西，因此，这些概念可以用来区分马克思的政治经济学领域和哈耶克的社会经济学领域。在本文中，第一，笔者将围绕价值形式作为经济主体和生产关系之间的关联原则所起的作用而论述马克思的价值形式；第二，笔者考察哈耶克的规则和价格，重点是考察它们作为经济主体和自发秩序之间的关联原则所起的作用；第三，笔者将阐明价值形式和规则的重要性，以便在马克思和哈耶克之间建立某种相似性；第四，笔者将对马克思和哈耶克的方法与其他经济学家的方法进行比较；最后，笔者将得出几点结论。

一、马克思的价值形式和生产关系

一般来说，马克思认为经济关系和经济范畴是相对独立于（虽然根源于）自然因素和法律或政治进程的。第一，马克思认为，资本主义交换关系/生产关系，既不是从自然因素（如，气候条件或地理位置）中产生或再生的，也不是从人的内在本性（比如，自私自利）中产生或再生的。同样，他的基本范畴（如，价值、货币或资本）并不是基于事物的自然属性（比如，它们的颜色），也不是基于普遍的人性。因此，马克思借助于商品拜物教概念，对声称要用自然因素解释社会经济现象的自然论进行了驳斥。他的思想的这一特点说明他是不赞成自然原则的。第二，马克思明确指出，社会经济关系不是通过主体之间的社会契约产生或再生的，也不是通过政治法律过程产生或再生的。再者，在他的体系中，经济实体的创立和经济范畴的解释都相对独立于（虽然根源于）政治法律过程。这说明，资本主义社会具有再生自身的内在趋势，这种趋势从根本上来说不受政治、政府决策或调控的影响，这一点可以解释为什么他反对契约主义、律法主义和国家主义。实际上，马克思并不认为国家干预——无论是哪个层次的国家干预，立法的也好，行政的也好，司法的也好——是首要的。这一特点可以视为对人为原则的否认。

以上两点总起来看，表明马克思在剖析资本主义时并没有接受这种两分法。进一步说，这两点似乎支持了下列看法：马克思试图用所谓"自然社会"或"社会自然"观念取代这种两分法。理所当然，自然社会观念可以定义为自然和社会的辩证结合。马克思的体系的中心，即价值形式和生产关系就包含着社会自然或自然社会的观念。我们需要阐明的是，在马克思的体系中，价值形式和生产关系在什么意义上既是自然的，同时也是社会的。

第一，价值形式和生产关系在以下三种意义上被认为是自然的。在一种意义上，价值形式可以被认为是自然的，而生产关系则不可以被认为是自然的。而这三种意义都不表明，事物的自然属性或普遍的人性是首要的。

（1）价值形式和生产关系之所以是自然的，是因为它们都是历史发展和阶级斗争的必然结果。然而，普通的主体并不知道也没有必要知道"这一点"，这种知识只有通过经济学家或社会科学家的科学研究才能获得。

（2）在资本主义经济中存在各种各样的价值形式，生产关系也是多方面的。在马克思看来，所有这些形式和方面都是资本主义所固有的，是密不可分地联系在一起的，或者说，在制度上是相互交织的。因此，关系的任何一种形式或任何一个方面对资本主义来说都是自然的，也就是说是资本主义所固有的，或者说，它不是独立于其他部分的。例如，资本主义就其本性来说是拜金的，因为资本主义生产关系需要金钱。上述两点表明，在马克思看来，只要资本主义继续存在，就不可能随心所欲地扭曲价值形式和生产关系。无论是人的理性还是政府的决策都不能改变或毁坏这种形式或关系。简言之，价值形式和生产关系是不能武断地选择的。这样看来，价值形式和生产关系都不是人为的。因此，可以断定，马克思并不接受人为原则。

（3）从本体论上来看，生产关系和价值形式是既定的并且是先于单个主体而存在的。进一步说，关系和形式虽然是可以改变的，但却是长期存在的。从认识论上来看，因为普通主体不可能了解这些形式的根源，所以他们把这些形式看成是不朽的，非历史的和不可改变的。主体甚至会把这些形式视为自然环境的一部分。大体上说来，主体不可能也没有必要对价格的变化和温度的变化进行区分。

因此，对经济主体来说，价值形式与生产关系一道形成了一种准自然环境。应该着重指出的是，马克思的商品拜物教概念不仅指普通主体和资产阶级经济学家对价值形式和生产关系的一种自然主义的错误观念；它还表明，生产关系和价值形式本身产生了这种错误观念。在这种准自然环境中，人与人之间的社会关系由于具有了物的自然属性的形式或人与物的关系的形式而"成为碎片"。主体与物的表面上的关系可以具有各种各样的形式：消费者和商品的关系，企业家和货币或资产的关系，主体和资本主义统治的关系。一切经济主体在日常生活过程中都必须与价值形式打交道,根据自己的利益而利用这些形式(或利用货币价格的变化)。实际上,把价值形式作为手段来使用对于主体的生存来说是根本性的。如果突出价值形式的"形式"的一面,从而把这些形式理解为某种汇率、一定的货币量或特殊的行为规则,那么这一点就是显而易见的。应该注意的是,价值形式并不是从外部给予主体的,而是作为规范或道德而在主体(以及商品)之中"内在化"了。因此,可以说,在资本主义经济中,经济主体几乎生来就会赚钱,同时也被迫赚钱。"只有到18世纪,在'市民社会'中,社会联系的各种形式,对个人说来,才表现为只是达到他私人目的的手段,才表现为外在的必然性。"① 然而,主体并不知道(不必知道),他们受价值形式支配的社会后果就是经济关系和社会结构自身的再生。从某种意义上说,经济主体似乎忘掉了这一基本事实,即他们的行为植根于社会关系和制度。

(4) 更为重要的是,在某种意义上价值形式被认为是自然的,而生产关系则不然。不仅经济学家,普通主体也知道价格和规则的存在。更明确地说,价值形式是以一定量的货币、单独的市场价格或特殊的规则的面目出现的,其中并没有留下社会关系的痕迹。因此,虽然主体不可能将这些形式上升为概念,但是却能用自己的感官轻易地感知这些形式。这就使我们认为,价值形式不仅是自然的,也是简单而"具体的"。价值形式简单而具体的一面就构成了它的"通俗易懂性"(用马克思的话说)。相反,虽然经济学家能够通过科学研究而对生产关系进行阐释,但是普通主体是不知道它们的存在的。换言之,普通主体可以通过自己的感官而观察价值形式,但是他们却不能发现生产关系。因此可以推断,价值形式与生产关系的不同在于,前者是简单具体的,而后

---

① 《马克思恩格斯全集》第2版第30卷第25页。

者则不是。在这一特殊的意义上,价值形式不同于生产关系,价值形式可以视为是自然的。

第二,就社会自然的"社会"方面来说,生产关系之所以是社会的,就是因为它们包含着人与人之间的交换关系和剥削关系。价值形式的社会性看起来没有这样明显。然而,通过反思表明,不仅生产关系,而且价值形式在下面两种意义上也是社会的。

(1) 社会经济的再生产是通过经济主体而进行的,虽然主体并没有认识到这一点,也就是说,由价值形式推动和支配的主体的行为导致资本主义生产关系的再生产。例如,一个资本家为了赢利而开发出一种新技术,这种新技术的优势可以保证这个资本家暂时获得较高的利润率。但是,竞争迫使其他资本家开发出更好的技术;随着更好的技术在经济中的传播,最初的超额利润趋于消失。这一竞争过程的结果是,雇佣商品的价值和价格都降低了。在马克思看来,这意味着社会剥削率通过相对剩余价值的方式而提高了。结果是,单个的资本家通过自己追求利润的行为而无意识地再生产了交换关系和剥削关系。如果突出价值形式的"价值"方面从而把这样的形式视为深奥难懂的,而不是简单易懂的,那么这一点就更为明确了。要记住,对马克思来说,价值首先代表的并不是(社会必要)劳动时间,而是社会经济关系。这样一来,就可以推断,马克思在剖析资本主义时并没有依靠自然原则。如果这样来解释,那么价值形式也是复杂的和"抽象的",因为事物的属性并不是价值形式的构成部分,这样一来,价值形式就既不能直接通过普通感官而感知,也不能完全通过日常经验来理解。根据马克思,生息资本和金融资本是价值形式中最为复杂和抽象的。"直到现在,还没有一个化学家在珍珠或金刚石中发现交换价值。可是那些自以为有深刻的批判力、发现了这种化学物质的经济学家,却发现物的使用价值同它们的物质属性无关，而它们的价值倒是它们作为物所具有的。"①

（2）价值形式和生产关系在另一种意义上来说，也是社会性的：从历史的角度来看，它们都是资本主义生产方式所特有的。马克思断言，价值形式和资本主义生产关系在资本主义之前的生产方式中是找不到的。此外，依其所述，它们将在社会主义生产方式中消亡。总而言之，价值形式和生产关系是长久存在的，但它们也是可以转化、可以演变的。

根据以上讨论，应该指出的是，价值形式既是抽象的（复杂的），也是具体的（简单的）。它们的具体性体现在它们作为量或比率的自然表象上，而它们的抽象性则在于它们作为质的社会存在。可以肯定，在一定的资本主义规则下，经济主体确实知道如何利用货币价格的变化去赚钱。但是，主体并不知道如何把价值形式从单个的价格和特殊的规则中抽象出来。进一步说，他们并不知道自己的受价值形式所推动和限制的行为，引起了生产关系的再生产和转变。他们对价值形式产生的过程也一无所知。只是由于经济学家的科学研究，价值形式才被概括为社会的和抽象的。下文将解释，当主体与物的关系表明是植根于或包含着人与人的关系时，价值形式的"社会性"就被发现了或者说就得到重新认识。这样来看，价值形式是经济主体和生产关系或社会结构（作为各种关系的有等级的复合体）之间的关联原则。换言之，价值形式铸造了马克思的体系中深奥难懂东西和简单易懂东西之间的联系。一方面，价值形式通过其自然的、具体的和简单的一面而与经济主体联系起来；而另一方面，价值形式又通过其社会的、抽象的和复杂的一面而与经济关系和社会结构联系在一起。

---

① 《马克思恩格斯全集》第 2 版第 44 卷第 101—102 页。

上述解释似乎使我们有理由认为，价值形式和生产关系都是自然社会的。的确应该承认，价值形式（价格和货币）是"社会自然"范畴中最为典型的，因为价值形式与生产关系不同，它们是简单而具体的。我们还可以引用一些原文来佐证。马克思在讨论商品拜物教时说，商品是可以感知的非感性之物，或者说，是可以感知的社会之物。更为重要的是，他认为商品的价值形式是一种社会的自然属性。因此，价值形式体现的是"第二自然"的概念，而第二自然这一概念表明，资本主义具有把社会客体化为自然的内在趋势。价格和货币内含了价值形式的概念。货币价格支配着经济主体的日常决定和行为（如，销售或投资），从而使生产关系得以再生和改变。此外，货币的存在使主体产生占有欲，而这正是资本主义社会结构所需要的。必须强调指出，马克思的主体能够遵从资本主义游戏规则，因此已经是社会的主体。此外，马克思还认为，货币作为一种价值形式，它的产生与贵金属的自然属性无关，也与立法行为或行政决策无关。换言之，货币是从资本主义**社会**关系中**自然**产生的。更具体地说，马克思断言，货币商品是以具有某种特殊的社会属性的自然物品的形式出现的。或者说，在马克思看来，两个商品在交换时，它们的社会属性就与它们的感性的使用价值分离了。因此，马克思费了很大的力气来说明，商品是如何通过独占**可直接交换性**这一社会自然属性而变成货币的。此外，货币以一定的量在日常经济生活中流通时，它就是自然的、简单的和具体的。而另一方面，就货币的起源或社会后果来说，它又是社会的、复杂的和抽象的。

二、哈耶克的规则（和价格）及自发秩序

和马克思异曲同工的是，哈耶克也认为自然的社会或社会的自然是

经济学和社会科学的对象。实际上，哈耶克摒弃两分法的意图要比马克思更为明确。然而，乍一眼来看，哈耶克的立场似乎是自相矛盾的。在某些地方，哈耶克"从否定的角度"来界定经济学的对象，认为它既不是自然的，也不是人为的，也不是社会的。但是，在另一些地方，他又"从肯定的角度"来界定，认为它既是自然的也是社会的。如果没有认识到，他想指出的是自然社会，那么这种表面上的矛盾就是无法解决的。

首先，哈耶克一再强调，不能用两分法去界定经济学或社会科学的对象。同样，他也反对通常所说的由遗传所决定的能力和学习得来的能力之间的两分，或者说，他反对天赋和教育之间的两分。哈耶克所提倡的否定性规定使某些解释者认为，哈耶克所构想的社会秩序既不是人为的，也不是自然的。"但是，它根源于一种古老的源自古希腊的错误的两分法……把一切现象分为'自然的'和'人为的'，是一种错误的区分方法。"然而，哈耶克又认为，"自然的"一词是对规则和自发秩序的再好不过的表达了。特别是，他对法学实证主义者否认自然规律的存在表示遗憾。此外，虽然哈耶克对使用"社会的"这一术语十分慎重，但是他承认，只要把这一术语的范围限于"自然产生的人类关系的秩序"，那么它就是可以使用的。"尽管某物不是物质自然的一部分，而是人的行为的结果，但它也可以是客观存在的；法律只有在至少它的一部分是不依靠任何特殊的人类意志时，才能成为科学的对象，对此实证主义者怎么也理解不了。"从这些表述中，有人也许会推测，哈耶克的看法是，经济学的对象是某个介于自然和人为之间的第三实体。实际上，他宣称"在本能和理性"之间存在着习俗、传统、文化或道德。此外，他还把这个第三者称为"第二天赋"，这个概念与马克思学派的第二自然概念是相似的。更明确地说，哈耶克认为，被视为人类行为的结果而不是人类设计的结果的规则和自发秩序构成经济学的对象。实际上，哈耶克似乎承认，在人类行为的结果而不是人类设计的结果这一概念上，他与马克思是一致的。"文化既不是自然的，也不是人为的，既不是基因承传的，也不是理性设计的。""它之所以是人为的，是在以下意义上来说的，即我们的价值，我们的语言，我们的艺术，甚至我们的理性大都是人为的；它们并不是遗传在我们的生物学结构中的。而在另一种意义上，广泛存在的秩序则完全是自然的，即它就像生物现象一样，在自然选择的过程中自然地进化。""依靠的是自然的自我调整能力，而不是有目的地把元素排列起来，以便让它们成为我们所希望的那样……以便归纳出人际关系的某些抽象结构的自我形成方式……"这几点结合起来表明，哈耶克的规则和自发秩序既是自然的，也是社会的。哈耶克的规则和自发秩序可以被视为既是自然的也是社会的，就像马克思的价值形式和生产关系一样。

第一，规则和自发秩序在下列意义上是自然的。再说一次，所有这些意义都没有隐含事物的自然属性或人的自然特性是首要的这一意思。

（1）规则和秩序是通过现实世界的单个主体的重复行为而确立、选择和复制的。个体并不知道，也没有必要知道"这一"过程，因为无论他们的意图是什么，这一进化过程都会继续下去。这就意味着，从哈耶克的观点来看，大多数规则和自发秩序都不是通过社会契约或立法行为而产生的。"虽然在前一种意义上，文化现象显然不是自然的，但在后一种意义上，特定的文化现象显然是某些文化结构的本质的一部分，或者说与其是不可分的……虽然没有理由把公正行为视为自然的，这里的自然是下面意义上的，即它们要么是事物的永恒的外在秩序的一部分，要么是人的不可改变的本性，或者说是以下意义上的，即人的心理一旦形成，它就必须永远遵守那些特殊的行为规则，但是，这并不意味着，指导人的行为规则一定是他的某个特意的选择，他可以下决心接受某些规则从而组成社会，这些规则在给予他时不可能是独立于任何个人的愿望而'客观'存在的……有的人认为……一定社会所特有的一切因此都不能被视为是这样的（客观事实）。"

（2）很多种规则以及自发秩序的各个方面在制度上都是相互联系的。哈耶克所说的规则的"普遍适用性"就是这一特点的反映。概而言之，如果秩序 O 使规则 A 成为必然，那么 A 对于 O 来说就是自然的。或者说，如果规则 A 应该由规则 B 来补充，那么就可以认为规则 B 是自然的特定的 A。从这方面来看，米塞斯可以说是哈耶克的先驱，他强调市场秩序就其本性来说是货币的。上述两点表明，在哈耶克看来，规则和自发秩序都不能任意选择或改变。这就说明规则和自发秩序不是人为的。

（3）规则先于主体而存在。由于这一理由，规则被视为客观确定的，由主体盲目遵从。此外，规则是长期存在的，它们是可以改变的。这就表明，主体对他们遵守规则所产生和再生的自发秩序是没有意识的。

（4）在主体看来，规则是简单和具体的，而自发秩序则不然。更明确地说，经济主体可以较为容易地认识到特殊规则要求他们去做的事情，可以通过自己的感官直接地看到报价和钱的数量。相反，自发秩序是看不到的。在这种意义上说，规则是自然的，而自发秩序则不然。举个例子说，交通信号系统使红灯亮时就停车成为一个简单而具体的规则。但是，你可能没有意识到，这个规则是由这一系统产生的。同样，价格系统也使做生意时考虑（预测）市价变化成为一个规则。但是，你可能没有从概念上去理解这一系统产生了什么样的秩序。在这种特殊的意义上，自发秩序对经济主体来说是看不见的，而规则却是看得见的。

第二，规则是社会的，因为它们支配着人与人之间的关系，起着使社会秩序再生的作用。主体无论其主观意图是什么，他们都通过自己遵守规则的行为而使自发秩序再生。此外，秩序和规则是抽象的，哈耶克似乎是用它们来指两种事物。

（1）似乎没有必要说明，哈耶克的自发秩序是开放的，而他的规则与目的无关。自发秩序和规则都不指某种具体的目的或内容，因此它们并没有把某些特殊的事物指定给某些特殊的人。有时，他似乎把这一特征称为"普遍性"。不过，这一点对于本文的目的来说是无关紧要的。

（2）更为重要的是，秩序和规则是抽象的似乎意味着，它们对于经济主体来说是晦涩难懂的。尤其是，哈耶克坚持认为规则是不可言传的。这一点与他的下列论断一致：规则和价格是非个人的和抽象的。因此，也许可以说，哈耶克的规则不仅是社会的，而且也是抽象的和复杂的。"最大的变化……随着面对面的社会向……抽象社会的转变而产生，在抽象社会里，指导陌生人的不再是已知的人的已知的需求，而只是抽象的规则和非个人的信号。""需要强调的是，规则能够有效地支配行为，就在于我们知道它从而预测人们将怎样行动，而对主体来说，知道它并不是把它作为文字公式。人们可能'知道如何'行动……但并没有明确地'认识'规则就是如此这般的。""通过遵循某些并不是我们制订而且我们也从未理解过的规则，在这里，理解是指，我们理解我们所制造的东西是如何起作用的。""唯一恰当的词：'超越'……它指的是远远超出我们的理解、愿望和目的以及我们的感官的范围。"

更明确地说，规则和价格的抽象性产生于主体对规则和价格体系的历史起源和社会结果的无知。也就是说，主体不知道规则和价格体系是如何产生的,他们遵守规则和利用价格的行为是如何使自发秩序再生的。不过,主体也没有必要知道市场秩序是通过他们的追求金钱的行为而再生的。举例来说,如果企业家采用新技术,那么他们就能获得超额利润。但是,当其他企业家后来居上,采用更新的技术时,这样的超额利润就消失了。由于企业家之间的相互竞争,消费者商品的价格下降。消费者就从价格下降和经济繁荣中获利,虽然他们本人对这些贡献甚少。结果就是企业家无意之间促进了经济,并因此使市场秩序再生。在准自然环境(如上所述)中,单个主体在日常生活中可能遵循着某些规则,但是,甚至在这样的时候,规则也可能长期处于没有得到阐明的状态。原因是,主体之间的关系无论是在本体论上,还是在认识论上,都表现为主体与物的关系。这就意味着,规则和价格不能用常识的方式,而只能通过真正的科学研究,才能用概念来表达,并且只能表达一部分。科学研究的主旨就是,通过揭示人与物的关系本质上是人与人的关系,从而恢复人与物的关系的"社会性"。上述解释表明,在哈耶克的体系中,规则是典型的社会自然实体。为了清晰易懂,哈耶克提出,存在着三个层面的规则:"遗传得来的'本能'驱动的稳固而几乎不变的基础,在社会结构类型的相继更替中获得的传统,为了某一已知目的特意采用或改变的规则。"在哈耶克看来,第二个层面成为自然和人为之间的中间地带,对于一个社会的维系来说,它是至关重要的。更明确地说,这一层面由有关私有财产、民事侵权行为、契约的规则组成,它对经济主体在日常生活中的行为进行了限制,同时又使它成为可能。

经济主体通过遵守没有得到阐明的规则而在无意之间使自发秩序再生,这一点还产生了另外一个逻辑结果:哈耶克的规则一方面与经济主体有关,而另一方面又与自发秩序有关。从规则与主体的联系这一方面来看,它是简单的、具体的和自然的,而从它与自发秩序的联系这一方面来看，它又是复杂的、抽象的和社会的。因此，规则既是简单的，又是复杂的，既是具体的，又是抽象的，更重要的是，既是自然的，又是社会的。"的确，在秩序之中保持交流不仅需要分散的信息被很多彼此并不相识的个体所利用，从而使百亿个不同知识形成一个 exomatic 或物质模式。""纯粹工具性的财富价值的抽象性也促成了人们对其价值的所谓'人为性'和'非自然性'的轻视。""他对'科学知识'与'一定时空环境下的知识'的区分……前者是一般的、抽象的和非时间性的，而后者则是特殊的、具体的和只具有短暂的有效性和重要性的。"有人也许会怀疑哈耶克的规则是具体的这一论点，虽然大家对规则是抽象的和社会的不持异议。事实上，哈耶克明确地否认使"交易秩序"（catallaxy）平衡的规则是具体的，即它并不把特定的物指定给特定的人或特定的目的。此外，他强调许多规则都是不可言传的。然而，本文在使用"具体"这一词汇的时候，并没有隐含着规则是"取决于目的的"或是"明确表达出来的"这样的意思。相反，本文只是指出了一个明显的事实，即无论规则是否已经明确表达，它都具有下列简单的形式："在 X 情况下做（不做）Y"，因此每一主体都能轻易地认识到规则要求他做（不做）什么。举个例子说，红灯亮时，你要做的是把车停下来，用不着多思考。经济主体必须知道"如何"遵守规则，这一点几乎用不着证明。在这一特殊意义上，可以说哈耶克的规则是具体的。

所有这一切都支持以下假设：社会自然或自然社会的概念是哈耶克的体系的核心。更明确地说，哈耶克赋予规则（和价格）的重要性与马克思赋予价值形式的重要性相当。此外，哈耶克体系中的自发秩序与马克思体系中的生产关系地位相当。正如价值形式是主体和生产关系之间的联系一样，规则和价格也是主体和自发秩序之间的中介。

马克思的价值形式和哈耶克的规则的相同的重要性似乎就在于，它们所构成的概念"表明了人类主体和社会结构之间的联系点"。或者，同时使用马克思的术语与哈耶克的术语，我们可以说，"秩序存在于在社会行为的日常循环中缓慢重复的形式的形成中"。因此，社会自然概念可以视为克服唯意志论和物化的社会科学困境的一个尝试。哈耶克的规则就像马克思的价值形式一样，可以用货币作为例子。哈耶克认为，规则和秩序的抽象性随着货币的出现和金融系统的发展而增加。此外，他指出，随着货币的出现，不能直接感知的除了其他事物之外，还有"抽象的人与人之间的过程"。从以上几点看出，哈耶克与马克思有接近之处。尤其是，这几点使我们想起马克思的商品拜物教概念，这种拜物教的顶点据说就是由生息资本创造的资本拜物教。如果哈耶克明确地补充说，货币使经济现象不仅更抽象，而且更具体，那么马克思和哈耶克之间的相似性就会进一步得到证实。"那些先进文明的最为抽象的制度……虽然对长期秩序的形成不可或缺，但它们总是把导向装置，即以此为基础的货币和金融制度掩盖起来，使研究变得困难。物物交换一旦被以货币为中介的间接交换所取代，现存的可理解之物就消失了，抽象的人与人之间的过程就开始，这一过程甚至远远超出最有洞察力的个人的感知能力。货币这种日常交往中的'现金'就因此成为一切事物中最不为人所理解的……因此，我们就达到了形成指导行为的规则的可感知的具体之物被抽象概念不断取代的顶点。"

哈耶克的货币观可以通过引证他的两位先驱的话，也就是门格尔（Menger）和米塞斯的话来证实，可能是因为哈耶克继承了他们有关货币的思想。门格尔指责当代理论家依靠规范来解释货币的起源。大体上说，门格尔和马克思一样，并不认为货币的产生最初取决于自然属性或立法行为。现在众所周知的是，门格尔认为货币是人类行为的典型结果，而不是人类设计的典型结果。他阐明了商品是如何通过一个进化过程垄断可销售性（marketability）的社会自然属性，从而转化为货币的。此外，米塞斯发展了门格尔的思想，强调货币价值的社会性质。因此，对奥地利学派经济学家来说，货币既不是自然的，也不是人为的。而是社会自然的。哈耶克和马克思一样，认为货币是社会的结果并且是社会地再生的。此外，从马克思和哈耶克的角度来看，资本主义生产关系或自发秩序就其本性来说就需要货币，货币是自然地给予经济主体的。

这一脉思想与奥地利人在方法论上的立场有关。一方面，门格尔相信经济学可以像自然科学一样是科学的或理论的。由于这种信仰，他对德国历史学派立足的律法主义和历史主义持批判态度。出于同一理由，门格尔也是契约主义或国家主义的批判者。哈耶克与门格尔一脉相承，也反对立法和管理层面的国家干预，虽然他对法庭和法官要宽容得多。另一方面，门格尔以及后来的哈耶克都十分重视经济学和社会科学在方法和对象上的不同性质。尤其是，哈耶克一再指出，应该把社会科学的对象，即复杂现象与自然科学的对象，即简单现象区分开来。他对自然主义和科学主义的反对就源于这种区分。在这一点上，哈耶克与波普拉开了距离。

三、马克思和哈耶克的若干相似点

从前面几节的讨论中，我们可以推断，马克思和哈耶克都不赞成自然和人为的两分。本节将围绕马克思的价值形式概念和哈耶克的规则概念，对社会自然或自然社会概念进行阐述，以便更为清晰地把马克思和哈耶克同那些深陷二分法的人区别开来。在这一过程中，马克思和哈耶克的相似之处将进一步得到证实。

第一,自然社会与纯粹社会之间的不同是什么?"自然"社会与市民之间的政治共识或经济主体之间的协约无关,而纯粹社会或人为则与之有关。自然社会的基础是在历史上和结构上成为必要的社会实践和稳固的社会关系。重申一下,马克思和哈耶克认为,货币不是一般意志或协约的产物,而是不断重复的实践和稳定的人类关系的结果。这一至关重要的特征使马克思和哈耶克能够把社会经济现象与纯粹的政治或伦理现象区别开来。

第二,社会自然与纯粹自然的区别是什么?在马克思和哈耶克看来,社会自然与事物的物质属性无关,也与人的天生的或遗传的本性无关,而纯粹自然或 physis 则与之有关。出于这一理由,与纯粹自然不同,社会自然并不意味着不可改变。此外,社会自然还表示社会经济现象以人的意图、意志和判断以及人的社会关系为前提,而纯粹自然则不然。换言之,马克思和哈耶克都坚持"社会对象不能简约为自然对象"。

对马克思和哈耶克来说,要想以一种与社会哲学家或自然科学家不同的方法来建构理论,那么自然社会这一观念似乎就是不可缺少的。尤其是,在马克思看来,交换价值和货币价值是社会自然,而使用价值则可能是纯粹自然。同样,可以说,瓦尔拉斯学派可能把价格和市场秩序视为纯粹自然,但哈耶克把它们视为社会自然。从二分法的角度来看,可以说马克思和哈耶克一方面试图把 physis 解释为社会自然的东西,而另一方面又试图把 nomos 解释为自然社会的东西。他们的尝试需要证明 physis 有社会的根基,而 nomos 有自然的根基。如果成功的话,他们的尝试就会得出如下结论:社会和自然是不可分割地交织在一起的。

因此,马克思和哈耶克要想确立自然社会或社会自然概念,必须要完成的基本任务由两个部分组成:(1)揭示本质上的社会关系被转化为表面上的事物的自然属性，或转化为表面上的主体和物之间的自然关系；（2）揭示表面上的事物的自然属性或表面上的主体和对象之间的自然关系本质上是社会的。至于（1），上文已经指出过，在经济主体看来，规定什么可以做什么不可以做的资本主义规则以及具有明确的数字的货币价格是具体的和简单的。大致说来，价值形式或规则和货币价格一旦在经济中采用，似乎就会把社会经济关系简单化和具体化，把它们碎化为经济主体和外在客体（自然）之间的关系。这一过程就像把人与人之间的社会关系转化为一个自然科学家和他（她）的研究对象之间的关系一样。

结果是，单个主体之间的社会关系被单个主体和物之间的、受规则和价格的制约和限制的一系列关系所取代和覆盖。的确，在资本主义经济的日常生活过程中，人和物的关系实际上支配着人和人之间的关系。经济主体与外部客体的关系由于客体的类型不同而不同。主体可以通过劳动而与产品发生关系，通过需求而与消费品发生关系，通过对赢利的渴求而与金融资产发生关系。这种情况一旦发生，单个主体就变成具有一定财产可供支配的独立一族。同时，主体可以安全地利用特殊的规则和单个价格（的变化），用不着担心自己行为的社会后果。在此可以断言，规则和价格对单个主体来说是客观地或自然地给予的。也就是说，规则和价格直接地或明显地是自然的，虽然它们间接地或隐蔽地是社会的。

至于（2），马克思采用的是把主体和客体重新建构为社会经济实体的方法。而他的价值和价值形式概念就是这种方法的关键之所在。奥地利学派经济学家的特点是，他们一般来说更倾向于重视主体的社会性，而不是客体的社会性。与这种特点一脉相承，哈耶克似乎旨在把主体重新定义为社会经济存在。因此，他不是把经济主体视为受其本能或内心爱好驱使的简单的人,而是把他们视为遵守规则、依据价格数据进行计算的社会化的人。

总之,马克思的主体和哈耶克的主体甚至在他们进行市场交易之前就已经是社会性的了。在马克思和哈耶克的体系中,经济主体(和客体)本身是社会性的,这就表明,主体之间的关系(客体之间的关系)更有可能是内在的,而不是外在的。马克思和哈耶克采用了相似的方法,试图表明主体和物之间的关系植根于人的关系。马克思和哈耶克就是这样发现或重建主体和物的关系的"社会性"的。这意味着,他们两人都认为主体和客体之间的关系不仅(表面上)是自然的,而且也(本质上)是社会的。

应该注意,马克思和哈耶克并没有把价值形式或规则作为虚假的意识或幻想而抛弃。相反,马克思和哈耶克都把它们的自然表象视为本体论的真实。它们是真实的,显然是因为这一事实:形式和规则是在社会中再生和保存的。借用吉登斯的结构理论的思想,还可以说,像价值形式和规则这样的结构性属性不仅充当着再生产的中介,而且还作为再生产的结果而被再生产出来。下列事实也可以证明这样的表象是真实的,那就是,除非经济主体在自己心灵的"自然"框架内行事,否则他们就不可能进行日常活动。尤其是,对马克思来说,如果主体打破了这种心灵框架,具有了阶级意识,那么他们的行为就可能再也不会向促进资本主义社会再生发展。价值形式或规则的自然方面和社会方面就是这样不可分割地相互联系的。因为自然和社会大致说来是相互对立的,所以它们在一定的时间点上不可能彼此共存。实际情况可能是,自然和社会在经济过程中,此为现实,则彼为潜在,反之亦然。这一点可以用马克思对货币功能的解释来说明。货币在流通时可以被视为"现实的社会和潜在的自然",意思是,虽然货币在当前是交换的中介,但是,它很快就会以资本家的利润的形式离开流通过程,等等。反题是,货币一旦被储存起来,它就是"现实的自然和潜在的社会"。这一表述意味着,即使货币作为储存物看起来不过是一枚金属或一个实物,但是它迟早会作为交换的中介回到流通之中。

值得一提的是,马克思和哈耶克在方法论上或元理论上的相似性与他们在理论和实践上的众所周知的对立并不冲突。在马克思看来,价值形式(和生产关系)差不多完全是在资本主义制度下才是自然的,而在哈耶克看来,规则(和自发秩序)几乎普遍就是自然的。因为马克思认为价值形式就像资本主义制度本身一样具有历史局限性,所以他把资产阶级的下列观念,即把社会自然的东西错误地解释为纯粹自然的因而是普遍的,作为商品拜物教而斥拒。在他看来,不存在普遍的人性或社会结构。相反,哈耶克把那些否认普遍有效的文化和传统的人斥为建构主义者。同样毫无疑问的是,哈耶克还用诸如规则和自发秩序这样的概念来攻击马克思。而马克思也可能会因为哈耶克的资产阶级意识形态而对他进行批判。因此,马克思和哈耶克之间的意识形态鸿沟似乎是不可逾越的。然而,在方法论的层面上,马克思和哈耶克之间的相似性可能比人们普遍认为的要多。这两位思想家都把社会自然或自然社会作为自己的核心观念。要记住,甚至马克思也认为价值形式是自然的和根深蒂固的,是个人的意志或政府的政策难以压制和歪曲的。依其所述,价值形式同样也是辩证分析和阶级斗争所无法毁灭的。在这一点上,应该注意,马克思的一个思想,即资本主义和价值形式是短暂的,与他的另一个思想,即价值和价值形式是资本主义安身立命的自然客观基础,并不是不相容的。在他看来,价值形式和生产关系是长期存在的,但不是不可改变的。

我们回到近年来的一些讨论。迈克尔从两分的角度对经济思想史进行了重新解释,他的两分等同于使用价值和交换价值的区别。根据他的解释,经济学家是否坚持这种两分或这种区别是最为重要的。根据这种亚里士多德的标准,迈克尔高度评价马克思,指责新古典经济学通过效用把交换价值和使用价值混为一谈。尽管迈克尔的观点不乏真知灼见,但是他在解释马克思时太过亚里士多德化了(还不提他没有讨论哈耶克)。前面几节已经谈到过,马克思不仅对自然(physis)或使用价值和人为(nomos)或交换价值进行了区分,而且他还力图克服这种两分。

马克思力图把交换价值重新解释为一种价值形式。交换价值一旦得到重新解释,就不再是纯粹人为的或社会的,而是自然社会的了。因此,在亚里士多德看来,货币是纯粹人为的或社会的,而在马克思看来,它是自然社会的。换言之,亚里士多德与马克思不一样,他没有认识到货币的自然的方面。亚里士多德和马克思对高利贷或生息资本的截然不同的判断,再清楚不过地说明了这种不同。亚里士多德把高利贷视为最不自然的东西,而马克思(大体说来还有哈耶克)则把生息资本视为拜物教的必然顶点,因此是资本主义制度下最为自然的东西。此外,交换价值作为一种价值形式不再是一个纯粹经济学或纯粹伦理学的概念,它也许是一个植根于伦理学或社会哲学的经济学概念。在这一点上,弗利特伍德对迈克尔的评论,即"经济学和伦理学并不必然要为争夺同一基础而竞争",也许是中肯的。这一点还表明,简单地把亚里士多德和马克思划归于本质主义也许是不正确的,因为这种划分可能忽视了马克思思想的与众不同的特征。

马克思对亚里士多德的价值和交换理论的态度也支持了上述论点。马克思在他的主要著作中指出,亚里士多德是第一个对各种形式都进行了探讨的思想家。然而,马克思也认为,亚里士多德没有理解价值概念，因为他生活在奴隶制经济下。① 此外，还应该指出的是，马克思不是在讨论抽象劳动和无差别的劳动时，而是在讨论价值形式时提到亚里士多德的。② 把这些观点结合起来，可以认为，在马克思的解释里，亚里士多德的困难主要并不在于无差别劳动或等同性本身，也不在于价值概念自身，也不在于一般的形式。他的主要困难似乎就在于，他没有看到价值形式的价值方面。从上述讨论中可以推断，亚里士多德所面临的阻碍涉及的是社会自然的"社会"方面。简言之，部分地因为两分法，亚里士多德不是忽视了社会自然的社会方面，就是忽视了它的自然方面。这就证明马克思的价值问题超出了这种两分。在这一点上，迈克尔的亚里士多德化的解释似乎是经不起批评的。

本文的立场部分地得到邓恩（Dun）对哈耶克的解释的支持，虽然他在自己的解释中没有提到两分。此外，邓恩清楚地表明，从哈耶克的角度来看，社会秩序既不是人为的，也不是自然的。更为重要的是，哈耶克所寻求的，依其所述，是"理性的"自然法则，也就是说，不是从神的意志中推导出来的自然法则。大致地说，在涉及法律而不是经济的情况下，理性的自然法则可以成为用概念把握社会自然的一种方法。

四、马克思和哈耶克与其他经济学家的比较

不是所有的经济学家都明确地认识到这种两分。但是，与马克思和哈耶克不同，即使是那些明显地或在暗中依靠这种两分的经济学家，也具有一个先决条件，即自然（physis）和人为（nomos）无需统一或中

---

① 参看《马克思恩格斯全集》第 2 版第 44 卷第 74—75 页。
② 参看马克思《资本论》第 1 卷第 1 章。

介就可以共存。结果,他们不是落入自然主义的悖论,就是落入律法主义的悖论。然而,政治经济学自其发端以来就一直致力于把政治法律过程从自己的研究领域排除出去。因此,在经济思想史中,自然主义的悖论要多于律法主义的悖论。虽然我们在前面几章已经提到过自然主义的例子,这里还是把它们归于如下几类:(1)用自然因素解释社会经济现象。马尔萨斯的人口论就是这样一个例子。这一理论依靠的是人的本能以及土地自然肥力的减弱导致的食品供应的短缺。另一个例子就是李嘉图的资本积累模式,这种模式依靠的也是土壤肥力的减弱。此外,耶文(Jevon)的经济周期太阳黑子影响论也可以归于此类。(2)经济主体被假设成为一种自然存在,其依据就是,他们都被赋予一些内在的天赋,斯密对交换的解释就以这种假设为前提。(3)在对待社会经济实体时,就好像它们是自然之物一样,不是把它们的起源归于他们的自然属性,就是简单地忽视它们的起源,把它们视为既定的。举个例子说明,重商主义者几乎是把货币等同于贵金属。古典经济学家与马克思不同,对使用价值和交换价值是自然的这一论断的不同意义不作明确地区分。(4)人与人之间的社会关系被简化为物与物之间的物质关系或主体与物之间的关系。例如,瓦尔拉斯学派的经济学家总是把主体之间的交换关系(错误地)解释为物与物之间的关系或比率,要不就是把主体之间的关系重新定义为主体和物之间的关系。(5)社会关系被假定为纯粹外在的。瓦尔拉斯总是设想两个彼此不相识的主体在市场相遇,进行交换。

在这种背景下,笔者将着重谈一谈凯恩斯,因为他被广泛地称为可以取代主流经济学视野的另一种视野的先驱。凯恩斯所涉及的似乎是纯粹社会,而不是自然社会或社会自然。前面的论述已经表明,大多数社会理论家坚持自然和人为的两分,而马克思和哈耶克却提出两者的统一，提出第三种立场。与此相比较，凯恩斯似乎依靠的是人为而很少依靠自然。这一假设可以通过他的惯例概念以及他的货币理论来证明。很明显，凯恩斯与马克思和哈耶克一样，认为资本主义经济充满不确定性，并且也承认经济主体的无知。此外，这三个人都承认人类行为具有意想不到的结果：生产关系的再生或崩溃（马克思），自发秩序的自我更新（哈耶克），货币生产经济中的失业（凯恩斯）。因此，同样很明显的是，凯恩斯更接近马克思和哈耶克而不是瓦尔拉斯。

从这个角度来看，凯恩斯的惯例（convention）对应于马克思的价值形式和哈耶克的规则。惯例就像价值形式和规则一样有助于稳定经济。在马克思的体系中，经济主体在决策时依靠价值形式，在哈耶克的体系中，他依靠规则（和价格），与此相似，在凯恩斯的体系中，主体利用惯例来形成长期期待。此外，凯恩斯的货币生产经济对应于马克思的生产关系和哈耶克的自发秩序。然而，凯恩斯与马克思和哈耶克并不总是一致的。凯恩斯与马克思和哈耶克的分歧在于，凯恩斯的惯例的基础并不像价值形式和规则那样客观或稳固。显然，因为凯恩斯的惯例不过是"默认的协议"，所以它不像马克思的价值形式或哈耶克的规则那么长久。根据凯恩斯，以单个主体的猜测和机智或大众心理学为基础的长期期待的改变是偶然的和不稳定的，这一点可以从他的那个报刊选美比赛类比中清楚地看出来。霍利斯指出：在比赛中"决定美的名次的不是自然而是竞赛本身"。"实际上，我们已经不自觉地经常依靠实际上的惯例……但是，毫不奇怪的是，完全从物的角度来看如此武断的惯例可能也有自己的弱点。"凯恩斯的主体遵从惯例和意见，认定事物的现存状态会长期存在，而马克思和哈耶克的主体则遵守资本主义规则。用哈耶克自己的话说，凯恩斯的惯例不是建立在长期原则或长期立场的基础上，就像他的解鞋带理论所表明的那样。在凯恩斯的体系中，"游戏外在于每一个游戏者,但内在于所有的游戏者","是主体之间的而不是客观的","社会事件是通过社会角色所希望的样子形成的"。相反,马克思的价值形式和哈耶克的规则至少存在一定时间,并为一定的经济提供长期趋势的标准。毫无意外,惯例比形式和规则带来更多不可预测的和不确定的社会后果。在这种背景下,以凯恩斯的失业为代表的经济不稳定性也与生产关系或自发秩序的再生产不同。换言之,马克思和哈耶克确信,尽管资本主义经济表面上是无秩的,但还是存在长期的规范,而凯恩斯却似乎认为,无论是在经济的表面还是背后,无论是现在还是永远,任何长期的"规范"或秩序都是不存在的。因此,有人认为凯恩斯的观点是,货币生产经济是社会的,没有什么自然基础。萨克尔似乎就持这种看法。这与凯恩斯本人的社会哲学也是一致的。可以把凯恩斯的社会哲学放在以马克思和哈耶克为两端的意识形态光谱的中间位置。在凯恩斯看来,无论是当前的制度还是任何新制度,都差强人意,因此政府的人为措施是绝对必要的。

沿着同样的线索解释凯恩斯的货币理论十分有吸引力。乍一眼看来,在凯恩斯的体系中惯例和货币之间的联系似乎不如马克思体系或哈耶克体系中价值形式或规则与货币的联系那么直观。然而,通过研究,我们也可以找到惯例与货币之间的一些联系。在凯恩斯看来,对货币或流动性的需求产生自惯例的不稳定性。更具体地说,当企业家不再相信主要的惯例时,他们常常推后投资不动产,转而坚持货币的流动性。"我们把货币作为财富来持有的愿望是我们对自己有关未来的预期和惯例的不信任程度的晴雨表。虽然这种有关货币的感觉本身也是依据惯例的,本能性的,但是它……在我们的动机深处起作用。当更高一级的、更不稳定的惯例弱化时,它就起决定作用。占有实际货币会让我们的不安得到平息。"这意味着,在凯恩斯的体系中,货币就像惯例一样给经济现实带来稳定性。从这里可以推断，货币在凯恩斯的体系中处于与惯例一样的层面，就像在马克思的体系和哈耶克的体系中，货币是一种价值形式或规则一样。还可以推断，正如凯恩斯的惯例不如马克思的价值形式或哈耶克的规则基础牢固一样，凯恩斯的货币也不如马克思或哈耶克的货币根基稳固。这样来理解的话，那么凯恩斯的惯例和货币概念就与下面这一值得人们注意的惯例定义十分吻合。刘易斯认为，惯例的主要特征是这一事实："它的起源是无法追踪的"，它是武断的。下面列举几个证据。

第一，凯恩斯与马克思或哈耶克不同，他没有解释货币的起源。凯恩斯在阐述货币和其他资产，即流动性的区别时，并没有指出这种区别是如何产生的。相反，马克思和门格尔（哈耶克的先驱）都试图解释商品是如何具有可直接交换性（马克思）或可销售性（门格尔或哈耶克）这种社会自然属性的。凯恩斯对货币的起源不感兴趣这一明显事实，使我们有理由假定，凯恩斯把货币的流动性保险仅仅视为"惯例性的"或纯粹人为的，而不是社会自然的。

第二，以马克思和奥地利学派经济学家为一方和以凯恩斯为另一方的这种差别，与他们之间的另一种差别是紧密联系在一起的。马克思和门格尔把货币与商品或其他资产作了严格地区分，而凯恩斯则常常认为货币与其他资产的区别在于程度不同，而不是种类不同。详细地说，马克思认为货币是直接可交换的，而商品则只是间接可交换的。同样，门格尔认为，货币的产生必然伴随着商品的可销售性的普遍减少。与马克思和门格尔有所不同，凯恩斯有时声称货币与其他资产相比更具流动性。至少可以说，凯恩斯的货币思想与马克思、门格尔或哈耶克相比，本质主义或基本论色彩要少得多。

第三，凯恩斯的看法是，货币既不能通过传统的货币政策，即通过量来调节，也不能通过像印花税一样的法律，即通过制度来调节。根据他的论述，一定量的印花税是一种用来防止或减轻货币通过市场的"自然力量"而产生的社会后果的"人为的"设计。凯恩斯对这种人为的设计感兴趣，这就告诉我们，他没有把货币视为它的社会后果中的自然的东西。这一点与他后来否认维克瑟尔所说的自然利润率的独特存在是一致的。在这一点上，凯恩斯与马克思和哈耶克不同，后两者都坚持认为，货币作为一种制度是自然地植根于资本主义经济之中的，以至于是不可调控、不可操纵的。此外，货币对凯恩斯来说是一道具有复杂意义的祝愿，既不是诅咒（马克思），也不是纯粹的祝福（哈耶克），这一点也与凯恩斯和马克思及哈耶克之间的不同相一致。

从上述解释中可以看出，凯恩斯的惯例和货币都是社会的，几乎没有自然基础，而马克思的价值形式和哈耶克的规则则是自然社会的。不用说，这种解释并不是否认，马克思、哈耶克和凯恩斯与瓦拉尔斯学派的经济学家不同，他们三者都很重视货币在资本主义经济中的意义，也不能否认这三位经济学家都敏锐地察觉到了货币在资本主义经济中的独特地位。

科茨（Coates）在他析理透彻的著作中，阐明了凯恩斯对模糊性和常识的依赖。以他的分析为基础，可以推断，凯恩斯远离分析哲学、重视质的而不是量的社会科学的态度与马克思和哈耶克的态度相似。此外，凯恩斯的常识与马克思的价值形式和哈耶克的规则作用相似，在这一点上甚至超过他的惯例，因为有人认为常识包含未被言说的知识。在这种背景下，可以说，凯恩斯对常识的依赖为他的体系提供了一个更为坚实的基础。然而，即使这样来解释，也并没有更充足的理由说凯恩斯的体系建基于自然的基础。这种解释表明，凯恩斯并没有把经济概念和科学知识与日常语言和常识明确区分开来。在这一重要的方面，也必须把凯恩斯和马克思及哈耶克区分开来,后两者认为现实具有一个更深的层面,是利用形式或遵守规则的主体难以理解的。在马克思和哈耶克看来,虽然主体把形式和规则视为既定的,但是经济学家应该对它们进行研究。对马克思和哈耶克来说,科学知识和常识之间似乎具有明确的分界线。尤其是对马克思来说,可以推断,他把常识看成"庸俗经济学"的一部分,而他谴责庸俗经济学是纯粹而简单的资本主义意识形态。因此,科茨的解释似乎没有损害本文提出的论点,即凯恩斯与马克思和哈耶克不同,坚持的主要是几乎没有自然基础的社会概念。

五、几点结论

本文已经证明马克思和哈耶克放弃了自然和人为的两分法,把自然社会或社会自然作为经济学的主要对象。此外,我们发现,自然社会包含在价值形式和生产关系(马克思)或规则/价格和自发秩序(哈耶克)中。我们也指出,价值形式和规则的意义可以更为具体地在他们的货币理论中去发掘,因为货币是一种价值形式和一种规则。最后,社会自然概念在包括凯恩斯在内的经济学家那里几乎是找不到的。可以作出以下几点结论。

第一,上述解释表明,本文沿着劳森(Lawson)和弗利特伍德的思路提供了另一种可以证明马克思和哈耶克(或一般的奥地利学派经济学家)之间的相似性的方法。从更为根本的方面来说,本文的解释似乎支持下列看法:马克思和哈耶克提倡一种反实证论的自然主义。第二,可以说,马克思和哈耶克(或奥地利学派)是自然主义潮流中的两个例外,就像米罗夫斯基(Mirowski)所说的那样,这一潮流从斯密开始,一直延续到瓦尔拉斯。尤其是,本文的解释似乎把哈耶克更为明显地与瓦尔拉斯学派区别开了。第三，本文的解释使我们有可能重新解释价值形式的意义，从而有助于重建马克思的价值理论。第四，可以说，凯恩斯和凯恩斯学派与马克思和哈耶克不同，常常忽视了经济制度在影响各种政府决策能力方面的局限性。

（李朝晖 译）

从阿尔都塞的视角反思马克思的价值形式分析*

〔希〕约翰·米利奥斯

[摘 要] 本文探究了路易·阿尔都塞的立场。他认为马克思的价值理论形成了与古典（李嘉图主义）价值概念的一个根本性断裂，马克思将价值设想为一种体现资本主义生产方式的内在规律性的社会关系，而不是包含于商品中的劳动量。然而，阿尔都塞没有充分认识到，马克思与政治经济学的断裂首先集中在《资本论》第一卷第一篇的价值形式分析中。这一疏忽使阿尔都塞没有完全意识到马克思成熟时期的著作，尤其是《资本论》第三卷中的理论矛盾所在。

[关键词] 阿尔都塞 马克思 价值形式 价值学说

通行的马克思主义传统，将马克思的价值理论描述成古典劳动价值理论，尤其是大卫·李嘉图的劳动价值理论的继续和完善。其前提为：马克思对劳动价值理论所作的最重要的贡献，在于通过介绍劳动力的概念和阐明劳动力与劳动之间的差别来分析劳动阶级如何被资本剥削（即剩余劳动的占有）。

在这一传统的语境下，价值被定义为商品中所包含的（社会必要）

---

* 本文选自《马克思主义与现实》2010年第5期。作者系希腊雅典国立理工大学政治经济学和政治思想史教授。

劳动量，剩余价值被定义为劳动者在获得与其劳动力价值相当的工资后被剥削阶级所占有的劳动量。但是，也存在另外一种马克思主义传统，这种传统将价值和剩余价值理解为历史上的特定社会关系，即作为经济关系、剥削以及建立在商品生产（即资本主义）基础之上的社会劳动产品所采用的特殊形式。另外一种马克思主义的传统强调马克思关于价值形式和货币的分析，尤其是《资本论》第一卷第一篇中的分析，而所有研究马克思价值理论的"古典"方法都将其忽视了。

暂且不论阿尔都塞及其合作者没有集中关注马克思的价值形式分析，他们也提出了作为一种社会关系的价值概念。毋庸置疑，他们认为马克思的价值理论与古典价值理论乃至所有后来的——包括当代的——价值理论形成了截然不同的对比，甚至构成了一场激烈的理论对峙。

本文中我想阐明的论点是：阿尔都塞的理论介入（第一部分详细阐明）与马克思的价值形式分析方法（第二部分）可以和谐相融，这种融合有助于理解马克思政治经济学批判的原则（第四部分），同时也能够阐明马克思的自我矛盾性（第三部分）及其给马克思主义的经济理论带来的后果。在第四部分中，我也将重点关注阿尔都塞自身分析中的矛盾所在。本文第五部分为结论。

一、阿尔都塞的遗产：资本作为"对象、理论及方法"的转换

阿尔都塞及其合作者于 1965 年出版了重要著作——《读〈资本论〉》。该书的意义显而易见，《资本论》为马克思的政治经济学批判奠定了基础，马克思的政治经济学批判的概念体系能够阐释资本主义社会与经济的因果关系结构。该书尝试对《资本论》原文进行一种集体性重新解读，这种尝试在 20 世纪 60 年代引发的矛盾冲突具体表现为一场

运动,继而掀起了 20 世纪 70 年代的一场关于价值理论的争论并持续至今。

在《读〈资本论〉》的开篇部分,阿尔都塞以反问的方式阐明了他的主要论点:"《资本论》是否是古典政治经济学的简单的继续和完成,而马克思则继承了它的对象和概念?《资本论》同古典经济学的区别是否仅仅表现在方法,即从黑格尔那里借用的辩证法上,而没有表现在它的对象上?或者完全相反,《资本论》在其对象、理论和方法上构成了认识论的根本变革?"①

通行的马克思主义传统认为,马克思的价值理论是"劳动消耗"及"劳动包含"的古典价值理论(李嘉图主义)的继续、"修正"或辩证"发展",鉴于这一事实,此问题对于马克思主义理论自身的地位极为重要。我们应当记住两个历史上最杰出的马克思主义理论家和政治领袖——列宁与葛兰西,他们明确指出了这种存在于李嘉图的价值理论和马克思的价值理论之间所谓的理论上的"连续性"。列宁指出:"亚当·斯密和大卫·李嘉图为劳动价值理论奠定了基础。马克思延续了他们的工作。他严格论证并发展了这一理论。"②葛兰西写道:"我越来越确信实践哲学(马克思主义)等于黑格尔加上大卫·李嘉图……李嘉图是黑格尔与罗伯斯庇尔的结合。"③

应当重提这样一点:从将价值当作生产一件商品并将其带入市场所

---

① 〔法〕阿尔都塞等:《读〈资本论〉》,北京:中央编译出版社 2001 年版,第 4 页。

② V. I. Lenin, *Three Sources and Three Component Parts of Marxism*, 1913, www. marxists. org.

③ L. Althusser, "Für Marx und Freud", in *Ideologie und ideologische Staatsapparate*, Hamburg and West Berlin, 1977, pp. 89 – 107.

需的"劳动消耗量"的古典（李嘉图主义）价值定义可以推断：商品A相对于商品B的交换价值产生于每件商品中所包含的劳动的相对数量。正如李嘉图所提出的那样：商品的价值，或者说它所要交换的任何其他商品的数量，依赖于生产它所必需的劳动的相对数量。

在阿尔都塞的理论体系中，他首次阐述了马克思的理论与古典政治经济学之间存在着的根本性的断裂，在此共识基础之上有必要注意以下几点：（1）阿尔都塞的分析证实了马克思主义著作的独创性，指出不能将马克思主义纳入其他任何一种哲学传统之内，从而强调了三大原则：第一，理论上的反人道主义（反对任何形式的本质主义）；第二，反历史主义（把作为过程的历史与作为理论概念化的历史区分开来）；第三，马克思著作中存在着矛盾，尤其强调马克思1845年之后的"认识论断裂"。（2）阿尔都塞的分析介绍了社会矛盾的辩证唯物主义概念和其他来源于"历史哲学"的认知图式之间的区别，后者包括马克思对黑格尔著作的某些阐释。（3）该分析为一种社会总体性的创新概念进行了辩护，该概念将政治力量和意识形态关系结合起来作为资本主义生产方式的决定性的结构因素。该分析通过多元决定的核心概念致力于提出非形而上学及非目的论的决定论的问题。（4）对历史社会形式或因素与在相互贯穿的社会实践中得以显现的条件与同时代的作为社会总体结构的生产方式的再生产的条件进行区分。（5）坚持优先分析阶级斗争和生产关系，而不是生产力，从而不仅与古典政治经济学的"和谐"方法相断裂，而且与将"生产力的发展"视为历史的真正推动力的机械的马克思主义相断裂。（6）该分析认为意识形态表现形式不是虚假的或神秘化了的意识形式而是一种社会错误认识的社会必要形式，这种形式在实践中得以再现。

在此论断的基础之上，阿尔都塞总结道："马克思的政治经济学批判是彻底的：它不仅对政治经济学的对象提出问题，而且对政治经济学本身提出问题，作为自己的批判对象……不管政治经济学宣称自己如何，在马克思看来，它没有任何存在的权利。"①

阿尔都塞以宣称马克思与古典政治经济学相断裂的直接方式及其分析的基本要素，提出了一种关于价值和剩余价值概念的完全不同的理解：不是数量而是关系，不是"劳动包含量"的减少而是阶级剥削的特定历史形式。正如罗伯茨正确指出的那样："关系起支配作用；数字只不过是计量这些关系中的可见要素。"②

这里值得一提的是，剥削被认为是"扣除"一部分由工人生产的并包含在商品中的价值之后给非劳动阶级（资本家和地主）所带来的益处，作为劳动消耗量的古典价值概念因此与剥削概念并不是不能相互调和的。在这一点上，亚当·斯密指出："土地一成为私有财产，地主就要求分享劳动者能够在土地上饲养或收获的几乎所有的东西。地租使他从受雇于土地的劳动生产中进行了第一次的扣除……而利润则对受雇于土地的劳动生产进行了第二次的扣除。"③

当阿尔都塞强调马克思与古典政治经济学的断裂之时，他就抛开了将"劳动消耗量"（剩余劳动即是从这一数量中的扣除）当作价值的观点。他进一步指出，一切以"主—客辩证法"为基础的关于价值理论的阅读都是对哲学人道主义的回归，以"人的劳动"所创造的客观世

---

① 〔法〕阿尔都塞等：《读〈资本论〉》，北京：中央编译出版社 2001 年版，第 182 页。

② B. Roberts, *The Visible and the Measurable*: Althusser and the Marxian Theory of Value, Callari and Ruccio, 1996, pp. 193–211.

③ A. Smith, *An Inquiry into the Nature and Causes of the Wealth of Nations*, 2 Vols., Indianapolis: Liberty Classics, 1981.

界对人类的假想征服的观念替代马克思主义的阶级斗争、资本主义剥削及资本主义生产方式的概念。

但这一将价值视为社会关系的阿尔都塞的研究方法却引发了价值量的问题。价值如何在数量上进行计算？换言之，价值和价格之间有什么关系？阿尔都塞在《读〈资本论〉》中对这个问题所持的态度是模棱两可的。这一点我们可以从其原文中得出推断。为了明确我们的观点，有必要探讨马克思将价值视为社会关系的价值概念，这一点可以从他在《资本论》第一卷第一篇中的价值形式分析中得到印证。

二、马克思的货币价值理论与资本

如同在其他文章中所论述的那样，马克思的价值理论并没有对古典政治经济学的价值理论进行"修正"或"纠正"，而是提出了一个新的理论命题，介绍了一种新的理论分析对象。马克思的价值概念与李嘉图"劳动消耗"的价值概念并不一致：马克思的价值概念是劳动过程的特定的资本主义特征与相应的劳动产品表现形式的复杂结合，通过这种方式使得资本主义关系的阐释成为可能。价值成为资本主义关系的一种表现。资本主义生产方式成为了马克思分析的主要理论对象。

为了便于论证，马克思构建了一种新的理论话语体系和新的理论范式。他指出劳动产品成为价值是因为它们是在资本主义关系的框架之内被生产出来的。他又进一步指出价值有必要以货币的形式体现出来，货币因而是资本（和价值）的最完美体现。

作为"资本产物"，实用物品（使用价值）成为了价值的载体。它们成为商品、"财产"，以实物形式存在，并且其价值通过物物交换的方式得以实现。换句话说，它们具有商品的特性，在市场上以特定的

（货币）价格售出。从1857—1858年的《政治经济学批判大纲》到1867年的《资本论》，马克思坚持认为价值是资本主义生产方式的关系的特有表现形式。价值表现出了一件商品和其他所有商品之间的交换关系，表达了资本主义生产方式（为交换而生产及为利润而生产）中劳动过程的特定的资本主义同质化的影响，在抽象的劳动概念中得到概述。

抽象劳动决定价值，但抽象劳动并不是可以用秒表来计算的一种实证性量值。它是一种在交换过程中（并不只是在理论家的头脑中产生）形成（即以实物的形态存在）的抽象性。马克思指出："社会劳动时间以潜在的状态存在于这些商品之中，所以说只有通过商品交换的途径才能体现出来……因而普遍的社会劳动不是一个现成的先决条件，而是一个逐步显现的结果。"①

马克思通过分析商品流通开始展开他的价值理论（和资本主义生产方式的理论），他提出了"简单价值形式"的公式，将货币解释为价值的表现形式。从表面上来看，一定数量的某种商品交换为另外（不同）数量的另一种商品（x 量商品 A = y 量商品 B）。古典经济学家将这种交换视为实物交易，他们甚至相信所有的市场交易都可以简化为如此简单的实物交易行为（货币为这种行为提供了便利，因为货币的媒介作用省却了对彼此需求一致性的要求）。

马克思指出，在这个公式中，我们所拥有的两件商品并不是在交换之前就具有相等价值（"相等价值"意味着可以按照为了生产这些商品而进行的"劳动消耗"的数量来独立地计量价值）。我们拥有的一件商

---

① K. Marx, *A Contribution to the Critique of Political Economy*, London: Lawrence, 1981, p.45.

品（公式左边的商品，即相对价值形式），可以用另外一种不同的使用价值的单位来对其进行计量（即处于等价物位置的商品可以作为以相对形式出现的商品的价值尺度）。第二种"商品"（处于等价物位置的商品 B）不是普通的商品（交换价值及使用价值单位），它仅仅为第一种商品担当了"价值尺度"与"货币"的角色。

相对价值（A）完全以等价物（B）的单位数量表现出来，后者（B）因为在现实世界中不存在从而其价值无法表现出来。马克思指出："但是一当上衣这种商品在价值表现中取得等价物的地位，它的价值量就不是作为价值量来表现了。在价值等式中，上衣的价值量不如说只是当作某物的一定的量。"[①]

换言之，我们可以从简单价值形式得知，x 个单位的商品 A 的交换价值是 y 个单位的等价物商品 B，或者说一个单位的商品 A 的交换价值可以用 y/x 个单位的商品 B 来表现。马克思提出的"简单价值形式"仅用等价物 B 的单位来计量商品 A 的交换价值。马克思从简单价值形式的分析中不难导出货币形式。他用两个间接的理性公式来达到这样一个目的，即用总和的或扩大的价值形式及一般的价值形式来表现价值。在这个演算序列（一般价值形式）中有一个而且仅有一个等价物可以用来表现所有商品的价值。因此这些商品总是处在相对价值形式的位置。只有一件"物品"最终构成了价值的一般等价形式。货币的第一个特征是其成为一般等价物的"属性"。因此，商品的一般可交换性关系仅用一种间接媒介即货币便可表现出来——换言之，货币在交换过程中起到一般等价物的作用，所有商品（被放置在相对位置）的价值都可通过货币表现出来。马克思的分析并没有采用实物交换模式（即物物

[①]《马克思恩格斯全集》第 1 版第 23 卷第 70 页。

交换模式），因为它强调交换有必要以货币为媒介。货币被视作资本主义经济关系中一个内在的、必不可少的要素。马克思认为，商品并没有因此而采取了直接的相互交换形式，它们被社会所认可的交换形式是一种媒介物的形式。

在马克思的理论体系中，不可能存在任何其他的价值尺度（或表现形式）。"市场经济"（资本主义的）的本质特征并不是简单的商品交换（如同主流学说所宣称的那样），而是货币与货币流通。马克思认为，劳动的社会属性表现为商品以货币的形式存在。马克思从以下几个方面定义了"作为一种社会关系的商品"：（1）资本主义的消耗（抽象）劳动，使个体转化成了社会劳动；（2）商品的一般可交换性；（3）货币作为一般等价物。马克思认为货币不但扮演了"手段"或者"尺度"的角色，甚至货币以"自身为目的"（储存，支付手段，世界货币）。此处我们暂且提出一个关于资本的简单定义，暂且提出一个（暂时的、不成熟的）资本概念：货币的职能是以自身为目的。

为了能够发挥以自身为目的的职能，货币在流通领域中必须按照"M—C—M"的公式运转。但是，由于货币的同质性，如果货币不发生量变即货币增值，那么这个公式将毫无意义。在流通过程中必须"创造"剩余货币，这样上述公式将变为"M—C—M′"，其中的M′代表$M + \triangle M$。但是，货币只有占据生产领域并纳入"M—C—M′"的流通过程中，货币才能发挥"以自身为目的"的职能，即货币发挥实现资本关系的（货币）资本职能。货币进行流通或货币纳入"M—C—M′"的流通过程的首要前提是在生产领域中对劳动力进行剥削。因而马克思认为货币的流通导致了资本。

在马克思主义关于资本主义生产方式的理论中，价值和货币的概念都离不开资本的概念，它们包含了资本的概念且被资本的概念所包含。

马克思的理论既是一种货币价值理论,同时又是一种货币资本理论。作为资本的货币流通将生产过程和流通过程结合起来,商品生产构成了社会资本总循环的一个阶段或一个环节(整个价格稳定过程的一个决定性环节):M—C(=Mp+Lp)[→P→C′]—M′,这里 M 代表货币,C 代表商品的投入,即生产资料(Mp) + 劳动力(Lp),C′代表生产过程(P) 中的商品产出,这些最终形成了"更多的货币"(M′)。马克思认为:"因此,价值成了处于过程中的价值,成了处于过程中的货币,从而也就成了资本。它离开流通,又进入流通,在流通中保存自己,扩大自己,扩大以后又从流通中返回来,并且不断重新开始同样的循环。"①

资本主义剥削不应被理解为从工人的劳动成果中进行简单的"减少"或"扣除",而应当被视作一种社会关系,这种社会关系有必要以社会资本流通及剩余价值生产的形式表现出来,而剩余价值的生产以赚取(更多)货币的形式表现出来。"价值计量"的问题只有在价值的表现形式即货币形式的层面上才能得以说明。

三、马克思理论上的矛盾性

马克思的货币价值理论表明不能将价值和价格放置在同一个分析层面上。货币是价值(也是资本的)必要表现形式,从这种意义上来说,价格构成了商品价值的唯一表现形式。价值与生产价格(即价格为整个资本主义经济确保了一般平均利润率)的区别不是一个数量的问题,这种区别包含了这样一个假设:后者只是通过"在资本家之间重新分配价值的数量"从前者中产生。这种区别是两个不相称的因而不具有可比性

---

① 《马克思恩格斯全集》第 1 版第 23 卷第 177 页。

的"实体"间的区别,然而这两个实体被因果决定关系(价值)与它们的表现形式(价格)之间的概念关系结合在一起。

　　正如加内特似乎所确信的那样,既然价值与剩余价值不是本质而是通过其表现形式("价格与利润")被表达和"计量"出来的历史上的特定社会关系,那么这种关于作为因果决定关系的价值与作为表现形式的价格之间关系的研究方法,既不是"古典的"也不是"本质主义——人本主义"的。如同罗伯茨所正确主张的那样,这种方法研究的是"通过关系表现出来的因果关系"。然而,在《资本论》第三卷的某些观点中(尤其当涉及到"价值转化为生产价格"时),马克思抛开了自己的理论推断(价值与价格间的不可比性),在价值和生产价格之间进行数量上的比较。他试图通过数学计算将前者"转换"为后者,以这种方式悄然回归到了古典的观点,根据这种观点,价值与价格在数量上等同因而在数量上也是可以进行比较的。马克思认同这样一个总问题,即:两种个别资本如果使用同一数量活劳动但不同数量不变资本,将会产生相等的价值、(按照一般利润率来计算)不等的(生产)价格。马克思因而声称,为了证明价值理论就必须要证明一点,即在经济的总体水平上,价值的总额与商品价格的总额相等,同时剩余价值的总额应当与利润总额相等("二重不变定理")。将价值转换为价格就是为了证明这一点。

　　换言之,马克思现在采用了一种双重的计量体系:(1)价值计量单位(例如劳动时间),这种价值计量单位可以与(2)价格(美元或其他任何货币)计量单位相互比较。换句话说,马克思很像古典政治经济学所主张的那样,认为价格可以不依赖于其形式,也就是不依赖于货币(并且与货币相剥离)而得到计量。得出来的结论就是:"抽象社会劳动"如同货币一样属于一个可以通过经验得到测量的客观世界。

由此在马克思著作中出现了另外一种理论话语，即坚持遵循古典政治经济学的传统。但是在这两套话语中存在一种概念上的分歧，使得二者之间无法相容。但是，只有少数马克思主义者愿意承认马克思成熟经济著作中可能存在着这样一些矛盾。而且第二种话语，即马克思的《资本论》中的古典式话语，招致了非马克思主义者的强烈批判，他们声称马克思并没有为"价值转换问题"找到一个正确的解决方案，因此从总体上来讲他的价值分析是错误的、多余的。

在《用商品生产商品》一书中，皮埃罗·斯拉法提出了一个不参照任何价值来计算生产价格的模式。按照这一被称作新李嘉图主义的模式，伊恩·斯蒂德曼和其他一些学者阐明了这样一个观点：马克思的价值理论对于资本主义经济的分析是多余的。事实上，斯蒂德曼宣称，马克思的价值理论"在设计一个方案来为资本主义社会提供一种唯物主义的解释方面是一个主要束缚"①。从提出劳动价值理论是多余的这一观点出发，斯蒂德曼进一步阐明了剩余分析法，按照这一方法，后来从中产生生产价格的基本体系建立在把物质剩余提升为决定性因素的物质条件之上。无论马克思主义理论的反对者分属哪一个经济学派，这些观点都为他们提供了反对马克思价值学说所需的论据。这些反对者认为，马克思的价值学说在理论上是矛盾的、多余的。

但是这种方法只是集中探讨了马克思著作中的李嘉图主义成分，忽视了马克思分析中的创新核心，即他的货币价值理论与资本。新李嘉图主义的理论如同新古典理论那样同属前货币研究方法的范畴。它将物质数量（使用价值）之间的平衡系统作为出发点，仅在随后引入了"价

---

① Steedman, *Marx after Sraffa*, London: New Left Books and Verso, 1977, p. 207.

格"概念。众多决心反驳新李嘉图主义对马克思价值理论的批判的马克思主义经济学家陷入了斯拉法的数学技术主义,按照"转换系数"将价值转换为生产价格以寻求解决方案,为新李嘉图主义的生产体系提供一种不同的"价格形式化"等等。通过同意采用这些术语来论争,马克思主义经济学家暗中将马克思主义价值理论与货币理论从他们的总问题中抹去了。

许多针对"转换问题"的研究方法早在20世纪80年代初就已经提出来了,这些方法抛开了新李嘉图主义的数学形式化及数学形式化的形成基础——物质数量平衡。尽管这些研究方法之间存在分歧,它们都以这样或那样的方式强调:马克思关于社会资本循环的分析不是用物质数量而是用货币形式(M—C—M′)来表达的。但是,这些研究方法都认为有必要将货币单位在数量上转换为抽象劳动单位。也就是说,他们假设存在着一种相关性,以"货币价值"或"劳动时间的货币表现"的形式呈现出来,这种相关性表明"他们认为价值与生产价格具有双重计量标准——时间与货币单位"。价值与价格再次被当作是可以相互比较的单位,价值可以在数学意义上转换为价格。劳动价值的总量通过"货币价值"作为可被经验证实的数量而出现。

与所有这些分析相比较而言,我前面主张的观点包括这样一个观点:从价值到生产价格的转换是概念上的,而不是数量上的。价值显示了什么是价格,而没有确定价格的精确程度。"这样的"价值不能用数量来计量,同样在孤立的情况下也无法确定任何价值的程度。价值通过其表现形式(价格)被表达出来。价值的表现以货币为媒介。

以上观点的意义在于,认为马克思的价值理论多余的论点是错误的。马克思的理论是唯一一个为"什么是价格?"这一问题提供答案的理论(因而形成了唯一的货币价值理论)。价值与剩余价值是从理论上理解什么是（生产）价格的先决条件。

如果说有什么东西是多余的话，那就是价值与生产价格（或者抽象劳动与货币）的概念性等式。但是当马克思将"价值转换问题"设置在生产价格中时，马克思本人又再次认为价值与生产价格具有可比性。就像迈克尔·亨里希所说的那样："新李嘉图主义的价值理论批判的真正贡献在于，它揭示了前货币价值理论对于确定非货币生产成本而言是多余的。"①

四、阿尔都塞的认识论前提与马克思的价值理论

当阿尔都塞断言马克思的政治经济学批判质疑了政治经济学的存在理由以及政治经济学建立的原则基础时，这似乎与上述关于马克思的货币价值理论与资本的论述刚好相符。这一点可以从阿尔都塞分析的某些段落里得到印证，阿尔都塞指出价值本身是"不可计量的"、"没有数量上的规定"，这一观点驳斥了所有把价值看作"劳动包含"的（李嘉图学派的）价值学说。阿尔都塞这样写道："马克思明确认为是他的发现以及他的全部经济分析的基础的那些概念，例如价值和剩余价值的概念，显然就是受到现代经济学家激烈批判的概念……这些概念在实质上却是非经济的、'哲学的'和'形而上学'的概念……这些概念是表现非经济现实的'无针对性的'概念，因为这些概念是不可计量的，没有数量的规定……经济学家所指责的马克思理论上的缺陷和弱点恰恰是马克思的力量所在。同时，也正是这一点构成了马克思同他的批评者以

---

① M. Heinrich, *Die Wissenschaft vom Wert*, Münster: Westf lisches Dampfboot, 1999, p. 280.

及某些最亲近的拥护者的根本区别。"①

罗伯茨也提出了同样的观点,他着重强调了阿尔都塞关于"结构……决不存在于它的作用之外"的观点。这是一种研究因果关系的非本质主义的方法,蒙塔格在讨论斯宾诺莎的物质概念(上帝)时提到过这一点:"物质离开属性就不能存在,在属性中物质才能得以表现并且因此不会被说成是先于自己的表现而存在,恰恰相反,物质只有通过这样才开始存在。"② 这种哲学方法与马克思的价值形式分析直接相关。马克思认为:在价值关系以及内在于价值关系的价值表现形式中,被分离的一般物(即价值)并不构成特殊物即客观真实物(即交换价值)的性质。相反,客观真实物是被分离的一般物的一种简单表现形式或特殊实现形式……只有客观真实物是被分离的一般物的有效表现形式。

当罗伯茨总结说"价值不是与其形式相分离、先于或独立于它的形式之外而被确定"之时,他似乎对这种关联有了一种非常正确的理解。罗伯茨将这一结论与阿尔都塞的分析结合起来这样写道:"价值与剩余价值由关系组成,阿尔都塞在谈到价值理论时说:剩余价值……不是一件物品,而是一个关系的概念,一个看得见的存在物的概念,而且这个存在物只能用它的'效用'来计量'。"③

阿尔都塞尽管质疑政治经济学的哲学的、认识论的预设,更不用说

---

① 〔法〕阿尔都塞等:《读〈资本论〉》,北京:中央编译出版社 2001 年版,第 86—87 页。

② W. Montag, "Spinoza: Politics in a World without Transcendence", *Rethinking Marxism*, 1989, p. 94.

③ B. Roberts, *The Visible and the Measurable: Althusser and the Marxian Theory of value*, Callari and Ruccio, 1996, p. 201.

质疑政治经济学没有能力辨认出隐藏在经济范畴背后的阶级关系，但他却没有系统地对价值概念本身（比如劳动消耗）提出质疑。他提出马克思与李嘉图的断裂主要是基于这样一个事实：后者无法解释决定劳动力商品化的阶级关系。阿尔都塞也越来越开始怀疑价值形式的总问题，猜测马克思曾用最简单的概念寻找黑格尔式的出发点，这种出发点甚至能够使他得出了类似于人类学意义上的误解（作为人的物化的拜物主义）。因此阿尔都塞采取了一个黑格尔哲学的强烈批判者的立场，反复强调这与马克思的哲学命题无关。阿尔都塞似乎相信，一种关于意识形态、关于意识形态阶级斗争和意识形态机器的理论——换言之，一种与他自己当时详细阐述的理论类似的理论——与作为在经济结构水平上"自然产生"的错误认知形式的拜物主义理论是不相一致的。所有这些都证明马克思没有完全抛开前面的意识形态的（资产阶级人本主义的）总问题。但是，阿尔都塞的反黑格尔主义给人深刻印象的一个方面是：大部分当代马克思主义学者和阿尔都塞一样坚持有必要在马克思的价值概念与通行的政治经济学的价值概念之间划分界限，这些当代马克思主义学者属于所谓的"黑格尔主义的马克思主义"。他们大多数从黑格尔的哲学总问题出发倡导各种价值形式假说。

这一明显的悖论也许可以用这样一种简单的想法得到解决：正如存在着许多马克思主义理论学说一样，也存在着"许多黑格尔哲学"。阿尔都塞的"反黑格尔主义"是，也应当被认为是阿尔都塞对一种特殊的理论关联的反思，他对其表示异议。有人把马克思主义归为黑格尔哲学的一种历史变体，阿尔都塞被迫对此作出回应。这种划分方式在战后法国的哲学界相当流行，法国哲学家一般认为，黑格尔的《精神现象学》是一种"历史哲学"，黑格尔的《逻辑学》表现出一种发展更为复杂的语义学工具的努力,前者比后者的意义更为重大。沃尔夫在讨论阿尔都塞对待黑格尔的态度时,在这一点上做出了最为中肯的评价:"提出的任何以及所有解释都是以特殊的社会和自然条件为背景,对特定理论关联的介入。"①

阿尔都塞关于价值形式问题的慎重同时也清楚地表明了他有忽视"成熟时期的"马克思原著中的矛盾特征的倾向。这与阿尔都塞提出的"症候阅读法"不无关联,他认为这种阅读方法有潜力从马克思理论中提取出一个相对统一的理论内核。

我在前面章节中已经指出,这个理论"内核"本身是矛盾的。因此,为了说明和进一步发展马克思的理论,症候阅读法也应当被用于阅读成熟时期的马克思的原著(首先,这样能够区分成熟时期马克思的原著中所包含的两种不同的理论话语,然后再对这两种话语采取相应的立场)。

我们能够探究并解释阿尔都塞著作中在价值理论问题上论述的矛盾之处,但这并不意味着有必要否定阿尔都塞的研究方法对阅读马克思著作的相关性。尽管我们强调阿尔都塞对《资本论》第一卷第一篇的解读存在缺陷,特别是对价值形式的解读存在缺陷,我们仍然对阿尔都塞阅读取向的关键特征保持坚定的信念:这些关键特征有:阿尔都塞对阶级力量采取的一贯的关系研究方法,对哲学人道主义、本质主义、历史主义及经济主义的批判,特别是他关于马克思与古典政治经济学相断裂的观点。

---

① R. Wolff, *Althusser and Hegel: Making Marxist Explanations Antiessentialist and Dialectical*, Callari and Ruccio, 1996, p. 159.

五、结论

我们考察了路易·阿尔都塞在马克思的政治经济学批判问题上所作的明确断言,马克思的政治经济学批判所引入的这种科学话语体系全然推翻了古典(与当代)政治经济学的一切前提与理论大厦。这一断言为马克思主义学者及其他学者探求理解马克思的货币价值理论提供了一个重要的认识论出发点。

马克思的货币价值理论是对李嘉图价值理论(价值被认为"劳动消耗")的一个根本性批判(事实上与其形成一种断裂)。马克思对货币价值理论的详细阐述与马克思的价值形式分析平行展开,首先是在《资本论》第一卷第一篇中进行论述。马克思指出,劳动产品成为价值是因为劳动产品是在资本主义的关系框架内被生产出来的。马克思同时指明,价值必然以货币的形式表现自身,所以"货币是价值与资本的最完美的表现形式"。或者稍稍换一种方式说,货币是资本主义关系的物质体现。

剩余价值是剩余劳动分配的特定的资本主义方式的产物。更确切地说,剩余价值是一种历史上的特定社会剥削关系的概念,它以利润表现自身(而不是以纳贡或封建社会的强制劳动等形式表现出来)。另外,剩余价值还能被其表现形式即货币单位(以经验为根据)来计量。马克思的政治经济学批判并非只是宣称剥削的存在(剩余劳动的占有)。它还阐明了资本主义的剥削为什么表现为这些特定的形式,还进一步揭示了消除历史形式的必要性,正是通过这些历史形式资本主义统治才得以实现。但是阿尔都塞对马克思的价值形式分析并不印象深刻,他将马克思的价值形式分析视作是黑格尔主义对马克思的影响。因此，他没有完全理解价值形式分析对李嘉图主义的价值"劳动消耗观"的重要批判意义。他也没有识别出《资本论》及其他成熟时期的马克思的经济著作中存在的理论模糊性及死结。

  尽管存在这些理论上的矛盾性，以阿尔都塞的思路为出发点阅读马克思的著作仍然是一种具有极高价值的尝试。这一思路指明了研究马克思主义的一个关键之处，那就是马克思主义理论家有必要找出马克思的总问题，然后运用总问题去进一步完善马克思的分析来应对占统治地位的资产阶级意识形态。

（金瑶梅 译）

"新辩证法"与价值形式理论的谬误

〔荷〕古利莫·卡歇迪

[摘 要] 克里斯·阿瑟的方法旨在对马克思的诸范畴做系统的重新厘定。本文认为他的方法实际上是对置于一个特定理论体系中的不同范畴所做的不同厘定,是对马克思尤其是对抽象劳动的黑格尔式重释,这使得其本身与马克思相疏离。相关争论主要集中在阿瑟著作的哲学方面,而其经济学方面的特征尚未得到系统分析。然而,对"新辩证法"的全面评价显然应当包含对其经济学方面的系统的内在的评论。本文旨在对"新辩证法"的诸经济学结论的内在一致性进行评价,着重考察抽象劳动、具体劳动和剥削概念。阿瑟对马克思的信守,或与马克思引文的一致,不是用来评价"新辩证法"的标准。相反,标准在于:(a)它是否发现了《资本论》中的逻辑矛盾,和(b)它是否使自身免于矛盾。在这两个方面回答都是否定的。

[关键词] 抽象劳动 价值形式理论 辩证法

一、引言

克里斯·阿瑟(Chris Arthur)的《新辩证法和马克思的〈资本

---

* 本文选自《马克思主义与现实》2010年第5期。作者系荷兰阿姆斯特丹大学经济与经济计量系教授。

论)》一书在最近的《历史唯物主义》中已成为一场热烈辩论的核心。争论主要集中在其著作的哲学方面。然而，对其"新辩证法"的全面评价显然应当包含对它的经济学方面的系统而内在的评论。因此本文旨在对新辩证法的诸经济学结论的内在一致性进行评价。

阿瑟在导言中这样陈述："很大程度上，对黑格尔的新兴趣并不涉及对黑格尔历史哲学的宏伟叙事的恢复以及使它与历史唯物主义联系起来：相反，它关注黑格尔的《逻辑学》以及《逻辑学》如何与马克思《资本论》的方法相一致。这一点通常借助以下说法表述出来：与研究社会制度之兴衰的历史辩证法相反，人们试图建构一种系统辩证法，以阐明某个特定的社会制度，即资本主义的诸关系。"① 阿瑟在"黑格尔《逻辑学》与马克思《资本论》之间结构上的惊人相似"② 中找到了理论的正当性证明。按照我的理解，阿瑟强调马克思"以《资本论》的形式"保留了其辩证方法的成果。但马克思在《资本论》中强调他已经远离黑格尔的辩证法。所以，从《资本论》（和其他著作）提炼出马克思的方法似乎更为合理，而不是"挪用黑格尔的逻辑"③。这样做的有效性证明既可以表现为其与马克思的结论的逻辑一致性，又可以表现为卓有成效地进一步发展那些结论。但这不是阿瑟所采用的路径。

对阿瑟而言，其"研究计划的有效性仅仅表现在它成功地展现了对诸范畴的系统厘定"。这听起来仿佛只是一个对（马克思的）同一些概

---

① Christopher Arthur, *The New Dialectic and Marx's 'Capital'*, Leiden: Brill, HM Book Series, 2004, pp. 2-3.

② Christopher Arthur, *The New Dialectic and Marx's 'Capital'*, Leiden: Brill, HM Book Series, 2004, p. 7.

③ Christopher Arthur, *The New Dialectic and Marx's 'Capital'*, Leiden: Brill, HM Book Series, 2004, p. 89.

念进行不同厘定的问题。但阿瑟的著作是对置于一个特定理论体系，即他的价值形式理论中的不同经济学概念的不同厘定。新辩证法与价值形式理论之间联结的纽带是对马克思"抽象劳动"概念的黑格尔式的重新阐释。阿瑟援引了黑格尔，大意是绝对精神"不是在其显现之前就已经结束和完成了的一种本质，游离在它的诸多现象之后，而是只有通过它的不可或缺的自我表现的特定形式，才真正成为现实的一种本质"。阿瑟补充道："关于价值我同样会这么说。"① 正如绝对精神只有通过其表现形式才能使自身成为现实，价值只有通过交换和货币才能形成，而不是像在马克思那里，在交换之前，在生产之中就已作为抽象劳动而存在。如果那样的话，价值就变成了一种虚无的形式。确实，对马克思来说，价值是一种（社会）形式，但它并不虚无，它是其实体，即抽象劳动的形式。正如金凯德（Kincaid）所评论的："'纯粹虚无形式'范畴在《资本论》中实际并不存在。"②

于是，阿瑟明确地疏离了马克思。在回应批评时，阿瑟声称："现在我明白了……引用马克思的相关段落只会造成混乱。以后，我将以自己的方式来表述我自己的观点。"③ 所以，阿瑟对马克思的信守，或与马克思引文的一致不是用来评价新辩证法的有效性或其内在一致性的标准。相反，标准在于：新辩证法（a）是否发现了《资本论》中的逻辑不一致，和（b）是否自身免于这些不一致性。关注点将集中于抽象劳

---

① Christopher Arthur, *The New Dialectic and Marx's 'Capital'*, Leiden: Brill, HM Book Series, 2004, p. 95.

② John Kincaid, "A Critique of Value‑Form Marxism", *Historical Materialism*, 2 (2005), p. 103.

③ Christopher Arthur, *The New Dialectic and Marx's 'Capital'*, Leiden: Brill, HM Book Series, 2004, p. 190.

动、具体劳动以及剥削概念。

我对阿瑟的评价和批评需要简短地提到辩证法的概念，它将引导本文的余下部分。马克思广泛运用了与其社会研究方法相对应的三条原则：一切现象始终：（1）既是现实的又是潜在的，（2）既是决定性的又是被决定的，（3）需要不断地运动和变化。所以从辩证法的角度来看，社会现实是决定的和被决定的矛盾现象不断脱离潜在状态、得到实现然后又回到潜在状态的一个时间流。那么从这个角度来看，现象之间的辩证关系就是它们之间的交互作用。社会研究的辩证方法则要探究一种社会现象的起源、现状和未来的发展，即探究：（a）它过去与其他现象的辩证关系，正是通过这种关系，它摆脱了以前的潜在状态，与其自身潜在的矛盾内容一起成为实现了的现象，从而才有可能取代它以前的实现了的形式；（b）它与其他相矛盾的社会现象的现时辩证关系，有些现象由它所决定，另一些现象则是它的决定因素，有些尚处于潜在状态，有些则已经实现；（c）因其潜在可能性在未来的实现而引起的它的进一步发展（变化），这些潜在可能性是决定它在未来被重现还是被取代的实现条件。有关（a）的一个范例是，《资本论》第一卷中从简单价值形式向扩大了的价值形式，再到向货币价值形式的发展。扩大了的价值形式和货币价值形式已潜在于简单价值形式之中，这是它们为何能从后者发展而来的原因。前者的实现是对后者的取代。

二、抽象劳动

在马克思看来，抽象劳动是价值的实体，无论它采取何种具体的、特殊的形式（具体劳动），它都是人的能量的耗费。因此，在价值作为交换价值实现自身，即商品在被售出之前，它就包含在商品之中。阿瑟拒绝了这一思路,从而也拒绝了马克思的劳动价值理论。"我的观点与正统观点大相径庭,后者认为劳动创造了某种实在的东西,即价值,然后价值被侵占。"① 他提出了两个批评。

(一)阿瑟的第一个批评

第一个反对意见是具体劳动不能被还原为抽象劳动。阿瑟从《政治经济学批判(1857—1858 年手稿)》中援引了以下段落:"这种经济关系……随着劳动越来越丧失一切技艺的性质,也就发展得越来越纯粹,越来越符合概念;劳动的特殊技巧越来越成为某种抽象的、无差别的东西,而劳动越来越成为纯粹抽象的活动,……单纯物质的活动,同形式无关的一般意义的活动。"②

马克思的论点是清楚的:在资本主义"作为一种特定的生产方式"而发展的范围内,劳动"越来越成为纯粹抽象的活动……单纯物质的活动,同形式无关的一般意义的活动"。换句话说,作为同具体形式无关的单纯物质的劳动,即抽象劳动,随资本主义的出现而出现,并随资本主义成为占主导地位的生产方式而肯定了自己的存在。阿瑟将这段引文误读成,仿佛马克思正在谈论具体劳动的去技能化过程,而且仿佛这个过程将在抽象劳动中达到顶点。但这完全是错误的。抽象劳动的出现是因为商品的一般可交换性需要一个标准以确定交换的比率。商品的具体特性以及生产它们所需要的技能与此无关。如果阿瑟的解释是正确的,马克思就犯了一个"概念错误",因为无论多么极度,去技能化无法取

---

① Christopher Arthur, *The New Dialectic and Marx's 'Capital'*, Leiden: Brill, HM Book Series, 2004, p. 45.

② 《马克思恩格斯全集》第 2 版第 30 卷第 255 页。

消一切具体特性，因此去技能化的劳动"本身绝不可能是抽象的"。但犯了概念错误的是阿瑟，他将具体劳动可以还原为抽象劳动的观点强加于马克思。对此马克思说得不能更清楚了："作为使用价值，商品首先有质的差别；作为交换价值，商品只能有量的差别，因而不包含任何一个使用价值的原子。"① 因此在这些曲解的基础上拒绝马克思的抽象劳动概念是非法的。

（二）阿瑟的第二个批评

现在我们来考虑阿瑟的第二个批评，即抽象劳动缺乏直接的经验性证据："在这种描述下商品的自然载体显然是一个可供查验的实体。相比之下，将'价值'说成是一种实体则大可反对。从塞缪尔·贝利（Samuel Bailey）对李嘉图的抨击以来，这种观点已遭到拒斥（除了马克思），另一种解释受到青睐，在该解释中没有价值实体，而且就价值表现为商品的一种属性，即它们'具有'的某物而言，这被解释成与'交换价值'一样，是一种纯粹关系性的属性，并因此而易变。"②

所以，对阿瑟而言，将价值当作实体的观点"大可反对"，因为价值往往无法被查验，因为在它作为交换价值以货币形式出现之前，在生产过程中它在经验层面上是不可见的。但是，除了存在并不有赖于可见性这个事实之外，我们还能证明，作为一种实体的价值或价值的实体即生产中所耗费的抽象劳动，能够被观察到并因而在交换之前就已存在。论证如下：

---

① 《马克思恩格斯全集》第 2 版第 44 卷第 50 页。
② Christopher Arthur, *The New Dialectic and Marx's 'Capital'*, Leiden: Brill, HM Book Series, 2004, pp. 154 – 156.

如果能够表明，在生产中某种物质的、生理的和无差别的实体的消耗是看得到的，那么也就表明抽象劳动是一个看得到的物质实体。由于能量守恒原则以及鉴于在资本主义条件下价值是抽象劳动，从而可以得出，那个实体凝结在产品之中并成为产品所包含着的价值。因此，所需要证明的是抽象劳动是无差别的人类能量在生理上的可见耗费。

接下来的证明显然无法在马克思那里找到（该证明依赖于他当时无法获得的医学知识）。不过，它又内在于并与他的工作相一致。为达到我们的目的所必不可少的一个过程是人类的代谢过程。对人类代谢过程的分析表明，同人们的差异无关，无论他们从事什么样的具体活动，他们都生产出同一无差别的能量，从而也消耗同一无差别的能量。这与马克思所说的，无差别的人类能量的"生理的"、"物质的"耗费是一致的。如马克思所说："一切劳动，一方面是人类劳动力在生理学意义上的耗费；就相同的或抽象的人类劳动这个属性来说，它形成商品价值。"① 抽象劳动是一种"纯粹抽象的活动，纯粹机械的……活动；单纯形式的活动，或者同样可以说单纯物质的活动，同形式无关的一般意义的活动"②。这恰恰就是人的代谢过程。在生产中对卡路里的消耗的观察就是对抽象劳动的观察。只要一个人愿意，他就能一边测量某位劳动者的体力疲劳度或卡路里的消耗，一边观察到她正在生产特定的使用价值，即正在从事具体劳动。在体育运动中通常会这样做，当一个人正在从事跑步、游泳等运动时，卡路里的消耗也得到测量。否认价值（抽象劳动）的物质性实体的存在与现代医学全然不符。

无差别的人类能量的耗费不仅对所有人，而且对所有社会里的所有

---

① 《马克思恩格斯全集》第 2 版第 44 卷第 60 页。
② 《马克思恩格斯全集》第 2 版第 30 卷第 255 页。

人都是一样的。在此意义上，它是跨时代的。尽管如此，将其作为一种跨时代的现象来发现是受社会决定的，而且它的实际意义（如抽象劳动以及价值实体）在社会层面上也是具体的。这样说的理由是，在一个不同劳动产品（使用价值）必须得到交换的社会，必须有一种特性是所有不同的具体劳动所共同具有的。这就是抽象劳动。请注意，将卡路里作为对无差别人类能量的耗费的可能衡量手段之一来强调，并不意味着要取代时间作为价值的一种衡量手段。这里提到人类的代谢过程和无差别人类能量（卡路里）的耗费是为了驳斥抽象劳动不是一种物质的、生理学意义上的实体（或它不能表现得如此）这样一种观点。

无差别人类能量的生理和物质的耗费并不意味着这种物质消耗排除了知识以及人类意识的生成。无差别人类能量的物质耗费包括整个人体的工作，即它也包含人的脑力劳动所引起的生理消耗。人类能量的物质耗费并不等同于"体力"劳动或任何其他排除了"脑力劳动"的这类概念。我不知道在任何一段马克思曾说过一种类似机器的、仿佛排除了脑力劳动以及知识生产的、无差别人类能量的物质性耗费的概念。当然这不是本文的主题。抽象劳动既能被有形体的生产所耗费，也能被知识的生产所耗费。为了阐明这一点，我扼要地谈谈马克思主义认识论的一个方面。

鉴于知识的生产是人类能量的耗费，而且如同人的代谢过程所表明的，是一种物质性的活动，对物质活动和精神活动的区分就采用了一种错误的术语学。根本的区分应当是客观的和精神的变化之间的区分。分别存在着外在于我们的现实的变化和我们对那个变化了的现实所进行的概念化、或者说知识的变化。客观的和精神的变化是一般意义上的劳动的两个组成要素。这是一种分析性的区分。在现实中，这两种变化总是同时发生并以彼此为先决条件。客观变化和精神变化的必然结合产生客观的（通常称作物质的）和精神的劳动：如果客观的变化是决定性的，劳动就是客观的；如果精神的变化是决定性的，劳动就是精神的。客观劳动和精神劳动都是差异化了的人类能量的耗费（以生产出产品的特异性），同时，又都是无差别的人类能量的耗费（例如，卡路里）。作为无差别的人类能量的耗费，它们是物质的过程。无论是否改变了客观现实或知识，抽象劳动都是物质的。从我们时代的观点来看，差异化的和无差别的人类能量的耗费分别是具体劳动和抽象劳动。由此得出：（1）如果在资本主义生产关系下抽象劳动生产出价值，那么价值是由客观劳动和精神劳动共同生产的；（2）抽象劳动并不等同于客观劳动：抽象劳动是客观劳动和精神劳动的一个基本要素。关于抽象劳动的物质性意味着从人向不能思维的机器的退化的异议，只是马克思主义认识论发展不充分的另一种表现而已。

就所论无差别人类能量的耗费而言，一般意义的和资本主义的抽象劳动之间并无不同。存在于一切生产方式中的抽象劳动远非一种"隐喻"，在以下意义它是一种真实的抽象，即它是从一个真实的过程、从人类能量的无差别耗费中抽象出来的一个概念。差别在于其社会内容的不同。一般意义的或跨时代的抽象劳动与特指资本主义条件下的抽象劳动是不一样的。前者只有在特定的社会背景之中，在资本主义生产关系之下，才成为了资本主义的抽象劳动（既是客观的又是精神的）。

可以与马克思对运动规律进行概念化的方式做一个类比。它们"对一切生产方式来说始终是一样的"[1]，因而"是根本不能取消的。在不同的历史条件下能够发生变化的，只是这些规律借以实现的形式"[2]。

---

[1] 《马克思恩格斯全集》第 2 版第 46 卷第 893 页。
[2] 《马克思恩格斯全集》第 1 版第 32 卷第 541 页。

它们的历史的和社会的特性并没有否定它们的超历史的存在，但正是这种特性，即它们作为一切生产方式所共有的非历史性要素的社会形式，使这些现象成为社会系统再生的基本要素，从而对它们的接替成为社会系统接替的必要条件，在此意义上，自然规律的这些特定社会形式获得了社会规律的效力，即获得了社会—经济系统的运动规律的效力。例如，任何社会所生产的财富都必须予以分配，以便社会再生产其自身。在资本主义条件下，财富以货币的形式，作为价值和剩余价值被生产出来。所以，财富的分配是在劳动和资本之间，作为工资和利润的劳动产品的分配。同样可以说，无差别人类能量的耗费"对一切生产方式来说始终是一样的"，"是根本不能取消的"，不过其历史的和社会的特性也需要考虑。

前面已说过在资本主义条件下价值就是抽象劳动。这是一种简便的说法。实际上，按照时间顺序来阐述这两个范畴之间的关系会更为清晰。

（1）如果生产过程已经开始但尚未结束，此时劳动者正在进行抽象劳动从而也正在创造被包含着的商品的价值。不过，那种抽象劳动还不是价值；说得更确切些，它是正在形成的价值，它是潜在的、被包含着的价值，因为商品自身尚未完成，它正在被创造因而只是潜在的。（2）如果生产过程已经完成从而商品已经完成（但还没售出），那么已进入商品中的抽象劳动就成为包含或体现于其中的价值，商品的个别价值的物质实体是无差别的人类能量，即抽象劳动。既然商品必须被售出以实现其价值，鉴于实现了的价值在量上与包含在该商品之中的价值有所不同，商品的个别价值也就是其潜在实现了的价值。（3）只有当商品被售出，商品所包含的价值，或者说个别的或潜在的价值才成为真正实现了的价值，它以个别价值作为实体。（4）既然商品被生产出来是为了出售以换取货币，真正实现了的价值其自身成为必然采用货币的价值形式的一种实体。货币是实现了的价值的存在形式，从而也是（在数量上修正过的）商品所包含的价值以及资本主义条件下抽象劳动的存在形式。

所以，价值的确有一个物质实体，即抽象劳动。以上证明与马克思的原文证明完全一致。但阿瑟却认为马克思是持相反观点的。他提到了来自马克思的下列引文："在商品体的价值对象性中连一个自然物质原子也没有。"这句引文被解读为似乎表明马克思是自相矛盾的，表明抽象劳动不是对社会过程的物质实体的概念化。但事实并非如此。马克思所说的是，在商品体的价值对象性中连使用价值的一个自然物质原子也没有。事实上，原文继续写道，在这个意义上，它"同商品体的可感觉的粗糙的对象性正好相反"。进而，"每一个商品不管你怎样颠来倒去，它作为价值物总是不可捉摸的"。最后，"作为交换价值，商品只能有量的差别，因而不包含任何一个使用价值的原子"。[①]

让我们进一步阅读马克思的原文："但是如果我们记得，商品只有作为同一的社会单位即人类劳动的表现才具有价值对象性，因而它们的价值对象性纯粹是社会的，那么不言而喻，价值对象性只能在商品同商品的社会关系中表现出来。"[②] 这一段被解读为马克思通过强调价值的纯粹社会特性，似乎否认了抽象劳动以及价值的物质性。但这并非马克思所言。考虑到他通过论及"体现"（embodiment）而反复重申的，对抽象劳动的物质性的强调，抽象劳动的纯粹社会性质不可能是指它不具有物质实在性，而是指向这一事实，即抽象劳动是资本主义条件下的抽

---

① 《马克思恩格斯全集》第 2 版第 44 卷第 61、50 页。
② 《马克思恩格斯全集》第 2 版第 44 卷第 61 页。

象劳动，是在资本主义生产以及交换关系中已被耗费的劳动，是鉴于其物质实在性的这种社会性质，必须得到实现而且只能通过交换来得到实现的劳动。正如以上所提到的，价值是物质实在性的特定的社会尺度。它既不仅仅是物质的，也不仅仅是社会的，而是两者皆是。

（三）其他两位价值形式理论家

尽管本文主要关注阿瑟的著作，但应当提到，价值形式理论从不同的角度对抽象劳动的物质性进行了否定。这里，我将关注两位重要的当代价值形式理论家，他们因其独特的论证和得出的诸多合理观点而值得特别关注，而且无论我们之间如何不同，有些观点为我们所共有。

默里（Murray）的立场在很多方面与我的立场相接近。我与他在一系列与抽象劳动的（非）物质性问题或多或少直接相关的问题上观念一致，诸如反对生产力的中立性观点，反对价值对马克思而言仅是一种自然实体的观点，以及反对他称作"鲁宾困境"（Rubin dilemma）的那种观点，即，"不可能使抽象劳动的生理学概念与它所创造的价值的社会属性统一起来"。我还赞同默里的以下观点："马克思的价值理论就是他关于财富和劳动在资本主义中的特殊社会形式的理论"；马克思的价值概念是纯粹社会性的（但对我而言，是在以上所论的特定意义上）；资本以"商品资本和生产资本的剩余价值"作为起点；商品是《资本论》的正确起点；"价值在生产中未充分地实现，毋宁说，它的充分实现有赖于商品的售出"（对我而言，是在这种意义上，即商品所包含的价值是必须通过交换来实现自身的一个数量，而且是作为修正过的数量）。

此外，默里还区分了：（a）劳动的一般概念，它涉及"人类的一切现实劳动行为的基本特征";(b)抽象劳动的一般概念,它是"人类能量的纯粹耗费";(c)"实践的抽象"劳动的概念,即历史上特定的一种抽象劳动,它是唯一能够在资本主义条件下生产价值的劳动。在广义上(b)范畴和(c)范畴分别对应于我所说的超历史的抽象劳动(既是客观的又是精神的)和资本主义的抽象劳动。不过,这里有一个根本区别。对默里而言,一般的抽象劳动是"毫不真实的"。

"将商品描述成仿佛它们'体现了'抽象劳动,这是对理性的某个特征的物化;它是一种分析性的抽象,就像从产品中挑拣出一些现实的、自然的或类自然的属性。"① 因此,默里所说的一般抽象劳动缺乏物质性,而且在交换之前并不包含在商品之中。那么,对他来说究竟什么是抽象劳动呢?如默里在一次私下交流所说,"我的抽象劳动概念的确缺乏物质性……价值是商品的一个客观属性……但这种客观性是'一种纯粹的社会现实性'而且是非物质的"。然而,"潜在的价值必定存在,否则在交换中就没有可被证实或实现的东西了"。这种潜在价值是必须通过交换被证实为抽象劳动的具体价值:"要拥有能够生产价值的劳动,社会对具体劳动的确认必然关涉到实际上将具体劳动视为抽象劳动的一种社会实践,即市场上的交换。"简言之,抽象劳动是特定资本主义条件下具体劳动的社会特性(为卖的生产)。这一观点与马克思,与他关于"生产过程本身具有二重性:一方面是制造产品的社会劳动过程,另一方面是资本的价值增殖过程"的观点毫无瓜葛。② 使用价值生产的社会性质并不在于它们是为了交换而生产,而在于它们:(1)是由生产资料的非拥有者所生产的,在发达资本主义条件下他们不是个体

---

① Patrick Murray, "Marx's 'Truly Social' Labour Theory of Value. Part I, Abstract Labouring Marxian Value Theory", *Historical Materialism*, 6 (2000), p.58.

② 《马克思恩格斯全集》第2版第44卷第385页。

劳动力而是集体劳动力，即结合使用价值生产所需的不同工作而生产出该使用价值的总体劳动力；（2）是为资本家而生产的，在发达资本主义条件下他是剩余价值的占有者，该价值是由多人组成的复杂官僚系统——其中每个人都在从事剥削的不同方面的工作，即马克思所称的指挥和监督的工作——压榨而来的。当然，那些使用价值必须被售出，但这只是实现了潜在于它们中的，对于购买者而言的用途而已："商品的使用价值，只有在商品进入消费领域以后，才能实现，才能发挥作用。它在生产者手中只是以潜在的形式存在。"① 简言之，在马克思看来，使用价值和价值在交换之前都已存在，但必须通过交换得到确认（实现）；在默里看来，以及在更普遍意义上对价值形式理论而言，使用价值要通过交换而被确认为价值。

但是在我看来，除了与马克思的某种相合之外，默里的立场是内在矛盾的。如果具体劳动是在生产中被创造的（这是我们一致同意的观点），如果抽象劳动在资本主义生产关系下是由具体劳动所创造的（对默里来说，这首先意味着使用价值是为交换而被生产的），那么抽象劳动在交换之前就既是物质的（因为抽象劳动的实体即使用价值是物质的），又是在商品中得到体现了的（体现为具体劳动），这与默里已陈述的立场相矛盾。默里可以接受这些结论，放弃他关于抽象劳动是非物质的和在交换之前并不存在的观点。但如此一来，用一个与马克思的价值理论完全一致的物质概念取代与之不一致的那个物质概念，又能使我们得到些什么呢？

接下来将简略讨论的第二位重要的价值形式理论家是迈克尔·亨利希（Michael Heinrich）。这位作者独立建构起他的论证，没有任何地方

---

① 《马克思恩格斯全集》第 2 版第 46 卷第 311 页。

提到黑格尔的辩证法。他之所以得到推荐，是因为他对均势方法的排斥，是因为他坚持认为生产和实现形成了一个联合体，即一个整体。亨利希对马克思也持批判态度。他的出发点是认为价值、价值形式和货币的概念含混不清。更具体地说，据称在《资本论》中可以找到两种不同的价值推导方法的因素。实体论者的价值理论关注"单个商品"的价值和包含在其中的劳动。这种价值只是在它作为社会必要劳动时才是由社会决定的。"价值似乎与其他商品无关，它作为内在于单个商品的一种独立实体而存在"。"与实体论者的这种价值观点相结合"，发展出对抽象劳动的一种自然主义者的观点，即在生理学意义上的一种抽象劳动概念。亨利希认为这种实体论者/自然主义者的方法并未与古典政治经济学决裂。这样一种决裂需要非实体论者的价值理论和对抽象劳动的反自然主义者的规定。从这一角度来看，"价值不仅依赖于某种社会实体，而且依赖于不能在单个事物中存在，不是只由生产所决定的某种实体"。所以"只有当我们拥有独立的和一般的价值形式即货币时，价值才能存在"。

的确，商品不是在孤立环境中生产的。但正因如此，资本主义的抽象劳动和价值才在交换之前就已存在于单个商品之中。单个商品是总体的一个部分。如果总体具有某种特征，其部分也会具有这种特征，只要两者都是同一资本主义生产关系下同一无差别的人类劳动的产物。货币是资本主义抽象劳动和价值的必然存在形式。

不仅对亨利希，而且对这场价值辩论的所有参加者来说，他们所缺乏的是马克思对社会现实的辩证看法：将社会现实看作矛盾现象在时间中的流动，从决定因素变成被决定因素，或与之相反，并不断脱离潜在状态，得到实现然后又回到潜在状态。他们所缺乏的是，将社会现象看作既是实现了的又是潜在的，既是决定的又是被决定的，以及需要不断的运动和变化。因缺乏这些特性而引起的混乱在以下说法得到例证，即价值在单个事物中不能存在，不是只由生产所决定。生产和分配（循环）确实形成一个整体，不过相对分配而言，生产是决定性的，这只是因为生产什么决定了分配什么，因为生产的社会、阶级内容决定了分配的社会、阶级内容。在此意义上，生产和分配形成一个统一体，一个有着决定关系的矛盾统一体。所以个别价值的确存在于单个商品中，但仅以一种潜在状态存在，在实现之前，从而在所含价值通过出售以及在出售时得到再分配之前，它是作为一种潜在实现了的价值。价值形式理论中价值的幽灵般的实现只不过是它通过交换所进行的再分配。各个商品在数量上实现了的价值是由处于矛盾关系中的生产和分配所共同规定的。至于货币，亨利希认为"在传统马克思主义的观点中，主要的事情是表明商品的价值取决于包含着的劳动的数量。货币仅仅被当作流通的手段"。这种"传统马克思主义的观点"是一个虚设的靶子。没有哪位严肃的作者会仅仅以包含着的价值这样的用语来确定商品的价值。这肯定不是建立在生产与分配的辩证关系基础上的马克思的理论。另一方面，马克思的价值理论不是一种"关于价值的货币理论"，如果这是对抽象劳动的生理学和物质本质的否认，是对基本原则（也是一个常识性的原则），即只有潜在存在的东西才能变为实现了的东西的否认。

我同意亨利希所说，马克思的工作是未完成的，这是长期的自我省察过程的结果，而且能够以不同的方式得到解释。不过，这并不必然意味着它是内在矛盾的或含混不清的，尤其在至关重要的问题上，就像这里讨论过的那些问题。而且，在任何情况下，关键在于是否能提出一种解释，将一些表面上矛盾的说法整合成一个逻辑连贯的整体。实际上这里所论的抽象劳动的概念就是这样一个例子。当前所用的方法具有双重特殊性。首先，它强调无论是超历史的还是资本主义条件下的抽象劳动的现实物质性,并将抽象劳动置于更广阔的客观劳动和精神劳动理论的语境之中。在这样做的时候,它也就驱除了认为抽象劳动的物质性使人丧失了意识和知识的反对意见。其次,它强调作为一种现实运动的理论化,跨时代的抽象劳动、资本主义抽象劳动和价值(个别价值、实现了的价值和后者的货币形式)的辩证结合。从这个角度来看,以复数形式指称马克思的劳动和价值理论要更为恰当。

(四) 阿瑟自己的概念

现在我们转向阿瑟自己关于抽象劳动的概念。如上所述,对阿瑟而言,抽象劳动(在马克思所说意义上)不生产价值。但是,资本也不生产价值。而且资本的剥削不可能是抽象的:"我从未认为它是抽象的。"① 在阿瑟看来,即使资本不创造价值,它也会设想生产中存在价值。更明确地说,具体劳动"在社会意义上被设想成是抽象的,因为它参与了资本主义价值增殖过程"②,即因为它受到了资本的剥削。为什么是这样呢?"劳动在资本的关系中被适当地概念化为'抽象的',其理由是工业资本将一切劳动视为等同的,因为不管它们的具体特性如何,工业资本对剥削它们有着同样的兴趣。"③ 所以,资本不顾具体劳动的特性使它们隶属于剥削,凭借这种手段,资本将它们作为平等的劳

---

① Christopher Arthur, "Value and Negativity, A Reply to Carchedi", *Capital and Class*, 82 (2004), p. 18.

② Christopher Arthur, "Value and Negativity, A Reply to Carchedi", *Capital and Class*, 82 (2004), p. 45.

③ Christopher Arthur, "Value and Negativity, A Reply to Carchedi", *Capital and Class*, 82 (2004), p. 42.

动来对待，从而将它们设想为"抽象的"。至少从两个方面考虑这一观点是有缺陷的。

首先，假定资本在剥削过程中平等地对待不同的使用价值，从而抹去它们的特性，这是可能的。在这种情况下，鉴于具体劳动如此依赖于那些特性，所余下的不会是作为纯粹形式的、毫无内容的抽象劳动。作为纯粹形式的抽象劳动，没有剥削对象的剥削，这是凭空的想象，实际上是缺乏根据的一种隐喻。

其次，不管资本对剥削不同的使用价值如何有着同样的兴趣，它不可能在剥削过程中平等地对待不同的使用价值。的确，资本对剥削一切不同的具体劳动有着同样的兴趣，无论其特性如何。但这并不意味着它平等地剥削着它们。不存在一般意义上的、以平等的方式进行马克思在《资本论》第三卷中所称的指挥和监督的工作，不存在这种方式，它控制并将劳动力置于监视之下，对监视对象却漠不关心。从定义来看，具体劳动是各不相同的。如果它们是不同的，那么它们中的每一种就是以其自身特有的、不同的方式遭到剥削。有多少种具体劳动，就有多少种指挥和监督的工作。看门人和工程师都遭到剥削。但前者被剥削的方式不同于后者被剥削的方式。阿瑟可以坚持认为，如果一切具体劳动都为资本所剥削，它们就获得了一个共同的特征，这种特征"抽象地否定商品间使用价值的一切差异，从而宣称它们作为价值都是同一的"[1]。但资本的实践表明，反过来说才是正确的：不管资本对剥削是否有着同样的兴趣，指挥和监督的工作只能是具体的和有差异的，资本在剥削过程中不可能平等地对待不同的使用价值，因此，资本的剥削不能"宣告"

---

[1] Christopher Arthur, "Value and Negativity, A Reply to Carchedi", *Capital and Class*, 82 (2004), p. 41.

使用价值是同等的,使用价值就是抽象劳动。资本的真正实践,资本主义剥削的现实,只能一再证实其剥削对象之间的差异。同样,因为这个缘故,阿瑟的方法无法从理论上说明生产中的抽象劳动。"卡歇迪关于监督劳动只能是具体的劳动的证明",在我看来远不是"不相关",而恰恰是高度相关的。

但"抽象劳动是在商品交换中,也是在资本主义关系中形成的"①。用阿瑟的话来说,"交换的抽象自身设想了价值"②,说得更明确些,"仅仅是被交换的事实使商品一般地统一起来"③。这里也可以提出两点反对意见。

首先,一方面具体劳动"在社会意义上被设想成是抽象的,因为它参与了资本主义价值增殖过程"④。另一方面,"具体劳动是商品交换的本质,它从……抽象出使用价值的纯粹物质性"⑤。如果这两种观点是不相关的,那么阿瑟的论证就是有问题的。如果它们是相关的,那么它们又如何被关联起来呢?阿瑟没有提出这个问题,更谈不上回答它了。这个问题由于货币的引入而被扩大。阿瑟认为货币"不仅解决量的问题,为价值提供一个共同的量度,还解决质的问题,通过将商品作为价

---

① Christopher Arthur, "Value and Negativity, A Reply to Carchedi", *Capital and Class*, 82 (2004), p. 41.

② Christopher Arthur, "Value and Negativity, a Reply to Carchedi", *Capital and Class*, 82 (2004), p. 14.

③ Christopher Arthur, "Value and Negativity, A Reply to Carchedi", *Capital and Class*, 82 (2004), p. 95.

④ Christopher Arthur, "Value and Negativity, A Reply to Carchedi", *Capital and Class*, 82 (2004), p. 158.

⑤ Christopher Arthur, "Value and Negativity, A Reply to Carchedi", *Capital and Class*, 82 (2004), p. 45.

值彼此联系起来而确立商品的可公度性（commensurability）"①。那么使用价值哪方面的量的可公度性是由货币来体现的呢？是它们都"平等地"隶属于剥削还是它们都为了交换而被生产？其次，这一立场排除了价格理论。如阿瑟所释："没有'内在价值'之类的东西，只有不同数量的使用价值之间的共时联系。"② 但那样一来，任何交换比率都是可行的，包括用一艘横渡大西洋的轮船去交换一只铅笔。交换比率纯粹是"由外在条件形成的"，其基准或价格的相对稳定性无法得到解释。这不是交换比率的理论，而是对没有能力提供这样一种理论的公开承认。即使是以需求和供给的相互作用为基础的一种价格理论，无论它有多少矛盾，也要胜过对交换比率的这种"确定"。

三、具体劳动

阿瑟与马克思之间的差异并不涉及具体劳动的概念。确切地说，观点的分歧在于如何评价具体劳动在生产过程尤其是在复杂的和分裂的生产过程中的作用。对马克思而言："直接生产过程总是不可分的劳动过程和价值增殖过程，正象产品是使用价值和交换价值的统一即商品一样。"③ 这里，劳动过程是劳动者通过具体劳动，通过具体活动形式将使用价值转化为新的使用价值的过程；（剩余）价值的生产过程（价值增殖过程）是资本家借以强制劳动者用超出他们再生产其劳动力所需的

---

① Christopher Arthur, "Value and Negativity, A Reply to Carchedi", *Capital and Class*, 82 (2004), p. 153.

② Christopher Arthur, "Value and Negativity, A Reply to Carchedi", *Capital and Class*, 82 (2004), p. 99.

③ 《马克思恩格斯全集》第1版第49卷第7页。

时间进行劳动的过程。随着资本主义生产过程日趋复杂和由于劳动的技术分工而被分割，个体劳动者发展成集体劳动者，"需要指挥，以协调个人的活动……一个单独的提琴手是自己指挥自己，一个乐队就需要一个乐队指挥"①。马克思补充道："因此，如果说资本主义的管理就其内容来说是二重的，——因为它所管理的生产过程本身具有二重性：一方面是制造产品的社会劳动过程，另一方面是资本的价值增殖过程，——那么，资本主义的管理就其形式来说是专制的。"② 换言之，一方面，劳动过程必须是协作的。劳动过程的协作和结合作用是劳动的部分职能，尽管它是以专制的形式得到履行的。另一方面，资本的职能，指挥和监督的工作，不再（仅仅）由资本家来履行，而是由一个上至最高管理者下至第一线的监工的官僚组织来履行，它代表并为了作为剩余价值占有者的资本家的利益而履行该项职能。"正如军队需要军官和军士一样，在同一资本指挥下共同工作的大量工人也需要工业上的军官（经理）和军士（监工），在劳动过程中以资本的名义进行指挥。监督工作固定为他们的专职。"③ 简单地说，作为劳动过程协作者的同一个人既可以是工人（只要她的工作是使用价值生产的组成部分，即使她是以专制的方式协调那些使用价值的生产也不要紧），也可以是资本的代理人，如果她进行了指挥和监督的工作（而未必是一个资本家）。"资本作为资本所固有的特殊职能……是在实际生产过程中对表现为和物化为剩余价值的无酬劳动的占有。"④

马克思和阿瑟的区别在这里出现了。虽然使用价值的概念对马克思

---

① 《马克思恩格斯全集》第 2 版第 44 卷第 384 页。
② 《马克思恩格斯全集》第 2 版第 44 卷第 385 页。
③ 《马克思恩格斯全集》第 2 版第 44 卷第 385 页。
④ 《马克思恩格斯全集》第 1 版第 49 卷第 36 页。

和阿瑟而言都是一样的，对谁创造了使用价值这个问题的回答却截然不同。对马克思而言，劳动过程的协作工作是劳动过程自身的组成部分，即是劳动的部分职能，是使用价值部分地集中转换。因此，在马克思看来，既不是资本家（作为剩余价值的占有者），也不是资本的代理人（剩余价值的分有者）履行着劳动的职能。资本没有生产商品；劳动生产商品。另一方面，对阿瑟而言："既然所有［劳动者］只是零散地对生产过程有所贡献，那么商品总体就不是作为他们的生产力而形成，而是作为雇佣他们的资本的生产力而形成。这不仅意味着每一单个个体并不生产哪怕一件商品，而且意味着，既然总体劳动者也是在资本的指挥下确立起来的，那么也很难说总体劳动者生产了商品。资本生产商品的说法比劳动生产商品的说法看来更为合理。"① 或者说，商品"被视作资本的产物"②。不过，问题不在于阿瑟是否与马克思相一致。问题在于阿瑟的替代方案是否能够免于矛盾。

如上所见，既然资本并不生产商品的价值，资本生产商品的说法只能被理解为资本生产商品的使用价值，即商品的可凭经验观察的形式。阿瑟之所以能持有这一立场，是因为他在劳动过程的协作和结合这个关键问题上背离了马克思关于生产过程的分析。更具体地说，阿瑟：（a）忽略了资本的职能与劳动的职能之间的根本区别；（b）没有看到资本家（和资本的其他代理人）能履行这种双重职能，即作为劳动过程的协作者他们是劳动的组成部分，作为同一过程的监督者和指挥者他们是资本的组成部分（即使同一个人可以集这两种职能于一身）；

---

① Christopher Arthur, "Value and Negativity, A Reply to Carchedi", *Capital and Class*, 82 (2004), p. 18.

② Christopher Arthur, "Value and Negativity, A Reply to Carchedi", *Capital and Class*, 82 (2004), p. 33.

(c) 因此将劳动的协作和结合职能的专制形式误认为是资本方面的职能。那么从这一局面能得出什么结论呢?

首先,如果个体劳动者参与了劳动过程,即使是以零散的方式,就有理由得出结论,商品是资本(因为它使劳动协作和结合,对阿瑟来说这是资本的职能)和劳动共同努力的产物。但这会与"资本生产商品的说法比劳动生产商品的说法看来更为合理"的论断相矛盾。其次,阿瑟一方面认为劳动不生产商品,另一方面他又认为"工人所生产的比他们所消费的要多,所以存在剩余产品"。① 这里前后不相一致。第三,如果劳动者没有生产商品,那么他们劳动了却不生产。资本家的确通过协调劳动过程而生产了商品。不过,"作为资本家他们并不劳动"②。他们生产了却不劳动。因而,商品被(资本)生产出来,但它们是无人劳动的结果。

四、剥削

最后我们来考虑阿瑟关于剥削的概念。他区分了生产剥削和分配剥削。

(一)生产剥削

在阿瑟看来,劳动者在生产中被剥削是在以下意义上,即他们的生

---

① Christopher Arthur, *The New Dialectic and Marx's 'Capital'*, Leiden: Brill, HM Book Series, 2004, p. 202.

② Christopher Arthur, "Value and Negativity, A Reply to Carchedi", *Capital and Class*, 82 (2004), p. 18.

产力为资本家所征用因而被强制劳动。对生产力的征用与对劳动的榨取之间的关系不甚明晰。我认为这种关系可表述如下。首先,既然对阿瑟而言,"总体不是作为他们的生产力而是作为雇佣他们的资本的生产力而形成"①,那么劳动者的生产力看来就具有生产商品总体的能力而不是生产单个商品的能力。所以,在以下意义上,劳动被劳动生产力所征用,即劳动过程的协作和结合工作已成为资本的部分职能(而不是劳动的部分职能,如马克思所理解的)从而由资本来履行该职能。通过协作和结合的工作,(剩余)劳动可以从劳动者那里被榨取。这种方法的逻辑不一致性已经为前面所证明。

除此之外,阿瑟关于生产剥削的概念有着质和量两个维度。从质上讲,"在抽象劳动和异化劳动之间有密切关联"。② 从量上讲,既然劳动者整个工作日都在为资本劳动,那么剥削就"涵盖了整个工作日,而不仅涵盖所谓的'剩余劳动时间'"③。这意味着必要劳动和剩余劳动之间的差别被抹去了,不可能事先在它们之间做出区分。不过,无论哪部分归属资本哪部分归属劳动,价值量是可以被量度的:"价值的大小由社会必要剥削时间来确定"④,即由社会必要的指挥和监督工作来确定。针对社会必要剥削时间(简称SNET)的概念,可以提出三条反对意见。

---

① Christopher Arthur, *The New Dialectic and Marx's 'Capital'*, Leiden:Brill, HM Book Series, 2004, p. 47.

② Christopher Arthur, *The New Dialectic and Marx's 'Capital'*, Leiden:Brill, HM Book Series, 2004, p. 56.

③ Christopher Arthur, *The New Dialectic and Marx's 'Capital'*, Leiden:Brill, HM Book Series, 2004, p. 55.

④ Christopher Arthur, *The New Dialectic and Marx's 'Capital'*, Leiden:Brill, HM Book Series, 2004, p. 55.

首先，事先将必要劳动和剩余劳动之间的差别概念化对阿瑟而言是不大可能的。但资本家在造成那种差别方面似乎没有任何问题，正如他们不断减少必要劳动和增加剩余劳动的努力所表明的。认为剥削在整个工作日期间都在发生的观点与经验现实完全不符。其次，我们已经表明，如果具体劳动不同，那么所需的管理工作必然不同。所以从量上比较不同的指挥和监督工作是不可能的，继而也不可能找到一个社会必要剥削时间。最后，即使社会必要剥削时间是衡量所创造价值的可行概念，但是将社会必要剥削时间作为价值衡量标准的观点与价值可由社会必要劳动时间（简称 SNLT）来衡量的相反观点直接冲突："资本因其形式而具有内在的时间导向性，仅仅出于这个缘故，社会必要劳动时间成为这类劳动数量的衡量标准。"[1] 究竟哪一个决定价值的大小呢，是社会必要劳动时间还是社会必要剥削时间？

（二）分配剥削

第二个剥削概念是分配剥削。这"来自于新创造的财富与对生产中被剥削者的补偿之间的出入"[2]。对阿瑟而言，那些在生产中被剥削的是劳动者。但劳动者既不创造商品的使用价值，也不创造商品的价值。但是，如果劳动者既不创造价值又不创造使用价值，就没有财富能够补偿给他们。如果商品作为使用价值被劳动所接受，那么是劳动接受了资本所创造的部分使用价值，也就是说，在分配中是劳动在剥削。如果商

---

[1] Christopher Arthur, *The New Dialectic and Marx's 'Capital'*, Leiden: Brill, HM Book Series, 2004, p. 205.

[2] Christopher Arthur, "Value and Negativity, A Reply to Carchedi", *Capital and Class*, 82 (2004), p. 33.

品作为价值被劳动所接受,那么又是劳动在剥削资本,因为是资本通过指挥和监督工作将已经进入到商品中的具体劳动设想为抽象劳动。简言之,就阿瑟的价值和使用价值的生产理论而言,分配剥削导致资本被劳动所剥削的观点。

五、对价值在交换前的物质性存在的完善证明

前面已论证,要证明交换之前抽象劳动(以及资本主义条件下价值)的存在,只需思忖人类的代谢过程就已足够。这是必要的但并不充分。它适用于生产期间所进行的抽象劳动,以及生产期间创造出来的新价值。但商品的价值亦由其成本物的价值所构成。所以我们必须考虑在商品交换之前,该商品成本物所包含的价值如何存在以及为何而存在。我们来看看生产和实现的两个阶段。t0—t1 阶段生产商品 A。t1—t2 阶段以商品 A 作为成本物生产商品 B。t1 点既是 t0—t1 阶段的终点,又是 t1—t2 阶段的起点(接下来的点同样继续作为生产和实现两阶段之间的间隔点)。在 t1 点,商品 A 以某价格被 A 的生产者售出,并显然以同样的价格被 B 的生产者买入。这是确凿无疑的事实。这个价格代表着特定的价值量。当 A 离开 t0—t1 阶段时,A 的价格是它作为 t0—t1 阶段的产物而实现了的价值。但同时,它也是在 t1—t2 阶段生产 B 所花费的成本。在 t2 点,B 被售出,这时 B 的生产者既可以挣回她在 A 中的投资,也可以或多或少超出 A 的价值(少的情况如,如果在 t1—t2 阶段 A 的技术贬值改变了在 t2 点 A 的平均价值)。当商品作为产物被售出时,其作为成本物的投资价值只是潜在可实现的。这也是一个确凿无疑的事实。这意味着 A 作为 t0—t1 阶段的产物在 t1 点已经实现了的价值,同样在 t1 点也是 A 作为 B 的成本物的潜在价值,这种潜在价值在 t2 点得

到实现，这时 B 可能以经过修正的量被售卖出去。由此得出，B 的部分价值（A 的价值）在 B 的实现之前已经包含在 B 中，因为 A 作为 t1—t2 阶段的成本物的潜在价值是它作为前面阶段的产物已经实现了的价值。潜在价值并不是无中生有；它来自前面的生产和实现阶段。至于它的成本物，在这一阶段的产物中所包含的价值在其实现之前就已存在，因为它的成本物的价值在前面阶段已经得到实现。因此，商品在交换之前已经包含了价值（从而凝结成无差别的人类能量的物质耗费）。不过，随着价值的实现，商品还必须在经过修正的量上具有在交换之后才含有的价值。

无论价值形式理论家们是否意识到，对抽象劳动的客观存在的否认，或者更确切些，对商品交换前后体现在商品中的抽象劳动的客观存在予以否认，这既与人类代谢过程的现实相冲突，又与时间的现实，即生产阶段与实现阶段在时间上的相继相冲突。具有讽刺意味的是，价值形式理论与新李嘉图主义分有这后一种特征，而且恰如新李嘉图主义，注定在一个没有时间的世界中存在。如果价值形式理论的最初目的是通过否认价值交换前它的存在来避免转换"问题"，那么这一策略已经失败了。价值形式理论要想令人信服，必须证明人类的代谢过程和时间都不存在，或者能够有正当理由假定它们是不存在的。

六、结论

作为结论，阿瑟的立场可归纳如下：作为使用价值的商品，在其经验具体性上，既不是个体劳动者的劳动成果也不是集体劳动者的劳动成果。相反，通过协作和组织劳动过程（这被视为资本的一种职能），资本家才是作为使用价值的商品的创造者和生产者。至于价值和剩余价值，劳动也不生产它们。相反，尽管没有生产它们，资本将劳动者的具体劳动"设想"成抽象的，设想成价值，因为无论具体劳动的特性如何，资本平等地剥削着具体劳动。最后，生产剥削与异化类似，而且可以通过对社会必要剥削时间的量度而得到度量。分配剥削是对被剥削者在财富上的回报。上面的论证已经强调了这种方法的许多内在矛盾。我们也表明阿瑟与其他价值形式理论家共同持有这样的假定，人类的代谢过程和时间都不存在。

但除此不论，对马克思而言，劳动者才是主角，因为在强制之下，他们的劳动既生产出商品的使用价值，又生产出包含在商品中的（剩余）价值。另一方面，在阿瑟的方法中，劳动者已经成为"由资本发起并受资本指挥的生产过程的奴仆"[1]，以至于劳动"沦落为资本积累的一种资源"[2]。资本是价值增殖活动的主体，即使价值增殖活动要依靠被剥削的劳动。简言之，劳动是资本的奴仆，它只能接受资本这个主人给它的，由资本生产出来的产品。我不得不重申我在2003年对阿瑟的批评所得出的结论。无论它的意图如何值得赞许，新辩证法比资本自身的理论家们为资本提供了更好的服务。它丧失了马克思留给我们的最宝贵的遗产，即从劳动作为主角，作为财富和价值的生产者这一视角观照现实的能力，这一视角与新辩证法和相应的价值形式理论的视角相反，它以逻辑一致，迄今未被超越的关于资本主义的经济理论为基础。

（熊敏 译）

---

[1] Christopher Arthur, *The New Dialectic and Marx's 'Capital'*, Leiden：Brill, HM Book Series, 2004, p. 47.

[2] Christopher Arthur, *The New Dialectic and Marx's 'Capital'*, Leiden：Brill, HM Book Series, 2004, p. 51.

关于地租理论

马克思发展地租理论概要(摘译)*

〔苏〕米·泰尔诺夫斯基

马克思创立自己的地租理论的过程,同时也就是解决资产阶级古典政治经济学由于其阶级局限和历史局限而未能解决的那些问题的过程。要评价马克思对地租理论的贡献,必须先分析在他以前的一些人关于这个问题的观点。只有这样,才能说明马克思本人在地租理论中贡献的全新的东西。当我们考察资产阶级地租理论向前演化的过程时,我们可以依据马克思在《资本论》中就这个问题所作的许多评注,在这些评注中以各种方式指出了这一或那一资产阶级学者在发展地租理论方面的作用和地位。马克思曾打算在他的主要著作的历史批判部分研究地租理论史①,我们现在来尝试把马克思打算写的地租理论史的概要再现出来。

地租理论史是多方面和多层次的,甚至可以写成一部独立的著作。在这里,我们只想集中注意经济史著作中阐述得不够的两个问题。第一个问题是,资产阶级理论在怎样的程度上符合资本主义生产方式的发展水平。第二个问题是,资产阶级古典政治经济学的代表人物在经济理论中使用的研究方法实现到怎样的程度。

---

* 本文选自《马列主义研究资料》1986年第1—2辑合刊。作者米·泰尔诺夫斯基系苏联马列主义研究院马恩室科研人员。——译者注

① 参看《马克思恩格斯全集》第25卷第881页。

第一个问题可以用重农学派的地租理论的例子来很好地加以说明。在经济思想史的教科书中，对魁奈及其后继者的观点的分析，通常只限于指出他们把地租定义为自然的恩赐。然而，如果只是这样说，那他们的理论立场就同资产阶级社会的经济发展阶段脱离了，同他们的理论立场在客观上由以产生出来的那个发展阶段脱离了。因此，必须具体地和历史地考察重农学派的这种"迷误"。他们的这种看法不是理论理解上随便想出来的东西，相反，这些看法是由他们那个时期社会生产力发展的水平决定的。农重学派时代的资本主义经济的特点是什么呢？魁奈关于地租只产生于自然的思想是怎样来的呢？关于这个问题的答案，我们可以在马克思的著作中找到。在当时的制造业中，手工劳动占统治地位，因此，生产出来的价值有一大部分以工资形式掌握在工人手中，一小部分以利润形式落到企业主手中。和这种制造业相比，农业中使用的是"自然机器"，即土地的生产力。使用土地而提高的劳动生产率以及由此而增加的剩余产品，在学者们看来就表现为"自然的恩赐"。这种由资产阶级社会生产力发展的一定历史阶段所造成的局限性，同样也反映在李嘉图身上。在他那个时代，农业中刚刚开始实行集约化的经营形式。因此，在他分析地租的时候没有谈到级差地租Ⅱ。

现在谈第二个问题。在李嘉图地租理论中级差地租Ⅱ的地位问题，同时也是表明这个经济学者研究方法的一个例子。在他身上，我们看到古典政治经济学的最彻底的代表。

在马克思的1861—1863年经济学手稿中，对资产阶级政治经济学分析方法的历史规律性和局限性，都作了经典的叙述和评价。① 我们可

---

① 参看《马克思恩格斯全集》第26卷第3册第556—557页。

以用斯密、李嘉图地租理论的例子，以及琼斯和洛贝尔图斯对这种理论的进一步发展，把马克思的这种思想更具体地加以说明。

除了重农学派关于地租的见解之外，我们至少可以在斯密那里就我们所谈的这个问题得出三种地租定义，这三种定义在他的经济理论体系中是并存的。第一，地租被归结为工人剩余劳动的一部分。第二，地租被理解为市场价格超过自然价格（生产价格）的余额。第三，斯密把地租定义为垄断价格的结果。李嘉图是最彻底的研究者，在他那里，资产阶级政治经济学的理论和方法达到了最高点，他在一定程度上把斯密的这三种地租理论统一起来。他的论述达到了怎样的程度呢？在李嘉图那里，地租理论是同价值直接相符合的。他认为，地租是人们从好地上获得的超额利润，是由于同类产品形成统一的市场价值的结果。对李嘉图来说，最坏的生产条件总是决定生产出来的产品的价值，而且生产价格和价值对起调节作用的商品市场价值来说是一致的。由于存在着土地所有权，超额利润本身落入拥有较好土地的所有者手中。他研究地租的目的，是按照劳动价值论的原则来理解多种多样的地租关系。他没有进行长期的考察，就在这方面指出，不论是不同的土地位置和肥沃程度（级差地租Ⅰ），还是向同一块土地连续投资产生不同程度的效果（级差地租Ⅱ），都可以放到这个公分母中来衡量。可见，李嘉图很好地实现了培根早就提出的分析方法的原则，因为所有的多种多样的具体表现都被还原为统一的"简单原因"——价值概念。

李嘉图分析考察经济现象的方式，是政治经济学所经历的历史必然的发展阶段。当然，它还没有成熟到把整个资产阶级社会的多种多样的经济关系在它们的相互关系中彻底加以阐明的程度。就我们这个问题来说，这种情况表现在，李嘉图对地租问题的抽象理论解决同它们的现实的多种关系是脱离的，同资本主义农业中这种收入形式的多样性是脱离的。

在资本主义地租理论中，首先涉及的问题是绝对地租问题和土地所有权在资本主义社会中的作用问题。对一系列经济学家来说，甚至对李嘉图在世时的一些经济学家来说，如何在理论上论证绝对地租的可能性是最重要的问题。由于他们都陷在李嘉图理论前提的范围内（首先是把价值和生产价格等同起来），所以到头来都走进了死胡同。事实上，他们都从垄断价格得出绝对地租，也就是说，都从农产品高于其价值出售来得出绝对地租。理查·琼斯把资本主义地租规定为具体历史的经济范畴，从而作出了自己的贡献，但他本身也没有超出上述的局限。在这种背景下，洛贝尔图斯的贡献在于，他试图在价值规律的基础上解决绝对地租问题。然而他也受了李嘉图的方法的局限。他的答案以分析方法为依据。他认为存在地租的这种形式的原因，是由于农业中的原料没有价值。马克思在《剩余价值理论》中令人信服地指出洛贝尔图斯对这个问题的上述答案为什么是不科学的。有趣的是，洛贝尔图斯第一个试图从租一般（在洛贝尔图斯那里，这就是指剩余价值）中得出派生的利润和地租的范畴。由于他不懂辩证法，他只能按照他唯一可能的方式行事：他总是注意剩余价值的比较发达的表现形式。事实上，这是一个信号，表明分析方法按其可能性可以作为认识资本主义生产方式的方法来使用。

当我们指出资产阶级经济科学的历史局限性的时候，我们不应当忘记，这种经济科学已经把地租形成时的经济关系作为范畴确定下来。这样，它就成为发展地租理论的前阶。没有它，也就不可能进一步达到一个新质的阶段——马克思提出自己的地租理论的阶段。

《马克思恩格斯全集》国际版发表的许多新资料,使得我们有可能一步一步地跟踪探索马克思对地租理论的发展,并把关于这个问题的广泛流行的一系列看法加以精确说明和校正。马克思制定地租理论的多年过程的整个时期,可以分成下列几个阶段:

1. 十九世纪四十年代上半期在《经济学哲学手稿》中的论述。
2. 四十年代下半期在《哲学的贫困》中的论述。
3. 五十年代的伦敦笔记以及马克思在这个时期的信件。
4. 《政治经济学批判大纲》。
5. 1861—1863年经济学手稿。
6. 1865—1867年经济学手稿。

在我们看来,区分马克思地租理论发展阶段的主要标准,应当是按照严格意义上的**经济**内容。在上述这些阶段上,马克思的经济观点的成熟程度应如何概括地加以评价呢?

在写作《经济学哲学手稿》的时期,马克思依据的是他当时的方法论和他的经济学理论的发展水平,当时他把地租和资本利息同等看待。在这个时期,他还没有看到资本主义社会中地租的特殊规定。由于把地租简化为工人的劳动的一种扣除,这就使马克思能够在这时期得出,土地所有权最终会转化为资本。评价这个时期的地租观点时要看到一个重要的因素,就是在马克思那里,资产阶级社会的地租从一开始就表现为土地所有权的经济实现。因此,他这时已经承认,土地所有权的经济存在本身是由于资本的运动。

马克思的地租理论发展史中的一个重要阶段,是他认识到,劳动价值理论是对资本主义生产方式进行科学认识的基础,并且转到李嘉图地租理论的立场。在《哲学的贫困》中,马克思还站在李嘉图的立场上,但他已不是简单地机械地重复李嘉图的结论，而是独立地研究一系列地租问题。在这里应当说，马克思在许多方面发展了后来一些经济学家的思想，其中也包括西斯蒙第在内。同时，对蒲鲁东的伪辩证法的批判，促使马克思更深入地研究经济现实，看这些现实在怎样的程度上同李嘉图的理论结论相一致。

在1850—1853年期间，马克思在克服古典政治经济学式克服他们的地租理论的道路上，迈进了重要的一步。在这些年代，他加强了对经济学著作的研究并加以批判地思考。资产阶级经济理论可以说被分成了各个要素。它的最重要的一些组成部分被拿来同它们的基础即价值概念加以"对比"。在这个时期，马克思经验地批判李嘉图的见解，提出了在食品价格下降的情况下地租上升的假设，并用事实加以论证。这是制定马克思地租理论的必要阶段，因为用马克思的话说，每一批判和对于对象的每一理解，都是建立在他的分析研究的基础上的。尽管如此，马克思的理论观点在这个阶段上仍然停留在李嘉图地租理论的范围内。

在作了这样的准备工作之后，马克思在1857—1858年的《大纲》中过渡到从理论上批判李嘉图的地租学说。这种批判建立在他自己发展的价值理论和剩余价值理论上，建立在对他的研究对象（即资本主义生产方式）的内在辩证法的阐明上。马克思指出，李嘉图的地租理论的错误，把土地肥力递减看成一种"规律"，也像李嘉图的其他错误一样，是同下面这件事相联系的：他没有理解资产阶级社会所有经济现象的相互关系。当然，在这个时期，马克思本人对地租问题的考察还受到他本人对资本主义经济相互关系的理解的限制。因为分析资本一般，还不能阐明作为形成地租，特别是形成绝对地租的基础的那些生产关系的特点。这个问题只有用具体的考察方式才能解决，只有通过分析资本的现实运动才能解决。

在马克思写1861—1863年经济学手稿的时候,他在创立自己的地租理论的道路上迈出了决定性的一步。这一步是与进一步发展了价值理论,并在价值理论的基础上解决了生产价格的问题有关的。在这个阶段上,马克思第一次科学地说明了土地所有权的意义。关键在于,农产品不是按照生产价格出售,而是按照价值出售的。马克思在这个手稿中说明,那些在李嘉图之后按照李嘉图的方式来说明绝对地租现象的资产阶级经济学家,在论述这个问题时为什么是片面的。同时,马克思具体地确定了地租理论在反映整个资本主义关系的经济体系中所占的地位,并且指出庸俗的地租理论为什么是站不住脚的。

在前面这些阶段上对地租问题的一般理论解决,使马克思能够在1863—1867年的经济学手稿中更具体地研究地租问题。在这个时期的手稿中,他不仅辩证地分析了资本主义经济关系的总体,而且考察了地租本身,把它作为自行发展的范畴来考察,从它的实体(超额利润)直到它的表面上的表现形式(租金利息和土地价格)。在这些手稿中,分析地租的具体水平表现在阐明了各种不同肥力的土地的数量划分如何变相地影响到地租的高低和地租率。在这种分析中,马克思说明了土地所有权不断增长的作用及其对农业中生产价格形成的影响。土地所有权在说明绝对地租时具有更大的意义。在这里,它自己创造地租。

可见,对马克思地租理论的考察有力地说明,在马克思那里,解决同剩余价值的这种形式的存在相联系的那个问题的最重要特性,来源于他研究资产阶级生产关系的整个体系的辩证方法。这表现在,马克思有能力克服资产阶级经济学家分析地租时的局限性。与资产阶级经济学家不同,马克思不是直接从价值得出地租,而是从对于对象进行研究的具体化的一定阶段得出地租。同时，马克思解决了土地所有权影响地租高低的问题。在这里他指出，由于资本存在而造成的交往关系能够对经济过程产生怎样的影响。马克思得出结论说，在一定的历史时期，土地所有权能变成一种经济力量，它使农产品不按照它们的生产价格出售，而是按照它们的价值出售。

（原载柏林《马克思恩格斯研究论丛》，1982年第11期）

（京柞 译）

农业化学和马克思地租理论的发展[*]

〔苏〕米·泰尔诺夫斯基

苏联和民主德国的社会科学家发表的关于马列主义地租理论形成史的不少著作都在研究马克思批判地战胜资产阶级地租理论的问题。[①] 至今,对地租理论的产生同合理耕作,尤其是同农业化学的自然科学基础之间的联系的分析,仍是研究中的一个空白点。然而,只有从这种科学的认识出发,才有可能对大多数资产阶级地租理论作为根据的、所谓土地收益递减规律进行可靠的批判。

我们先看一段引文,从中可以清楚地看出,马克思在论述地租理论的一些见解的过程中赋予农业化学何种地位。马克思在写给恩格斯的信中谈到《资本论》理论部分的最后涉及地租理论时写道:"德国的新农业化学,特别是李比希和申拜因,对这件事情比所有经济学家加起来还

---

[*] 本文选自《马列主义研究资料》1988年第3辑。作者米·泰尔诺夫斯基系苏共中央马列主义研究院科研人员。

[①] 参看 B. 切尔内舍夫:《李嘉图和马克思。并行研究他们两人的经济体系的尝试》,列宁格勒1925年版,第99—150页;冈特·霍埃尔:《地租和资本主义农业的发展》,柏林1974年版,第67—73页; M. B. 泰尔诺夫斯基:《马克思以前经济科学中的地租理论问题》,载《十九世纪马克思主义和国际工人运动史文集》,莫斯科1979年版第1卷,第141—180页。

更重要。"① 除了这种高度的评价之外，这里提出了一个有根据的问题：农业化学对于理解与地租的形成，主要是与级差地租的形成有关的经济过程有何种意义。

马克思第一次在《哲学的贫困》中发表了他的地租观点。他的这种观点所依据的是他在巴黎、布鲁塞尔和曼彻斯特进行的广泛深入的文献研究，这些研究使他认识到，资产阶级古典政治经济学——大卫·李嘉图的学说达到顶峰——在理论上的重要性。从流传下来的摘录笔记中可以看出，马克思当时还没有注意到资本主义农业经营的领导问题和农业化学的应用。马克思所了解的那些与李嘉图地租理论相对立的著作中包含的事实和某些观点，还没有成为他理论概括的对象，也没有成为他进一步研究的动力。

因此，马克思在《哲学的贫困》中替李嘉图辩护，反对蒲鲁东的攻击。在这本书中他表现为这个伟大英国经济学家的拥护者，并且完全同意李嘉图关于资产阶级社会中地租本质的见解。20年后，马克思在写给恩格斯的一封信中写道，他在他的"反对蒲鲁东的著作中……完全接受李嘉图的地租理论"②。

但他们的这一承认，不可避免地也包含着承认土地收益递减"规律"是他们的理论前提之一。如果我们看一下《哲学的贫困》的内容，我们就能看到，马克思在同蒲鲁东的论战中完全遵循他的前辈的理论观念，其中包括他的土地收益递减"规律"的观点。"由于人口逐渐增加，人们就开始经营劣等地，或者在原有土地上进行新的投资，这新的

---

① 《马克思恩格斯全集》第1版第31卷第181页。
② 《马克思恩格斯全集》第1版第32卷第383页。

投资的收益比原始投资的收益就相应地减少。在这两种情况下都是用较多的劳动获得较少的产品。"①

但是同一著作中的一段话看来又同马克思的这一见解相矛盾。这段话是:"地租不能作为表明一块土地肥沃程度的固定指标,因为现代化学的应用不断改变着土质,而地质科学目前又在开始推翻过去对相对肥沃的估价。"② 当马克思写这一段话时,他显然还没有认识到,这些从自然科学的角度出发的论据,不仅反驳了把土地收益递减"规律"看成土地耕作的"自然"发展规律,而且同时必然导致重新考虑李嘉图地租理论的经济后果。这里清楚地表明,在科学认识过程中,旧的见解具有很强的生命力,它们的缺陷和矛盾只有经过一段时间,向社会实践相对照,考虑到经验过的事实之后,才能得到克服。

席卷欧洲的1848—1849年革命浪潮,使人们暂时放下了经济学理论问题的研究。但马克思正是在这一时期第一次钻研农业化学家的著作,以创立自己的观点。"梯也尔先生认为法国目前的抵押制度对农业不起作用,这种说法我们用法国一位卓越的农业化学家的话来反驳。东巴尔认真地证明说,如果法国目前的抵押制度继续按照'本性'发展下去的话,法国的农业将破坏到不可收拾的地步。"③

通过深入研究,马克思在1851年初认识到,地租规律同马尔萨斯和李嘉图的土地收益递减"规律"是不一致的。这一点由19世纪资本主义生产方式迅速发展过程中的地租增长得到证明。

马克思对某一个问题的兴趣是怎样产生的?马克思致恩格斯的信通

---

① 《马克思恩格斯全集》第1版第4卷第183页。
② 《马克思恩格斯全集》第1版第4卷第187—188页。
③ 《马克思恩格斯全集》第1版第5卷第504页。

常就是见证。在这些信中,他经常阐述他的研究成果。将他已出版的著作(也包括他的信件在内)同有关时期的摘录笔记进行对照,便可以看到他的思想成熟程度。

李嘉图地租理论的一个论点认为,农业生产的改良引起谷物价格下降,因而导致**地租降低**。在 1850 年 12 月 14 日《经济学家》杂志上发表的一封短信中,一位匿名作者使读者注意到,现实情况同这一假设是矛盾的。马克思在他的笔记中把这封信翻译如下:"战争结束后 35 年来,小麦尽管无规律地、然而逐步地从每夸特 90 先令下降到 50 先令,而地租却不断上升,这一点是毫无疑问的。"① 此外,这位作者还把这些变化过程同土地改良,尤其是同耕地排水法直接联系起来。

正是农业技术的进步与地租增长的经济论证二者之间的这种联系,引起了马克思的注意。马克思从作者列举的例子中得出结论:"不推翻李嘉图的地租规律,怎么会是谷物价格下降而同时地租上升,另一方面,地租规律决不是随着投在同一块土地上的资本的不断增加而不断恶化或资本收益的减少。"② 马克思对地租理论后果的考虑包含在著名的 1851 年 1 月 7 日致恩格斯的信中。在这封信中,他叙述了他今后的研究任务:"主要问题仍然是使地租规律和整个农业的生产率的提高相符合;只有这样,才能解释历史事实,另一方面,也才能驳倒马尔萨斯关于不仅劳动力日益衰退而且土质也日益恶化的理论。"③

---

① 马克思:《1851—1853 年伦敦笔记》,《马克思恩格斯全集》原文版第 4 部分第 7 卷第 358 页。

② 马克思:《1851—1853 年伦敦笔记》,《马克思恩格斯全集》原文版第 4 部分第 7 卷第 358—359 页。

③ 《马克思恩格斯全集》第 1 版第 27 卷第 176 页。

当马克思用经济理论论证小麦价格下降时地租提高的可能性的时候（尽管暂时以抽象的形式），他还没有研究农业化学在农业中的应用，因此，他不能从自然科学上说明这一经济学结论。在这封信中，马克思谈到科学技术的进步对耕地产量变化的影响时，他重复了他在《哲学的贫困》中叙述的普遍原理，这决不是偶然的。"毫无疑问，随着文明的进步，人们不得不耕种越来越坏的土地。但是同样毫无疑问，由于科学和工业的进步，这种较坏的土地和从前的好土地比起来，是相对地好的。"① 写这封信后一个月，当马克思再次摘录亚当·斯密的《国富论》一书时，实际上怀疑他论证因耕地改良而引起地租增长的正确性，这件事也表明马克思如何通过假说解决这个问题。马克思写道："农业地租即使不是提得这样高，无论如何也是上升的，它们可以用农场生产衡量出来。原因何在呢？是由于耕种较坏的耕地吗？相反，一部分好地没有被耕种。或者由于改良？看来不是。那么是什么呢？"②

马克思自然不会满足于一般性的思考。为了全面地论证他的假说，马克思在1851年除了研究纯政治经济学的文献和期刊外，还深入研究自然科学家的著作。这些自然科学家在他们的著作中描绘了他们那个时代科学上正确的、调节土地肥力和植物营养的化学变化过程的情景。关于这方面的研究，马克思在1851年10月13日告诉恩格斯说，他"钻研……农学，以求得至少对这个臭东西有个概念"③。马克思在1851年7月至11月摘录的《伦敦笔记》第XII、XIII和XIV笔记本中，包含有

---

① 《马克思恩格斯全集》第1版第27卷第176页。

② 马克思：《1850—1853年伦敦笔记》第VII笔记本，马克思列宁主义研究院档案馆档案。

③ 《马克思恩格斯全集》第1版第27卷第379页。

关于农业化学的一些著作。在这当中，我们看到选自两位作家著作的详尽摘录。其一是科学的农业化学创始人尤·冯·李比希的《有机化学在农业和生理学中的应用》一书（1842年不伦瑞克第四版），另一个是英国农业化学家詹·约翰斯顿的某些著作，马克思把他称为"英国的李比希"。①

马克思除了把他的大部分笔记用来使自己在自然科学领域增长知识之外，他还对农业化学家著作中直接与农业生产实践有关的问题感兴趣。他在摘录李比希的著作时，复述了李比希对资本主义土地经营的后果和资本主义农业具有掠夺性质的评价。从李比希列举的论据中可以看出，土地肥力的减少完全不是自然规律发生作用的结果，而是资本主义社会导致耕地贫瘠的不合理经营土地的结果。马克思摘录了李比希关于发生在弗吉尼亚的滥用土地的历史例子，同时他强调指出了德国农业化学家的想法，即"总的看来，**欧洲所有的耕地**"② 都处于这种可怜的状态。正是对农业化学家著作的研究，使马克思令人信服地论证了他的结论，即农业生产率在科学的帮助下能够大大提高，并以此来反驳土地收益递减"规律"。

同时，马克思证明，在无产阶级革命胜利后，必然会实现向社会主义的、建立在自然科学基础上的农业大生产过渡。"我越是研究这个臭东西，我就越确信：改造农业，因而改造建立在农业基础上的所有制这种肮脏东西，应该成为未来的变革的基本内容。否则，马尔萨斯神父就

---

① 《马克思恩格斯全集》第1版第27卷第380页。
② 马克思：《1850—1853年伦敦笔记》第 XIII 笔记本，马克思列宁主义研究院档案馆档案。

是对的了。"①

马克思1853年10月18日致阿·克路斯的信表明,他在1851年在农业化学领域中获得了哪些坚实的知识。马克思再回到"肥力"范畴的研究时,用下面这个例子来解释它的本来的经济学定义,这个例子摘自农业化学文献:"我可以指出一个具有普遍意义的事实,即中世纪在各地,特别是在德国,主要是耕种**重壤土**土地,因为这些地原来就比较肥沃。但是,最近四五十年来由于种植马铃薯、养羊并因此而上了肥料等等,**轻沙土**土地提到了首位,尤其是它们不需要花钱搞排水设施等等;另一方面,化学肥料很容易补充这种土壤所缺少的东西。由此可以看出,'肥力',甚至'天然'肥力在多大程度上是**相对而言的**。"② 同样重要的是,只有懂得了土地利用的具体过程以及科学技术成就对它的影响,才能认识到土地收益递减"规律"的毫无根据。这还不足以战胜李嘉图的全部地租理论。如同马克思自己所写的,必须"抛开资产阶级政治经济学的整个体系"③。

四年后马克思在《政治经济学批判大纲》中开始解决这一任务。因为这部手稿的研究对象不过是作为资本普遍运动形式的"资本一般",所以马克思当时还没有打算深入分析资本主义社会的土地所有权

---

① 《马克思恩格斯全集》第1版第27卷第331页。马克思在1851年1月7日致恩格斯的信中开始对土地收益递减"规律"的批判,实际上是以对先进的农业化学的研究而告完成的。这一规律"恰恰为马尔萨斯提供了他的人口论的现实基础,而他的学生们现在也在这里寻求得救的一线希望"(《马克思恩格斯全集》第1版第27卷第175页)。

② 《马克思恩格斯全集》第1版第50卷第425—426页。

③ 《马克思恩格斯全集》第1版第50卷第421页。

和地租。他只对李嘉图的地租理论做了附带的批判评论,这些评论是他在过去一段时间里通过深入研究农业化学所认识到的。在这部手稿的一个地方,马克思深刻地说明了李嘉图的地租理论以及它同土地收益递减"规律"之间的联系。马克思写道,李嘉图假设,"劳动生产力在工业中随资本积累而增长,在农业中则下降。他从经济学逃到有机化学中去了。……但是被当作普遍规律来表述的李嘉图的这个生理学假设是错误的,现代化学已经证明了这一点"①。

但是我们必须看到,马克思当时对地租问题还没有得出自己的见解,因此他不能全面地评价李嘉图的理论,指出它的正确的方面和错误的方面。所以,在马克思那里占统治地位的,是对李嘉图和土地收益递减"规律"的其他拥护者的观点所作的片面的消极评价。他写道:"……李嘉图、马尔萨斯等人在几乎还不存在生理化学的时期就提出关于这方面的普遍的、永恒的规律,这本身就是可笑的"②。

《政治经济学批判(1861—1863年手稿)》反映了马克思对地租理论的理解的主要发展阶段。在这部手稿中,他把地租理论提高到一个崭新的阶段。他特别注意经济学方面,批判地分析了资产阶级地租理论的最重要的范畴。此外,他深入分析了构成李嘉图地租理论前提的概念——"较坏土地"的范畴。马克思依据研究农业化学得到的材料,指出这一范畴的相对性、历史暂时性,即没有绝对适用性,它依赖于生产力的发展水平,其中也包括对土壤的化学成分和物理性质以及它们因机械耕作而引起变化的科学认识水平。在这方面,令人感兴趣的是马克

---

① 《马克思恩格斯全集》第1版第46卷下册第273页。
② 《马克思恩格斯全集》第1版第46卷下册第272页。

思关于科技进步的成果对决定自然肥力具有二重性的看法："一方面，社会劳动生产率的发展使开垦新地比较容易；但是，另一方面，耕种又使土地之间的差别扩大，因为已耕的 A 地和未耕的 B 地的原有肥力完全可能是一样的，如果我们从 A 地的肥力中扣除对这块土地来说现在固然是自然的、但从前是人工赋予的那一部分的话。因此，耕种本身使已耕地和未耕地的自然肥力之间的差别扩大。"①

对"较坏土地"范畴的科学研究，使马克思能够具体地描述导致 19 世纪地租显著上升的那些经济过程。他指出，李嘉图由于他的分析太抽象，没有注意到那些近在身边的自然科学成就。马克思借助事实——18 世纪至 19 世纪的转折时期，大量以前未耕种的地区得到开垦——指明，把这些地区归为"较坏土地"是相对的。"但是，要使新耕地不是按较贵的价格出卖产品，就要求新地的肥力等于：第一，已耕地的自然肥力，加上第二，已耕地由于耕种而形成的人工的、现已变成自然的肥力。"②

因为马克思打算不久就把手稿誊清并且准备付印，所以他在 1863 年初研究了大量的材料，他打算以后把这些材料应用到《资本论》中。此外，他在 1863 年 5 月，在他的一本笔记中对李比希的《农业的理论和实践》（不伦瑞克 1856 年版）一书作了简短的摘要。③ 在马克思写作 1861—1863 年经济学手稿的后期，也可清楚地看出翻阅这本书的痕迹。在分析英国经济学家和农场主约翰·阿伯思诺特的观点时，马克思强调了阿伯思诺特的思想。后者认为，时间因素在农业中具有重要性，资本

---

① 《马克思恩格斯全集》第 1 版第 26 卷第 2 册第 160 页。
② 《马克思恩格斯全集》第 1 版第 26 卷第 2 册第 152 页。
③ 参看马克思：《补充笔记本 D》，马克思列宁主义研究院档案馆档案。

主义大农场具有优越性,在资本主义大农场里,资本和分动力的集中使这些因素得到最大限度的利用。接着,马克思补充道:"关于这一点,还可参看李比希的著作。"①

当马克思在1863—1865年经济学手稿中着手论述地租的一章时,他并没有局限于他当时的知识。正如他在1866年初在上述致恩格斯的信中所写的那样,他在这方面补充了新的原始资料。必须阅读农业化学领域的最新文献(李比希和克·弗·申拜因),"法国人提供了大量的材料"(路易斯·德·拉维涅和穆尼哀),必须注意"关于日本的新资料"。②马克思把所有这些材料摘录在他的1865年的笔记中,这个笔记本非常可能是和1863—1865年经济学手稿同时写成的。根据这一手稿来判断,马克思打算利用这个笔记本中的大部分材料来说明他的地租理论。③不仅马克思1865年的笔记中抄录的路·德·拉维涅、约·查·摩尔顿和詹·约翰斯顿④的著作引文证实了这一点,而且他在同一笔记中所写的参看尤·冯·李比希、帕·爱·达夫、H.

---

① 马克思:《政治经济学批判(1861—1863年手稿)》,原文版(MEGA)第2部分第3卷第6册第2307页(见《马克思恩格斯全集》第1版第48卷第506页)。——后来马克思把李比希著作中的这一段话和阿伯思诺特的引文,引用在《资本论》第1卷中(见《马克思恩格斯全集》第1版第23卷第365页)。

② 《马克思恩格斯全集》第1版第31卷第181页。这里指的是H.马伦的著作《关于日本农业状况致柏林农业部长的报告片断,李比希书中的附录》(尤·冯·李比希:《化学在农业和生理学中的应用》,不伦瑞克1862年第7版第2卷,第417—438页)。

③ 马克思:《1865年笔记》,马克思列宁主义研究院档案馆档案。

④ 《马克思恩格斯全集》第1版第25卷第709页(摩尔顿),第710页(拉维涅),第755、757页(约翰斯顿)。

马伦、伊·菲·帕西和詹·约翰斯顿①的著作的提示，也证实了这一点。同时，为了说明耕作成就与地租增长的经济依据之间的变化关系，马克思不仅采用了李比希的著作，而且也采用了其他经济学家的著作，即那些强调科学和工业在提高耕作的生产率及其影响地租率方面的作用的著作。

正是在这一时期，农业化学领域的研究成就同马克思地租理论的创立最有机地结合在一起。自然科学专门知识的应用不仅有助于理解土地肥力的条件，它不仅为科学地驳斥土地收益递减"规律"提供了唯一正确的基础，而且还解释了与19世纪级差地租的形成和地租率增长有关的一系列因素。当然，地租增长的经济问题只能通过经济分析来解决，马克思就是这样做的。经济学家在19世纪不了解造成耕地贫瘠的必然原因——发现这些原因，恰恰有李比希的功绩，——就在自然界中寻找地租变动的根据。李嘉图和他的拥护者之所以未能科学地解释地租，一方面是由于他们从土地收益递减"规律"出发，另一方面是由于当时的农业化学状况。②

因此，马克思在分析级差地租之前研究"自然肥力"这一概念，并继续以农业化学的科学结论作依据，这完全不是偶然的。只要我们把

---

① 《马克思恩格斯全集》第1版第25卷第696页（约翰斯顿），第655、719页（达夫），第839、916页（李比希），第867、878、882、885页（帕西），第910页（马伦），第910、914页（穆尼哀）。

② 《马克思恩格斯全集》第1版第25卷第879页。马克思在这方面的想法受到当时所达到的农业化学发展水平的限制。正如李比希那样，马克思尤其批判拉维涅，后者接受了英国农场主的观点，认为"饲料植物和块根植物会使土地肥沃"（《马克思恩格斯全集》第1版第25卷第711页）。但后来的研究表明了实践的正确性，说明了土壤中氮成分增加的机制。

《资本论》第3卷中有关地租的章节的文字同1865年笔记中选自李比希著作的摘要进行比较，就不难相信这一点。马克思关于自然肥力的定义，关于这种肥力取决于科学发展水平和农业中应用的机械手段的说法，同李比希的说法有着共同之处：

《资本论》第三卷

"撇开气候等要素不说，自然肥力的差别是由表层土壤的化学结构的差别，也就是由表层土壤所含植物养分的差别形成的。不过具有相同的化学成分……的两块土地，在现实的有效的肥力方面还会由于这种植物养分所处的形态而不同，因为有的形态容易被同化为、被直接吸收为植物养分，有的形态则不容易。"①

"可以用化学的方法（例如对硬粘土施加某种流质肥料，对重粘土进行薰烧）或用机械的方法（例如对重土壤采用特殊的耕犁），

《1865年笔记》

"在含有相同的植物养分时，**下层土壤**与**被耕过的土壤**之间的差别，或者**原始土壤**与**被开垦的土壤**之间的差别，只是归因于，被开垦的土壤不仅含有同一形态混合的植物养分，而且含有另一种形态的植物养分。"②

"如果损失掉的土壤成分不是以灰烬的形态，而是以粪肥的形态得到补偿，我们就能改良坚实的重粘土。"③

---

① 《马克思恩格斯全集》第1版第25卷第733页。
② 马克思：《1865年笔记》，马克思列宁主义研究院档案馆档案。
③ 马克思：《1865年笔记》，马克思列宁主义研究院档案馆档案。

《资本论》第三卷	《1865年笔记》
来排除那些使同样肥沃的土地实际收成较少的障碍（排水也属于这一类）。"①	"在约克郡和郎卡郡，整片整片的耕地在10月份都被铺上了经过消和的或在空气中分解了的石灰，这些石灰在潮湿的冬季对硬粘土产生有益的影响。"②
	"机械劳动和排水对耕地的作用最终是一样的，二者加强了大气对耕地的作用。"③
"最后，当下层土壤进入耕作范围，变为被耕过的土壤时，由于下层土壤情况不同，使土地等级发生变化，也会产生同样的结果。这一方面取决于新耕作方法的应用（如饲草的种植），一方面取决于各种机械手段的应用，它们或者把下层土壤翻成表层土壤，或者使下层土壤和表层土壤混合，或者耕作下层土壤。"④	"如果除了排水之外，农民还拥有机械手段来把他们耕地上分布不均的和分散的植物养分集中起来，加以提高，积聚到耕作层，那么，这无疑是通过他的劳动来实现的。在一般情况下，农民**种植饲草**没有别的目的。"⑤

---

① 《马克思恩格斯全集》第1版第25卷第733页。
② 马克思：《1865年笔记》，马克思列宁主义研究院档案馆档案。
③ 马克思：《1865年笔记》，马克思列宁主义研究院档案馆档案。
④ 《马克思恩格斯全集》第1版第25卷第735页。
⑤ 马克思：《1865年笔记》，马克思列宁主义研究院档案馆档案。

马克思也想进一步引用关于科学对改变自然肥力看法的重要性的其他材料。这涉及他对法国经济学家帕西的著作的评注："随着自然科学和农艺学的发展，土地的肥力也在变化，……法国以及英格兰东部各郡以前被视为坏地的轻质土地，最近已上升为头等土地。（见帕西的著作）。"①《1865年笔记》中有一段选自帕西著作的如下摘要："上世纪末因不善于开发而未加耕种的土地，现在都以较小的代价变成了丰产田……这显然说明技术不断增长的力量对地租增长所起的作用大于其他各种增长原因加在一起所起的作用。"②

马克思还计划在两种情况下引用李比希的著作。第一种情况是，他想举例说明在连续投资时土地生产率下降。③ 显然，他此时心目中已想到了他摘录的李比希《埃米尔·沃尔夫博士在霍恩海姆和农业化学》（不伦瑞克1855年版）一书中的一段话："……在每摩尔根土地施肥110磅时，1磅鸟粪能使土豆产量增加 $25\frac{1}{2}$ 磅，在施肥220磅时只增加 $12\frac{1}{2}$ 磅，施肥330磅时只增加 $2\frac{1}{2}$ 磅，施肥440磅时只增加 $1\frac{3}{4}$ 磅。"④

第二种情况是，马克思打算充分利用李比希关于社会的物质变换发生紊乱的材料。这一紊乱是由资本主义社会城市人口高度集中和土地肥力越来越大的浪费所造成的：

---

① 《马克思恩格斯全集》第1版第25卷第867页。
② 马克思：《1865年笔记》，马克思列宁主义研究院档案馆档案。
③ 《马克思恩格斯全集》第25卷第839页。
④ 马克思：《1865年笔记》，马克思列宁主义研究院档案馆档案。

《资本论》第三卷

"大土地所有制使农业人口减少到不断下降的最低限度,而在他们的对面,则造成不断增长的拥挤在大城市中的工业人口。由此产生了各种条件,这些条件在社会的以及由生活的自然规律决定的物质变换的过程中造成了一个无法弥补的裂缝,于是就造成了地力的浪费,并且这种浪费通过商业而远及国外。(李比希)。"①

《1865年笔记》

"国家福利和财富的维持,文化和文明的进步,取决于对城市下水道问题所作的决定。"②

"大地主为大的消费中心提供谷物和肉,因而失去了它们的再生产条件。"③

在《资本论》第一卷中,马克思也对李比希进行了评价:"李比希的不朽功绩之一,是从自然科学的观点出发阐明了现代农业的消极方面。他对农业史所作的历史的概述虽不免有严重错误,但也包含一些卓见。"④ 同时,马克思批判了这位德国农业化学家,因为后者如同经济

---

① 《马克思恩格斯全集》第1版第25卷第916页。我们认为,《1865年笔记》使我们认识到,马克思为什么放弃了进一步提及李比希的著作。在关于地租的一章《马克思恩格斯全集》第1版第25卷的一个地方,马克思写道:"象在马铃薯里拱来拱去的猪一样在这若干平方呎内拱来拱去的资本。"(第877页)在笔记中有这么一段话:"土豆植物,由于它们的扩展的根系,象猪一样拱松了土壤。"(马克思:《1865年笔记》,马克思列宁主义研究院档案馆档案)

很可能,当马克思写下上面这段话时,他是有意地用"土豆"和"猪"这两个词,然后加上了"李比希"这个词,到后来,当他再一次细读这位德国农业化学家的著作,认识到后者的错误时,他删去了这一提示。

② 马克思:《1865年笔记》,马克思列宁主义研究院档案馆档案。
③ 马克思:《1865年笔记》,马克思列宁主义研究院档案馆档案。
④ 参看《马克思恩格斯全集》第1版第23卷第553页。

学家们，其中包括李比希引证过的约·斯·穆勒阐述的一样，发表了关于土壤贫瘠和土地收益递减"规律"的政治经济学评论。①

从马克思后来继续关心这一领域中的新发现，可以看出，他认为农业化学以及整个自然科学对于地租理论具有何种意义。在这方面，1868年1月3日他致恩格斯的一封信是很好的说明，当时马克思正在着手准备《资本论》第二、三卷，他写道："我想向肖莱马打听一下，最近出版的有关农业化学的书籍（德文的）哪一本最新最好？此外，矿肥派和氮肥派之争现在进行得怎样了？（从我最近一次研究这个问题以来，德国出版了许多新东西。）他对近来反对李比希的土壤贫瘠论的那些德国作者的情况了解点什么吗？他知道慕尼黑农学家弗腊斯（慕尼黑大学教授）的冲积土论吗？为了写地租这一章，我至少要对这个问题的最新资料有所熟悉。"② 从这封信中可以看出，马克思是怎样一直努力注意农业化学中的新研究成果的，因为这些新研究成果对具体说明"土地肥力"这一概念（尤其是说明土壤"自然"贫瘠），同时对级差地租的定义有可能产生影响。

（原载《马克思恩格斯年鉴》，1985年第8期）

（裘挹红 译　张钟朴 校）

---

① 参看《马克思恩格斯全集》第1版第23卷第553页。根据《1865年笔记》，可以解释马克思在复述穆勒著作的引文时为什么会出现差错。在穆勒的《政治经济学原理》中，土地收益递减"规律"的表述同李嘉图学派普遍承认的定义一致。李比希详细复述了这一段落，但是，他把第217页错误地说成第17页。马克思在摘录李比希的著作时，无意中用"工人"一词代替了"劳动"。他把这两个错误从笔记中又转到了《资本论》第一卷中。

② 《马克思恩格斯全集》第1版第23卷第5—6页。

图书在版编目(CIP)数据

马克思主义经济理论研究Ⅰ/姚颖主编.
—北京:中央编译出版社,2013.12
(马克思主义研究资料/杨金海主编;17)
ISBN 978-7-5117-1985-0

Ⅰ.①马…
Ⅱ.①姚…
Ⅲ.①马克思主义政治经济学-文集
Ⅳ.①F0-0
中国版本图书馆CIP数据核字(2013)第309106号

马克思主义经济理论研究Ⅰ

出 版 人:	刘明清
出版统筹:	薛晓源
责任编辑:	侯天保
责任印制:	尹 珺
装帧设计:	田晗工作室
排版制作:	北京宏章文化发展中心
出版发行:	中央编译出版社
地　　址:	北京西城区车公庄大街乙5号鸿儒大厦B座(100044)
电　　话:	(010)52612345(总编室)　　(010)52612335(编辑室)
	(010)52612316(发行部)　　(010)52612315(网络销售)
	(010)52612346(馆配部)　　(010)66509618(读者服务部)
传　　真:	(010)66515838
经　　销:	全国新华书店
印　　刷:	北京尚唐印刷包装有限公司
开　　本:	787毫米×1092毫米　1/16
字　　数:	384千字
印　　张:	30.75
版　　次:	2013年12月第1版第1次印刷
定　　价:	190.00元

网　　址:	www.cctphome.com	邮　箱:	cctp@cctphome.com
新浪微博:	@中央编译出版社	微　信:	中央编译出版社(ID:cctphome)

本社常年法律顾问:北京市吴栾赵阎律师事务所律师　闫军　梁勤
凡有印装质量问题,本社负责调换。电话:010-66509618